Benita Daublebsky

Spielen in der Schule

Benita Daublebsky

Spielen in der Schule

Vorschläge und Begründungen für ein Spielcurriculum

Mit Beiträgen von Elke Calliess, Wolfgang Edelstein,
Diether Hopf, Monika Keller und Lothar Krappmann

Ernst Klett Verlag Stuttgart

Veröffentlichungen der Forschungsgruppe Modellschulen

Herausgegeben von Wolfgang Edelstein, Gisela Freudenberg und Walter Schäfer

Band 1

4. Auflage 1976

Druck: Grafik+Druck, München
ISBN 3-12-921860-2

Vorwort

Dieses Buch über Möglichkeiten des Spielens in der Schule zieht die Summe aus einer langjährigen Spielpraxis und aus theoretischen Überlegungen über Form und Funktionen eines Spielcurriculums. Die Aufarbeitung der Spielpraxis und die Reflexion über sie war Gegenstand eines Projekts der Forschungsgruppe Modellschulen, eines Vereins, der sich aus bildungspolitisch interessierten Privatpersonen, Bildungsforschern und Lehrern zusammensetzt. Die Forschungsgruppe Modellschulen hat sich zur Aufgabe gemacht, die Zusammenarbeit von Lehrern und Erziehungswissenschaftlern an konkreten Projekten in Versuchsschulen zu fördern. So hat sie eine Anzahl schulnaher Projekte initiiert und unterstützt – darunter vor allem die Entwicklung eines „sozialwissenschaftlichen Curriculum" für die Schule.
Das Projekt „Spielen in der Schule", in dem der Versuch gemacht wird, Spielen als Prozeß sozialen Lernens praktisch und theoretisch darzustellen, steht in engem Zusammenhang zu diesem Entwicklungsvorhaben für ein sozialwissenschaftliches Curriculum. Der leitende Gesichtspunkt dabei war es, die Ziele sozialen Lernens und eines neu zu artikulierenden sozialwissenschaftlichen Unterrichts begründet aufeinander zu beziehen. In der Reihe der Forschungsgruppe Modellschulen erscheinen daher in der nächsten Zeit drei Bücher. Das erste ist der vorliegende Band „Spielen in der Schule". Im Laufe der nächsten Halbjahre sollen diesem Band ein Buch zu „Struktur und Prozeß eines sozialwissenschaftlichen Curriculums für die Schule" und eine deutsche Adaptation des prozeßdidaktischen Handbuchs von Hilda Taba folgen, die deutschen Lehrern und zukünftigen Curriculumentwicklungsgruppen ein gewisses Rüstzeug für eine struktur- und prozeßorientierte Curriculumarbeit in die Hand geben sollen.
Dem Stifterverband für die Deutsche Wissenschaft danken wir für seine großzügige und unbürokratische Hilfe, ohne die dieses Spielcurriculum nicht entstanden wäre. Christian Petry verdanken wir die hilfreiche und sachlich engagierte Koordination eines nicht unkomplizierten Vorhabens.

Inhaltsverzeichnis

Einleitung

„Jetzt beginnt der Ernst des Lebens", verkünden viele Erwachsene Kindern, die in die Schule kommen. Und es scheint tatsächlich so zu sein: Kinder, die bisher gespielt haben, fangen an, „ernsthaft" etwas zu lernen. Sie lernen lesen und schreiben und rechnen und, später dann, Sprachen und Geschichte und Naturlehre. Sie erfahren von Kriegen und Friedensschlüssen und lösen Gleichungen mit mehreren Unbekannten, sie bemühen sich um Orthographie und kämpfen mit der Grammatik. Um dieses alles erreichen zu können, erwarten die Erwachsenen von ihnen, daß sie viele Stunden am Tage ruhig sitzen, daß sie zuhören und aufpassen, daß sie saubere Hände haben, um reinliche Hefte führen zu können, daß sie nicht schreien, sondern nur sprechen, wenn sie gefragt werden, daß sie Schulgeräte und Schulmöbel nur so verwenden, wie Erwachsene das tun, daß sie ...

Soll man weiter berichten, was Kindern in der Schule geschieht? Fächer, die schön sind, gibt es nur wenige Stunden in der Woche, sagen sie, und andere Fächer nehmen so viele Stunden in der Woche in Anspruch, in denen man sich langweilt und nichts versteht. Soll man von den Ängsten der Kinder vor schlechten Noten berichten? Davon, wieviel Zeit die Hausaufgaben einnehmen und wie wenig Zeit dann zum Spielen bleibt? Und weiß ein Erwachsener etwas über die Angst vor einer Klassenarbeit, wenn man sich wünscht, nicht immer Fünfen und Sechsen zu schreiben, und dann die unsinnige Hoffnung auf ein gnädiges Schicksal hegt, das einem doch noch eine Vier schenken möge!

Ist diese Beschreibung übertrieben, oder sieht so der „Ernst des Lebens" aus, dessen Anfang die Schulzeit sein soll? Sicher trifft der Schulanfang verschiedene Kinder in verschiedener Weise.

Manche Kinder haben im Elternhaus besser gelernt, mit den Anforderungen fertig zu werden, wie sie die Schule stellt. Wenn man die etwas pointierte Beschreibung der Schulprobleme von Kindern näher betrachtet, stellt sich ja heraus, daß sie zunächst gar nicht den kognitiven Bereich unmittelbar betreffen, die Lernaufgabe, die unmittelbar der Schule aufgetragen ist. Die dargestellten Schwierigkeiten gehen vor allem auf soziale und psychische Korrelate von Lernanforderungen in der Schule zurück, für die Kinder bisher die Voraussetzungen aus dem Elternhaus mitbringen müssen.

Früher war es Aufgabe der Eltern, der größeren Familie und der nachbarschaftlichen Umgebung, für die notwendige soziale Erziehung zu sorgen, Kinder lernten im direkten Umgang mit vielen verschiedenen Erwachsenen die in ihrem Lebensbereich benötigten sozialen Fähigkeiten und Fertigkeiten. Auch jetzt noch gilt es als Aufgabe der Familie, Kinder in diesen Bereich einzuführen. Doch die veränderten Bedingungen erschweren diese Aufgabe. Familien sind klein geworden, oft arbeiten Vater und Mutter. Kinder leben entfernter von Erwachsenen, sie haben weniger mit ihnen zu tun. Die Gleichaltrigen werden immer wichtiger als Maßstab der Orientierung.

Kinder werden somit immer abhängiger davon, welche Rolle sie in einer Kindergruppe spielen, ja, ob sie überhaupt zu einer Gruppe gehören. Ihr Wohl und Wehe hängt davon ab, und ihre soziale und psychische Entwicklung wird davon maßgeblich beeinflußt. Man muß sich vorstellen, wie es ist, wenn Kinder einander auf Gedeih und Verderb ausgeliefert sind: Kinder, die noch nicht in der Lage sind, die Folgen ihrer Handlungen auf längere Sicht zu ermessen, Kinder, die sich noch nicht in andere hineindenken können, die noch nicht gelernt haben, die sofortige Befriedigung ihrer eigenen Bedürfnisse aufzuschieben um eines bestimmten Zieles willen, Kinder, die hart und grausam sind, wenn sie um ihre Positionen in der Gruppe kämpfen. Alles das hat William Golding in „The Lord of the Flies“ eindringlich beschrieben.

Was bedeutet all dies für die Erwachsenen? Ihnen fällt in zunehmendem Maße die Aufgabe zu, Kinder vor ihren eigenen Mängeln zu schützen. Sie dürfen sie nicht ausliefern und erwarten, daß sie von selbst lernen, sich aufeinander einzustellen, zu kooperieren, sich zu helfen. Wenn aber Kinder in Elternhaus und Nachbarschaft immer weniger mit Erwachsenen zusammen sind, kommt diese Aufgabe „kompensatorisch“ immer stärker der Schule zu. Und die ist, ihrem herkömmlichen Auftrag zufolge, darauf nur ungenügend vorbereitet.

Die Neugestaltung des Unterrichts beschäftigt die Schulmänner seit Jahrzehnten. Zweifellos wäre es sehr erleichternd für erfolgreiches Handeln in diesem Bereich, wenn man es mit Kindern zu tun hätte, die alle notwendigen Voraussetzungen für erfolgreiches Lernen aus ihren Familien mitbrächten. Nun gehören aber gerade die sogenannten Sozialisationsdefizite: Kommunikations- und Kooperationsschwierigkeiten, Aggressivität, Lustlosigkeit und Vereinzelung, zu den Ursachen ihrer schulischen Schwierigkeiten. In wachsendem Maße gehören sie neben den inhaltlich-kognitiven Motiven für die Unterrichtsform zu den Gründen, warum man sich auf das mühsame Geschäft der Schulreform einläßt.

Um so wichtiger ist es, daß soziales Lernen ein Teil schulischen Lernens, Bereich und Dimension des Curriculum wird. Noch ist nicht sehr deutlich, wie dies geschehen kann; immer häufiger aber taucht in diesem Zusammenhang für jüngere Kinder der Begriff „Spielen“ als Element des Curriculum auf. Das verwundert nicht, da Spielen jene Lebensform von Kindern ist, in der die gewünschten sozialen Erfahrungen und Fähigkeiten insbesondere erworben werden. Man weiß, daß Spielen lange Zeit die Basis für Lernen überhaupt ist, in den ersten Jahren geradezu als Synonym dafür verstanden werden kann und Schulkinder noch viele Jahre nicht aufhören zu spielen. In diesem Buch schlagen die Autoren vor – und begründen diesen Vorschlag ausführlich –, das Spielen zu einem Bestandteil des Curriculum der Grundstufe und der ersten Jahre der Sekundarstufe I zu machen. Sie hegen dabei die Hoffnung, daß Schule so den sozialisatorischen Aufgaben, die ihr zuwachsen, besser gerecht werden kann. Dabei meinen sie, daß Spielen sowohl ein eigener, mit fester Stundenzahl ausgestalteter Bereich als auch eine Dimension des Curriculum werden sollte. Doch läßt sich nicht leugnen, daß, auch wenn man organisatorische Schwierigkeiten außer acht läßt, einem solchen Vorschlag einige Hindernisse im Wege stehen. Diesen Hindernissen wollen wir uns zunächst zuwenden.

Das erste Hindernis: Spielen ist in Deutschland jahrzehntelang eine Domäne der Jugendbewegung gewesen. Ihre Spielpraxis und -theorie beeinflussen daher auch heute noch in vielen Fällen die Urteile über das Kinderspiel. Es ist daher zu befürchten, daß die Forderung, in der Schule zu spielen, Zustimmung und Ablehnung aus den falschen Gründen provozieren wird.

Zwar verdankt man der Jugendbewegung eine bisher häufig noch nicht ausreichend rezipierte Tradition praktischer Spielanregungen. Aber die Begründungen für die Relevanz des Spiels für die Kindererziehung haben die Bedeutung der Praxis oft in den Hintergrund treten lassen – nicht ohne Schuld der Mitglieder der Jugendbewegung –, denn die konkreten Spielerfahrungen wurden entweder mündlich weitergegeben oder erschienen versteckt in internen Schriftenreihen; einer weiteren Öffentlichkeit wurden nur die theoretischen Schriften bekannt. Charakteristikum dieser Schriften ist aber eine seltsame Idealisierung und Verherrlichung kindlichen Spiels, verbunden mit einer Ablehnung des Erwachsenendaseins, dessen Distanz von der Spielhaltung des Kindes das beste Argument für die menschenfeindlichen Folgen einer technisierten Gesellschaft zu sein schien.

Spielen wird „als eines der Geschenke an die Menschheit“ gesehen, „die ihr die Last des Lebens ertragen helfen“, als „Quell ihrer Beglückung und irdischen Seligkeit“. Die eigene spiellose Existenz scheint nichtig, verglichen mit dem Kindesalter, „über dem wirklich ein genialer Schimmer liegt“, weil hier „die geistige Freiheit des Menschen zum ersten Mal in Erscheinung tritt in der Höhe und Vollkommenheit, die für die wenigsten

noch erreichbar ist“ (Erika Hoffmann 1930, zit. nach A. Flitner: Lernen im Spiel, 1972).
In dieser Sprache würde heute die Hoffnung, durch Spielen mit den Kindern der gesellschaftlich und kulturell verursachten Verkümmerung der eigenen Existenz zu begegnen, vermutlich nicht mehr ausgedrückt. Aber die Forderung, Spielen in die Schule einzuführen, resultiert oft noch aus solcher Hoffnung.
Kritiker der Jugendbewegung fürchten diese Verbindung von kulturkritischen Gesellschaftsbildern mit dem Anspruch einer universellen Priorität des Spielens und dürften daher eher ablehnend reagieren. Zu deutlich haben viele die negativen Folgen einer Spielhaltung gesehen, in der die Bedürfnisse von Erziehern, die ihre Erwachsenenrolle ablehnten, wichtiger wurden als die Bedürfnisse der Kinder und so den guten pädagogischen Willen zum Vorwand für die Suche nach eigener Erfüllung denaturieren ließen.

Das zweite Hindernis bei dem Versuch, Spielen zu einem Element des Curriculum zu machen, ist weit schwieriger zu überwinden:
Es handelt sich um die verbreitete Ansicht, daß Spielen lediglich für kleine Kinder sinnvoll sei. Spielen wird als nützlich und sinnvoll verstanden, solange es die Vorstufe für das Eigentliche bleibt: für das Lernen. Und dann ist es fast nur noch erlaubt als Ausgleich, als Abwechslung, um die Kinder zu entspannen, so daß sie mit neuen Kräften wieder lernen können. Soweit wird Spielen akzeptiert, auch für etwas größere Kinder. Man spürt den Widerwillen gegen die Forderung, Spielen in curriculare Überlegungen zu integrieren. Es ist auffallend, wie häufig in der neueren, psychologisch angeleiteten Diskussion Spiele ausschließlich als funktionale Äquivalente des üblichen Lernens gefordert werden. Das gilt leider sogar für den Vorschulbereich, wo Spielen als eines der Mittel kompensatorischer Erziehung wohl gesehen wird. Aber auch dort wird das Schwergewicht auf die kognitiven Bestandteile des Spiels gelegt, um die Kinder so schnell als möglich zu befähigen, funktional „richtig“ zu lernen.
Wir hoffen, in diesem Buch zeigen zu können, daß Spielen in der Schule keineswegs nur eine Manifestation jugendbewegter Ideen oder prinzipiell entbehrliche Zugabe zu sein braucht, sondern eine wichtige, über die Motivationsfunktion für den Erwerb kognitiver Fertigkeiten hinausgehende Bedeutung haben kann für die Sozialisation der Kinder im schulpflichtigen Alter.
Basis des Vorschlags, den wir hier machen, ist eine fünfjährige Spielpraxis in zwei Landerziehungsheimen und in einer neu gegründeten Gesamt-

schule. Spielen wurde in diesen Schulen zum Teil fest in den Stundenplan der 5. bis 7. Klasse eingebaut. Ein Teil der Spiele und der Erfahrungen, die in diesen Spielstunden (wie die Kinder es nannten) gemacht wurden, sind hier gesammelt mit der Intention, Lehrer und darüber hinaus alle Erwachsenen, die mit Kindergruppen zu tun haben, anzuregen, mit ihren Gruppen regelmäßig zu spielen.

Wer Spielen zu einem sinnvollen Bestandteil der Erziehung in der Schule machen will, wird bald entdecken, daß die meisten Erzieher über die Ziele und die möglichen Wirkungen des Spielens nicht systematisch nachgedacht haben. Welche Spiele welche Wirkungen haben und welche Verhaltensweisen des Spielleiters diese Wirkungen verstärken, was man anstreben sollte und was besser vermeiden, all das ist nirgendwo ausreichend diskutiert.

Nicht zuletzt die Tatsache, daß Spielen so eng mit der Tradition der Jugendbewegung verbunden war, mag den auffallenden Mangel an rationaler Reflexion über Ziele und Bedingungen zielorientierten Spielens erklären.

Dies ist das dritte Hindernis bei der Realisierung unseres Vorschlags: das Reflexionsdefizit. Vermutlich wird dieses Hindernis am schwersten wiegen. Man kann es als die Theorieferne der Praxis bezeichnen, die jeden Versuch ungemein erschwert, Spiele zu einem sinnvollen Bestandteil der Schule zu machen.

Wenn man, ohne theoretisch-sozialwissenschaftliche aufgeklärte Vorstellungen von den erwünschten Ergebnissen und erhofften Wirkungen verschiedener Spielaktivitäten, mit Kindergruppen zu spielen beginnt, geht man das Risiko ein, durch das Spielen selbst Verhaltensweisen zu verstärken, die man bei den Kindern bereits vorfindet. Es geschieht dann leicht, daß man trotz bester Absichten nicht die Ziele erreicht, die man sich gesetzt hat, sondern ihr Gegenteil.

Mir selbst ist dies geschehen, als ich vor sechs Jahren zum erstenmal in einer 5. Klasse Spielstunden organisierte. Die Schüler dieser Klasse hatten offensichtlich große Schwierigkeiten, miteinander auszukommen: Schimpfen, Streit, Prügeleien waren an der Tagesordnung. Viele Kinder waren so isoliert und die Aggressionen gegeneinander und gegen Erwachsene wurden so gravierend, daß ich in meiner Funktion als Psychologin an der Schule gebeten wurde, „zu sehen, was man da machen kann".

Ein auffallendes Kennzeichen der Situation schien schon nach oberflächlicher Beobachtung die fast vollständige Unfähigkeit der Kinder, auch nur die einfachsten Spiele, die sonst bei allen Kindern dieses Alters sehr beliebt waren, friedlich und vergnügt miteinander zu spielen.

Daher lag es nahe, den Versuch zu machen, ihnen dabei durch die Organisation und Planung von Spielstunden zu helfen und ihnen so Wege zu zeigen, wie sie nicht nur in einem für Kinder so wichtigen Lebensbereich wie dem Spielen, friedlicher und vergnügter miteinander umgehen können. Es war klar, daß dieses Vorhaben nicht gelingen werde, wenn die Kinder an den Spielstunden keinen Spaß finden konnten, daß disziplinierende Maßnahmen alle Bemühungen vergeblich machen würden, daß das Spielen freiwillig und die Atmosphäre in der Spielstunde frei und entlastet sein mußte und daß schließlich das Spielen selbst nie zu Disziplinierungszwecken verwendet werden durfte. Und dann machte ich doch einen Fehler nach dem anderen.
Ich ließ feste Gruppen bilden, um den Kindern zu helfen, sich an bestimmte Partner zu gewöhnen und so feste Beziehungen aufzubauen. Ich ließ sie Konkurrenzspiele spielen, um die Aggressivität irgendwie auszuspielen.
Die Kinder nahmen diese Form der Spielstunde offenbar mit Vergnügen auf: Sie gaben sich große Mühe bei allen Wettkampfsituationen, ja sie erfanden immer mehr Details, in denen die Gruppen miteinander konkurrieren konnten.
Für die Sieger gab es Punkte, die zu einem begehrten Attribut wurden. Für alles sollte es nach dem Willen der Kinder schließlich Punkte geben. Das ging so weit, daß sie sich bereits vor der Spielstunde um die Wette in Staffeln aufstellten und dies bewertet haben wollten.
Nach mehreren Wochen wurden dann die Punkte zusammengezählt und die Sieger verkündet. Ich hatte zwar darauf geachtet, daß alle Gruppen irgendwelche Chancen bekommen hatten, aber das reichte nie aus, um alle zu befriedigen.
Daß ich erst nach einiger Zeit entdeckte, daß diese Art zu spielen nicht richtig sein könne, liegt wahrscheinlich auch daran, daß ich es in dieser Situation als Spielleiter besonders leicht hatte. Ich brauchte mich nicht zu bemühen, mir Gehör zu verschaffen; die Spiele, die ich vorschlug, wurden alle ohne Widerspruch akzeptiert. Kinder, die Schwierigkeiten machten, wurden von den anderen zurechtgewiesen; alles war auf mich und meine Aktivität als Organisator und Schiedsrichter gerichtet.
Im Laufe der Zeit konnte ich zwar beobachten, daß die Aggressivität innerhalb der Spielstunde zum Teil eingedämmt zu sein schien. Doch in unkontrollierten Augenblicken brach sie wieder hervor und richtete sich dann immer gegen dieselben Kinder. Außerdem kam es nach der Spielstunde oft zu großen Ausbrüchen. Schließlich wurde mir unheimlich, daß immer dieselben Kinder in ihren Gruppen die Führungsposition hatten und immer dieselben auf der untersten Stufe der Rangleiter standen,

gleich welche Spiele gespielt wurden. Das war offensichtlich das Gegenteil von dem, was ich gewollt hatte.
Ich versuchte daher, die Ziele des Spielens zu präzisieren und die Art des Spielens diesen Zielen anzupassen. Dabei wurde deutlich, daß man Zielen wie soziale Sensibilität, Kommunikations- und Kooperationsfähigkeit beim Spielen nur dann näherkommen kann, wenn man andere Spiele anbietet, andere Spielsituationen schafft und sich als Spielleiter anders verhält als in dem traditionellen Sportunterricht mit seiner leider noch viel zu häufigen Betonung der Mannschaftsspiele, dem die Anfangsphase meiner ersten Spielstunden glich.
Im Laufe der Zeit habe ich daher eine Reihe von bekannten Spielen verändert und neue erfunden, die mir besser als die meisten der weitverbreiteten Spiele solchen Zielen zu entsprechen schienen. Ich wählte Spiele, die weniger konkurrenzbetont, mehr darauf angelegt sind, das Zusammenspiel zu fördern, und so verschieden und offen sind, daß sie allen Kindern immer wieder und stets auf andere Weise Chancen für die Aktivität und Interaktionen bieten, die sie entbehren. Diese Spiele sollten soweit wie möglich die Ausbildung starrer Hierarchien verhindern.
Es wäre allerdings utopisch zu hoffen, daß man durch adäquate Spielanreize allein die Wirkungen sichern könnte, die man sich wünscht. Ebenso wichtig wie die Auswahl der Spiele ist das Verhalten des Spielleiters. Von seiner Offenheit, seiner Sensibilität für die Bedürfnisse der Kinder und seiner Fähigkeit, die Spiele flexibel zu handhaben und situationsentsprechend zu variieren, hängt es ab, ob sie die sozialisatorischen Funktionen haben können, die man sich von ihnen erwartet.
Um diese Hoffnung nicht an mangelnder Reflexion über die Ziele des Spielens, den Aufbau der Spiele und das Spielleiterverhalten scheitern zu lassen, schien es notwendig, sich nicht auf praktische Vorschläge zu beschränken. Den Spielangeboten mit Kommentaren, die auf einer pragmatischen Ebene die Ziele nennen und Empfehlungen für den Spielleiter geben, und einem Kapitel mit praktischen Hinweisen für das Verhalten des Spielleiters stellen wir daher in diesem Band einen theoretischen Teil zur Seite. In fünf Abschnitten wird darin der Versuch einer systematischen Reflexion auf die Spielpraxis gemacht, die im ersten Teil vorgeschlagen und beschrieben ist. Dieser theoretische Teil ist in Auseinandersetzung mit den Spielen und den Spielerfahrungen erwachsen, die im ersten Teil des Buches berichtet sind. Die Spiele und die theoretischen Konzepte mußten sich in einer über ein Jahr währenden Diskussion der Autoren dieses Bandes voreinander bewähren. In diesen Diskussionen ist einerseits der begriffliche Rahmen für die Funktionsanalyse des Spielens in der Schule entstanden, wie er hier vorgelegt wird, sind anderer-

seits die Spielerfahrungen und die Kommentare für eine Praxis präzisiert worden, die zugleich funktionale und reflexive Ziele verfolgt.
Der theoretische Teil entwickelt also den begrifflichen Rahmen, in dem die Funktionen des Spiels in der Schule entfaltet werden: Wolfgang Edelstein beginnt mit Überlegungen zur Funktion des Spielens unter den gewandelten Beziehungen von Elternhaus und Schule, welche die Situation heute bestimmen. Lothar Krappmann stellt in seinem Beitrag dar, wie die sozialen und psychischen Grundqualifikationen im Umgang mit den wichtigen Bezugspersonen des Kindes und in den Situationen seines kommunikativen Handelns erworben werden, die Voraussetzungen alles erfolgreichen Lernens sind. Doch die Beziehungen zu den Bezugspersonen sind stets Spannungen und Beeinträchtigungen ausgesetzt. Im Niemandsland zwischen den Bezugspersonen in Familie und Freundschaftsgruppen und den Anforderungen der Schule steht in Momenten des Konflikts die motivationale Basis des Lernens selbst auf dem Spiel. Wir wissen heute, daß Motivation eine Schlüsselkategorie für den Lernerfolg und damit für das Bildungsschicksal des Kindes ist. Dem Spiel kommt in diesem Zusammenhang eine besondere Rolle zu. Denn eines liegt auf der Hand: Spielen macht Spaß. Und man weiß, daß Vergnügen an einer Sache mit der Genese auch der überdauernden Motivation zur Lösung von Aufgaben verknüpft ist. Elke Calliess erläutert in ihrem Beitrag die Beziehung zwischen der Motivationsgenese für das Lernen und dem Spiel. Monika Keller entfaltet dann den in der kognitiven Entwicklungstheorie herausgearbeiteten engen Zusammenhang von Spielerfahrungen und Lernfähigkeit. Die Funktion des Spiels im Aufbau des kognitiven Repertoires der Kinder macht zugleich die Rolle deutlich, die es für dessen Ausbau erfüllen kann. Dabei bleibt das funktionale Argument durchaus vorsichtig, denn Spiel kann nicht systematisch funktionalen Zwecken – etwa eines intellektuellen Trainings – dienstbar gemacht werden, ohne gerade auch diese zu verfehlen.
Aus diesen Beiträgen wird klar, daß Spiele in der Schule soziale, motivationale und kognitive Ziele haben. Doch leicht kann sich ein Widerspruch zwischen dem Spiel und seinem Ziel auftun. Zielgerichtetes und zweckorientiertes Handeln kann die Voraussetzungen des Erreichens in Frage stellen. Gleichwohl verlangt die Legitimierung des Spiels in der Schule nach einer Evaluation der im Spielen erzeugten Fortschritte. Diether Hopf entwickelt Regeln für die Beobachtung und Analyse von „Spielprozessen“, die für die behutsame Evaluierung von Lernprozessen nicht minder relevant sind, wenn Evaluierung mehr sein soll als der im Test erbrachte Nachweis eines Lernerfolgs.
Manche Leser, die neue Curricula schon in der Hand gehabt haben oder

selbst mit ihrer Entwicklung zu tun hatten, werden erstaunt, vielleicht sogar befremdet sein, wenn sie dieses Buch als Beitrag zur Curriculumreform angekündigt sehen. Denn man findet zwar in den Kommentaren zu den Spielen, in den Kapiteln über die Planung von Spielstunden, über den Spielleiter und im theoretischen Teil Angaben über die Ziele des Spielens und über die inhaltlichen und didaktischen Möglichkeiten, ihnen näherzukommen; und es enthält, wie bereits erwähnt, einen Abschnitt über Evaluation; aber gerade diese Angaben machen erst deutlich, wie stark der hier ausgeführte Vorschlag von dem weit verbreiteten Bild der Curriculumkonstruktion abweicht: Die Ziele sind nicht geordnet; man findet keine Aufstellung der Ziele des Spielens und keine systematisierten Angaben darüber, mit Hilfe welcher Spiele sie erreicht werden können. Wohl tauchen Hinweise auf, daß dieses oder jenes Spiel nicht vor einem anderen gespielt werden sollte; aber im selben Atemzug beinahe wird gefordert, man solle es trotzdem versuchen.
Da wird von Evaluation geschrieben; aber vor allem wird dann erklärt, wo und wie die Evaluation auf keinen Fall stattfinden dürfe. Es gibt in diesem Spielcurriculum keine Hierarchisierung, keine direkte Operationalisierung der Ziele, nur vorsichtige Evaluationsvorschläge. An manchen Stellen könnte man sogar den Eindruck gewinnen, hier werde Planung überhaupt abgelehnt. Es sieht also fast so aus, als werde nach dem Prinzip verfahren: Wasch mir den Pelz, aber mach mich nicht naß.
Dieser — scheinbare — Widerspruch ist nun allerdings nicht Ergebnis von Nachlässigkeit oder falscher Etikettierung. Wir haben in der Darstellung bewußt vermieden, unseren Vorschlag zur Erweiterung des Curriculum durch Spielstunden so stark Planungsinteressen entsprechend zu strukturieren, wie dies von Lehrerhandbüchern für Curricula erwartet werden kann. Denn Spielen mit den Funktionen, die wir hier beschreiben, unterscheidet sich von vielen anderen Tätigkeiten in der Schule durch eine außerordentliche Empfindlichkeit gegenüber Organisation und Planung. Die Übertragung des gewohnten Lehrerverhaltens, Unterricht vorher zu planen und dann möglichst weitgehend dieser Planung entsprechend durchzuführen, auf Spielstunden, wäre das Ende dieses Vorhabens.
Trotzdem handelt es sich um einen Curriculumvorschlag; nur kann die Konkretisierung der Ziele und Prinzipien und die Auswahl der Spiele immer nur für eine bestimmte, konkrete Spielstunde erfolgen: d. h. durch den Spielleiter vor Ort. Die Planung muß sich beziehen auf die konkrete Situation der Spielgruppe, und auch dann kann es noch geschehen, daß sie in der jeweiligen Spielstunde wieder umgeworfen wird. Der Spielleiter muß seine Ziele und Prinzipien sowie auch sein Spielrepertoire im

Kopf haben und sie auf die jeweiligen Bedürfnisse der Kinder und auf die jeweiligen Erfordernisse der Situation abstimmen.

Darum sieht ein Spiel-Curriculum so aus wie dieses Buch: Es werden vorwiegend Spiel*situationen* beschrieben, die interpretiert und kommentiert werden. In ihnen werden die Ziele und Prinzipien deutlich, die in den Spielsituationen verfolgt und in den theoretischen Abschnitten begründet werden. Optimal verhält sich ein Spielleiter, der vor und nach einer Spielstunde darüber nachdenkt, was er in der Spielstunde erstrebt und tut. Reflexion über motivationale, soziale und kognitive Aspekte des Spielens werden ihn aufgeklärter in seine nächste Spielstunde gehen lassen. Er wird sich die Ziele und Prinzipien der Spielstunde vor Augen führen, um sich den konkreten Spielsituationen um so offener ausliefern zu können.

Für alle diejenigen, die dieses Buch nicht in die Hand nehmen, um sofort Spiele für ihren Unterricht oder ihre Erziehungsarbeit zu finden, sondern die zunächst wissen wollen, was Kinder in Spielstunden erleben und was das Ergebnis des Spielens sein kann, wird es sinnvoll sein, zunächst die *Berichte* über solche Situationen zu lesen und die Kommentare zu den Spielen zu überschlagen.

Wer dann aber selbst spielen will, der sollte das Buch zunächst ganz durcharbeiten und sich erst dann die Spiele heraussuchen, mit denen er beginnen möchte.

Teil I

1. Kapitel: Spiele, Kommentare, Berichte

1. Variationen konventioneller Spiele

Fangen

(1) **Ein Paar** hält sich an der Hand und fängt so schnell wie möglich die anderen Kinder, die einzeln laufen. Wer berührt wurde, setzt sich auf den Boden. Es wird die Zeit gemessen, die ein Paar braucht, um alle zu fangen (nur lustig in Gruppen unter 20 Kindern). Wenn die Gruppe größer ist, wird gezählt, wie viele das Paar in ein oder zwei Minuten gefangen hat.

(2) **Eine Gruppe,** bestehend aus vier bis sechs Kindern, bildet eine Kette und versucht die anderen, einzeln laufenden, zu fangen:
a) durch Abschlagen,
b) durch Einkreisen.
Es wir die Zeit gemessen, die eine Gruppe braucht, um alle zu fangen.

(3) **Jedes Kind** sucht sich einen Partner. Ein Paar spielt die Fänger, wenn der Spielleiter „Los!" ruft, beginnt gleichzeitig eine Stoppuhr zu laufen. Jedes Kind soll sich nach einer Minute zusammen mit seinem Partner hinsetzen. (Es kann gesagt werden: Paare Rücken an Rücken oder mit gespreizten Beinen einander vis-à-vis usw.) Die Fänger zählen, wie viele sie gefangen haben; der Spielleiter stellt fest, wer der Minute am nächsten gekommen ist.

(4) **Die Kinder** teilen sich in Dreiergruppen und halten sich an der Hand. Eine Gruppe ist Fänger und eine Erlöser. Die Fänger schlagen die anderen Dreiergruppen ab. Wer gefangen ist, soll sich hinsetzen; die Erlöser befreien die Abgeschlagenen ebenfalls durch einen Schlag. Es wird gezählt, wie viele Gruppen nach zwei Minuten gefangen am Boden sitzen. Die Gruppengrößen können verändert werden, wenn die Kinder es vorschlagen.
Es kann das Erlösen erschwert werden, indem die Fänger nur einen aus

der zu fangenden Gruppe berühren, die Erlöser aber alle drei berühren müssen.

(5) **Fangen spielen. Währenddessen macht der Spielleiter** Laut- oder Armzeichen, die verschiedenes bedeuten, z. B.: ein Pfiff: hocken; zwei Pfiffe: stehen und Arme heben; drei Pfiffe: auf den Bauch legen; vier Pfiffe: Arme seitwärts strecken.
Jeder zählt, wie oft er gefangen worden ist und wie oft er, nach dem Urteil des Spielleiters, als erster die richtige Stellung eingenommen hat. Es kann und soll dabei immer mehrere Erste geben.

(6) **Dasselbe,** nur soll bei dem Zeichen die verlangte Stellung mit einem vorher gewählten Partner eingenommen werden.

(7) **Dasselbe,** nur soll eine Gruppe die entsprechende Stellung einnehmen. In diesem Fall wird man andere Stellungen angeben, die Gruppen besser entsprechen, z. B.:
1 Pfiff: jede Gruppe macht einen engen Kreis;
2 Pfiffe: die Gruppe sitzt mit gestreckten Beinen in einer Reihe hintereinander usw.
Am besten ist es, wenn die Kinder selbst Stellungen vorschlagen.

(8) **Jeder sucht sich einen Partner** und stellt sich neben ihn in den Kreis. Alle halten sich bei den Händen. In der Mitte des Kreises ist ein kleiner Kreis eingezeichnet. Alle versuchen, irgendeines der Paare in den Kreis zu ziehen. Wenn einer mit seinem Fuß die Linie überschritten hat, soll er mit seinem Partner zusammen alle anderen zu fangen versuchen. Die Fänger können nach Vereinbarung einzeln oder an den Händen gefaßt laufen, die anderen müssen sich an den Händen halten. Wenn sie unberührt an die Wand oder einen vereinbarten Platz kommen, sind sie „frei".

Kommentar zu den Spielen 1 bis 7

Fangenspielen ist allgemein ein sehr beliebtes Spiel und wird auch oft von Kindern selbst vorgeschlagen. Weil sie es so gerne spielen, ist es günstig, es am Anfang der Spielstunde zu verwenden, wenn man im Freien oder in einem großen Raum spielen kann. In den hier beschriebenen Spielen sollen die Kinder anfangen, *sich auf einen Partner einzustellen.* Sie können bei diesen Spielen ihren Wunsch nach Bewegung befriedigen und gleichzeitig lernen, auf einen oder mehrere Partner *motorisch adäquat zu*

reagieren. Wenn Kinder noch nicht viel miteinander gespielt haben, wollen sie manchmal nicht mit einem Partner zusammen fangen; meistens mit der Begründung, daß sie es allein viel besser und schneller könnten. Ich habe darauf immer geantwortet, daß wir es in der Spielstunde immer zusammen machten, damit alle Kinder das lernen könnten und sehen könnten, wie lustig das sei.
In die Fangspiele sind aber darüber hinaus Aufgaben eingebaut, die die Kinder darin üben sollen, *auf mehrere Dinge gleichzeitig zu achten* und sich dabei gegenseitig zu helfen (3, 4).
Das Spiel 5 soll in diesem Zusammenhang zwar auch dem einzelnen Kind die Möglichkeit geben, auf mehreres zu achten und sich bestimmte Zeichen zu merken. Dieses Spiel ist aber vor allem als Kontrast zu 6 und 7 gemeint und sollte wenn möglich immer vor 6 oder 7 gespielt werden. Aber der Spielleiter sollte die Ansage der Regeln möglichst so formulieren, daß die Kinder angeregt werden, sich zu fragen, welches der Spiele am meisten Spaß macht.
Das Ziel von Spiel 5 ist (in beiden Variationen) das *Planen einer* kleinen gemeinsamen *Strategie.* Das kann man den Kindern nicht sagen, sondern sie müssen selbst erleben, daß es nicht besonders günstig und lustig ist, wenn der Stärkste der Gruppe sie durch die Gegend zerrt und die anderen ihnen deshalb entwischen. Erklärungen durch den Spielleiter nützen erfahrungsgemäß nichts. Am schnellsten lernen alle, wenn eine Gruppe eine Strategie erfindet und damit Erfolg hat. Diese Strategie wird dann sehr schnell nachgemacht oder abgewandelt. Aber es gibt auch Situationen in Gruppen, wo einige Kinder sehr gute Vorschläge machen, die anderen jedoch diesen Plan aus den verschiedensten Gründen nicht einhalten können. Die Gründe für dieses Versagen in einer Gruppe herauszufinden ist eine der wichtigsten Aufgaben des Spielleiters. Denn dabei lassen sich bei genauer Beobachtung viele Schwierigkeiten, die einzelne Kinder haben, feststellen.

Bericht zu Spiel 2 (Fangen in einer Kette)

Beim Einteilen der Gruppen hatten sich einige Kinder heftig darum beworben, bei M. in der Gruppe zu sein. Es konnten fast alle zufriedengestellt werden, bis auf zwei Kinder, die widerwillig gemeinsam in eine andere Gruppe gingen.
Als die Gruppe von M. zum Fangen an die Reihe kam (es war Abschlagen vereinbart worden), gab es große Schwierigkeiten. M., auf den alle gebaut hatten, zog und zerrte die Gruppe einmal hierhin, einmal dorthin. Da er sehr kräftig war, hatte er damit Erfolg; außerdem bestand die

Gruppe vor allem aus seinen Freunden. Mehrmals versuchten sie, zu einem Plan zu kommen; doch M. war nicht in der Lage zuzuhören. Er zappelte herum, während die anderen miteinander sprechen wollten, und zerrte sofort wieder los, wenn eines der zu fangenden Kinder sich näherte, um zu erlauschen, was für ein Plan ausgedacht würde. Es war nach kurzer Zeit klar, daß diese Gruppe durch M.s Verhalten so versagte, obwohl alle erwartet hatten, daß diese Gruppe unschlagbar sei, weil M. und seine Freunde die besten Sportler der Klasse waren. Nachdem alle Gruppen Fänger gewesen waren, stellte sich heraus, daß M.s Gruppe nicht gesiegt hatte. Die Gruppe litt unter dem Mißerfolg. Die Kinder boxten jeden, der in der Nähe war, verteilten Fußtritte und Stöße von hinten; vor allem wandten sie sich gegen die Siegergruppe. Alle waren unglücklich. Man hätte jetzt zu einem anderen Spiel übergehen können in der Hoffnung, daß sich dadurch die Gemüter beruhigen würden. Damit wäre aber niemandem geholfen, und vor allem hätte niemand etwas gelernt, und ein ungutes Gefühl wäre doch übriggeblieben.

So fragte ich, ob man dieses Spiel nicht noch einmal spielen könnte und ob die Kinder nicht Änderungen dazu vorschlagen wollten. Ich selbst würde vorschlagen, beim nächsten Mal nicht zu rennen, sondern nur so schnell zu gehen wie möglich, da doch alle ein wenig erschöpft seien. Kinder schlugen vor, neue Gruppen zu bilden. Das wurde von allen außer der Siegergruppe gerne akzeptiert. Und dann wurde noch vorgeschlagen, nicht durch Abschlagen, sondern durch Einkreisen zu fangen.

Schnell formierten sich die Gruppen neu, nur die Siegergruppe hatte weiterhin Schwierigkeiten, sich voneinander zu trennen. Um M. riß sich diesmal niemand. Er erklärte, das sei ein blödes Spiel und er mache nicht mehr mit. Ich fragte ihn daraufhin, ob er mir helfen wolle zu entscheiden, wann wer eingekreist sei. Mürrisch erklärte er sich dazu bereit. Nachdem er sich eine Zeitlang an der Beurteilung nicht beteiligt hatte, obwohl er sehr genau zugesehen hatte, beantwortete er plötzlich meine Fragen, erklärte selbst, warum jemand als gefangen zu betrachten sei, und beteiligte sich immer heftiger an dem Spielgeschehen, indem er Partei ergriff für einen Verfolgten oder eine Fängergruppe, ihnen zurief und dabei auf und ab sprang. Ich wartete ab, ob er von sich aus den Weg zurück ins Spiel finden werde, sah aber nach kurzer Zeit, daß seine Spannung zwar immer mehr wuchs, er aber Hilfe brauchte, um zu den anderen zurückzufinden. Er war ja durch das letzte Spiel von einem sehr hohen Status auf einen sehr niedrigen zurückgefallen. Sich selbst als Bittender wieder ins Spiel einzureihen war einfach zu schwierig. So fragte ich ihn, ob ich mich bei einer bestimmten Gruppe, von der ich annehmen konnte, sie würde ihn aufnehmen, erkundigen sollte, ob er jetzt bei ihnen

mitmachen könnte. Nach kurzem Zögern antwortete er, er wolle lieber noch Schiedsrichter bleiben. Aber nach zwei weiteren Spielen hielt er es nicht mehr aus; er nahm mich bei der Hand und ging mit mir zu der von mir vorher genannten Gruppe. Dort angelangt, stellte er sich mit trotzigem Gesicht neben mir auf, und als er akzeptiert worden war, sagte er kein Wort und stellte sich neben A., der als einer seiner Freunde galt. Niemand beachtete ihn besonders. Nur ein Bub versuchte, ihn zu hänseln. Dann ging das Spiel weiter. Die Gruppe, in der M. war, kam zum Fangen an die Reihe. Sie hatte schon einen Plan, der sich aber nach einigen Versuchen als nicht sehr erfolgreich erwies. Die Kinder zogen sich in eine Ecke zurück und steckten die Köpfe zusammen. M. war noch immer außerhalb. Da wandte sich A. mit einer Frage an ihn, und mit einer schnellen Bewegung war M. im Kreis. Die Kinder rückten noch enger aneinander, und nach kurzer Zeit ging das Spiel weiter. Die Gruppe hatte eine bessere Strategie gefunden, die sie auch durchhalten konnte, obwohl M. in der Gruppe war. Sieger wurde sie zwar nicht, aber sie zeigte sich sehr zufrieden, einen so guten Plan zu haben.
Das Wichtigste aber war gelungen. M. hatte seinen Weg zu den anderen neu gefunden, er hatte einmal gesehen, daß es auch Spaß machen kann, Mitglied einer Gruppe zu sein, die nicht um ihn konzentriert ist; ja daß es auf diese Weise sogar leichter und lustiger sein kann, mit anderen zu spielen. So jedenfalls ließe sich seine Äußerung am Ende der Spielstunde auslegen: „Heute war es richtig klasse, so einen Plan machen, alle zusammen; und nicht immerzu schaun, wer wohl der Edelste sein wird. Da muß man immer so kämpfen."

Verstecken ...

(9) **Die übliche Form:** Ein Kind wird zum Sucher bestimmt, stellt sich an einen Baum (Ecke, Wand usw.), hält sich die Augen zu und zählt bis 50 (je nach Gegend mit verschiedenen Sprüchlein am Ende: „Eins, zwei, drei, vier Eckstein, alles muß versteckt sein, hinter mir, vor mir, rechts, links, gilt's nicht", usw.).

Die Änderungen: Statt eines Kindes stehen zwei am Baum. Das macht es für die anderen schwierig, denn jetzt kann das eine Kind am Baum stehenbleiben, während das zweite auf Jagd geht; oder sie können den Baum von zwei Seiten bewachen, so daß niemand sich freischlagen kann. Darum braucht es noch zwei weitere Änderungen. Es genügt nicht, einen der Versteckten nur zu sehen und seinen Namen zu rufen und ihn am

Baum abzuschlagen: Er muß bei diesem Spiel berührt werden. Außerdem brauchen die Sucher wie die Versteckten mehr Zeit am Spielanfang, um sich zu besprechen, wie sie vorgehen wollen. Zudem zeigte die Erfahrung, daß es gut ist, das Spiel nicht länger als drei oder höchstens fünf Minuten lang zu spielen. D. h., nach der vereinbarten Zeit ruft man „Spielende" oder pfeift, falls das Gelände sehr groß ist. Dann werden die Gefangenen und Freigeschlagenen gezählt, und dann kommt das nächste Paar zum Suchen „dran".

Kommentar zu Spiel 9

Verstecken spielen gehört zu den weitverbreiteten und von fast allen Kindern gern gespielten Spielen. Es enthält ein Element des Abenteuers, und man sollte beim Arrangieren solcher Spiele sehr darauf achten, daß das nicht verlorengeht. Abenteuer macht Spaß.

Daher sollte man den Ort, an dem man Verstecken spielen will, entsprechend wählen. Je unübersichtlicher das Gebiet ist, desto besser.

Ich selbst habe mit den Kindern meistens im Wald gespielt und beobachtet, daß es ihnen dabei besonders viel Vergnügen gemacht hat, zu rennen, ohne auf Unebenheiten, Steine, Äste oder sonstige Hindernisse zu achten, glücklich über ihren eigenen Mut.

Es war immer zu beobachten, daß ein gelungenes Spiel dieser Art die ganze Gruppe befriedigt. Auf dem Heimweg gab es ernsthafte Gespräche über die verschiedenen Strategien. Ganze Spielphasen wurden wiedererzählt und gegeneinander abgewogen. Früher, als ich noch auf Wettkampfbasis mit den Kindern gespielt hatte, war das nie möglich gewesen, da Sieger sich aufplustern und Besiegte sich ärgern mußten. Denn die starren Gruppen von damals wollten nur noch ihre Punkte sammeln und konnten dadurch nicht, wie die jetzt immer wechselnden Gruppen, mit Vergnügen nach dem besten Weg suchen, ihre Spielaufgabe zu erfüllen. Obwohl es für das Gelingen des Spiels wichtig ist, daß die Kinder sich organisieren und sich Strategien überlegen, wie man am besten gemeinsam angreifen oder sich verteidigen kann, sollte der Spielleiter hier nicht eingreifen. Er darf den Kindern Schwierigkeiten in diesem Spiel nicht ersparen, die entstehen, wenn sie nicht auf den Gedanken kommen, sich über ihr Vorgehen zu verständigen.

Versuchsweise habe ich in einer fünften Klasse einmal Ratschläge für die Suchenden wie für die Gesuchten gegeben, ohne daß es die anderen hören konnten. Ich wollte herausfinden, ob und wann wer die Ratschläge annimmt und welche Wirkung das haben kann. Das Ergebnis sah so aus: Die beiden Suchenden hielten sich kurze Zeit an die Ratschläge; d. h.,

sie versuchten, wie vorgeschlagen, zu kooperieren (einer hütet den Baum, der andere versucht zu fangen), aber nach ganz kurzer Zeit zerfiel diese Kooperation. Jeder machte, was er für richtig hielt. Erst nachdem den beiden selbst erkennbar geworden war, daß sie wegen der Planlosigkeit ihres Handelns (beide laufen nach und versuchen zu fangen, weil sie deutlich erkennbar eine Wut auf die Angreifer bekommen, die durch ihre größere Zahl so viel stärker zu sein scheinen) Mißerfolge hatten und daher ihr Vergnügen an dem Spiel immer geringer wurde, schienen die Voraussetzungen für *strategische Beratungen* geschaffen zu sein. Dafür war aber während des Spieles eigentlich keine Möglichkeit vorgesehen, denn Beratungen hieß in diesem Augenblick, den Angreifern freie Bahn zu geben. Das hätte den Mißerfolg noch mehr vergrößert. Eine solche Situation erfordert dann das Eingreifen des Spielleiters. Er kann das Spiel unterbrechen mit der Begründung, die beiden wollten beraten und die Angreifer könnten es ja auch tun. In den meisten Fällen wurde das ohne Unlustäußerungen akzeptiert. Nach meiner Beobachtung war die Befriedigung der Kinder groß, wenn man ihnen auf diese indirekte Weise helfen konnte, zu *gemeinsamen Plänen* und zu *Kooperation* zu kommen.
Natürlich gelang es ihnen gleich beim ersten Mal nicht immer sehr gut, da sie ja auch in der Aufregung des Spieles Verständigungsschwierigkeiten hatten. Aber etwas besser als ohne Planung ging es in jedem Fall. Erst in dieser Situation waren Ratschläge erwünscht und wurden meistens nicht nur angehört, sondern auch wörtlich nachgesprochen — wahrscheinlich um das Vorgeschlagene sich einzuprägen —, dann ins Spiel eingebaut und viel längere Zeit durchgehalten. Den Angreifern am Spielanfang Ratschläge zu geben erwies sich als vollkommen nutzlos. Meistens steigerten sie sich gegenseitig in eine Aufregung hinein, in der sie nur wollten, daß das Spiel endlich losgehe. Planungen ergaben sich für diese Gruppe meistens während des Spiels und waren ja auch möglich, da sie durch ihre größere Zahl die Stärkeren waren und sich daher Zeit nehmen konnten. Ratschläge in einer derartigen Planungssituation wurden genauso aufgenommen wie die Vorschläge der Mitspieler, sie wurden genauso kritisiert, akzeptiert oder verworfen. Es kam auch manchmal vor, daß die Gruppe, wenn sie zu groß war, sich in zwei oder drei kleinere Gruppen teilte. Dann wurden sehr komplizierte Pläne entwickelt, die nie zu verwirklichen waren, die aber eine große Bedeutung für das Gruppengefühl hatten. Daß diese Strategien nicht in Aktion umgesetzt wurden, erzeugte kein Unbehagen. Im Gegenteil: Auf dem Heimweg wurden diese Pläne sehr oft voller Stolz erzählt. Wenn ich dann bemerkte, daß ich aber beim Spielen nichts davon beobachtet hätte, wurde mir immer wie-

der versichert, das mache nichts, denn „so zusammen sich etwas Tolles ausdenken ist sehr wichtig, denn dann kann man auch zusammen etwas machen, weil man einen Teil, wenn er auch ganz anders ist, immer verwenden kann". Kurz, bei den Zehn- bis Zwölfjährigen, mit denen ich es zu tun hatte, sollte der Spielleiter gleichzeitig Ratgeber für die einen, Publikum für die anderen, Schiedsrichter für alle und Helfer für einzelne sein. Letzteres wird in der Geschichte von N. erzählt und erklärt.

Bericht zu Spiel 9 (Verstecken in Gruppen)

Es wurde im Wald Verstecken gespielt. N. und sein Freund hatten mit großen Mühen durchgesetzt, als erste suchen zu dürfen. Für N. war es immer sehr wichtig, alles als erster machen zu dürfen, aber natürlich war das nicht immer möglich. Diesmal war es ihm gelungen, und er zeigte seine Freude darüber ganz unverhohlen.
Nachdem die anderen Kinder sich versteckt hatten, raste N. los, um sie zu suchen. Seine Seite des Baumes war deshalb unbewacht, und mehreren Kindern gelang es, an den Baum zu kommen und sich freizuschlagen, obwohl I. sich große Mühe gab, ihn allein zu verteidigen. N. kam zum Baum gerannt, beschimpfte I., nicht besser aufgepaßt zu haben, und stellte sich auf seiner Seite des Baumes wütend mit gesenktem Kopf und geballten Fäusten auf. Inzwischen hatten die anderen Kinder sich organisiert und kamen schnell mit lautem Geschrei in einem Haufen auf den Baum zu. Genau auf N.s Seite. I. wollte ihm zu Hilfe kommen und stellte sich in seiner Nähe auf und übersah dabei, daß seine Seite des Baumes einer kleineren Gruppe Kinder, die sich vorher von den anderen leise entfernt hatte, freie Bahn ließ. Dieser Fehler, auf den sie spekuliert hatten, wurde auch sofort ausgenützt. N.s Wut wurde noch größer. Er wußte nicht mehr, was er tun sollte. Mehrere Kinder hatten sich schon freigeschlagen, und dann kam dieser schreiende Haufen immer näher. Das war zuviel für ihn. Mit wildem Gebrüll stürzte er sich den Angreifern entgegen, versetzte einigen ein paar Boxer und Fußtritte. Die schlugen zurück, ebenso N. Plötzlich schrie er auf und lief davon, ziellos zickzack im Wald herum und entfernte sich dabei immer weiter.
Die anderen Kinder wollten weiterspielen und verlangten von mir, ich sollte doch sehen, wer statt N. den Baum verteidigen könnte. Ich aber war zerrissen zwischen den Kindern, die Hilfe wollten, um weiterspielen zu können, und dem Gedanken an N., der unglücklich und allein irgendwo im Wald saß und doch sicher aus seinem Elend herausgeholt werden wollte. Aus Erfahrung wußte ich, daß es ihm in seiner augenblicklichen seelischen Verfassung nicht möglich sein würde, den Weg selbständig zu-

rückzufinden. Als Spielleiter kommt man sehr oft in die Lage, entscheiden zu müssen zwischen einer Gruppe oder der ganzen Klasse und einem einzelnen Kind. Noch war die Klasse nicht sehr geübt, miteinander zu spielen, und das Gleichgewicht mußte oft mit großer Mühe und viel Phantasie aufrechterhalten werden. Es war auch noch nicht ohne weiteres möglich, die Kinder einander zu überlassen und zu hoffen, sie würden selbständig und mit Vergnügen miteinander spielen.
Die Entscheidung wurde mir in diesem Fall etwas erleichtert; denn als ich mich erkundigte, was mit N. geschehen solle, sagten einige Kinder, ich könne ihn doch holen gehen. Andere meinten, er solle bleiben, wo er sei, er habe nichts anderes verdient. Ich fragte daraufhin, ob sie allein weiterspielen könnten und ob jemand mich als Zeitmesser und Schiedsrichter vertreten könne. Ohne Schwierigkeiten wurden Kinder dafür bestimmt. Ich wartete den Spielanfang ab und ging dann, um N. zu suchen. Nach kurzer Zeit fand ich ihn weinend am Boden liegen. Er hatte sehr viele Lasten abzuladen. Hier soll nur genannt werden, was er zur Spielsituation sagte „... und dann sind sie gekommen und haben geschrien, und ich habe so eine Wut gehabt, weil ich gewußt habe, sie sind stärker, und weil ich gewußt habe, so eine große Wut kann ich gar nicht haben, um stärker zu sein als sie alle. Und dann wollte ich noch nachdenken, und da sind sie immer näher gekommen, und da bin ich lieber hingelaufen, um wenigstens einigen weh zu tun, weil ich gewußt habe, sie werden doch siegen."
Nachdem N. sich ausgeweint hatte und alles erzählt war, ging er friedlich mit mir zurück. Wir kamen gerade noch rechtzeitig, um den Beginn eines großen Streites verhindern zu können.
Da N. und I. als Partner ihr Spiel nicht bis zum Schluß gespielt hatten, war es leicht, die Klasse zu überzeugen, daß die beiden noch einmal drankommen müßten. Ich hatte große Sorge, daß es für N. zu schwierig werden würde und einige ihn vielleicht für sein Verhalten auf ihre Weise bestrafen könnten. Aber nichts geschah. Das Spiel verlief lustig und friedlich für beide Seiten. Angespannt war dieses Mal nur ich gewesen.

Der Kaiser schickt Soldaten aus

(10) **Die Kinder teilen sich in zwei Gruppen.** Die beiden Gruppen stellen sich einander gegenüber auf (im Abstand von mindestens 10 m) und fassen sich fest an der Hand. Einer aus der ersten, evtl. vom Spielleiter bestimmten Gruppe ruft: „Der Kaiser schickt Soldaten aus, er schickt den ... und den ... aus." Die beiden Genannten laufen auf die

gegenüberstehende Gruppe zu und versuchen, die Kette zu durchbrechen. Wenn es ihnen gelingt, dürfen sie sich einen aus dieser Gruppe mitnehmen. Wenn es ihnen nicht gelingt, müssen sie bei der Gruppe bleiben. Das Spiel dauert so lange, bis von einer Gruppe nur noch einer übrig ist. Es kann auch vereinbart werden, daß nach einer bestimmten Zeit gezählt wird, wie viele Mitglieder jede Gruppe noch hat. Darauf können die Gruppen neu zusammengestellt werden.
Es ist darauf zu achten, daß alle in allen Rollen einmal drankommen, d. h. beim Rufen und beim Angreifen.

Kommentar zu Spiel 10

Bei diesem Spiel muß man etwas vorsichtig sein, denn es kann gefährlich werden. Man sollte es nur auf einer Wiese spielen oder wo es eine weiche Unterlage gibt. Denn sehr oft fallen die Kinder beim Durchbrechen der Reihe hin, und da sie meistens mit großem Schwung herankommen, können sie sich leicht weh tun, wenn man nicht entsprechend vorsorgt.
Ebenso ist es unbedingt abzuraten, dieses Spiel mit einer aggressiven Gruppe zu spielen. Aggressive Kinder sind bei diesem Spiel überfordert, sie können die notwendige Vorsicht und auch Rücksicht nicht aufbringen, da sie durch die Spielregeln eher zum Gegenteil animiert werden. Vor allem Raufer haben es schwer, bei diesem Spiel entsprechende *Fairneß* aufzubringen. Wenn sie schon bei den Schwächsten in der Kette – meist sind das auch noch Mädchen – durchzubrechen versuchen, so fällt es ihnen sehr schwer, darauf zu achten, ihnen durch ihr Durchbrechen, das ihnen fast immer ohne große Mühe gelingt, nicht auch noch weh zu tun. Bei schüchternen Kindern, die wenig *Vertrauen* in ihre *körperlichen Fähigkeiten* haben, ist es nach meiner Erfahrung ein sehr nützliches Spiel gewesen; denn sie haben nicht allein, sondern zu zweit die Verantwortung für eine körperliche Leistung. Allein dadurch können sie sich Mut machen. Aber es ist zu beobachten, daß auch schüchterne oder ängstliche Kinder bei diesem Spiel nach einiger Zeit wild und rücksichtslos werden. Man muß daher darauf achten, im richtigen Moment abzubrechen, da sonst das Spielvergnügen ganz schnell in Aggressivität der verschiedensten Art umschlagen kann. Warum soll man dann dieses Spiel überhaupt spielen? Nach meiner Erfahrung ist es ein gutes Spiel, um den Kindern zu helfen, *mit ihrer eigenen Aggressivität umgehen zu lernen*. Da sie aber zuerst die Grenzen noch nicht kennen, muß man anders als in anderen Spielen durch Eingreifen oder Abbrechen des Spieles diese Grenze von außen setzen, um die Kinder zu schützen.
Wenn man ein Spiel abgebrochen hat, ist es günstig, die Kinder rasch

in einen Kreis zu setzen und der Reihe nach erzählen zu lassen, was sie empfunden haben, wenn sie auf die Reihe losgerannt sind, und was sie gefühlt haben, wenn jemand in ihrer Richtung gelaufen kam.
Sie lernen, sich über ihre *Gefühle* zu *äußern* und sie dadurch ein wenig klarer zu sehen. Sehr oft wurde durch dieses Gespräch den Kindern deutlich, daß sich ihre Gefühle im Lauf des Spieles rasch geändert hatten: daß ihnen „plötzlich eine Wut" gekommen sei. Es sollte dann gefragt werden, ob sie sich erinnern könnten, wann denn die Wut gekommen sei. Es macht nichts, wenn das nicht zu klären ist. Wichtig ist es, die Aufmerksamkeit überhaupt erst einmal darauf zu lenken, daß man versuchen kann, dies festzustellen. Am Ende des Gespräches kann man darauf hinweisen, daß man sich, wenn dieses Spiel wieder einmal gespielt wird, vielleicht merken sollte, wann die Wut kommt, damit man es den anderen erzählen kann.
Vor dem nächsten Mal sollten die Kinder aber nicht darauf aufmerksam gemacht werden, damit die Spontaneität nicht gestört wird. Nach dem Spiel jedoch sollte wieder darüber gesprochen werden.
Ich habe die Erfahrung gemacht, daß Kinder der 7. Klasse, die im Laufe der Jahre dieses Spiel und andere oft gespielt haben, es ganz anders spielten als „Fünftkläßler", für die es noch neu war.
In der 7. Klasse wurde schon sehr deutlich, daß viele der aggressiven Gesten nur mehr zum Schein, dafür aber mit großem Geschick „gespielt" werden. Für ungeübte Zuschauer sah es zwar oft gefährlich aus, aber immer wieder wurde bei genauem Hinsehen der Unernst, das Spielerische deutlich. Immer wieder endeten aufregend aussehende Situationen mit Gelächter. Auch ließ sich bei diesem Spiel beobachten, daß es für Kinder, die später in die Klasse gekommen waren und deshalb noch nicht so viel gespielt hatten, schwierig war, dieses Verhalten zu verstehen. Immer wieder meinten sie, sich auf aggressive Weise behaupten zu müssen, und stießen daher auf Ablehnung.
Hinzuzufügen ist noch, daß Schüler der 7. Klasse natürlich nicht mehr dieses Sprüchlein vom Kaiser sagen, sondern einfach einer zwei andere aufruft, die laufen sollen.

Zimmer, Küche, Kabinett oder Ochs am Berg

(11) Die Kinder teilen sich in zwei Gruppen. Jede Gruppe bestimmt einen, der zur anderen Gruppe geht. In der Mitte des Spielfeldes wird eine Linie gezogen, an der sich beide Gruppen Rücken an Rücken aufstellen. An den beiden Enden des Spielfeldes schaut der von der Gegengruppe Entsandte ein und sagt sein Sprüchlein („Ochs am Berg, eins, zwei, drei“ oder „Zimmer, Küche, Kabinett“ oder ähnliches). Beide Gruppen beginnen gleichzeitig auf „Los!“ des Spielleiters. Während das Sprüchlein gesagt wird, bewegt sich die Gruppe nach vorne, wenn der Einschauende sich umdreht und jemanden sich bewegen sieht, schickt er ihn an die Linie zurück. Wenn ein Gruppenmitglied den Einschauenden erreicht hat und ihn berührt, ist das Spiel zu Ende, und die Gruppe bekommt einen Punkt.

Beim nächsten Spiel wird ein anderer zum Einschauen zur anderen Gruppe geschickt.

Kommentar zu Spiel 11

Dieses Spiel ist beliebt, aber die Kinder brauchen sehr lange, bis sie erkennen, daß sie viel schneller Erfolg haben könnten, wenn sie eine Methode fänden, *gemeinsam* nach vorne zu gehen. Erfahrungsgemäß muß sehr lange gespielt werden, bis die Kinder überhaupt bereit sind, irgend etwas zu überlegen. Anscheinend müssen sie sich an ihrer eigenen Leistung „satt gespielt“ haben, bis sie bemerken können, daß bei dieser Spielanordnung die eigene Leistung immer Folgen für die Gruppe hat. Bis diese Zusammenhänge beachtet werden können, dauert es meist sehr lange. Es wurde hier der Versuch gemacht, den Gruppen Ratschläge zu geben, nicht nur vom Spielleiter, sondern auch von anderen Schülern, die zwei bis drei Jahre älter waren und dieses Spiel selbst schon in der Spielstunde gespielt hatten. Das blieb ohne Erfolg.
Wahrscheinlich sollte man kleine Hinweise auf Möglichkeiten der *Kooperation* trotzdem nicht auslassen, auch wenn sie nicht sofort sichtbaren Erfolg haben. Sicher ist, daß die Kinder erst dann zu kooperieren beginnen, wenn der Vorschlag dazu aus ihrer Mitte kommt. Und die Hoffnung ist, daß man den einen oder anderen dazu anregen kann. Denn oft genügt es in diesem Spiel, wenn nur einer in einer Gruppe die Initiative ergreift. Ich habe mehrmals beobachtet, daß Kinder Vorschläge von einzelnen akzeptierten und dann sehr schnell selbst darauf achteten, daß sie eingehalten wurden. Diese Gruppe hatte dann eine kurze Zeit lang einen Vorsprung und siegte. Es war aber zu beobachten, daß die andere Gruppe – je nach Konstellation – die Methode nachahmte oder plötzlich eigene Ideen entwickelte.

Bericht zu Spiel 11 (Ochs am Berg)

K. hatte beschlossen, bei diesem Spiel nicht mitzuspielen, weil er sich mit einem Buben in seiner Gruppe gestritten hatte. Er saß neben mir und sah zu. Zuerst tat er, als sei er unbeteiligt, dann aber merkte ich, daß er immer aufmerksamer zuschaute. Seine Gruppe hatte sich ein gutes System ausgedacht und kam ganz schnell weiter, ohne gesehen oder zurückgeschickt zu werden. K. wurde immer aufgeregter, und als seine Gruppe das Ziel erreichte, sprang er auf und freute sich lautstark. Ich fragte ihn, ob er nicht wieder mitspielen wolle; sofort setzte er sich wieder hin und sah finster in die Gegend. „Mit denen spiele ich nie wieder", murmelte er vor sich hin.
Inzwischen war um die Siegergruppe eine Aufregung entstanden. Der Sieg wurde angefochten, weil die Gruppe durch K.s Ausscheiden kleiner war als die andere: „Weil es leichter ist, mit weniger Leuten einen Plan einzuhalten und zum Ziel zu kommen." Dabei wurden sehr anzügliche Blicke zu K. geworfen, und ich konnte nicht verhindern, daß jemand ausrief: „Wenn der mitspielt, könnt ihr gar nicht siegen, der ist immer so egoistisch." K. saß ganz steif da und hatte Tränen in den Augen. „Aber wenn ihr um einen weniger seid, gilt es nicht, wenn ihr erste seid", schrie F. als Wortführer der anderen Gruppe.
Plötzlich stand K. auf und ging wortlos zu seiner Gruppe, sein Freund, mit dem er sich noch vor kurzem gestritten hatte, stellte sich zu ihm und sah F. drohend an. Schnell schlug ich vor, doch weiterzuspielen und dieses letzte Spiel nicht so ernst zu nehmen, das richtige Spiel käme erst jetzt, wo beide Gruppen gleich groß seien.
Bei dem nächsten Spiel gab K. sich ungeheure Mühe, nicht aus der Reihe zu tanzen, und obwohl einige Kinder in der Gruppe zuerst sehr mißtrauisch gewesen waren und ihn ständig beobachtet hatten, gelang es ihm, „den Plan einzuhalten".
Als ich ihm nach der Spielstunde ganz leise sagte, wie großartig ich seinen Entschluß, doch mitzuspielen, gefunden hätte, meinte er: „Sie haben mich ja gebraucht, obwohl sie gesagt haben, ich bin egoistisch. Ach, ich weiß nicht, da war spielen einfach besser als sitzen und traurig sein."

Feuer, Erde, Luft und Wasser

(12) Alle sitzen im Kreis. Einer steht in der Mitte und wirft jemandem einen kleinen Ball oder ein geknotetes Taschentuch zu. Dabei sagt er entweder Feuer oder Erde oder Luft oder Wasser. Der, dem der Ball zugeworfen wurde, soll entsprechend einen Fisch, Vogel oder ein Tier nennen; bei Feuer nichts sagen. Der rechte Nachbar darf ihm helfen. Man sollte Zeit zum Nachdenken vereinbaren.

Kommentar zu Spiel 12

Bei diesem Spiel lernen Kinder, *Begriffe einander zuzuordnen.* Günstig ist es, nach einiger Zeit neue Begriffe vorzuschlagen oder die Kinder vorschlagen zu lassen, denen andere Worte zugeordnet werden sollen. Z. B. kann man die Worte Haus, Straße, Wiese und Bach wählen. Entsprechend müßten dann Dinge genannt werden, die im Haus, auf der Straße oder auf der Wiese zu sehen sind. Bei Bach darf nichts gesagt werden. Bei dieser Variation läßt sich nicht mehr so eindeutig beurteilen, ob die Zuordnung richtig oder falsch ist. Man sollte deshalb die Kinder in Zweifelsfällen versuchen lassen zu begründen, warum sie Zusammenhänge zwischen den Begriffen sehen. Dabei ist darauf zu achten, daß diese Diskussion nicht zu lange dauert und die anderen Kinder ungeduldig werden. Manchmal muß man dabei etwas großzügig sein, manchmal die Komik in einer Antwort sehen und manchmal das einzelne Kind bei der Suche nach Formulierungen für seine Begründung unterstützen. Der rechte Nachbar darf helfen. Daher verlangt dieses Spiel eine ungewöhnlich selbstlose *Kooperationsbereitschaft.* Denn die Kinder spielen ja nicht paarweise, sondern jeder ist ein rechter Nachbar und jeder hat einen anderen rechten Nachbarn, der nicht gewählt wurde. Wenn Kinder sich bei diesem Spiel schon sehr sicher fühlen, kann man auch während des Spieles ansagen, daß ab nun der linke Nachbar helfen soll. Man sollte aber immer nachprüfen, ob dieser Wechsel verstanden worden ist; denn rechts und links im Kreis zu unterscheiden scheint für Kinder nicht immer ganz einfach zu sein.

Bericht zu Spiel 12 (Feuer, Erde, Luft und Wasser)

Dieses Spiel war in einer Klasse sehr beliebt und mußte sehr oft gespielt werden. Mir war aufgefallen, daß einige Kinder, die beim Spiel selbst nie sehr erfolgreich zu sein schienen, d. h. die immer die Hilfe ihres Partners in Anspruch nahmen, besonders heftig und lautstark dafür eintraten, dieses Spiel zu spielen.
Besonders T. erklärte, er finde dies das beste Spiel, und versetzte die Klasse dadurch in Verwunderung. Auf die Frage, warum er das sage, wo ihm doch nie sofort etwas einfalle und wo er und alle in der Klasse wüßten, daß er eine „lange Leitung" habe, erwartete ich, daß T. jetzt sofort

zu prügeln und zu boxen anfangen würde, da er auf Provokationen dieser Art immer so reagiert hatte. Diesmal aber lachte er nur und erklärte: „Für mich ist das eben ein anderes Spiel, für mich ist es schon spannend, einen richtigen Partner zu finden, der mir schnell vorsagen kann. Und dann finde ich es einfach Klasse, wenn ich keine Angst haben muß, wenn man mir den Ball zuwirft. Bei Geburtstagsparties ist das so oft gespielt worden, und ich habe immer Angst gehabt und nicht mitgespielt."

Später ist es T. manchmal gelungen, auch selbst etwas rechtzeitig zu sagen. Nicht sehr oft, aber immerhin genügend oft, um bei diesem Spiel sein mangelndes Selbstvertrauen wegen seiner langsamen Reaktionsfähigkeit etwas abzubauen.

Steckelesverband

(13) Zwei Kinder stellen 3 Stöckchen (Steckeles) aneinandergestützt auf. Währenddessen verstecken sich alle anderen. Wenn der „Steckelesverband" steht, dürfen die beiden suchen gehen. Sie müssen aber zusammenbleiben (brauchen sich aber nicht bei der Hand zu halten). Wenn sie jemanden gesehen haben, müssen sie zu den Stöckchen laufen, einen Fuß darunterstellen, sich bei der Hand fassen und rufen: „Steckelesverband . . . (Name des Gesehenen)." Der muß aus seinem Versteck kommen und in der Nähe der Stöckchen warten, bis jemand, der frei ist, kommt und die Stöckchen umwirft. Die beiden Suchenden können dies verhindern, indem sie dem Befreier zuvorkommen, ihren Fuß unter die Stöckchen setzen und den Namen des Gefundenen ausrufen. Wenn ihnen in der Eile der „Steckelesverband" zusammenfällt, so hat dies denselben Effekt, als hätte das der Befreier getan. Sie müssen die Stöckchen wieder aufbauen. Währenddessen können alle wieder davonlaufen und sich verstecken. Das Spiel ist zu Ende, wenn alle gefunden sind.

Es kann auch vereinbart werden, daß jedes Paar eine bestimmte Zeit zum Suchen hat und daß nach Ablauf dieser Zeit die Gefangenen und die Freien gezählt werden und dies die Punkte für jedes Paar ergibt.

Kommentar zu Spiel 13

Dieses Spiel verlangt große *Beherrschung der Motorik,* die Fähigkeit, seine *Bewegungen einzuschätzen* und unter der Spannung der Spielsituation sich einer Sache widmen zu können. Das Aufbauen der Stöckchen braucht große *Konzentration* und *Geschicklichkeit.*

Wenn die seelische Belastung durch Mißerfolg beim Zusammenbauen der Stöckchen oder häufiges Umwerfen der Stöckchen beim Darunterstellen des Fußes nicht zu groß wird, kann es eine ganze Spielstunde lang gespielt werden. Falls das Aufbauen der Stöckchen zu schwer ist, sollte man mit den Kindern zusammen etwas anderes überlegen. Man könnte z. B. auch aus Stöckchen oder Steinen einen Kreis legen, der dann zerstört werden muß. Es sollte aber mit Kindern über 10 Jahre zuerst auf die oben beschriebene Weise versucht werden.

Die schwierigste Leistung bei diesem Spiel ist das Wiederaufbauen des „Steckelesverbandes“. Daran scheitern viele, vor allem sogenannte schwierige Kinder. Die Einsicht, daß es schneller geht, wenn man sich zur Ruhe zwingt und sich konzentriert, ist schwer zu erreichen. Wenn der Druck nicht zu groß wird, besteht aber die berechtigte Hoffnung, daß solche Kinder dies hier noch am ehesten lernen können. Voraussetzung dafür ist, daß der Spielleiter oder andere Kinder helfend eingreifen, um diesen Druck, in den sich Kinder in der Aufregung des Spiels bringen, abzubauen: Z. B. kann der Spielleiter mithelfen, den „Steckelesverband“ wieder aufzubauen. Es kann auch ein Kind, das nicht mitspielen will, gebeten werden, „Helfer“ zu sein.

2. Kim-Spiele

(14) Die Klasse sitzt im Kreis. Auf dem Boden innerhalb des Kreises liegen 15—20 verschiedene Gegenstände, z. B. ein Bleistift, ein Nagel, ein kleiner Ball, eine Schere usw. Die Kinder haben eine Minute Zeit, die Gegenstände anzusehen. Sie dürfen nicht angefaßt werden. Nach einer Minute wird ein Tuch über die Gegenstände gebreitet. Die Kinder gehen nun in Gruppen zu fünft zusammen in eine Ecke des Raumes und verfertigen eine Liste aller Gegenstände. Dann setzen sich alle wieder in den Kreis, und jede Gruppe liest ihre Liste vor und prüft sie auf Richtigkeit und Vollständigkeit.

(15) Die Kinder teilen sich in Gruppen zu fünft oder sechst. Jede Gruppe bildet einen engen Kreis. Alle halten ihre Hände auf dem Rücken. Der Spielleiter gibt einem Kind in jeder Gruppe ein Geldstück in die Hand. Das Kind versucht zu erfühlen, was es ist, und gibt es an seinen rechten Nachbarn weiter. Das erste Kind bekommt darauf vom Spielleiter das nächste Geldstück usw. Alle Gruppen bekommen die gleiche Summe. Jedes Kind versucht, die Summe der um den Kreis gegangenen Geldstücke zu ermitteln. Wenn alle Kinder ihre Geldstücke gefühlt haben und ihre Summe errechnet haben, soll sich die Gruppe auf eine Summe einigen, die als Ergebnis für die Gruppe genannt wird. Wer kommt der richtigen Summe am nächsten?

(16) **Der Spielleiter** legt in der Mitte des Kreises aus verschieden großen Münzen ein Muster. Der Auftrag an die Kinder lautet: Genau zusehen, damit sie es nachmachen können. Dann gehen die Kinder paarweise zusammen, holen sich Papier und Bleistift und suchen sich einen Platz, wo sie es nachzeichnen. Jedes Paar soll eine Zeichnung anfertigen. Dann kommen alle zurück in den Kreis und vergleichen sie mit dem Original.

(17) **Die Kinder teilen** sich in Gruppen zu fünft. Alle stehen mit dem Gesicht zur Wand. Ein Gruppenmitglied kommt zum Spielleiter. Der macht verschiedene Geräusche (z. B. Papier zerknüllen, Zündholz zerbrechen, Schlüsselbund fallen lassen etc.). Sie werden von denen, die ihm zuschauen, aufgeschrieben. Danach treffen sich die Gruppen mit ihren Abgesandten und geben an, welche Geräusche sie gehört haben. Für jedes richtig erkannte gibt es einen Punkt.

(18) **Jedes Kind hat einen Partner.** Alle Paare suchen fünf Gegenstände im Freien, die möglichst verschiedene Farben haben. Es wird eine bestimmte Zeit angegeben, oder man gibt den Auftrag: „so schnell wie möglich". Beim Zurückkehren stellen sich alle Paare im Kreis auf, legen ihre gefundenen Gegenstände vor sich hin; dann rücken alle einen Platz weiter. Jedes Paar hat nun eine Minute Zeit, die Gegenstände, die vor ihm liegen, anzusehen. Dann soll es hinauslaufen und möglichst gleiche oder ähnliche Gegenstände finden, zurückbringen und neben den Mustern auflegen. Entweder nimmt jetzt jeder seinen alten Platz ein, oder alle rücken wieder einen Platz weiter und vergleichen die Gegenstände. Danach muß gemeinsam entschieden werden, was besonders ähnlich ist.

(19) **Die Klasse ist eingeteilt** in Gruppen zu viert. Jede Gruppe besorgt sich in 3 Minuten 6 Steinchen, 6 Gräser, 6 Blätter, 6 Stöckchen und 6 Papierschnitzel. Dann setzt sich jede Gruppe zu einem kleinen Kreis zusammen und breitet die Gegenstände geordnet in der Mitte aus. Die Gruppe zählt durch, so daß jedes Mitglied eine Nummer (1–4) hat. (Wenn in einer Gruppe weniger als vier Kinder sind, kann ein Gruppenmitglied auch zwei Zahlen haben.)
Der Spielleiter ruft z. B.: „3 Blätter, 1 Papierchen, 5 Steine, Nummer drei!" Nummer drei jeder Gruppe soll darauf die angegebenen Dinge

aufnehmen und vor sich hinlegen. Wenn alles richtig ist, gibt es einen Punkt. Nachdem dies einige Male gemacht worden ist, sollten noch folgende Variationen gespielt werden:

a) Die Gruppe darf dem Genannten durch Zeichen wie Kopfnicken helfen.
b) Nicht ein einzelner, sondern die ganze Gruppe soll die Aufgabe lösen.

Kommentar zu den Spielen 14 bis 19

Kim-Spiele heißen alle Spiele, bei denen den Kindern eine Anzahl von Gegenständen zum Ansehen oder Ertasten, zum Erkennen von Geräuschen oder Gerüchen vorgegeben werden, die sie sich über eine kürzere oder längere Zeit merken und dann auf die verschiedenste Weise korrekt wiedergeben sollen. Das Spiel hat seinen Namen von dem Roman „Kim" von R. Kipling.

Kim, ein dreizehnjähriger Junge in Indien, hat ein sehr bewegtes Leben. Eines Tages kommt er zu einem Händler, der kostbare Gegenstände aus allen Teilen Indiens sammelt, vor allem Edelsteine. Bei diesem Händler trifft er einen kleinen Hindu-Jungen, der die Fähigkeit besitzt, viele Gegenstände mit einem Blick zu erfassen und sich zu merken. Kim ärgert sich, daß der kleinere Junge das soviel besser kann als er. Er überwindet sich und bittet den Jungen, ihm zu helfen, diese Fähigkeit zu erwerben. Und so übt der Hindu-Junge jeden Tag mit ihm. Sie verwenden dazu Edelsteine, Kunstgegenstände und Kostbarkeiten, deren Namen Kim nicht kennt und die er dabei lernt. Nach einigen Tagen kann er es schon fast so gut wie sein kleiner Lehrer. Doch da muß er weiterwandern zu neuen Abenteuern, bei denen ihm diese neuen Fertigkeiten helfen werden.

Dieser Teil der Geschichte sollte den Kindern bei einer günstigen Gelegenheit erzählt oder vorgelesen werden. Dabei könnte man mit ihnen darüber sprechen, bei welchen Abenteuern diese Fähigkeit für Kim wohl nützlich war.

Auch sollte man sich mit ihnen darüber unterhalten, warum es für sie gut sein kann, sich Gesehenes, Gehörtes, Gerochenes oder Gefühltes zu merken. Bei den Kim-Spielen kommt es darauf an, daß die Kinder außerhalb des visuellen Bereichs *Reize wahrnehmen, unterscheiden* und *bezeichnen* lernen. Deshalb sollten in einem Spiel immer nur Reize aus einem Wahrnehmungsbereich geboten werden. Wichtig für das Gelingen dieser Spiele ist es zunächst, daß der Spielleiter gut unterscheidbare Sinnesreize vorbereitet.

Je älter die Kinder sind, desto feinere Nuancen können eingebaut wer-

den. Feine Farbunterscheidungen zu verlangen kann großen Spaß machen; nur muß darauf geachtet werden, daß die Kinder in der Lage sind, die Farben zu benennen. Wenn sie es noch nicht können, so kann man ihnen vorschlagen, Gegenstände mit möglichst ähnlicher Farbe zu bringen oder im Raum zu zeigen. Das Spiel läßt sich auch einkleiden in eine Art Rollenspiel, wenn die Gruppe es gerne hat. Bei kleineren Kindern ist es oft anzuraten. So kann man Kellner sein, der eine Bestellung aufnimmt und sie nicht aufschreiben darf, sondern sich alle Bestellungen für die verschiedenen Tische, die er zu bedienen hat, merken muß. Oder jemand muß einen Großeinkauf machen, gibt seine Bestellung am Telefon auf, und die Firma soll liefern, ohne aufzuschreiben. Wenn man in der Stadt ist und Geschäfte in der Nähe sind, so kann man jemand von der Versicherung sein, der den Inhalt eines Schaufensters wissen muß usw. Es kann auch eine Expedition gemacht werden, und die Forscher hören in der Nacht Geräusche, die klingen ... (Papier zerreißen, Holz zerbrechen etc.)
Bei Kim-Spielen muß sehr aufgepaßt werden, daß der Konkurrenzdruck nicht das einzige Motiv und das einzige Vergnügen an dem Spiel wird. Daher müssen die Aufgaben so ausgedacht werden, daß sie den Kindern an sich Spaß machen. Vor allem im visuellen Bereich liegt hier die größte Gefahr. Ihr kann man aber ausweichen, wenn man Kindern interessante Gegenstände zeigt. In allen anderen Bereichen ist es nach meiner Erfahrung nicht so schwierig, da man Riechen, Tasten oder Hören nur beim Spielen losgelöst vom Sehen erlebt. Und das allein macht Spaß. Je mehr Übung die Kinder haben, desto länger sollte auch der Zeitabstand zwischen der Aufnahme des Eindruckes und der Wiedergabe sein. Es kann z. B. eine ganze Spielstunde dazwischen liegen. Manchmal sollte man mit den Kindern darüber sprechen, was sie sich am besten merken können und wie lange. Auch bei diesem Spiel sollte ihnen im Laufe der Zeit bewußt werden, daß sie unterschiedliche Fähigkeiten haben, die zum Teil trainiert und verbessert werden können, daß alle diese Unterschiede aber für die Gruppe sehr nützlich sein können.

Bericht zu Spiel 15 (mit Münzen)

In einer 5. Klasse wurde dieses Spiel nach mehreren Spielstunden gespielt. Da die Klasse sehr klein war an diesem Tag, gab es nur einen Kreis von 12 Kindern. Das Spiel fing an und wurde mit großer Aufmerksamkeit gespielt. Aber nach einer Weile merkte ich, daß die letzten Kinder des Kreises unruhig wurden, daher ging ich außen herum und entdeckte, daß A. alles Geld in seiner Hand angesammelt hatte und ein strahlendes

Gesicht machte. Ich unterbrach daraufhin das Spiel, da ja die Reihenfolge unterbrochen war, und fragte die Kinder, durch deren Hände die Münzen noch gegangen waren, wieviel die Summe sei. Nachdem das ermittelt worden war, wurde A. gefragt, ob er denn das Spiel nicht verstanden habe. Vor allem die Kinder, die nach ihm in der Reihe gestanden waren und wegen seines Sammelns nicht an dem Spiel hatten teilnehmen können, waren böse auf ihn und wollten wissen, was eigentlich gewesen sei. Daraufhin antwortete A., immer noch sehr vergnügt: „Da war so viel Geld, und immer noch meh' isch kumme, do heb is nimme uslasse wolle.“
Was soll man dazu sagen?

3. Spiele mit geschlossenen Augen

(20) Jeder soll einen Partner, den er sich gewählt hat, im Slalom durch eine Reihe von Stühlen führen. Dabei soll der Geführte die Augen geschlossen halten.

(21) Jedes Kind darf seinem Partner durch mündliche Anweisungen helfen, einen mit Hindernissen erschwerten Weg mit geschlossenen Augen möglichst schnell zurückzulegen.

(22) Alle Kinder stehen im Kreis; jedes hat eine Nummer. Der Spielleiter ruft zwei Nummern auf. Derjenige mit der kleineren Nummer, der Sehende, soll denjenigen mit der größeren Nummer, den Blinden, im Slalom durch den Kreis führen. Es wird die Zeit gestoppt, sobald die Nummer gerufen wurde. Die Zeit zählt für den, der führt, und für den Geführten. Jeder addiert seine Zeiten als Führer und Geführter.

(23) Jedes Kind sucht sich einen Partner. Einem werden die Augen verbunden. Der Sehende geht zum Spielleiter und bekommt einen Auftrag, was sein Partner mit seiner Hilfe tun soll. Die Hilfe kann darin bestehen, daß er ihn führt, ihm die Hand führt usw. Den Auftrag darf er für ihn nicht erfüllen. Die Hilfe kann auch je nach Anweisung des Spielleiters nur verbal gegeben werden; z. B., der Blinde soll einen bestimmten Weg zurücklegen, an einem bestimmten Platz 10 Steinchen auflesen, an einem anderen Platz aus den Steinchen einen Kreis legen und dann auf seinen Ausgangsplatz zurückkommen.

(24) Die Kinder teilen sich in Gruppen zu fünft. Sie schicken ein Gruppenmitglied zum Spielleiter, der den Auftrag gibt, wohin die Gruppe mit geschlossenen Augen geführt werden soll. Die Gruppe kann sich dabei an der Hand halten. Wenn im Freien gespielt wird, kann der Auftrag z. B. so aussehen: Geht den ... Weg entlang, so daß ihr bei ... endet. Wenn ihr dort angekommen seid, fragt eure Gruppe, wo sie meinen, daß sie sind. Sie müssen euch antworten, ohne zu schauen.

(25) **Die Kinder sind eingeteilt** in Gruppen zu fünft. Alle stehen an der Wand des Raumes. Einer aus jeder Gruppe hilft dem Spielleiter, Hindernisse im Raum aufzustellen (Tische, Stühle, Keulen, Bücher etc.). Die Kinder sehen sich alle Hindernisse genau an. Jede Gruppe faßt sich bei den Händen und schließt die Augen. Der Spielleiter gibt denen, die ihm beim Aufstellen der Hindernisse geholfen haben, einen Weg an, auf dem sie die Gruppe durch den Raum führen sollen. Derjenige, der führt, kann auch mündliche Anweisungen und Warnungen geben. Der Weg muß so schnell als möglich zurückgelegt werden, ohne daß die Hindernisse berührt oder umgestoßen werden.

(26) **Die Klasse teilt sich** in Fünfergruppen. Einer aus jeder Gruppe hilft dem Spielleiter, Hindernisse im Raum aufzustellen. Die anderen Kinder sind im Unterschied zu Spiel 25 entweder vor der Tür oder halten während dieser Zeit ihre Augen geschlossen. Wenn alle Hindernisse aufgestellt sind, soll die Gruppe sich an der Hand fassen und von dem, der die Hindernisse aufgestellt hat, einen vom Spielleiter bezeichneten Weg, durch den Raum geführt werden, ohne die Hindernisse zu berühren oder umzustoßen.

(27) **Dasselbe,** aber es darf dabei überhaupt nicht gesprochen werden.

(28) **Dasselbe,** aber die Gruppe darf sich nicht an den Händen fassen, sondern nur gegenseitig in Berührungskontakt sein.

(29) **Wenn im Freien gespielt wird** oder der Raum sehr groß ist, kann die Gruppe auch einen Schritt Abstand voneinander halten und sich durch Lautzeichen oder Worte von ihrem Führer helfen lassen.

(30) **Die Kinder teilen sich** in Fünfergruppen. Der Spielleiter bespricht mit ihnen, wo die sechzehn verschiedenen Himmelsrichtungen sind. Man kann sie auch für den Raum selbst für das Spiel festlegen. Es erleichtert, wenn man die Ecken mit N, S, O, W bezeichnet, die Mitte der Wand dazwischen mit NW, NO usw. Dann sucht sich jede Gruppe einen Platz und stellt sich Schulter an Schulter auf. Der Spielleiter ruft, wann die

Augen geschlossen werden sollen, und beginnt, immer eine Himmelsrichtung und eine Anzahl von Schritten zu nennen. Nach einiger Zeit sollen die Kinder die Augen aufmachen und sehen, wie nahe sie noch beisammen sind.

(31) **Dasselbe,** aber die Gruppen sollen sich Lautzeichen ausmachen und dadurch verständigen. (Bei diesem Spiel ist es nicht günstig, die Kinder an den Händen fassen zu lassen.)

(32) **Die Klasse wird aufgeteilt** in Gruppen, die sich staffelweise aufstellen. Von jeder Gruppe führt ein Strich zu einem Kreis. Die Gruppe schickt jeweils einen aus, der möglichst schnell mit geschlossenen Augen auf dem Strich gehen und einen Gegenstand (Blatt, Stein etc.) in den Kreis legen soll. Wenn er zurückkehrt, darf der nächste losgehen. Die Gruppe kann ihre Abgesandten durch Zurufe steuern.

(33) **Dasselbe,** aber die Gruppe wählt einen Helfer, der jeden, der es wünscht, begleiten kann und ihm durch Worte helfen darf.

(34) **Die Kinder teilen sich** in zwei Gruppen, stellen sich in einem Abstand einander gegenüber auf. In der Mitte zwischen den beiden Gruppen ist für jede eine Querlinie. Auf „Los!" geht die ganze Gruppe mit geschlossenen Augen zu der Linie und legt dort einen Gegenstand hin und geht schnell wieder auf den Ausgangspunkt zurück. Es wird beurteilt, welche Gruppe ihre Gegenstände am nächsten an ihre Linie gebracht hat.

(35) **Die Kinder sind in Gruppen** zu fünft eingeteilt. Jede Gruppe zeichnet sich einen Kreis auf den Boden, der gerade so groß ist, daß alle fünf darin stehen können. Dann gehen die Gruppen auseinander, und es wird Fangen gespielt. Wenn der Spielleiter ein vereinbartes Zeichen gibt, bleiben alle stehen, machen die Augen zu und versuchen, so schnell als möglich in ihren Kreis zu gelangen. Jeder zählt für sich, wie oft er gefangen worden ist. Die Gruppe, die als erste in ihrem Kreis ist, bekommt Pluspunkte. Von diesen werden die Minuspunkte der beim Fangenspiel gefangenen Kinder abgezogen.

(36) **Die Kinder stehen im Kreis** und machen mit ihren Händen Tore. Zwei sind in der Mitte mit geschlossenen Augen. Der Spielleiter hält über eines der Tore einen tickenden Wecker. Das Paar soll versuchen, so schnell als möglich gemeinsam unter diesem Tor den Kreis zu verlassen.

(37) Die Klasse teilt sich in Fünfergruppen und stellt sich in den Kreis. Jede Gruppe muß sich zuvor ein Erkennungszeichen ausgemacht haben, das man hören kann. Außerdem bekommen alle Kinder einen schmalen Streifen Kreppapier um den Oberarm gebunden. Jede Gruppe schickt dann zwei ihrer Mitglieder mit verbundenen Augen in den Kreis. Diese müssen versuchen, den zweien der anderen Gruppen die Kreppapierstreifen abzureißen und sie zu ihrer Gruppe zu bringen, sie müssen aber aufpassen, nicht den zweiten aus ihrer eigenen Gruppe zu berauben. Wer keinen Streifen mehr hat, muß zurück in den Kreis, und der nächste kommt hinein. Das Erkennungszeichen der Gruppen soll gegenseitiges Berauben verhindern. Es empfiehlt sich, den Streifen jeder Gruppe unterschiedliche Farben zu geben. Hat man jemanden von der eigenen Gruppe beraubt, muß man den Streifen dem Spielleiter geben.

(38) Es wird ein Spielfeld bestimmt. Allen Kindern werden die Augen verbunden. Ein Kind bekommt ein Glöckchen in Kniehöhe ans Bein gebunden und seine Hände locker hinter den Rücken gefesselt. Die Blinden müssen versuchen, das Kind mit dem Glöckchen zu fangen. Niemand darf dabei das Spielfeld verlassen.

(39) Dasselbe. Die Kinder sind in Fünfergruppen geteilt und halten sich an der Hand. Jede Gruppe versucht gemeinsam, das Kind mit dem Glöckchen zu fangen. Falls Fünfergruppen zu groß sind, kann man mit Paaren beginnen.

(40) Die Klasse ist in zwei Gruppen geteilt. Die eine Gruppe macht sich ein Geräusch aus (Summen, Pfeifen, Brummen etc.) und verteilt sich im Raum. Die andere Gruppe stellt sich an einer Wand auf. Jeweils zwei bis drei Kinder dieser Gruppe sollen mit zugehaltenen Augen, ohne an den Kindern der anderen Gruppe anzustoßen, so schnell als möglich an die andere Wand gelangen. Auf „Los!" machen die Kinder der Gruppe, die im Raum verteilt sind, ihre Geräusche, dann dürfen die ersten ihre Wand verlassen. Wenn sie drüben angekommen sind, dürfen die nächsten losgehen. Es wird gemessen, wie lange die ganze Gruppe braucht, um hinüberzukommen, und wie oft jemand an eine der „Heulbojen" angestoßen ist.

(41) Dasselbe. Wenn der Raum groß genug ist, können die verteilt Stehenden mit ihren Armen wie Windmühlen herumwirbeln und entsprechende Zisch- oder Pfeiflaute machen.

(42) Dasselbe. Nur müssen jetzt Paare die Bojen oder Windmühlen passieren. Dabei sollten die Paare sich bei der Hand halten.
Dann zu dritt, zu viert, zu fünft.

Der Spielleiter soll womöglich keine Hilfen geben, wie es am besten wäre, sich zu halten. Die Kinder sollen selbst herausbekommen, wie sie sich gegenseitig am besten helfen können.

(43) Dasselbe. Nun sollen die Kinder in Siebenergruppen durchgehen, der erste darf dabei die Augen offen behalten, es darf aber nicht geredet werden.

Kommentar zu den Spielen 20 bis 43

Alle Spiele mit geschlossenen Augen haben drei Dinge gemeinsam:

1. Die Kinder sollen lernen, *sich im Raum zu orientieren* und andere Hilfsmittel als sonst zu gebrauchen. Sie können dabei sehr oft *Empfindungen entdecken,* die ihnen neu sind. Wenn man mit ihnen darüber spricht, können sie lernen, sie zu formulieren.

2. Die Kinder erleben sehr oft in den ersten Minuten dieser Spiele Unsicherheit oder leichte Angst, die die meisten von ihnen – je phantasiebegabter, desto mehr – in Abenteuer umbauen. In dieser Situation überlassen sich nach kurzer Zeit viele den Erlebnissen, die durch die phantasievollen Kinder vermittelt werden.

3. Für fast alle Kinder ist es zuerst schwierig, die Augen geschlossen zu halten und nicht zu schwindeln, was ja auch mit verbundenen Augen oder vorgehaltenen Händen möglich ist. Sie können dabei aber lernen, sich einer Entscheidung zu überlassen, die ihnen neue Erlebnisse und Empfindungen ermöglicht. Das sollte auch besprochen und ihnen dadurch zugänglich gemacht werden.

Bei diesen Spielen ist es besonders wichtig, daß der Spielleiter sich nicht verleiten läßt, die Kinder in einem schulmeisterlichen oder gar strafenden Ton zu ermahnen, die Augen zuzubehalten. Wichtiger noch als irgendwo sonst ist es hier, daß sie die Erfahrungen nicht um des Spielleiters willen machen, sondern selbst versuchen wollen, wie das ist, zwischen Kindern im Slalom durchgeführt zu werden, wie anders sich die Hand und der Zug und Druck durch die Hand des Führenden anfühlt, wenn man nicht mit eigenen Augen auf die Hindernisse sehen kann. Extrinsische Motivation wird hier zwar irgendeine Leistung bringen, aber es scheint kaum zu erwarten, daß sie eine *Erweiterung im Erlebnisbereich* bewirkt. Das muß ein Kind von sich selbst aus wollen. Man kann ihm als Spielleiter dazu verhelfen, indem man es ihm durch die Art, wie man das Spiel ansagt, spannend macht oder seine Neugier weckt.

Man sollte auch nicht vergessen, daß manche Kinder die Augen nicht zulassen können, weil sie Angst haben. Es ist schwer für viele Kinder, sich der Hilfe von anderen ganz anzuvertrauen. Unangenehme Vorerfahrungen stehen ihnen da oft im Weg. Darum sollte der Spielleiter in diesen Spielen eine Möglichkeit sehen, Kindern helfen zu können, dieses Vertrauen zu lernen. Daher muß er darauf achten, daß bei diesen Spielen niemand erschreckt oder das entstehende Vertrauen mißbraucht wird.

Bei den Spielen, bei denen ein Kind die Augen offen hat und die anderen führen soll, wird ganz besonders viel gelernt. Der Führende muß *sich in die Lage der anderen hineindenken*, um richtig führen zu können. Das ist eine besonders große Schwierigkeit und gelingt dem ersten fast nie. Der nächste, der als Führer an die Reihe kommt, hat meist schon aus den eigenen Unannehmlichkeiten, die er durch das schlechte Führen erlebt hat, gelernt.

Nach meiner Beobachtung sollten bei diesen Spielen mehrere Kinder hintereinander zum Führen drankommen, damit sie ihre Erfahrungen sofort umsetzen können.

Für jüngere Kinder sind diese Spiele sehr schwer; ebenso für sogenannte Verhaltensgestörte. Mit den letzteren sollte man vorsichtig sein, diese Spiele zu spielen, da in den meisten Fällen ihr Vertrauensverhältnis zur Umwelt gestört ist. Dies wird dann durch Ungeschicklichkeit in solchen Spielen noch stärker belastet. Zumindest können die bekannten schlechten Erfahrungen bestätigt werden. Wenn die Gruppe aber nicht zu groß ist und man sie gut im Auge behalten kann, so kann gerade mit positiven Erfahrungen bei einem dieser Spiele einem Kind geholfen werden. Dann darf man es aber nicht nur den Kindern überlassen einzuteilen, wer wen führt. Der Spielleiter muß eingreifen können, vielleicht sogar selbst mitspielen, obwohl das sonst nicht wünschenswert ist. In diesem Fall aber kann er durch sein Mitspielen diese Kinder unauffällig beschützen.

Er kann auch z. B. die Erklärung sehr kurz halten und dafür sagen, er mache das Spiel mit einem Kind zusammen vor, und sucht sich dazu eines der hilfsbedürftigen Kinder aus. Wenn dieses Kind den Spielleiter führen muß, braucht es keine Angst zu haben, und wenn der Spielleiter es führt, hält er es fest bei der Hand und erklärt ihm deutlich alle Hindernisse und lobt es, wenn es vorbeigekommen ist.

Um den Kindern zu helfen, diese Spiele richtig zu spielen, kann man ihnen zunächst die Augen verbinden; das ist jedoch ein zu großer Aufwand, wenn die Gruppe sehr groß ist. Es sollte nach einiger Zeit mög-

lich werden, daß die Kinder die Augen selbst zuhalten können. Das gelingt allerdings nur, wenn Siegen nicht mehr so wichtig ist.
An diesen Spielen ist das Siegenwollen sehr oft ein Hindernis, das Spiel überhaupt richtig und mit Vergnügen spielen zu können. Darum ist es hier ganz besonders die Aufgabe des Spielleiters, das Konkurrenzklima zu dämpfen und statt dessen das Vergnügen am Abenteuer, an einer neuen Möglichkeit des Erlebens zu wecken.

Kommentar zu den Spielen 40 bis 43

Je jünger die Kinder sind, desto besser ist es, diese Spiele in eine Geschichte einzukleiden. Man kann von einer Flotte erzählen, die bei Nebel in den Hafen finden soll und von den Heulbojen vor Felsen gewarnt wird.
Bei ganz kleinen Kindern kann man es in ein Märchen einkleiden, bei größeren auch in eine Abenteuergeschichte, in der man bei Nacht durch den Urwald fliehen muß und ein Radargerät hat, das alle Hindernisse zwingt, ein Geräusch von sich zu geben. Bei Kindern, die älter sind als 10 Jahre, sollten ohne Einkleidung das Spiel und seine Regeln genannt werden; es kann auf die notwendige Geschicklichkeit abgehoben werden.
Eingekleidet sollte das Spiel nur werden, wenn es dem Spielleiter leichtfällt, eine entsprechende Geschichte zu erzählen, und wenn die Kinder in der Lage sind, dieser Art von Phantasiespielen zu folgen.
Bei Spiel 43 sollte die Rolle des Ersten benannt und besprochen werden. Als Kapitän, als Anführer einer Expedition, als eingeborener Führer im Urwald. Wichtig ist auch, daß so viele Kinder als möglich diese Rolle ausprobieren, damit nicht der Eindruck entsteht, daß sie nur von einem oder von einer bestimmten Art von Kind gespielt werden kann. Es sollte unbedingt darauf geachtet werden, daß auch Mädchen drankommen, eine dieser Rollen zu spielen.

Bericht zu Spiel 41 (Windmühlen)

Das Spiel ging gut und machte allen großen Spaß. Die Gruppen wechselten, d. h., die Windmühlen wurden Reiter und die Reiter Windmühlen. Ich bemerkte, daß es nach dem ersten Durchgang unter den „Windmühlen" Unzufriedenheit gab. Das steigerte sich beim zweiten Durchgang. Beim dritten Mal gab es einen Ausbruch. H. schrie: „Ich mache nicht mehr mit, der K. schwindelt, er macht immer, wenn er jemandem nahekommt, die Augen auf. Das macht keinen Spaß." Die anderen stimmten ein —

bis auf R. Ich fragte ihn, ob er es denn auch gesehen hätte. „Ja", meinte er, „aber der K. hat doch auch sonst so leicht Angst, bei Gewitter und so; der kann doch nichts dafür, wenn ihm die Augen einfach aufgehen, wenn er Angst hat, wo anzustoßen." Ich fragte, was andere dazu meinten. Zögernde Zustimmung, und dann kam der Vorschlag, es doch nicht zu bewerten, wenn K. die Augen aufmachte, weil er es ja nicht absichtlich täte. Um die Bedeutung dieser Szene ermessen zu können, muß man wissen, daß K. einerseits bewundert wurde, weil er schöne Sachen besaß, seine Eltern ein großes Auto hatten und er selbst sehr großzügig war und mühelos mit anderen teilte, was immer er besaß. Andererseits aber war er ehrgeizig und legte großen Wert darauf, Anführer zu sein. Daß er bei einer Regelverletzung ertappt worden war, die noch dazu auf eine Schwäche hindeutete, mußte viele seiner Widersacher in große Versuchung bringen, K. jetzt zu demütigen. Daß dies nicht geschah, war zum Teil auch R.s Verdienst, da er die richtige Erklärung vorgebracht hatte. Wie man weiß, nützen aber bei Kindern Erklärungen sehr oft nichts, wenn sie nicht in einer Atmosphäre vorgebracht werden, die Rationalität erlaubt. Hier waren die Kinder vergnügt und in angenehmer Spielspannung, und sie wollten dieses Vergnügen nicht verlieren.

4. Spiele mit Bildern

(44) Im Raum werden viele verschiedene Bilder verteilt. Es sind jeweils mehrere von einer bestimmten Art, z. B. mehrere Bilder von Tieren, Menschen oder Gebäuden. Die Kinder suchen sich paarweise von jeder der vorhandenen Bildarten eines heraus, tragen diese Bilder an einen Platz, den sie sich ausgesucht haben, und bereiten eine Geschichte vor, in der die auf den Bildern dargestellten Dinge vorkommen. Die Klasse setzt sich in einen Kreis. Das Paar, das seine Geschichte erzählt, legt seine Bilder in die Mitte, damit die anderen Kinder schon während des Erzählens die Qualität jeder Geschichte und die Erfüllung der Aufgabe beurteilen können.

(45) Dasselbe. Aber die *Geschichte* darf nur aus einer bestimmten, vorher vereinbarten Zahl von Sätzen bestehen.

(46) Dasselbe. Es soll aber über die Bilder eine *Nachricht* zusammengestellt werden (z. B.: Ein Mann mit Brille – Bild 1 – ist in dem Museum – Bild 2 – und soll den Boß beim Fuchs treffen – Bild 3).

(47) **Dasselbe.** Aber es soll aus den Bildern eine Nachricht mit einer bestimmten Zahl von Wörtern zusammengestellt werden.

(48) **Die Kinder sitzen im Kreis.** Innerhalb des Kreises sind Bilder ausgebreitet, auf denen Menschen zu sehen sind, die miteinander sprechen. Jedes Kind hat einen Partner, mit dem es ausmacht, was die Leute auf dem von ihnen ausgesuchten Bild miteinander sprechen. Dieses Gespräch führt jedes Paar vor. Die anderen Kinder müssen erraten, welches Bild gemeint war, und sagen, woran sie es erkannt haben.

(49) **Die Kinder** sind in Paare aufgeteilt. Der eine Partner geht zum Spielleiter und sucht sich dort ein Bild aus. Er sieht es sich genau an, dann beschreibt er es seinem Partner. Der soll es aus der Menge der beim Spielleiter liegenden Bilder heraussuchen und dem Spielleiter sagen, woran er es erkannt hat.

(50) **Dasselbe;** aber zwischen dem Ansehen des Bildes und der Beschreibung beim Partner wird ein kurzes Laufspiel eingeschaltet (z. B. 10 Min. lang eines der Fangspiele). Später kann man mehrere andere Spiele dazwischen spielen und erst am Ende der Spielstunde das Bild beschreiben und heraussuchen lassen.

(51) **Die Kinder** teilen sich in Gruppen zu fünft. Vor jeder Gruppe liegt eine Anzahl von Bildern, die einander ähnlich sind. Die Gruppe steht staffelweise mit möglichst großen Abständen zwischen den einzelnen Kindern. Der erste läuft zu den Bildern, sucht sich eines aus. Das beschreibt er dem nächsten in der Reihe usw. Der letzte muß dann vorlaufen und das richtige Bild heraussuchen. Der erste kontrolliert, ob der letzte der Staffel auf das richtige Bild zeigt.

(52) **Dasselbe;** aber bei der Beschreibung des Bildes darf nur eine vorher vereinbarte Zahl von Wörtern verwendet werden. Dabei ist es günstig, wenn die ersten, die diese Wörter finden müssen, sie dem Spielleiter zur Kontrolle sagen, bevor sie sie in der Gruppe verwenden.

(53) **Dasselbe;** aber das Bild darf nur mit Gesten beschrieben werden.

(54) **Dasselbe;** aber am Spielanfang sucht jede Gruppe eine bestimmte Anzahl möglichst ähnlicher Blätter, Steine, Ästchen etc. Diese gesammelten Gegenstände werden anstatt der Bilder verwendet.

(55) **Die Kinder sitzen im Kreis.** In der Mitte liegen Bilder, die Konfliktsituationen darstellen. Jedes Kind soll mit seinem Partner zusammen ein Wort finden, das am besten die *Gefühlslage* auf dem von ihnen gewählten Bild beschreibt.

(56) **Dasselbe;** aber jedes Paar soll ein Wort finden, das die Situation am besten beschreibt.

(57) **Dasselbe;** aber die Partner sollen versuchen darzustellen, wie sie den Konflikt lösen würden.

(58) **Dasselbe;** die Kinder gehen in Dreier- bis Fünfergruppen zusammen, wählen sich ein Bild aus und versuchen darzustellen, wie die Menschen, die auf dem Bild dargestellt sind, den Konflikt lösen würden. Sie sollen dafür aus dem Bild ersichtliche Begründungen geben.

(59) **Die Kinder sind geteilt** in Gruppen zu fünft. Jede Gruppe zieht sich aus einem Haufen verkehrt daliegender Bilder eines heraus. Auf allen Bildern sind viele Menschen zu sehen. Die Kinder sollen sich als Gruppe so stellen wie bei lebenden Bildern, daß die anderen aus der Gesamtzahl der dann aufgedeckten Bilder erkennen können, welches dargestellt wird.

(60) **Die Kinder teilen sich** in Dreiergruppen. Jede Gruppe bekommt vom Spielleiter ein Buch, in dem Abbildungen derselben Art sind: z. B. Landschaften, Tiere, Pflanzen, Kinder etc. Jede Gruppe sucht sich in ihrem Buch ein Bild heraus, das ihr besonders gut gefällt. Sie soll davon eine Beschreibung machen, die es aber nicht selbstverständlich macht, das Bild sofort zu erkennen. Z. B. können kleine Details beschrieben werden, die nicht sofort ins Auge fallen. Dann werden die Bücher samt den Beschreibungen unter den Gruppen ausgetauscht, und jede Gruppe soll so schnell als möglich das richtige Bild herausfinden.

(61) **Für jedes Paar** gibt es eine puzzleartig zerschnittene Postkarte. Falls die Postkarten nicht verschieden genug sind in ihrem Material oder ihrer Farbe, muß jedes Stückchen auf der Rückseite derselben Karte ein bestimmtes Zeichen haben. Alle diese Puzzleteile liegen vermischt und etwas ausgebreitet auf der einen Seite des Raumes. Jedes Paar sucht sich auf der anderen Seite einen Platz in gleicher Entfernung von den Stückchen. Auf „Los!" läuft der erste Partner und holt sich ein Stück und bringt es zu seinem Platz. Dann holt der zweite ein möglichst gut dazu passendes

usw. Wenn alle Stücke geholt sind, soll versucht werden, das Bild zusammenzusetzen. Es kann auch schon während der Suche nach den Teilen damit begonnen werden. Wenn einem Paar Stücke fehlen, weil die falschen geholt wurden, kann es mit seinem Überschuß versuchen, seine eigenen fehlenden Stücke einzutauschen. Sieger ist das Paar, das am ersten fertig ist mit seinem Bild.

(62) **Dasselbe;** nur in Fünfergruppen, mit einem größeren Bild, auf dessen Einzelteilen jeweils ein bestimmtes Zeichen ist.

(63) **Die Klasse ist aufgeteilt in Fünfergruppen.** Jede Gruppe schickt ein Kind zum Spielleiter; die anderen verlassen den Raum. Die fünf Zurückgebliebenen verstecken im Raum die Teile so vieler Puzzles, wie es Gruppen gibt. Dann suchen die Gruppen sich ihre Teile und legen das Puzzle zusammen. Derjenige, der die Teile versteckt hat, darf dabei auch mitmachen: Er kann schon anfangen, das Puzzle zusammenzulegen, während die anderen noch suchen. Falsche Teile können mit den anderen Gruppen ausgetauscht werden.

(64) **Die Kinder sitzen im Kreis,** jedes neben einem Partner, den es sich gewählt hat. Im Kreis liegen Bilder von Familien- oder Schulsituationen. Jedes Paar holt sich eine Nummer. Der Spielleiter ruft eine Zahl; das Paar holt sich ein Bild, und der eine Partner soll ganz schnell sagen: „Ich bin ... und denke oder sage ...", und dabei auf eine der auf dem Bild dargestellten Personen zeigen. Sein Partner darf ihm helfen, wenn ihm nichts einfällt. Wenn beide länger als 10 oder 15 Sekunden brauchen, wird die nächste Zahl gerufen.

(65) **Es werden 20 Bilder aufgelegt.** Die Kinder sind in Paare eingeteilt und haben zwei bis drei Minuten Zeit, sich die Bilder anzusehen und sich einzuprägen. Dann soll jedes Paar alle Bilder, die es sich gemerkt hat, aufschreiben. Der Zettel soll zur Kontrolle an das Nachbarpaar gegeben werden.

(66) **Die Kinder sitzen im Kreis.** Vor ihnen liegen Bilder mit sehr verschiedenem Inhalt. Der Spielleiter erzählt eine Geschichte. Wenn ein Kind glaubt, ein Bild könnte eine Illustration der Geschichte sein, klatscht es in die Hände, zeigt das Bild und kann, wenn das einleuchtet, einen Punkt bekommen (oder eine Bohne oder Erbse). In Zweifelsfällen muß es eine Erklärung geben.

(67) Die Klasse sitzt im Kreis, die Partner jeweils nebeneinander. Im Kreis liegen viele verschiedene Bilder. Jedes Paar einigt sich leise auf eines davon und versucht, in drei Minuten (oder kürzer) drei Wörter zu finden, die es für die anderen möglich machen, das Bild zu erkennen. Dabei dürfen sie keinen Gegenstand, der auf dem Bild ist, direkt benennen. Die Klasse beurteilt, ob die Wörter gut gewählt sind. Bei der Wiederholung kann man auch zwei Kinder herausschicken, und die Klasse einigt sich auf ein Bild und die beschreibenden Wörter. Die zwei dürfen es nur gemeinsam herausfinden. Sie müssen sich daher verständigen, bevor sie sagen, welches Bild nach ihrer Ansicht von der Klasse gewählt wurde.

Kommentar zu den Spielen 44 bis 67

Nach meiner Erfahrung machen fast alle Kinder Spiele mit Bildern gerne. Es sieht so aus, als würde ihnen durch die Bilder selbst ein besonderes Vergnügen vermittelt. Dieses erste Vergnügen scheint oft so stark zu sein, daß sie auch bei schwierigen Spielanforderungen interessiert bleiben können.

Es ist nicht mit Sicherheit zu sagen, welche Bilder den größten Erfolg haben, abgesehen von Pferdebildern, die eine unbezweifelbare Priorität bei den Kindern halten, mit denen ich gespielt habe. Darum kann man kaum Ratschläge geben, nach welchen Gesichtspunkten ein Spielleiter Bilder sammeln soll. Am besten alles, was erreichbar ist. Es ist ratsam, die Bilder dann für sich thematisch zu ordnen, damit sie für jedes Spiel schnell bereit sind.

Alle diese Spiele haben gemeinsam, daß die *Bilder umgesetzt* werden sollen entweder in *Sprache* oder in *Aktion*, meistens in beides.

Vermutlich gehören diese Spiele zu der Art, die sich wegen ihrer Nähe zu schulischen Lernzielen am leichtesten in den Unterricht einbauen lassen. Mir scheint aber auch, daß sich an dem großen Vergnügen der Kinder bei diesen Bilderspielen ein Mangel ablesen läßt, dem sie abzuhelfen scheinen. Kinder kennen und lieben natürlich Bilder wegen ihrer Anschaulichkeit und lassen sich leicht durch sie anregen, aber fast immer sind sie dabei allein. Denn sehr selten nur sehen sie mit anderen Kindern gemeinsam Bilder an und können daher andere nicht teilnehmen lassen an den Gefühlen, die die Bilder hervorrufen.

Ich habe sehr oft beobachtet, mit welcher Intensität die Bilder, die ich in einem Spiel verwendete, angesehen und besprochen wurden; wie oft dabei Gefühle beschrieben und dann auch Besitzwünsche geäußert wurden. Denn alle Kinder besaßen viele Bilder, und alle hatten ihre Schlafplätze im Internat damit austapeziert. Ich selbst kannte ihre Schlafplätze und

somit auch ihre scheinbaren Vorlieben. Die meisten Buben hatten Autobilder hängen, die Mädchen Ballettänzerinnen oder Sonnenuntergänge; Pferdebilder waren überall zu finden.
Bei den Spielen hatte ich sehr oft beobachtet, daß der Wunsch, irgendeines der Bilder, mit denen gespielt worden war, zu besitzen, nichts mit dem Besitz der eigenen Bilder zu tun haben konnte; denn es war öfters vorgekommen, daß ich um ein Bild gebeten wurde, das dieses Kind schon besaß. Mit den Kindern hatte ich besprochen, daß ich die Bilder behalten würde, solange wir Spielstunde machten; denn es wäre für mich nicht so einfach, die verschenkten Bilder zu ersetzen, und so hätten doch alle Freude damit. Das hatten zwar alle eingesehen, trotzdem kam die Bitte sehr oft. Eines Tages ergab sich ein aufschlußreiches Gespräch. Wieder hatte jemand um ein Bild gebeten, und ein anderes Kind hatte gesagt, es solle doch nicht immer betteln, es sei doch vereinbart, keine Bilder aus der Spielstunde mitzunehmen. Da sagte das so zurechtgewiesene Kind zu mir: „Der weiß auch nie, was wichtig ist. Ich will doch das Bild nicht zum Haben, ich will es doch nur, damit ich weiß, wenn ich es anschaue, wie es in der Spielstunde war." Ich fragte ganz beiläufig, was es denn sei, das er sich merken wolle. Da sagte er etwas verschämt: „Och, es war halt toll, wir haben alle dasselbe Bild so schön gefunden und haben uns erzählt, was so schön ist." Darauf fügte der andere hinzu: „Sonst sagte man immer nur zu Erwachsenen, was auf Bildern schön ist, aber das sind andere Sachen, als man zu Kindern sagen würde." Ich wollte nicht durch Fragen dem Gespräch eine Richtung geben und gab also nur mein Verständnis zum Ausdruck und wartete ab. „Er hat gesagt, daß er den blauen Himmel hinter dem Pferdekopf so gerne hat, und dann hat jemand gesagt, daß da auch weiße Wolken sein könnten, wie in den Ferien, wo er einmal allein mit seinem Vater war." „In der Spielstunde kann man bei manchen Spielen so reden, wie wenn man zusammen träumen würde." Damit schien das Thema erschöpft, und sie liefen davon.
Ich möchte in dieses Gespräch nicht zuviel hineininterpretieren. Aber ich glaube doch, daß es berechtigt ist, von der hier beschriebenen Kindergruppe zu sagen, daß sie mit Hilfe einiger dieser Spiele eine affektive Nähe zueinander erleben konnte, die sie lange nicht erlebt hatte und die sie – wenigstens für kurze Zeit – glücklich machte.
Ich habe das so ausführlich beschrieben, um zu zeigen, wie oft es vorkommt, daß man als Erwachsener bei der Planung eines Spieles sehr kluge Zielvorstellungen hat, daß diese dann dabei auch verfolgt werden können, aber daß genau bei diesem Spiel die Kinder etwas ganz anderes erlebten oder lernten, als man vorgehabt hat. So hatte ich z. B. gemeint, bei dem Spiel mit verbundenen Augen (23) würden die beiden Partner

durch ihre gegenseitige Abhängigkeit eine gewisse affektive Nähe zueinander entwickeln. Zu beobachten war davon gar nichts. Auch im Gespräch hinterher wurde nichts Dementsprechendes in dieser Gruppe von Kindern geäußert, bei denen die Bilderspiele so gewirkt hatten.
Das soll nicht heißen, daß es immer so geschehen muß. Ich möchte nur gerade hier darauf hinweisen, daß trotz Zielvorstellungen und Planung viel Unwägbares, Unplanbares in die Spiele eingeht.
Trotzdem ist es für den Spielleiter immer wichtig zu wissen, was er mit dem Spiel vorhat. Wenn ein Bilderspiel Genauigkeit und Kürze des Ausdrucks üben soll (45), dann muß der Spielleiter bei der Durchführung des Spieles darauf achten, daß genau dieses die Regeln des Spieles bestimmt, bis man sich auf andere Regeln oder ein anderes Spiel einigt.

Bericht zu Spiel 58 (Wie Menschen Konflikte lösen)

Die Kinder waren in Dreiergruppen geteilt, und das Mädchen K. war mit der Gruppe, in die sie gekommen war, nicht zufrieden. Sie war an dem Tag so streitsüchtig gewesen, daß niemand sie haben wollte. Weil alles schlecht ging an diesem Nachmittag, gab sich K. auch mit dem Bild nicht zufrieden, das alle drei zusammen ausgewählt hatten, und sagte, sie hätte lieber ein anderes, da man mit diesem nichts anfangen könne. Geduldig hörten die beiden anderen ihr Lamentieren an und versuchten dann, einen Vorschlag zu machen, was man tun könne, um die gestellte Aufgabe zu erfüllen. Da K. solche Schwierigkeiten hatte, blieb ich in der Nähe dieser Gruppe. Das Bild, das gewählt worden war, stellte ein Mädchen dar, das in wilder Wut auf ein anderes Kind einschlug. Das Ganze spielte sich auf einer Straße ab; Menschen gingen vorbei, und man konnte einen Mann erkennen, der dem Ganzen besorgt oder interessiert zusah.
Die drei besahen sich das Bild genau, und M. meinte, über die Rollenverteilung brauche man nicht zu reden, K. sei das einzige Mädchen in der Gruppe, und auf dem Bild sei auch nur ein Mädchen, und ihm, M., sei es gleich, welche von den anderen Rollen er spielen solle. Man müsse jetzt nur schnell anfangen nachzudenken, wie die ganze Sache ausgehen könnte. K. sagte nichts, und die beiden Buben fingen an, sich über ihre Rollen und die Gesichter der Leute auf dem Bild zu unterhalten und was man aus ihnen sehen könnte. K. schwieg weiter mit verbissenem Gesicht. Auf einmal sah ich, daß das wütende Mädchen auf dem Bild K. äußerst ähnlich sah, und ich bemerkte auch, daß beide Buben etwas entdeckt haben mußten. Sie sahen sich an, sahen K. an, und ich erwartete, daß sie im nächsten Augenblick etwas sagen würden und K. dann noch größere Schwierigkeiten haben würde, mit ihnen und mit sich selbst zu-

rechtzukommen. Aber es geschah nichts. K. war auch weiter nicht zum Sprechen zu bringen, und so beschlossen die beiden Buben, die Lösung des Konflikts auf dem Bild auf ihre Weise zu spielen. Das wütende Mädchen wurde von dem Mann gepackt, geschüttelt und gefragt, was denn los sei. Sie sollte dann erzählen, daß sie schlecht gelaunt sei und sie ihren Bruder verprügeln könne, soviel sie wolle; worauf der Bruder aus sicherer Entfernung ihr vorhalten sollte, daß sie im Unrecht sei und daß sie das einsehen müsse. K. erhob keinen Einspruch, d. h., sie schwieg weiter verbissen. Die Lösung, die M. und A. vorschlugen, war: K. sah ein, daß sie unrecht hatte, und der Mann lud alle beide zu einem Eis ein.
Dann kam die Vorführung. K. spielte ihre Rolle gut, solange sie auf A. einschlug; nur schlug sie zu fest, und die zusehenden Kinder riefen ihr zu, daß man im Spiel nicht so ernst sein dürfe, auch wenn man schlechte Laune habe. K. reagierte nicht, und A. setzte sich nicht zur Wehr, obwohl sie ihn durch ihr hartes Zuschlagen sicher schon sehr gereizt haben mußte. Dann kam M. dazu, trennte die beiden und schüttelte K. und machte ihr Vorhaltungen, genauso, wie es geplant worden war. Da sprang K. auf ihn los, er stolperte, fiel hin und blieb liegen, weil er so erstaunt war, daß K. so aus ihrer Rolle gefallen war und etwas Ungeplantes spielte. Aber spielte sie? Sie schrie auf ihn ein, daß alles falsch sei, wie sie sich das ausgedacht hätten, daß sie nicht etwas spielen wolle, wie es in der Wirklichkeit sei; sie wolle spielen, wie man sich wünschen könnte, daß etwas ausgeht; aber es seien ja alle viel zu blöd, sich das auszudenken, und könnten nichts anderes als die Erwachsenen nachmachen. Dann brach sie in Tränen aus und lief davon. Der Ausbruch war so heftig und so unerwartet gewesen, daß viele Kinder sehr erschrocken waren und entsprechend reagierten. Alle schrien durcheinander, einige Buben fingen an, sich zu boxen, einige Mädchen lachten hemmungslos. Jemand schlug vor, K. holen zu gehen, und lief davon, und ich versuchte, die Gruppe zu beruhigen, indem ich mehrere nicht so wilde Kinder fragte, ob sie sich mit mir hinsetzen wollten, damit wir uns darüber unterhalten könnten, wie die Gruppe von K. ihre Aufgabe gelöst hatte. Wir setzten uns zu siebt in einen Kreis, und ich legte das Bild in die Mitte und fing an, mit den Kindern darüber zu sprechen. Andere stellten sich dazu, beteiligten sich am Gespräch, und bald darauf gab es verschiedene Interpretationen über die Charaktere der drei Hauptpersonen. Mir war aber das wichtigste, K. wieder in die Gruppe zu integrieren und über ihren Ausbruch zu sprechen. Vor allem schien es mir, daß sie etwas Wichtiges gesagt hatte, das von den anderen Kindern vielleicht aufgenommen werden konnte. Als sie mit dem Mädchen, das sie geholt hatte, erschien, war das Gespräch so heftig im Gang, daß niemand besonders Notiz von ihr nahm. Ich holte

sie unauffällig neben mich, da ich ihr ersparen wollte, sich selbst einen Platz suchen zu müssen. Ich fragte sie ganz leise, ob sie bereit sei, das, was sie M. im Spiel vorgeworfen habe, noch einmal zu wiederholen, damit alle es richtig verstehen könnten und man darüber sprechen könnte. Dazu war sie sofort bereit.
Im Gespräch sagte sie dann noch einmal, sie finde, man solle Theater spielen, damit man etwas erleben könne, was ganz anders sei als die Wirklichkeit. Da stimmten ihr einige Kinder zu; andere sagten, das könne man doch nicht, vor allem nicht, wenn so wirkliche Geschichten, wie die auf den Bildern, gespielt werden sollten.
Ich fragte, ob nicht jede Gruppe versuchen wolle, ihr Bild und ihre Geschichte noch einmal zu spielen; aber einen Ausgang zu finden, den es in Wirklichkeit gar nicht geben könne. Obwohl im Gespräch einige gegen diese Art des Theaterspielens gewesen waren, stimmten doch alle zu. Ich beobachtete, daß die Gruppen sich sofort ganz eifrig und lebhaft über neue Möglichkeiten unterhielten. Auch K. war intensiv mit M. und A. im Gespräch. Aus der Intensität und der Lautstärke, dem Gelächter und den immer röter werdenden Wangen schloß ich, daß erstaunliche, phantastische Dinge vorgeführt werden würden.
Damit hatte ich zum Teil recht. Es gab die komischen Lösungen, wo jemand durch sein seltsames Verhalten (sein Verhalten, das nicht den üblichen Rollenerwartungen entsprach) die Spannung der Situation löste. Ein Vater macht Handstand vor einem Polizisten, damit der Sohn nicht bestraft wird. Es gab die „Deus ex machina"-Lösung, meistens durch irgendeine der mächtigen Figuren in Comics herbeigeführt, und es gab die erfüllbaren Wunschträume, die aber nach der Vorerfahrung für viele Kinder unerfüllbar, also auch unwirklich zu sein schienen: Ein streitendes Elternpaar versöhnt sich, weil das Kind nicht unglücklich sein soll.
Nach diesen Vorführungen wäre es sehr gut gewesen, mit der Klasse zu sprechen, aber die Zeit reichte nicht, die Kinder mußten an ihre Hausaufgaben. Die Schule war da unerbittlich. K. blieb zurück und sagte, sie müsse mir noch etwas erzählen. „Auf unserem Bild war das Mädchen so häßlich und hat so ausgesehen wie ich, wenn ich wütend bin. Und ich war doch so wütend, und darum wollte ich nicht, daß man so etwas Gewöhnliches spielt. Ich wollte, daß wir etwas spielen, wo ich schön sein konnte, und das haben die doofen Jungen nicht verstanden. Da habe ich noch mehr Wut gekriegt und ihr doofes Spiel kaputtgemacht. Sie konnten es ja nicht wissen, weil ich vorher vor lauter Wut nichts gesagt habe. Aber ich bin so froh, daß wir noch einmal spielen konnten und ich keine Wut mehr haben mußte."
Dazu muß noch gesagt werden als Nachspiel, daß K. ihren Spitznamen

„Hexe“ ungefähr ab diesem Zeitpunkt offensichtlich nicht mehr ablehnte, man sie damit nicht mehr so leicht in Wut bringen konnte und er deshalb nur noch freundlich und dann kaum mehr verwendet wurde.

5. In Positionen bringen

(68) **Jedes Kind sucht** sich einen Partner. Der eine Partner geht zum Spielleiter und bekommt gesagt, in welche Stellung er seinen Partner mit Hilfe seiner beiden Hände, aber ohne Worte, bringen soll. Dann wird gewechselt (z. B. auf den Boden knien, Arme über den Kopf heben, Fäuste ballen und Mund aufmachen).

(69) **Dasselbe;** aber es darf nur eine Hand verwendet werden, um den Partner in die geforderte Stellung zu bringen.

(70) **Dasselbe;** aber es darf nur ein Finger verwendet werden.

(71) **Dasselbe mit einer Dreiergruppe.** Einer von ihnen bringt die beiden anderen in eine vom Spielleiter bestimmte Position, die sie zusammen einnehmen sollen (einander gegenüberstehen, rechte Hand auf die linke Schulter des Partners oder Rücken an Rücken sitzen, Arme einhaken und Beine rechts über links kreuzen usw.).

(72) **Dasselbe mit einer Fünfer-** oder noch mehr Kinder umfassenden Gruppe. Wieder ist vom Spielleiter darauf zu achten, die Anweisungen so zu geben, daß die Gruppen zueinander in Beziehung gebracht werden (z. B. ein Kreis, jeder zweite sitzt mit vorgestreckten Beinen und mit aufgehobenen Armen auf dem Boden; die Stehenden haben ihre Beine gegrätscht, ihre Füße berühren die Sitzenden, und sie fassen die Sitzenden an den Händen usw.).

(73) **Bei den großen Gruppen** kann zuerst mit verbaler Anweisung angefangen werden (Zwölfjährige spielen das gerne auf diese Weise). Schrittweise kann man dann reduzieren auf die Verwendung beider Hände, einer Hand, eines Fingers. Es kann endlich auch versucht werden, die notwendigen Anweisungen nur mit Zeichen und ohne Berührung zu geben.

(74) **Dasselbe;** nur wird dem Partner die Anweisung aus einiger Entfernung durch Zeichen verständlich gemacht.

(75) **Dasselbe;** nur wird der Auftrag jetzt einer Gruppe durch Zeichen vermittelt.

(76) **Der Spielleiter** nennt einen Gegenstand: Turm, Wagen, Zug etc., der gebaut werden soll aus allen Gruppenmitgliedern.

(77) **Der Spielleiter** gibt ein Thema an, z. B.: gemeinsam fröhliche, gemeinsam unzufriedene Leute, die die Gruppen darstellen sollen („lebende", später auch „bewegte Bilder").

(78) **Die Klasse** ist geteilt in Dreiergruppen. Ein Gruppenmitglied geht hinaus, das zweite bringt den dritten in eine seltsame Stellung, geht dann auch hinaus und erklärt mit Worten die Stellung, in die der dritte, der sich inzwischen wieder hingesetzt hat, von dem ersten gebracht werden soll.

(79) **Dasselbe;** aber zwei gehen hinaus, jeder womöglich an einen anderen Ort (oder im selben Raum in verschiedenen Ecken), mit dem Gesicht zur Wand oder mit geschlossenen Augen. Der erste zeigt dem Spielleiter seine Position, geht zum zweiten und erklärt sie ihm, der geht zum dritten, der sie dem Spielleiter vormachen soll.

Kommentar zu den Spielen 68 bis 79

Kinder sollen in dieser Spielreihe lernen, *aufeinander zu achten,* um die *Intentionen des anderen verstehen* zu können. Darüber hinaus soll damit Kindern, auf die andere sonst viel zuwenig achten, die Chance gegeben werden, auch einmal etwas zu „sagen" zu haben, d. h., einmal eine andere Rolle spielen zu dürfen. So habe ich oft beobachtet, daß Kinder mit niedrigem Status in der Gruppe sich darum bewerben, diejenigen zu sein, die die anderen in die angegebenen Stellungen bringen. Normalerweise gibt es für diese Kinder zu wenig Gelegenheiten, in der Gruppe eine wichtige Rolle zu finden. Daher scheinen Spiele hilfreich, die den Spielerfolg davon abhängig machen, daß diese Kinder beachtet werden. Um diese Kinder aber auch zum Zuge kommen zu lassen, mußte man als Spielleiter zunächst eingreifen. Wir lösten das durch die Vereinbarung, daß einmal die Gruppe einen, einmal ich einen wählen durfte. Dadurch kamen die Kinder dran, für die ich das Spiel geplant hatte, und konnten zeigen, daß sie nicht schlechter waren als die anderen, die ein hohes Prestige in der Gruppe hatten. Dahinter stand natürlich auch die Hoffnung, daß sie im Laufe der Zeit auch von der Gruppe gewählt werden würden.

Das geschah auch, da sich für die Spielstunde im Laufe der Zeit die starren Rollenverteilungen veränderten und sich ein lockeres, sehr entspanntes Klima entwickelte. So konnte sich ein schüchterner Bub oder ein stilles Mädchen trauen, laut zu schreien, sie wollten auch einmal drankommen, weil sie hoffen konnten, Erfolg zu haben mit ihrem Geschrei und, auch wenn sie nicht Erfolg hatten, deshalb nicht ausgelacht zu werden brauchten. (Sonst hieß es immer: „Du nicht, du bist viel zu doof.") Sie konnten sich in die spielerische Konkurrenz begeben und brauchten dann auch in der Spielstunde selten Hilfe von meiner Seite.

Sich anderen verständlich zu machen, die Absicht des anderen zu verstehen und auch *richtig* darauf zu *reagieren,* scheint von einer gewissen Übung abhängig zu sein. Einige der in den Spielablauf eingebauten Schwierigkeiten können die Kinder nach meiner Beobachtung erst bewältigen, wenn sie Leichteres geübt haben. Das bedeutet, daß es bei diesen Spielen einige gibt, die man zuerst, und andere, die man nachher spielen sollte.

Mit Spiel 71 gab es zunächst einen Mißerfolg. Kinder mit schwachem Sozialprestige konnten sich nicht durchsetzen, aber es schien nicht nur an ihrem Status zu liegen, sondern auch an ihrer Unfähigkeit, mehreren Kindern gleichzeitig zu vermitteln, was sie im Kopf hatten. Das muß anscheinend zuerst gelernt werden, und das läßt sich leicht lernen, wenn man mit *einem* Partner beginnt. Jedes Kind kann da oft drankommen, und der soziale Druck ist in der Zweiersituation offensichtlich geringer. Vielleicht auch deshalb, weil bei Spielen in Paaren immer die Freunde zusammengehen und man einem Freund Fehler leichter nachsehen oder ihn besser und leichter verstehen kann; kurz, weil „man sich eben versteht", wie F. mir erklärte.

Es scheint also eine gewisse Hierarchie zu geben in dieser Spielfolge. Es empfiehlt sich daher, mit jüngeren Kindern besser in der oben angegebenen Reihenfolge zu spielen. Es sollte aber doch dazwischen immer wieder probeweise eines der später genannten Spiele versucht werden, weil es immer sein kann, daß es eine Kommunikationsform gibt, die zwar schwierig ist, die aber zufällig in einer bestimmten Gruppe schon bewältigt werden kann und deshalb Vergnügen macht. Man wird aber auch herauszufinden versuchen, welche Art des Kontaktes und welche Art der Verständigung besonders schwierig zu handhaben ist, um in diesen oder anderen Spielen den Kindern zu helfen.

Ein anderes Ziel bei diesem Spiel kann sein, die *Berührungsangst,* die ich bei sehr vielen Kindern beobachtet habe, zu *verringern.* Ich habe gesehen, daß viele Kinder sich gegenseitig nur beim Raufen berühren. Die meisten physischen Kontakte, seien sie absichtlich oder unabsichtlich, werden als peinlich empfunden. Je nach Milieu und intellektuellen Fähigkeiten distanzieren sich die Kinder davon durch Spott und Ironie, durch Beschimpfen oder eben durch Raufen. (Das hängt vermutlich zum einen Teil mit der immer noch rigiden Sexualerziehung, zum anderen Teil auch mit dem direkten Vorbild der Erwachsenen zusammen, in deren Zusammenleben es meist nur Händeschütteln und Schulterschlagen gibt.)

Wenn es in einem Spiel notwendig ist, sich gegenseitig ohne Gewalt anzufassen, so lernen die Kinder auch eine Nähe zu empfinden, die ihnen angenehm sein kann. Auch oder gerade in gemischten Gruppen ist es aus diesem Grund ein gutes Spiel, da ja Berührungsangst zwischen kleinen Buben und Mädchen geradezu gezüchtet zu werden scheint.

Für kleinere Kinder kann das Spiel entsprechend eingekleidet werden; der einzelne hat einen Zauberstab oder Zauberhandschuhe, mit denen der Partner – oder die Gruppe – in die aufgegebene Position gebracht wird. Gerade mit Handschuhen ist es sehr günstig, weil sie dann auch noch üben können, Fingerhandschuhe schnell anzuziehen. Außerdem zeigt die Erfahrung, daß diese Einkleidung Hilfsmittel zur Bewältigung der sozialen Schwierigkeiten sein kann, die in diesem Spiel liegen und die darin ausgetragen werden sollen.

Zu den Spielen 78 und 79

Diese beiden Spiele sind eine andere Art der Erschwerung der Reihe 68 bis 77. Hier wird von den Kindern *Verbalisierung* verlangt, die ihnen zuerst sehr fremd ist. Der Spielleiter muß daher darauf achten, wenn das Spiel gelingen soll, daß sie nicht doch die Stellung, die sie beschreiben sollen, nachahmen, also dem anderen vormachen.

Kinder, die Hemmungen beim Kontakt zeigten, konnten bei diesen Spielen eine gewisse Kompensation erleben, weil sie sprechen mußten und man auf sie hören mußte. N. drückte das für diese Gruppe von Kindern einmal so aus: „Bei dem Spiel habe ich es so gut wie sonst nie, da kann ich dem M. etwas erklären; er muß zuhören und es dann auch noch tun. Da kann ich ihm einmal zeigen, daß ich nicht so ein Doofkopf bin, wie er immer sagt."

Natürlich reichen drei Spiele dieser Art nicht aus, um jemanden auf Dauer aus seiner „Doofkopf"-Rolle zu befreien. Es ist aber an diesen Spielen besonders gut zu zeigen, wie durch das Spiel selbst geholfen werden kann.

Bericht zu Spiel 71 (Einer bringt zwei andere in bestimmte Positionen)

Das Spiel war schon einige Male an diesem Nachmittag gespielt worden. Ich sah, daß R. in seiner Gruppe nicht glücklich war. Er versuchte immer wieder dranzukommen, um die Gruppe in eine Stellung zu bringen; aber man übersah ihn trotz oder vielleicht auch wegen seines Geschreis. Es war nicht vereinbart worden, daß ich an der Auswahl teilnehmen sollte, und so konnte ich nicht eingreifen. Ich stellte mich in die Nähe von R.s Gruppe. Nach einer Weile kam er zu mir und sagte, er habe kalt, was er denn machen solle. Ich schlug vor, er solle sich doch etwas zum Anziehen holen. Da sah er meine Jacke auf einem Stein liegen und fragte, ob er die haben dürfe. Ich meinte nur, daß ihn die anderen vielleicht auslachen würden, wenn er mit so einem großen Ding daherkäme. Aber das störte ihn nicht. Er zog sie sich an, und da sie besonders lang war und ihm über die Knie herunterhing, sah er sehr komisch aus. Ich fürchtete wirklich, daß seine Gruppe ihn verspotten würde, was ihm in seiner labilen Stimmung sicher nicht geholfen hätte. Kaum hatten ihn die anderen Kinder aber so gesehen, fanden sie ihn großartig; und auf der Welle dieser Bewunderung konnte R. sofort erreichen, daß er von der Gruppe bestimmt wurde, den nächsten Auftrag zu holen und auszuführen. Voll Stolz schritt er in der mantelartigen Jacke durch die Gegend. Als das Spiel vorbei war und das nächste Kind drankommen sollte, verlangte es, daß R. ihm die Jacke geben sollte, weil das das Zeichen für diese Aufgabe sein könnte. Eine schwierige Lage für R., der sich doch gerade eine Rolle erworben hatte, die auch noch durch ein besonderes Attribut deutlich sichtbar geworden war. Das sollte er jetzt nach so kurzer Zeit wieder abgeben und zurückrutschen in die Farblosigkeit, die er gerade erst abgelegt hatte?

Zwei größere Schüler, die bei diesem Spiel zugesehen hatten, erkannten das Dilemma ebenso und forderten mich auf, einzugreifen, so daß R. seine Jacke behalten könnte.

Ich wollte aber dieses von den Kindern gerade selbst erfundene kleine Ritual nicht zerstören; denn offensichtlich wurde dem Tragen der Jacke Bedeutung beigemessen. Erkennbar war Statuserhöhung; aber was es sonst noch alles bedeuten mochte, war in der kurzen Zeit durch Beobachtung nicht herauszufinden. So fragte ich R., ob es ihm was ausmachen würde, die Jacke weiterzugeben, damit alle, die sich das wünschten, sie anziehen könnten, denn das sei doch gerechter. Darauf meinte er, nicht alle dürften sie anziehen, sondern nur die, die seine eigene Gruppe in eine neue Stellung bringen sollten. Das sagte er so laut, daß die anderen Gruppen es hörten. Die einen lachten ihn aus, die anderen wollten auch so etwas haben. Daraufhin sagten die beiden großen Schüler, die zugesehen hatten,

sie könnten ja ihre Pullover herleihen zum Umhängen. Das wurde akzeptiert. Es fiel mir auf, daß vor allem R. mit dieser Lösung zufrieden war. Als ich ihn danach fragte, sagte er stolz: „Die Idee mit der Jacke hab' ich gehabt, und unsere Gruppe hat es besser, denn sie hat deine Jacke, mit der ist es toller, weil sie so groß ist."
Für einige Zeit wurde in dieser Klasse bei diesem Spiel für die Rolle des einzelnen ein Macht- oder Rollensymbol verwendet: ein Stäbchen, eine Kopfbedeckung, Handschuhe; alles, ohne von mir vorgeschlagen worden zu sein. Dann wurde nichts mehr verwendet, und bald danach wollte niemand mehr dieses Spiel spielen. Für diese Klasse waren die Möglichkeiten ausgeschöpft.

6. Beobachtungsspiele

(80) Jedes Kind wählt sich einen Partner. Einer der Partner geht mit dem Spielleiter hinaus. Draußen sagt ihm der Spielleiter, er solle etwas an seinem Äußeren verändern. Die anderen Partner sitzen im Raum und sollen, wenn ihre Partner sich ihnen vorstellen, herausfinden, was verändert wurde. Dann kommen die anderen an die Reihe.

(81) Die Klasse in zwei Hälften teilen, die sich einander gegenüber aufstellen. Sie haben Zeit, sich gegenseitig genau anzuschauen, während der Spielleiter bis 10 zählt. Dann drehen sie sich um und verändern etwas an ihrem Aussehen. Wenn der Spielleiter wieder bis 10 gezählt hat, drehen sie sich um und versuchen zu erkennen, was sich an ihrem Gegenüber verändert hat. Für richtige Angaben kann man Punkte geben. Die Punkte der Gruppe werden dann addiert.

(82) Die Klasse ist geteilt in Gruppen zu fünft. Jede Gruppe schickt eines ihrer Mitglieder hinaus. Der verändert an seinem Äußeren, was ihm die Gruppe aufgetragen hat. Die Abgesandten kommen wieder herein und gehen an den anderen Gruppen vorbei. Die sollen feststellen, was an diesen Abgesandten jetzt anders ist.

(83) Die Klasse in zwei Gruppen teilen. Sie sitzen einander in zwei Reihen gegenüber. Es gibt eine halbe Minute Zeit, sich die gegenüberliegende Gruppe genau anzusehen. Dann stellt sich jeder hinter seinen Stuhl mit dem Rücken zur anderen Gruppe. Zwei aus jeder der beiden Gruppen nehmen am Äußeren der Kinder der eigenen Gruppe leichte Veränderungen vor. Alle setzen sich wieder hin. Durch Zuruf – abwechselnd immer einer aus jeder Gruppe – werden die Veränderungen festgestellt. Genauigkeit der Formulierung wird von der ganzen Klasse beurteilt.

(84) **Die Klasse sitzt im Kreis.** Jeder neben dem Partner, den er sich gewählt hat. Ein Paar geht hinaus und versteckt, evtl. mit Hilfe des Spielleiters, eine Briefmarke auf der Kleidung oder am Körper eines der Partner. Sie muß aber ein wenig sichtbar sein. Beide kommen in den Kreis und gehen im Kreis herum. Jedes Paar, das die Briefmarke entdeckt hat (gemeinsame Entscheidung), sagt es leise dem Spielleiter. Sie rufen ihn dafür zu sich.

(85) **Dasselbe;** aber in Dreier- bis Fünfergruppen. Die Gruppen, die es herausfinden sollen, dürfen nur zwei Versuche machen und müssen gemeinsam entscheiden.

(86) **Die Klasse** ist geteilt in Fünfergruppen. Eine Gruppe wird unter einer Decke oder hinter einem Tisch versteckt. Jedes Kind streckt nur seine rechte Hand heraus. Die anderen Gruppen warten indessen vor der Tür. Dann wird eine nach der anderen hereingeholt und soll herausbekommen, zu wem die Hände gehören. Danach wechseln die Gruppen. Es empfiehlt sich, gleich am Anfang zu sagen, jedes Kind solle seine Hände auf den Rücken legen, damit niemand sich die Hände schon während der Ansage merken kann.

(87) **Die Klasse sitzt im Kreis.** Einer ist in der Mitte und versucht die Bürste zu entdecken, die hinter dem Rücken von Hand zu Hand geht. Es soll versucht werden, ihm den Rücken zu bürsten, ohne daß er sieht, von wem.
Vor dem Spiel sucht sich jeder einen Partner, und dieser Partner versucht zu helfen, darf aber nicht die Bürste herzeigen oder sie bei sich finden lassen – sonst muß er in die Mitte, und das zählt schlecht für dieses Paar. Er kann aber durch Blicke versuchen, seinem Partner anzuzeigen, wo die Bürste ist. Es darf nur zweimal geraten werden.

Kommentar zu den Spielen 80 bis 87

Bei diesen Spielen fragen einen die Kinder oft, ob eine Veränderung, die sie vorgenommen haben, zu leicht oder zu schwer sei. Nach meiner Erfahrung kann man das als Erwachsener nicht beurteilen. Kinder sehen verschobene Haarspangen, umgedrehte Ringe, verrückte Gürtelschnallen; aber offene Schuhbänder wurden fast immer übersehen. Daher habe ich

immer nur versucht, darauf zu achten, daß die Veränderungen sichtbar sind. Eines aber ist bei diesen Spielen für den Spielleiter sicher interessant: Er kann erfahren, welche Details an ihrem Äußeren Kindern wichtig sind, wie genau die modischen Attribute beachtet werden und wie bedeutungsvoll schon geringfügige Änderungen daran sind. Erstaunlicherweise war das Spiel 81 eines von denen, an dem sich einige Klassen „satt spielen" mußten. Aus keinem erkennbaren Grund wurde es von ein paar Klassen durch mehrere Wochen dauernd gewünscht und auch gespielt, während es andere nicht öfters als einmal spielen wollten. Die Lernmöglichkeiten, die in diesen Spielen stecken, sind offensichtlich Beobachtung von *Details* und *Formulierung* dieser Beobachtung. Für die Art der Formulierung kann man bei der Besprechung der Spielregeln mit den Kindern den Grad der Genauigkeit gemeinsam festlegen. Vor allem bei jüngeren Kindern wird es wichtig sein, festzulegen, ob der veränderte Gegenstand genau benannt werden soll oder ob man ihn auch zeigen darf.
Wenn hier davon gesprochen wird, daß Kinder bei diesen Spielen beobachten üben können, so muß man sehr vorsichtig sein mit den Erwartungen, die man gerade bei diesen Fähigkeiten an einen sogenannten Lernerfolg stellt. Gerade beobachten wollen und können hängt sehr stark vom Gegenstand der Beobachtung, also vom Interesse und von der Motivation, ab. Darum darf man nicht erwarten, daß z. B. die Kinder, die das Spiel 81 ohne Ende und nach einiger Zeit mit großer Perfektion gespielt haben, jetzt alles und überall gut beobachten können.

Bericht zu Spiel 83 (Veränderungen des Äußeren in zwei Gruppen)

M. war neu in der Klasse, die schon ein Jahr Spielstunde gehabt hatte. Es war die erste Spielstunde in diesem Schuljahr. Auf Wunsch wurde zuerst „Fangen und eine Minute schätzen" gespielt. Dabei hatte M. zuerst mitgespielt, sich aber dann an den Rand der Wiese gesetzt und wollte lieber „sehen, wie die es machen". Ich schlug dann vor, eines der Spiele zu spielen, in denen man etwas an sich verändert. M. zupfte mich und fragte ganz leise, ob man sich da verkleiden könne. Ich erklärte ihm das Spiel, so wie es die Klasse im vorigen Schuljahr gerne gespielt hatte. Da wollte er auch mitspielen. Beim ersten Durchgang sah ich, daß M. nicht nur eine kleine Veränderung an sich vornahm, sondern versuchte, alle seine Kleidungsstücke verkehrt anzuziehen oder zu verdrehen. Ich sagte nichts, stellte mich nur in seine Nähe, um genau zu sehen, was geschehen würde, und um schnell eingreifen zu können, falls es sich als notwendig erweisen sollte. Als sich die Reihe gegenüber umdrehte, bemerkten alle Kinder sehr schnell, daß M. etwas falsch gemacht hatte. Also riefen sie schnell hinter-

einander die an ihm sichtbaren Veränderungen auf. M.s Gruppe wurde ärgerlich, da sie auf diese Weise viele Punkte verloren hatte. Da kam M. ihnen zuvor und sagte, er fände Verkleiden so schön, das habe er zu Hause immer gespielt, und warum könne man sich nicht ganz verändern bei diesem Spiel? Darauf erklärte ihm S.: „Das weißt du noch nicht, aber in der Spielstunde ist manchmal alles ganz anders als sonst. Da spielt man ganz anders, und das will man zuerst nicht, dann sagte sie, man soll es doch versuchen. Und dann ist es oft ganz Klasse.“ M. schien nicht überzeugt, und so schlug ich vor, das Spiel auf seine Art zu spielen; also so, daß sich die drei der Gruppe, die Veränderungen an sich vornahmen, soviel als möglich und so seltsam wie möglich veränderten und die andere Gruppe alles genau benennen mußte. Es war ein großer Erfolg. Als ich dann abbrach, um das nächste Spiel anzufangen, fragte ich M., ob er jetzt wüßte, was S. gemeint habe. Er lachte und meinte: „Daß es anders ist, als man denkt, weiß ich jetzt, aber ich weiß noch nicht gut, wie anders.“

7. Geschicklichkeitsspiele

(88) Die Kinder stellen sich in Staffeln zu acht nebeneinander auf. Jede Staffel bekommt eine Münze, die sie ihre Reihe entlang so schnell wie möglich weitergibt. So geht es mehrmals die Reihe auf und ab. Wenn sie fertig sind, setzt sich die Staffel hin.

(89) Dasselbe; aber mit eindeutiger Anweisung: Es darf nur die rechte Hand verwendet werden. Dann nur die Linke.

(90) Die Staffelmitglieder rücken so weit auseinander, daß sie sich noch mit den Fingerspitzen berühren können. Ihre Füße dürfen sie nicht vom Fleck rühren. Dann wird eine Münze die Reihe entlang hinauf und hinunter weitergegeben. Wenn die Münze fallen gelassen wird, muß sie wieder am Anfang der Staffel starten.

(91) Dasselbe; aber vor dem ersten der Staffel liegen 6 Münzen, die durchgegeben werden und am anderen Ende der Reihe zu einer Sechs gelegt werden sollen. Bei jedem Neuanfang des Spiels rücken die Spieler vor, so daß jeder einmal erster und letzter sein kann.

(92) Dasselbe wie 88, aber die Gruppe wählt sich einen „Helfer“. Dieser Helfer darf mit der Münze mitlaufen und sie aufheben, wenn sie herunterfällt, und dem, der sie verloren hat, wieder in die Hand geben. Man kann auch vereinbaren, daß er sie an den Anfang der Staffel bringt und das Spiel für diese Gruppe von neuem beginnt.

Kommentar zu den Spielen 88 bis 92

Diese Spiele sind ein Beispiel dafür, wie man mit ganz einfachen Mitteln und wenig Aufwand Übungen für *motorische Koordination* vorschlagen kann, die aus den verschiedensten Gründen Spaß machen.
Meiner Erfahrung nach dachten die Kinder am Anfang immer, das sei ein zu leichtes Spiel. Sie wollten es ablehnen, und ich mußte sie meistens überreden, es doch erst einmal zu versuchen. Beim ersten Versuch stellte sich dann jedesmal heraus, daß es gar nicht so einfach ist, eine Münze schnell weiterzugeben, wenn man nicht werfen und niemanden auslassen darf. Und diese Ungeschicklichkeit und die Verwunderung, daß man selbst so ungeschickt sein kann, macht Spaß in einer von Leistungsdruck befreiten Atmosphäre. Dazu kommt auch, daß einige Kinder diese Ungeschicklichkeit dann übertreiben. Wenn man will, kann man daraus ein kurzes Rollenspiel durch die Kinder entwickeln lassen. Sie sollen versuchen, echte Ungeschicklichkeit und im Gegensatz dazu Clownerie darzustellen.
Später, nachdem sie bestimmte Techniken entwickelt hatten, machte es Spaß zu zeigen, wie geschickt man sein kann.
Auch bei diesen Spielen kann man sehen, wieviel vom Verhalten des Spielleiters abhängt. Wenn er im schlimmsten Fall böse wird über Ungeschicklichkeit, wenn er tadelt, statt kleine Fortschritte zu loben, wenn er ungeduldig wird über absichtliche Ungeschicklichkeit, ohne zu sehen, was der Grund dafür sein könnte, wenn er die Schwierigkeiten der verschiedenen Variationen nicht unterscheiden kann, dann werden manche Kinder immer noch ihr Vergnügen in den Spielen suchen und auch finden. Aber die Kinder, die Schwierigkeiten haben, die ihre Hände und Füße nicht so gut beherrschen wie andere, die deshalb Angst haben, sich vor den anderen bloßzustellen, sie brauchen Hilfe durch besondere Zuwendung, viel Nachsicht und vor allem viel Lob. In manchen Fällen kann auch einem besonders ungeschickten Kind ein Vorschlag gemacht werden, wie es die Münze besser fassen und weitergeben könnte. Aber nach meiner Erfahrung sollte das nie so laut geschehen, daß alle anderen Kinder es hören können; denn Kinder, die im motorischen Bereich Schwierigkeiten haben, sollten nicht zusätzlich sozial verunsichert werden.
Bei Spiel 92 ist zu beachten, daß laufen und dann einen so kleinen Gegenstand weitergeben eine besondere Schwierigkeit bedeuten kann und daß daher bei diesem Spiel der Versuch zu „schwindeln“ sehr häufig ge-

macht wird. Auch da sollte der Spielleiter nicht böse Absicht vermuten. Die Aufregung des Spieles wird durch das Laufen noch verstärkt. Darum werden sehr oft die Hände ungeschickter, und man versucht dann, dies auf eine nicht der Spielregel entsprechende Weise auszugleichen. Moralisieren nützt hier nichts, eher öfter kurze Gespräche darüber.

(93) Die Klasse ist aufgeteilt in Paare. Jeder Partner zieht seine Schuhe und seine Jacke oder den Pullover aus, die Paare sitzen einander gegenüber, mit ihren Kleidungsstücken zwischen sich. Auf „Los!" sollen sie sich so schnell wie möglich anziehen, sich gegenseitig helfen, wenn nötig. Welches Paar ist am schnellsten fertig?

(94) Dasselbe in Gruppen zu fünft. Die Gruppen sitzen jeweils im Kreis und haben ihre Kleidungsstücke in der Mitte ihres Kreises. Wenn sie fertig angezogen sind, legen sie sich auf den Boden.

(95) Dasselbe; aber die Kleidungsstücke der Gruppe liegen möglichst weit von ihr entfernt auf einem Haufen. Wenn alle angezogen sind, sollen sie an ihrem Ausgangsplatz im Kreis sitzen.

(96) Dasselbe; aber es darf dabei kein Wort gesprochen werden.

(97) Dasselbe; aber mit geschlossenen Augen, zu zweit bis fünft. Es kann auch einer mit offenen Augen dabei sein, der durch Worte den anderen hilft.

Kommentar zu den Spielen 93 bis 97

Auch in diesen Spielen wird eine *bestimmte Geschicklichkeit* geübt; gleichzeitig ist aber das *gegenseitige Helfen* eingeplant. Gerade das Helfen beim Anziehen hat bei jüngeren Kindern einen besonderen Stellenwert. Aber auch bei Zehnjährigen habe ich beobachtet, daß sie mit ihrer Selbständigkeit auf diesem Gebiet oft noch nicht sehr vertraut sind. D. h., sie können sie noch nicht ohne Schwierigkeit spielerisch aufgeben; sie können sich nicht helfen lassen um des Spieles willen.
In manchen Gruppen und mit kleineren Kindern ist es darum gut, das Spiel einzukleiden und zu erzählen, daß alle schlafen, und auf einmal geschieht . . .
Mit größeren Kindern war es erfolgreich, den Raum zu verdunkeln und alle ganz ruhig sitzen oder liegen zu lassen und sie dann, wenn die Spannung schon sehr groß war, im Dunkeln sich anziehen zu lassen.

Das kann man natürlich nur machen, wenn die Gruppe in einer ausgeglichenen, nicht aggressiven Stimmung ist. Denn sonst kann die Dunkelheit zu gut ausgenützt werden, seine Wut oder sonstigen Unlustgefühle abzureagieren. Gerade im Dunkeln aber macht auch das Helfen Spaß, schon deshalb, weil die Ungeschicklichkeit nicht gesehen, aber durch die Umstände erklärbar geworden ist. Auch kann es manchen Kindern über ihre *Angst, den anderen zu berühren, weghelfen.* Das müßte aber im Anschluß immer auch einmal im Hellen gespielt werden, damit sich die Aufhebung dieser Angst nicht mit der Dunkelheit verbindet, daran gebunden bleibt und somit nicht aufgehoben wird.
Außerdem macht es immer großen Spaß, dasselbe noch einmal unter anderen Umständen zu versuchen und zu sehen, ob man sich auf dieselbe Weise ungeschickt anstellt.
Darüber sollte nicht ein langes Gespräch geführt werden, aber die Kinder sollten doch einmal versuchen, die Unterschiede herauszufinden.
Bei Spiel 95 war zu beobachten, daß es lange braucht, bis die verschiedenen Gruppen sich organisieren. Da am Anfang sich alle als wilder Haufen zu den ihnen gehörenden Kleidungsstücken stürzen, dauert es sehr lange, bis jeder seine Sachen gefunden hat. Bei diesem Spiel ist man als Spielleiter sehr leicht versucht, einzugreifen und bessere Methoden vorzuschlagen. Aber solange keine Kleidungsstücke beschädigt werden oder Kinder sich in ihrer Hast gegenseitig weh tun, sollte man sich lieber zurückhalten.
Es dauert oft sehr lange, bis die Kinder von selbst auf die Idee kommen, sich bei diesem Spiel zu organisieren. Man kann ihnen aber helfen, ohne zu aktiv einzugreifen, wenn man sie nach dem ersten Mal auffordert, jetzt irgendwelche Regeln zu verändern oder neu dazuzuerfinden. Dabei habe ich öfters erlebt, daß sie sehr stark organisierende Regeln erfanden, die für alle galten, z. B.: Erst müssen die Schuhe angezogen werden, es darf immer nur einer am Haufen stehen etc. Auf die Frage, warum nicht jede Gruppe dies für sich selbst erfinden konnte, gab es fast immer dieselbe Antwort: Wir wissen ja nicht, ob es auf diese Weise wirklich schneller geht. Es war offenbar zu riskant, das in einem Spiel als einzelne Gruppe auszuprobieren. Man konnte sich allerdings darauf einigen, daß zwei Gruppen es versuchen sollten, während die anderen sich gleichzeitig unorganisiert anziehen sollten. Es mußte dann aber jedes Mal festgelegt werden, daß das zum Ausprobieren und kein „richtiges" Spiel sei. Die Furcht vor Mißerfolgserlebnissen war bei diesen Spielen sehr groß, obwohl es in den Klassen zu diesem Zeitpunkt kein vehementes Wettkampfklima mehr gab.
Klare Regeln helfen dann den Kindern sehr, sich den Aufgaben zu stel-

len, die ihnen angst machen. Jedesmal wurde mir erklärt, daß „richtiges" Spielen sei, wenn es für alle dieselben Bedingungen gäbe, von denen man genau wüßte, wie sie funktionierten. Auf meine Frage, ob wir denn nicht auch Spiele machten, bei denen man das nicht so genau wüßte, und man doch vieles ausprobieren müßte, um überhaupt spielen zu können, bekam ich die Antwort, daß es doch dann am Spielanfang entsprechend angesagt werde, dann alle probieren müßten, und das sei ja dann schon wieder ein „richtiges" Spiel. (Beim Anschleichen im Wald und bei allen anderen abenteuerlichen Spielen oder beim Theaterspielen, da sei es eben möglich, vieles zu probieren, das gehöre sozusagen zu diesen Spielen dazu.)
Das könnte heißen, daß die meisten Kinder bei Spielen, die ihre Phantasie anregen, auch mehr Mut haben, andere Ideen in diese Spiele einzubringen. Bei nicht so phantasieanregenden Spielen scheinen sie von vorneherein mehr darauf angewiesen zu sein, nach Regeln zu spielen. Als Hilfe für den Spielleiter könnte man sagen, daß für Kinder ganz klar gemacht werden muß, wie die Spielsituation einzuschätzen ist: Ob es Regeln braucht, um die entstehenden Situationen zu ertragen; ob das Finden oder das Einhalten von Spielregeln zum Spiel gehört oder ob die spontane Lösung des Problems – das Auskommen ohne Regel – selbst zur Regel wird.
Auch bei dem unorganisierten und daher turbulenten Spiel war das Vergnügen groß. Aber es war manchmal nahe daran, umzuschlagen in Aggressionen oder Verzweiflung. Das wurde von manchen Kindern erkannt und ausgesprochen und als ein Teil des Vergnügens genannt. Für die stabileren Kinder sei das zugegeben, nicht aber für die anderen, die man, wie schon oben gesagt, solchen Belastungen nicht aussetzen sollte. Für eine sehr labile Gruppe wäre bei diesem Spiel gleich vorzuschlagen, engere Regeln zu nennen, um das Spiel doch spielen zu können, ohne die Kinder zu überfordern. (Z. B., daß ein Kind nach dem anderen in die Mitte läuft, um sich anzuziehen, oder daß jedes Kind immer nur einen Gegenstand holt etc.)

(98) Die Klasse ist in Paare geteilt. Jedes Paar bekommt einen Bogen Zeitungspapier. Der eine darf den Boden betreten, der andere nur das Zeitungspapier. Beide sollen zusammen von der einen Wand des Raumes zur anderen kommen. Sie sollen sich gegenseitig helfen. An der Wand angekommen, sollen sie tauschen. Welches Paar kommt als erstes wieder an?

(99) Jedes Kind bekommt einen Bogen Zeitungspapier. Alle stellen sich an der einen Wand des Raumes auf und sollen so schnell als möglich bis an die andere Wand kommen, ohne auf den Boden zu steigen und ohne das Zeitungspapier, das sie sich unterlegen, zu zerreißen.

(100) Die Klasse ist in Fünfergruppen eingeteilt. Jede Gruppe bekommt einen Bogen Zeitungspapier mit dem Auftrag: Die ganze Gruppe soll so schnell als möglich von der einen Seite des Raums zur anderen kommen. Es darf nur einer den Boden betreten, alle anderen dürfen nur auf das Zeitungspapier steigen. Diese Anweisung kann auch in eine Geschichte eingekleidet und dann in Geheimschrift den Gruppen gegeben werden (Buchstaben vertauschen etc.). Es ist günstig, die Fläche, die überquert werden soll, durch zwei Linien abzugrenzen.

Kommentar zu den Spielen 98 bis 100

Bei kleineren Kindern sollten die Spiele in Geschichten eingekleidet werden, z. B. Überquerung eines Sumpfes. Außerdem sollte nicht Zeitungspapier, sondern Karton verwendet werden. Das ist auch bei älteren Kindern zu empfehlen, wenn sie zu wild sind, um vorsichtig mit dem dünneren Papier umgehen zu können. Es ist ein schwieriges Spiel für *motorisch* schlecht *koordinierte* Kinder, gibt ihnen aber gute *Übungsmöglichkeit* und braucht sie nicht in Verlegenheit zu bringen, wenn ihnen durch ein anderes Kind geholfen wird, so wie es im Spiel vorgesehen ist.

(101) Die Klasse sitzt im Kreis. Die Kinder rechts und links neben dem Spielleiter haben auf ihrem gestreckten Zeigefinger ein Zündholz liegen. Sie sollen diese Zündhölzer weitergeben, ohne sie mit anderen Fingern zu berühren und ohne sie zwischen den Zeigefingern einzuklemmen. Auf „Los!" gibt der eine sein Streichholz nach rechts, der andere nach links usw. Wie die Begegnung der beiden Zündhölzer bewerkstelligt werden soll, muß vorher besprochen werden. Welche Richtung ist schneller? Es ist gut, das Spiel zu wiederholen und die Kinder anzuregen, Vorschläge zu machen.

(102) Die Klasse teilt sich in Gruppen zu viert. Jede der Gruppen bekommt eine Kerze. Die Klasse setzt sich in einen großen Kreis; die Gruppenmitglieder jeweils nebeneinander. Der Spielleiter geht zu einer Gruppe, gibt ihr Feuer für die Kerze und sagt: „Los!" Darauf soll die Gruppe mit der brennenden Kerze so schnell als möglich um den Kreis laufen. Die anderen sollen versuchen, sie auszublasen. Dabei muß je nach Größe des Raumes ausgemacht werden, ob die anderen sitzen bleiben oder aufstehen dürfen, wenn die Kerze herumgetragen wird. Jedenfalls darf niemand seinen Platz verlassen. Die Gruppe mit der Kerze kann auf jede Weise versuchen, sie zu schützen. Es kann die Zeit gestoppt werden, die eine Gruppe für den Weg um den Kreis braucht, und es soll gezählt werden, wie oft die Kerze wieder angezündet werden muß.

(103) **Die Klasse wird in Paare geteilt.** Aufgabe der Partner ist es, zusammen aus Zeitungspapier eine möglichst lange Schlange zu reißen. Die Schlangen werden dann nebeneinander auf den Boden gelegt und die Längen verglichen. Wo es Risse gegeben hat, darf man die beiden Teile zusammenknüpfen.

Bericht zu Spiel 98 (Zeitungslauf)

Die Gruppeneinteilung bereitete Schwierigkeiten. Keine der Gruppen wollte E. haben. „Er ist so blöd, er stört immer alles, er hält keine Regeln ein“, hieß es. Nach längeren Diskussionen und helfendem Eingreifen durch den Spielleiter erklärte sich eine Gruppe bereit, E. bei sich mitspielen zu lassen.
Nachdem die Spielregeln erklärt worden waren, wollte in der Gruppe, die E. aufgenommen hatte, niemand die Rolle des „Helfers“ übernehmen. Es wurde „Los!“ gerufen, und noch immer war sich die Gruppe nicht einig. Da sprang E. nach vorne, nahm die Zeitung in die Hand, faltete sie ungefähr auf Fußgröße zusammen, hockte sich vor den ersten hin und hielt ihm die Unterlage zum Draufsteigen vor. Und dann krabbelte er eifrig, schnell und sehr geschickt neben jedem Läufer her und legte ihnen die Unterlage vor die Füße; seine Gruppe sah, daß er schneller und geschickter war als die „Helfer“ der anderen Gruppen, und fing an, ihn zu loben. „E., du bist ganz große Klasse“, hieß es — ein Satz, der für E. fast nie gegolten hatte. Als das Spiel wiederholt werden sollte, mußte auch ein neuer Helfer bestimmt werden. Die Gruppe wollte das nicht, da sie gesehen hatte, daß E. ihnen zum Sieg verholfen hatte. Da die anderen Gruppen aber eine neue Chance haben wollten, konnte nach einer kurzen Diskussion auch E.s Gruppe überzeugt werden. Sie wählten einen neuen „Helfer“. E. stand etwas neben der Gruppe, nicht sicher, wie er sich verhalten sollte. (Das paßte gar nicht zu seinem sonst üblichen Verhalten. Meist kämpfte er mit allen Mitteln darum, im Mittelpunkt zu stehen, drängte sich auf, schrie und prügelte sehr schnell.) Der Bub, der zum neuen „Helfer“ gewählt worden war, war ein bekannter Feind von E. Er zögerte eine kurze Zeit, dann ging er auf E. zu und fragte ihn ganz leise: „Kannst du mir sagen, wie man es macht?“ Worauf E. ebenso leise es ihm erklärte.

Bericht zu Spiel 103 (Zeitungsreißen)

Die Schlangen sollten nebeneinander gelegt und verglichen werden. Ziele: Genauigkeit der Beobachtung, Beschreibung der Unterschiede etc. Plötzlich schlug eines der Kinder vor, die Schlangen zu verbrennen. Die Idee konnte ich nicht gut ablehnen, da es von den äußeren Umständen her möglich war. Es wurde im Freien gespielt. Wie aber sollte aus dem Wunsch, ein Feuer zu machen, ein vernünftiges Spiel entstehen? Die Kinder holten erst einmal Streichhölzer. Ich bekam die Schachteln. Dann schlugen sie vor, jeder solle für sich möglichst schnell das Papier verbrennen. Mir kam das nicht sehr sinnvoll vor, und ich machte daher einen Gegenvorschlag. Er wurde akzeptiert. Sie sollten sich also in Gruppen zu fünft zusammentun und hintereinander in Staffeln aufstellen. Ich stand den Staffeln gegenüber. Zwischen ihnen und mir lagen die Zeitungsstreifen. Jede Gruppe sollte versuchen, mit ihren Streichhölzern die Schlange so schnell wie möglich zu verbrennen. Dafür mußte ein Gruppenmitglied nach dem anderen zu mir kommen, sich Feuer holen, das Feuer zu der Schlange tragen und versuchen, sie anzuzünden. Die anderen durften nicht hingreifen, um zu helfen, sie sollten nur mündlich Ratschläge geben, wenn die Flamme auszugehen drohte. Wenn das geschah, sollte der nächste drankommen. Dies ging sehr gut und machte großes Vergnügen, bis eine Gruppe fertig war, d. h. keine Zündhölzer mehr hatte. Da fing plötzlich ein Bub an, das brennende Streichholz, das ein Mädchen einer anderen Gruppe trug, auszublasen. Alle anderen seiner Gruppe schlossen sich sofort an und versuchten, diejenigen, die noch im Spiel waren, zu behindern. Was tun? Die Störung verbieten, an Vernunft und Fairneß appellieren? Oder diese Störung einbauen und in ein neues Spiel verwandeln? Ich versuchte das und schlug vor, daß die Gruppen, die noch Streichhölzern hatten, trotzdem versuchen sollten, ihre Zeitungsschlangen zu verbrennen; nur dürften jetzt die anderen Gruppenmitglieder zum Feuerholen mitlaufen und helfen, darauf zu achten, daß es von den nun legitimierten Störern nicht ausgeblasen werde. Das Spiel wurde dadurch sehr aufregend. Alle entwickelten plötzlich ungeheure Pläne, zogen sich in Ecken des Spielplatzes zurück, in die die Gegner Spione aussandten. Sie entwickelten eine sprachlose Verständigung, und auf diese Weise gelang es zwei Gruppen trotz vieler Hindernisse, ihre Zeitungsschlangen völlig zu verbrennen.

Spaß machte jetzt nicht mehr so sehr das Verbrennen, sondern die Überlegung, wie man es trotz der Hindernisse noch schaffen konnte.

8. Geräusche machen

(104) **Die Gruppe sitzt im Kreis** und summt oder murmelt oder pfeift oder klatscht ganz leise in die Hände oder trampelt ganz leise mit den Füßen etc. Der Spielleiter gibt mit der Hand Zeichen, so daß das Geräusch auf- oder abschwillt, je nachdem, ob er seine Hand hochhebt oder ganz tief unten hat. Es sollte auch ein Zeichen für Schweigen ausgemacht werden. Die ganze Gruppe soll die mit der Hand angezeigten Nuancen so gut wie möglich wiedergeben können. Es kann auch abwechselnd ein Kind die Handzeichen geben.

(105) **Dasselbe** in zwei Gruppen, die in zwei verschiedenen Kreisen sitzen und auch voneinander verschiedene oder nach Vereinbarung auch gleiche Geräusche machen. Die Leiter der Gruppen sollen darauf achten, ob ihre Gruppe ohne Ablenkung folgen kann.

(106) **Die Klasse wird eingeteilt** in Dreier- bis Fünfergruppen. Jede Gruppe soll mehrere Geräusche finden, die man mit Gegenständen machen kann. Dafür hat sie etwa drei Minuten Zeit. Dann sollen sie – womöglich in verschiedenen Lautstärken – ihre Geräusche vormachen. Die anderen Gruppen haben indessen die Augen geschlossen und sollen erraten, was es ist.

(107) **Dasselbe**; nur sagt jedes Gruppenmitglied einen vorher ausgemachten Satz, und die anderen Gruppen sollen erraten, wer es war. Beim Raten hat jede Gruppe nur zwei Versuche. (Zuerst die Stimme nicht verstellen, erst beim zweiten Spiel soll das erlaubt sein.)

(108) **Die Klasse ist eingeteilt** in Dreier- und Fünfergruppen. Jede Gruppe hat die Aufgabe, eine Geschichte zu erfinden und nur mit Geräuschen darzustellen. Es darf zwar auch gesprochen werden – aber es dürfen dabei keine Worte verwendet werden, z. B. wie in der Mickey-Mouse-Sprache, dem wortlosen Geschnatter der Figuren in Zeichentrickfilmen. Die anderen sollen die Geschichte erkennen und erzählen können.

(109) **Der Spielleiter** erzählt der Gruppe, wie der große Regen kommt, und alle machen die entsprechenden Geräusche mit: Reiben der Finger, der Handflächen, Fingerschnalzen, erst leiser, dann laut. Händeklatschen, auf die Oberschenkel schlagen, auf die Sitzfläche des Stuhls trommeln – und dann alles wieder zurück.

Kommentar zu Spiel 104

Dieses Spiel läßt sich in den meisten Fällen nicht einplanen, sondern man muß es in seinem Repertoire haben, um es bei entsprechenden Gelegenheiten zu verwenden. Die Gelegenheit ergibt sich besonders dann, wenn die Kinder so laut sind, daß man kein anderes Spiel spielen kann, weil man sich nicht ohne Gewaltmaßnahmen Gehör verschaffen kann.

Dabei ist es dann auch wichtig, daß man lang genug und häufig große Lautstärke mit der Hand anzeigt, damit dieses Bedürfnis abreagiert werden kann. Es ist nicht günstig, die Kinder wahl- und ziellos schreien zu lassen, weil manche von ihnen sich dem unkontrolliert und unkontrollierbar überlassen und dann kaum oder nur mit großer Mühe wieder herausfinden. Und meistens fühlen sie sich danach unglücklich und unbefriedigt.

Wenn man ihnen dagegen immer wieder Gelegenheit zur Kontrolle gibt, die außerdem noch Spaß macht, weil es ein erstaunlicher Effekt ist, wenn eine ganze Gruppe gemeinsam summt, dann hat man dadurch viel eher die Möglichkeit, sie zu beruhigen, ohne sie zu stark einzuengen.

Zu diesem Zweck soll man auch immer nur *eine* Art von Geräuschen verwenden und das Spiel auch ja nicht zu lange spielen; sonst erreicht man damit das Gegenteil von der gewünschten Beruhigung.

Wenn das Spiel nicht zu Beruhigungszwecken gespielt werden soll, was vor allem bei jüngeren Kindern anzuraten ist, dann können verschiedene Geräusche hintereinander in den verschiedenen Lautstärken ausprobiert werden, und dann muß darüber gesprochen werden. Welches besser laut, welches besser leise, welches beides kann, was die Unterschiede sind usw.

Es ist gut, wenn man Kinder die Handzeichen machen läßt, vor allem Kinder, die immer Außenseiterrollen haben oder die wenig beachtet werden. Man muß aber dann dafür sorgen, daß sie die Zeichen deutlich und für alle sichtbar machen und daß auf Wunsch genügend Kinder drankommen.

Kommentar zu Spiel 105

Bei diesem Spiel kommt es vor allem darauf an, die *Konzentration* zu steigern und die *Kontrolle über die eigenen Äußerungen* zu behalten, obwohl es ganz nahe und unüberhörbar eine starke Ablenkung gibt. Wenn nicht viel Platz ist, muß man darauf achten, daß die jeweiligen Gruppen eng zusammensitzen, so daß die Kinder sich gegenseitig helfen können, sich auf ihre eigenen Geräusche und deren Nuancen zu konzentrieren.

Kommentar zu Spiel 108

Dieses Spiel kann nicht mit allen Kindergruppen gespielt werden. Es verlangt eine Art Phantasie, zu der viele Kinder nicht den Mut haben. Den meisten Kindern ist dieser Mut schon sehr frühzeitig genommen worden durch die Erwachsenen ihrer Umgebung, die sich gestört fühlten durch Kinder, die versuchten, eine quietschende Tür oder ein tickender Wecker zu sein. Eisenbahn und Auto zu sein, ist zwar allgemein anerkannt, aber zu oft beobachtet man, daß auch dies viel zu früh als „Kinderspiel" degradiert wird.

Wenn Kindern also diese Freude an dem „Etwas anderes sein" schon genommen worden ist, so muß man sehr vorsichtig sein, wenn man sie wieder wecken will. Man darf vor allem nicht zulassen, daß durch das Spielarrangement ein Kind „sich blöd vorkommt". Um das zu vermeiden, ist es nach meiner Erfahrung am günstigsten, wenn man zuerst gemeinsam versucht herauszufinden, wie verschiedene Geräusche nachzumachen sind, und sich dabei nur von seinen Nachbarn beobachten läßt, während sie selbst es auch versuchen.

Es gibt eine andere Art von Kindern, die dauernd irgendeine Sorte von Geräuschen von sich geben und damit ihrer Umgebung auf die Nerven fallen. Gerade sie sind bei solchen Spielen meist nicht in der Lage, richtig teilzunehmen und ihre Fähigkeiten einzusetzen. Vor allem, wenn sie die anderen Kinder beim Planen der Geschichte durch dauerndes Quietschen, Hupen etc. stören. Das wichtigste ist, sich davon nicht beeindrucken zu lassen und nicht durch zu harte Ermahnungen einzugreifen. Wenn die Störung aber zu groß wird, ist doch anzuraten – ohne böse zu werden –, rasch ein anderes Spiel vorzuschlagen.

(110) Die Klasse ist geteilt in Fünfergruppen. Jede Gruppe macht sich den Anfang eines Sprichwortes aus und verteilt die Wörter auf die Gruppenmitglieder. Dann bekommen alle Gruppen bekannte Melodien genannt, nach denen sie ihre Sprichwörter singen sollen; jedes Gruppenmitglied nur sein Wort. Bei „Los!" fangen alle gleichzeitig an zu singen. Jede Gruppe schickt einen Kundschafter zur Nachbargruppe. Dort soll er so schnell wie möglich herausfinden, wie das Sprichwort heißt, das die Gruppe singt, und es dem Spielleiter anzeigen. Eine mögliche Variation: Der Kundschafter kehrt zurück, die Gruppe schickt einen anderen zur nächsten Gruppe. Welche Gruppe findet am schnellsten alle Sprichwörter oder innerhalb von fünf Minuten die meisten heraus.

Eine Erschwerung: Es werden keine Sprichwörter, sondern kurze Botschaften gesungen.

Kommentar zu Spiel 110

Bei diesem Spiel müssen sich alle sehr konzentrieren: einerseits die Sänger, die ihr Wort in einem allgemeinen Durcheinander festhalten und in Melodie oder Rhythmus (wenn Singen nicht möglich ist) von sich geben sollen, andererseits diejenigen, die das Sprichwort (oder auch sonst irgendeinen Satz) erkennen sollen. Die einen müssen sehr genau auf sich selbst, die anderen auf die einzelnen vor ihnen hören.
Nicht nur *Konzentration* wird hier geübt, sondern vor allem auch „Heraushören" und *Sinnzusammenhänge wiedererkennen* (beim Sprichwort) oder *Sinnzusammenhänge herstellen* (wenn ein beliebiger Satz verwendet wird).
Es kann schwierig sein, die Kinder zum Singen zu bringen. Dann sollte man auch nicht darauf beharren und mit den Kindern Rhythmen finden, in denen gesprochen werden kann. Manchmal scheitert es auch nur daran, daß Kinder nicht verstehen, was es heißt, ein Wort zu einer bestimmten Melodie zu singen. Dann sollte der Spielleiter es vormachen, z. B. singt man „aber, aber, aber, aber" usw. zur Melodie von „O du lieber Augustin".
Dieses Spiel sollte in einem Raum gespielt werden. Es schadet nichts, wenn die Gruppen eng nebeneinander sein müssen. Es erschwert die Aufgabe und macht sie in diesem Fall auch noch lustiger. Sinnlos ist es, die Gruppen so weit voneinander zu trennen, daß sie sich gegenseitig nicht hören und somit auch nicht stören. Bei diesem Spiel ist das gegenseitige „Stören" ein wichtiger Bestandteil.

Bericht zu Spiel 110 (Sprichwort singen)

Es gab eine Klasse, die spielte dieses Spiel sehr oft; so oft, daß es mich schon beunruhigte. Immer wieder versuchte ich zu erfahren, warum dieses Spiel so beliebt sei, bekam aber nur Antworten wie „Es ist halt lustig", „Das haben wir eben gern". Das half nicht viel. Eines Tages kam ich etwas später zur Spielstunde. Die Kinder hatten sich inzwischen damit vergnügt, sich so lange um sich selbst zu drehen, bis sie ganz schwindlig waren und umfielen und ächzend mit geschlossenen Augen am Boden liegenblieben. Einige Kinder machten nicht mit, sie saßen auf einem Mäuerchen und sahen den anderen zu. Ich setzte mich dazu und fragte, was denn da los sei. „Die spinnen", wurde mir erklärt. Das hörte M., der in unserer Nähe lag. Wütend fuhr er in die Höhe und schrie: „Das ist nicht spinnen, das ist so wie bei dem Spiel mit dem Singen und Durcheinander und Raten. Beim Drehen sind alle Sachen, die man sieht, nur mehr bunte Striche, und dann kriegt man so ein komisches Gefühl im Kopf oder im Bauch." Vorsichtig fragte ich nach, was das denn mit dem Spiel zu tun habe. Darauf warf sich M. wieder auf den Boden: „Da ist halt auch so ein anderes Gefühl." Mehr war nicht herauszubekommen. „Man spürt, wenn man so ganz fest ein Wort denkt und singt und es so laut ist von anderen Sachen, daß es anders ist als gewöhnlich", erklärte W., der neben mir saß, plötzlich ganz freiwillig. Ich fragte, ob es schwer sei, das zu beschreiben. Darauf sprachen alle um mich Sitzenden durcheinander und wollten mir klarmachen, daß man darüber überhaupt nicht reden könne. Ich fragte, ob es denn für Gefühle keine Worte gäbe, was heftig bejaht und bestritten wurde. Als ich dann wissen wollte, wie man denn die Gefühle von anderen Menschen erfahren könnte, wenn es keine Worte gäbe, meinte S.: „Man muß es eben auch selbst gespürt haben, damit man weiß, was der meint. – Beim Drehen ist das so lustig, wenn wir mehrere sind; dann weiß ich, wie es für die anderen ist, und dann habe ich es noch lieber." Ob das bei dem anderen Spiel auch so sei, fragte ich noch einmal. Inzwischen waren die anderen Kinder, die sich am Boden ausgeruht hatten, auch dazugekommen; sie boxten ein bißchen hin und her. Es war Zeit, gemeinsam zu spielen. Ich versuchte, auf meine letzte Frage eine Antwort zu bekommen. „Ja, ja", erwiderte F. etwas ungeduldig, „aber ich möchte lieber spielen als darüber sprechen."

Ein Jahr danach war es nicht schwierig, über Spiele und Erlebnisse dabei zu sprechen. Ich kam einmal auf die Scheu zurück, mit der Gespräche über Gefühle abgewehrt worden waren. Voller Interesse hörten alle zu, als ich ihnen die oben beschriebene Szene erzählte. „Ich erinnere mich, es war ganz toll, das zu spielen, aber was dabei so war, weiß ich überhaupt nicht mehr", sagte M. Dem stimmten alle zu, und S. fügte noch bei: „Irgendwas hat es auch zu tun gehabt damit, daß man so zusammen sich konzentriert, jeder auf seines; ach, irgendwie ist das sehr kompliziert." Da brach es aus S. heraus: „Jungens finden es immer so kompliziert, wenn man über Sachen reden will, die richtig interessant sind."

Ich fragte, ob man nicht das Spiel noch einmal spielen könnte, um zu sehen, wie es sei, wenn man so viel älter ist. Wir versuchten es, und es schien lustig zu sein – jedenfalls für mich als Beobachter sah es so aus. Danach wurde mir erzählt, daß es zwar lustig gewesen sei, aber man habe sich selbst so sehr beobachtet, und darum sei es so anders als damals. Vielleicht habe man damals nicht darüber sprechen wollen, weil „wir geahnt haben können, daß man was kaputtmachen kann durch das Sprechen, und damals durfte dieses Spiel noch nicht kaputtgehen".

9. Aufgaben erfüllen

(111) Es wird vom Spielleiter eine Zahl gerufen. Die Kinder müssen, so schnell sie können, in Gruppen zusammenkommen, die aus dieser Zahl von Mitgliedern besteht (z. B., wenn 7 gerufen wird, sich in Siebenergruppen zusammenfinden). Man sollte bei Zahlen bleiben, die nicht größer sind, als die Anzahl der Hälfte der Gruppe ist (z. B. bei 30 Kindern nur bis 15 ausrufen).

(112) Dasselbe; aber der Spielleiter ruft auch noch aus, in welcher Haltung (z. B. im Kreis sitzen, nebeneinander am Rücken liegen usw.) die Kinder sich gruppieren sollen.

(113) Dasselbe; aber der Spielleiter ruft, was die Gruppe zusammen tun soll. Z. B.: sich an der Hand fassen und ums Haus laufen oder aus Stühlen sich ein Dach bauen usw.

(114) Stühle in zwei Reihen einander gegenüber aufstellen, die Reihen sollen so weit als möglich voneinander entfernt sein. Jedes Kind sucht sich einen Partner, die Paare setzen sich einander gegenüber auf die Stühle. Der Spielleiter sagt eine einfache Aufgabe (z. B. Platz tauschen). Bei „Los!" versucht jedes Paar, die Aufgabe so schnell wie möglich zu erfüllen. Die Aufgabenanweisungen sollen immer schwieriger werden. Z. B. Hände hinter dem Kopf verschränken und den Platz tauschen, den Stuhl im Sitzen aufheben und so den Platz tauschen; in der Mitte beide Hände des Partners fassen und mit ihm eine ganze Drehung machen usw.

(115) Die Klasse wird eingeteilt in Gruppen zu viert; dann setzen sich alle in einen Kreis auf Stühle. Jede Vierergruppe bekommt eine Nummer. Der Spielleiter ruft zwei Nummern auf. Die beiden Gruppen sollen sich z. B. an der Hand nehmen und so schnell wie möglich alle vier Wände berühren. Dabei ist es ausreichend, wenn einer der vier die Wände angefaßt hat. Dann sollen sie sich hinsetzen, ohne einen ihrer Stühle umzuwerfen und ohne sich loszulassen. Es ist darauf zu achten, daß auch beim Laufen die Hände nicht losgelassen werden. Die vorher vereinbarten Regeln sollen unbedingt eingehalten werden.
Mögliche Variationen: nicht an den Händen fassen, sondern die kleinen Finger einhaken.
Oder: die Handflächen aneinanderlegen. Jedesmal, wenn man sich dann voneinander entfernt hat (loslassen kann man es ja nicht nennen),

muß die Gruppe zu ihren Sitzplätzen zurücklaufen und von dort aus noch einmal anfangen.

Kommentar zu den Spielen 111 bis 115

Diese Spiele eignen sich gut für den Anfang der Spielstunde, ebenso für Klassen oder Kindergruppen, die sich noch nicht gut kennen. Auf die verschiedenste Weise sollen Kinder in diesen Spielen *aufeinander achten,* sich zueinander in Beziehung bringen.

Kommentar zu Spiel 115

Wenn bei dem Grundspiel vor allem das gemeinsame Tun das Ziel ist, so ist es bei den beiden Variationen vor allem notwendig, auf den anderen zu achten, wenn das Spiel gelingen soll. Man muß sich in ihn *hineindenken* und wissen: Wenn man bestimmte Bewegungen macht, kann man ihm weh tun und dadurch seine Kooperationswilligkeit behindern. Bei der letzten Variation wird noch mehr gefordert, nämlich das *gemeinsame Planen.* Die Kinder sollen herausfinden, auf welche Weise man zusammen die Aufgabe erfüllen kann, wie weit die Möglichkeiten gehen, d. h., wie schnell man laufen und doch noch die Handflächen aneinanderhalten kann. Dieses Einschätzen ist nach meiner Beobachtung eine der schwierigsten Fähigkeiten, die Kinder lernen müssen.
Spiel 115 kann in jeder Stimmungslage der Gruppe gespielt werden, da es lebhaft ist und nicht zu viele Fähigkeiten beansprucht. Die beiden Variationen hingegen sollten erst gespielt werden, wenn man beobachtet, daß das Ausgangsspiel gelingt. Und sie sollten nicht gespielt werden, wenn die Gruppe aggressiv oder emotional stark belastet ist. Aber man darf auch dies nicht zum Gesetz erheben. Es kann auch ganz anders ablaufen.

Bericht zu Spiel 115

„Wir wollen etwas Schweres spielen", hieß eines Tages die mir äußerst seltsam erscheinende Forderung der 5. Klasse. Ich fragte, was sie damit meinten. „Einfach, was du ein schweres Spiel findest." Also gut. Ich erklärte die Variation von 115 mit dem Fingereinhaken. Bei der Gruppeneinteilung gab es einige kleinere Schwierigkeiten. N., F. und O. wurden von keiner Gruppe akzeptiert, wollten aber auch nicht zusammen in eine Gruppe gehen. Es fielen Worte wie: „Mit diesen Verrätern, nein", oder: „Angeber kommen nicht zu uns." Ich fragte, was das bedeuten sollte, wurde aber abgewiesen. Endlich erklärten sich einige doch bereit, jeweils mit

einem der drei eine Gruppe zu bilden. Bei dem Spiel sah ich aber sofort, daß das ein Fehler war. Schmerzensschreie: „Du tust mir absichtlich weh!" – „Ich spiel' nicht mehr mit!" Und dann die etwas hämischen Antworten der drei: „Ja, jetzt tut ihr nicht mit, aber wie wir euch gebeten haben, da ..." Ich unterbrach das Spiel und fragte, was denn los sei, ob wir nicht darüber sprechen könnten. Nein, hieß es, das müßten sie jetzt einmal alleine abmachen. Die drei sollten auch nicht mitspielen. So nahm ich die drei beiseite und fragte, ob sie denn nicht zusammen doch eine Gruppe bilden wollten. Heftige Ablehnung. Die anderen schrien, sie wollten weiterspielen. So mußten die drei zusehen. In den anderen Gruppen ging es aber auch jetzt nicht gut. Immer wieder schrie jemand wütend, daß man ihm weh täte. Nach zwei Spielen wollten die drei Ausgestoßenen doch mitspielen und auch miteinander eine Gruppe bilden. Daraufhin sprachen die anderen Gruppen heftig aufeinander ein, und dann wurde wieder gespielt. Ich hatte versucht, ein anderes Spiel vorzuschlagen, war aber auf Ablehnung gestoßen. Es wurde also weitergespielt. Es gab öfters Unterbrechungen wegen Wutausbrüchen. Auf einmal schrie N.: „Ich mach nicht mehr mit. Jetzt haben wir uns so Mühe gegeben, und doch haben alle eine Wut, und es macht überhaupt keinen Spaß."

Ich schlug vor, wir sollten jetzt alle einmal ganz schnell viele Schimpfworte schreien, bevor wir weiterspielten oder etwas anderes machten.

Sofort ging es los, zuerst sehr heftig und böse, dann wurde dabei immer mehr gelacht, weil immer Komischeres erfunden wurde.

Dann fragte ich, ob eine andere Form dieses Spieles, die aber sehr schwer sei, noch versucht werden sollte: oder ob jemand sich eine ausdenken könnte. Nein, heute könne man sich nichts selbst ausdenken, aber ich solle nur ansagen. So erklärte ich die andere Variation mit dem Kontakt nur über die Handflächen. Ich erwartete nicht, daß es gelingen werde, dieses Spiel ohne Streit zu spielen. Aber ich hatte mich getäuscht. Es war ein großer Erfolg, machte Vergnügen, und es wurde nicht einmal sehr viel dabei geschwindelt: Fast jedesmal gingen die Gruppen auf ihren Anfangsplatz zurück, wenn sie sich losgelassen hatten. So konnten auch ganz komplizierte Aufgaben wie „Unter dem Tisch durchkriechen" gestellt werden.

Danach wollte ich etwas anderes spielen; doch da fing O. an zu erzählen, was vorher gewesen war. Die Klasse hatte zur Strafe eine Klassenarbeit schreiben müssen, weil sich N., F. und O. schlecht benommen hatten, und die drei hatten dann auch noch gesagt, es mache ihnen nichts aus, da sie in diesem Fach gut seien.

Das erklärte vieles. Aber ich verstand nicht, warum sie ein schweres

Spiel verlangt hatten. „Wenn man eine Wut hat, dann ist es gut, was Schweres zu spielen, weil es dann sicher Gelegenheit gibt, noch mehr Wut zu kriegen auf etwas, und dann kann man das herauslassen", erklärte M. zu meinem Erstaunen; denn M. war mir immer als einsichtig und rücksichtsvoll aufgefallen. „Wir haben auf alles eine Wut gehabt, auf die drei und auf die Schule und auf einfach alles, und darum haben wir uns dann weh getan bei dem Spiel und noch mehr Wut gehabt", erklärte S., „aber das letzte Spiel war gut, das war dann wieder leicht."

(116) In der Mitte der Klasse werden zwei Stuhlreihen aufgestellt. Die Stühle stehen Rücken an Rücken. Die Kinder stehen im Kreis und zählen durch; danach sucht sich jedes Kind einen Partner und setzt sich Rücken an Rücken mit ihm, jeder auf einen Stuhl. Der Spielleiter ruft zwei Zahlen. Die Aufgerufenen nehmen ihren Partner bei der Hand – einer der Partner muß dazu über den Stuhl steigen –, und sie laufen so schnell wie möglich einmal um die Stuhlreihe. Das Paar, das als erstes wieder sitzt, bekommt einen Punkt. Hat der Spielleiter zufällig mit den zwei Zahlen ein Paar gerufen, soll er noch eine Nummer aufrufen und „Los!" rufen. Es empfiehlt sich, eine Liste mit den Zahlen anzulegen und abzuhaken, wer aufgerufen wurde.

(117) Die Kinder sitzen im Kreis. Jedes hat eine Nummer. Der Spielleiter ruft zwei Zahlen; die Kinder, die diese Zahlen haben, verlassen den Raum. Sie sollen sich innerhalb von 30 Sekunden eine Aufgabe für den Rest der Gruppe ausdenken. Zum Beispiel: Alle sollen ihren rechten Schuh ausziehen, unter dem Stuhl durchkriechen, ums Haus laufen. Die anderen müssen diese Aufgabe nicht unbedingt erfüllen. Wenn sie sich vor ihre Stühle auf den Boden setzen, so zeigen sie damit, daß sie sich weigern. Allerdings: Ihre Weigerung wird nur akzeptiert, wenn sie einen Grund dafür nennen können. Über die Begründung soll in der Gruppe diskutiert werden.

Kommentar zu Spiel 117

Für die ersten Paare ist es mitunter sehr schwierig, einen Auftrag durchzubekommen, da es den anderen zunächst am meisten Spaß macht, Befehle abzulehnen. Fast alle Gründe, die sie dann nennen, werden von der Gruppe akzeptiert.
Die Paare, die zuerst draußen sind, müssen daher sehr genau die *Situation in der Gruppe erfassen* und sich auf die Stimmung der anderen

einstellen. Das gelingt nicht immer. Wenn es aber gelingt, macht es großes Vergnügen. Immer besser lernen sie dann, *auf die Reaktionen der anderen zu achten* und zu *antizipieren,* welche Aufträge akzeptiert werden. Die Gründe für die Verweigerung werden dann immer differenzierter, oft ausgesprochen lustig und für den beobachtenden Spielleiter mitunter aufschlußreich.

Bericht zu Spiel 117 (Befehle geben und verweigern)

In einer Spielstunde erteilten die Kinder zum Beispiel folgende Aufträge (in diesem Fall waren es Gruppen, die nicht bestimmt wurden, sondern sich gewählt hatten): Alle sollen ihre Schuhe ausziehen. Einige tun es; die Mehrheit setzt sich auf den Boden und weigert sich. Die Gründe werden unter großem Gelächter genannt: „Meine Füße stinken; ich habe Löcher in den Strümpfen und geniere mich; meine Stiefel, das könnt ihr selbst sehen, sind so hoch — es dauert zu lange, bis ich sie ausgezogen und dann wieder angezogen habe ..."

Nächste Gruppe. Sie befiehlt: Alle sollen um das Schulhaus laufen. Man weigert sich: Es sei zu heiß. Nur einer läuft los. Die Kinder sagen es so, als sei der Grund nur vorgeschoben und hätte nur den Zweck, der befehlenden Gruppe eins auszuwischen. Im Winter aber, als sie immer im Schulhaus bleiben mußten, sind sie mit Vergnügen losgelaufen, wann immer sich die Möglichkeit dazu bot.

Die ersten Buben zeigen Zeichen von Lustlosigkeit. Es dauert so lange, bis sie selbst drankommen können; immer ablehnen macht auch keinen Spaß, besonders, wenn man nicht wie die anderen selbst einen lustigen Grund findet, sondern irgend jemandem etwas nachsprechen muß.

Der nächste Befehl kommt von zwei Jungen: Der Lehrer muß seine Brille absetzen. Jeder soll sie einmal aufsetzen und versuchen, eine Zahl an der Tafel zu lesen, die das beauftragende Paar dorthin schreibt.

Einige Kinder weigern sich mit dem offensichtlich fiktiven Grund, ihre Augen würden sonst tränen oder weh tun und verderben.

Die meisten fanden die Idee lustig und schauten nacheinander die Tafel durch des Lehrers Brille an. Zum Schluß auch die Kinder, die das zunächst abgelehnt hatten.

In der anderen Stunde lautete der Befehl, der die ablehnende Haltung durchbrach: Alle sollen ins Lehrerzimmer laufen und einen Lehrer, ohne ein Wort zu sagen, in die Klasse bringen. Das geschah.

Dann findet eine Gruppe nach der anderen vergnügliche Aufgaben:

Es soll aus Tischen ein Laufsteg gemacht werden für eine Modenschau; jeder soll etwas vorführen, andere die Ansager spielen. Erstaunlich, was die Kinder innerhalb von fünf Minuten finden: Sie werden Hippies, Polarforscher, ein Motorradhelm eines Lehrers macht einen zum Astronauten. Mini, Midi, Maxi erscheint (mit Hilfe von Kleidungsstücken, die sie sich von einer Lehrerin geliehen haben). „Und hier, meine Damen und Herren, sehen Sie den neuesten Look aus Afrika." Das Verblüffendste: Jeder Ansager formulierte hochdeutsch, während sonst von der Mehrzahl durchweg Dialekt gesprochen wird.

Und dann kommen Befehle, die verschiedene Kinder verweigern: „Die Jungens sollen ins Mädchenklo laufen und die Mädchen ins Jungenklo." Kaum ist der Auftrag verkündet, stürzen die Buben ins Mädchenklo. Die Mädchen setzen sich auf den Boden. Von den Jungen befragt, antworteten sie: „Bei euch stinkt es immer." „Abgelehnt, abgelehnt, ist gar nicht wahr." Die Mädchen tuscheln. Eine sagt leise: „Kommt doch, ist doch egal." Sie laufen los. Als sie wiederkommen, halten sie sich demonstrativ die Nase zu und schreien lachend durcheinander: „Puh, das stinkt bei euch, wir haben recht gehabt."

Eine Gruppe gibt dann lachend den Auftrag: „Jeder soll jemanden küssen." Alles busselt sich mit großem Geschrei. Ein paar sitzen abseits. Sie weigern sich, auch nur einen Grund zu sagen. Man unterhält sich und kommt zu dem Schluß, daß es genügt zu sagen, daß man keine Lust habe.

Zehnjährige können sehr hart sein miteinander. Der Spielleiter hat daher oft die Funktion, die Kinder voreinander zu schützen. Allerdings darf er dabei nicht zu sehr eingreifen. Die Diskussionen über die akzeptablen oder nicht akzeptablen Gründe sollten frei sein von zu starker Lenkung. Wenn man den Kindern zu Verhaltensweisen verhelfen will, die ihnen den Umgang miteinander erträglich machen, dann müssen das ihre eigenen Regeln sein. Das werden sie nur, wenn Erwachsene nicht versuchen, sie darin zu unterweisen. Greift ein Spielleiter zu stark ein, so verhindert er den Lernprozeß, den er fördern möchte.

Die Kinder müssen z. B. lernen, selbst zu merken, wie ernst es einem Jungen oder einem Mädchen mit der Verweigerung eines Befehls ist. Sie müssen erleben, daß es einen Unterschied macht, ob man einen Auftrag ablehnt und dies in einem spöttischen oder aggressiven Ton sagt, mit einer Miene, die nur Unlust oder Angst zeigt. Der Spielleiter kann da manchmal helfen, wenn die Formulierung Schwierigkeiten macht. Eine Aufgabe lautete z. B.: Geht zu X und holt jeder eine Büroklammer von ihr. Alle fanden das lustig bis auf ein Kind. Es wollte nicht, sagte aber auch keinen Grund. Die anderen fingen an zu schimpfen, einer wandte sich verächtlich ab. Hier erwies es sich als günstig, den Buben aufzufordern, ein anderes Kind zu nennen, das sagen solle, warum es keine Lust haben könnte. Es zeigte auf einen; der ging zu ihm hin. Er mußte gar nicht viel sprechen, da wußte der „Anwalt" schon, worum es ging: Er erklärte, P. habe Krach gehabt mit X und wolle ihr deshalb nicht begegnen in den nächsten Stunden, auch nicht im Spiel. Der Grund wurde akzeptiert.

10. Gegenstände verstecken

(118) Der Spielleiter versteckt in einem Raum so viele Zündhölzer, wie Kinder in der Gruppe sind. Die Kinder suchen sie paarweise, an den Händen gefaßt und so schnell wie möglich. Es sollten alle Zündhölzer gefunden werden.

(119) Dasselbe; aber während der Spielleiter die Zündhölzer versteckt, binden sich die Partner ein Bein mit dem ihres Partners zusammen und suchen dann, so aneinander gefesselt.

(120) In Dreier- bis Fünfergruppen. Für jede Gruppe gibt es ein Bild. Die Bilder sind als Puzzle zerschnitten. Auf jedem der Bilderteile ist hinten ein Zeichen, so daß die zusammengehörigen Puzzles als solche erkannt werden können. Einer aus jeder Gruppe versteckt die einzelnen Teile, stellt sich dann auf einen etwas erhöhten Platz (Tisch oder Stuhl) und darf seiner Gruppe, ohne zu sprechen, durch Zeichen mit einer Hand helfen, die Teile zu finden, die schon während des Suchens zusammengesetzt werden können.

(121) Dasselbe, nur hält sich die Gruppe beim Suchen und dann auch beim Zusammensetzen an den Händen. Das bedeutet, daß der ganzen Gruppe nur zwei Hände zur Verfügung stehen.

(122) Dasselbe, nur soll der, der versteckt hat, seine Hilfen der Gruppe zuflüstern, und zwar so leise, daß der Spielleiter und eventuell der Helfer (je nach Gruppengröße), der herumgeht, es nicht hören können.

(123) Jedes Kind sucht sich einen Partner. Das Paar macht sich aus, durch welches ganz leise Geräusch es sich miteinander verständigen kann. Der eine Partner verläßt den Raum, die anderen bekommen jeder 3 Bohnen, 3 Erbsen und 3 Streichhölzer, die sie verstecken sollen. Nach ein bis zwei Minuten werden die anderen hereingerufen. Der Spielleiter sagt ihnen, daß ihre Partner Erbsen, Bohnen und Streichhölzer versteckt hät-

ten und sie diese jetzt suchen sollten. Die Partner dürfen ihnen helfen, indem sie ihnen durch das vorher vereinbarte Geräusch (z. B. Summen, Piepsen, Pfeifen usw.) Zeichen geben. Jedes Paar kann auch Dinge, die von jemand anderem versteckt wurden, an sich nehmen (allerdings darf nur der Suchende etwas anfassen). Wenn der Spielleiter sieht, daß die Kinder nichts mehr finden, gibt er den Auftrag, zu zählen, wieviel jedes Paar gefunden hat. Dabei zählen Streichholz einen, Bohne zwei, Erbse drei Punkte.
Dann gehen die anderen heraus. Die drinnen Gebliebenen bekommen wieder die ursprüngliche Zahl von Dingen zum Verstecken. Es ist darauf zu achten, daß die Versteckenden ihre Hände am Rücken verschränken, wenn sie suchen helfen, damit sie nicht in Versuchung kommen, mit dem Finger zu zeigen. Es darf außerdem nicht geredet werden.

(124) Die Klasse ist in Gruppen zu fünft eingeteilt. Jede Gruppe hat bis zu drei Minuten Zeit, sich einen kleinen Gegenstand zu suchen. Dann gehen alle aus dem Raum. Eine Gruppe bleibt drinnen und versteckt ihren kleinen Gegenstand sichtbar. Dann dürfen die anderen hereinkommen. Die Gruppe beschreibt ihn, je nach Vereinbarung, z. B. durch zwei Eigenschaften oder einen Satz mit fünf Wörtern. Dabei müssen die anderen Kinder die Augen geschlossen halten. Dann dürfen sie sie aufmachen und suchen. Wer ihn gesehen hat, geht zu einem, der ihn versteckt hat, und sagt es ihm ins Ohr. Wenn es stimmt, darf er sich hinsetzen. Welche Gruppe sitzt als erste? Man kann die Kinder ausdenken lassen, ob es Möglichkeiten gibt, daß die suchenden Mitglieder sich gegenseitig helfen, ohne daß die versteckende Gruppe es merkt.

Kommentar zu den Spielen 118 bis 124

Nach meiner Erfahrung sind diese Spiele ganz besonders beliebt und darum auch günstig, wenn man vorhat, schwierigere Spielregeln einzuführen. Es wird bei diesen Spielen *Beobachtungsfähigkeit* verlangt sowie das Bemühen, *Zeichen zu verstehen.* In den Spielen 121, 122 und 124 kommt dann noch in besonderem Maße die Notwendigkeit des *Planens* oder *Organisierens* hinzu. Das bemerken die Kinder selbst auch. Beim Spiel 121 sagte eine Gruppe, die beim Zusammenlegen des Puzzles in Schwierigkeiten gekommen war: „Wir haben zu viele Köpfe für zwei Hände.“ Sie können erleben, wie es sich anfühlt, wenn man zwar genau weiß, wie man etwas machen sollte, aber dieses *Wissen* nur *durch Sprache weitergeben* kann. Das wird fast immer als sehr schwierig empfunden.

Deshalb ist bei diesen Spielen unbedingt darauf zu achten, daß die Kinder nicht zu früh mehr als einen Partner haben. Denn wenn die Spiele für sie nicht nur schwierig, sondern auch vergnüglich sein sollen, muß es Erfolg geben. Wenn Kinder sagen können: „Das weiß man ja gar nicht, wie schwer das ist, nur zu sagen, was jemand tun soll; denn eigentlich möchte man immer selbst hinfassen, weil der andere doch so blöd tut und nie versteht, was man meint", so heißt das wahrscheinlich, daß diese Anstrengung gerade noch Spaß macht, weil man erkennen kann, wo die Schwierigkeiten liegen. Wenn einen die Vielzahl der Schwierigkeiten überwältigt (z. B. Kommunikationsschwierigkeiten und Gruppenprobleme), kommt es vor, daß alles zusammenbricht und Unlust und Durcheinander entsteht.
Es ist darum ratsam, wenn der Spielleiter auch die äußeren Bedingungen, also Beschaffenheit und Größe des Raumes oder Art des Platzes im Freien, genau kennt, um sie entsprechend berücksichtigen zu können. Vor allem aber scheint mir wichtig zu sein, daß der Spielleiter gerade bei diesen Spielen, wo Kommunikation eine so große Rolle spielt, versucht, die Kinder – ganz vorsichtig natürlich – dazu zu bringen, auch auszusprechen, was sie bei diesen Spielen erleben oder sich denken. Es spricht sicher für ein Spiel, wenn Kinder eine Überlegung wie die folgende anschließen: „Man weiß immer nicht, ob der, der sucht, nicht verstehen will, weil er nur an seine eigenen Ideen denkt. Oder sagen *wir* nicht gut genug, was er machen soll?"

Bericht zu Spiel 120 (Bilderteile suchen)

Es war mir gelungen, daß C. für seine Gruppe verstecken durfte, weil ich meinte, es sei für ihn wichtig, wenigstens einmal eine für die Gruppe wichtige Rolle übernehmen zu dürfen. Eifrig, wenn auch etwas unsicher, versteckte er die Puzzleteile. Unsicher insofern, als er mich oft fragte, ob es so richtig sei, während die anderen Kinder mich gar nicht beachteten. Als die anderen Kinder hereinkamen, stieg C. voll Stolz auf einen Tisch, ein Stuhl hätte in seinem Fall gereicht, da er für sein Alter auffallend groß gewachsen war. Er schien es zu genießen, so hoch oben zu stehen und von seiner Gruppe erwartungsvoll angesehen zu werden. Und dann gab er Zeichen mit der Hand, mit großen Gesten. Es fing gut an. Ich wendete mich daher stärker einer anderen Gruppe zu, die Schwierigkeiten zu haben schien. Mit halbem Auge achtete ich aber weiterhin auf C. und seine Gruppe. Alles schien gutzugehen. Da sprang C. plötzlich von seinem Tisch herunter, und ich sah Tränen in seinen Augen. Er rief: „Ich mach nicht mehr mit, es ist ja doch so wie immer", und rannte hinaus.

Mir war das in diesem Augenblick so wichtig, daß ich ihm nachging und die übrige Klasse ihrem Schicksal überließ, in der Hoffnung, daß sie ein weiteres Spiel selbständig organisieren würde. Ich fand C. tränenüberströmt auf einer Treppe in der Nähe sitzend; anscheinend hatte er gehofft, daß jemand kommen würde. Es brauchte darum auch nur kurze Zeit, bis er mir den Grund seines Kummers erzählte. Zuerst habe er sich so gefreut, daß er verstecken und Zeichen machen durfte. Und dann sei alles ganz schrecklich geworden, weil er gesehen habe, daß bei den anderen Gruppen schon so viel gefunden worden sei und er seiner Gruppe nicht schnell genug oder gut genug anzeigen konnte, wo sie suchen sollte. Und dann habe er sich gedacht: Es ist alles wie in der Schule, ich bin ungeschickt und dumm, und ich kann das alles nicht, und gleich wird der H. mich anschreien. Und dann werden es wieder alle wissen, daß ich der Dümmste bin. Ich beruhigte ihn vorsichtig, ohne ihm viel Versprechungen zu machen oder das Gegenteil zu beteuern. Er war nach einiger Zeit bereit, wieder mit mir in die Klasse zurückzugehen, und er hatte mir auch freie Hand gegeben, zu versuchen, die Situation zu reparieren. Als wir in die Klasse kamen, wurde immer noch versteckt und gesucht. Wir warteten, bis ein Spiel zu Ende war, dann kam ein Bub auf C. zu und fragte, was denn gewesen sei. C. sah mich hilfesuchend an, und ich ermunterte ihn, es doch zu erzählen. Er tat es in wenigen Sätzen. Einige andere Kinder hörten auch noch zu. Ich fragte, ob sie denn so etwas auch schon erlebt hätten, worauf einige heftig zustimmten; andere meinten, sie wüßten gar nicht, wovon die Rede sei. Da ein oder zwei schon ansetzten, gleichzeitig zu erzählen, wie sie ähnliche Situationen erlebt hätten, fragte ich, ob sie das nicht vorspielen könnten. Was dann tatsächlich vorgespielt wurde, war ungeheuer dramatisch und veranlaßte C. zu Kritik. Das hatte er noch nie getan, denn er lebte am liebsten unbemerkt. – Er sagte: „Das war überhaupt nicht so wie bei mir, aber ich habe gemerkt, daß niemand böse war, und der H. hat auch nichts gesagt.“ (Die vorgeführten Szenen hatten auch wirklich nichts mit C.s Problem zu tun; es war aber in diesem Zusammenhang nicht wichtig, das aufzuklären. Die Hauptsache war, daß überhaupt akzeptiert worden war, daß jemand Schwierigkeiten hatte, und daß man ihm deshalb nicht noch mehr weh tun durfte.)

11. Seltsame Wettläufe

(125) Jedes Kind sucht sich einen Partner. Die Paare stellen sich nebeneinander an eine Wand des Raumes. Jedes Kind versucht nun, mit seinen Händen die Fußknöchel seines Partners zu umfassen. Wenn das gelungen ist, soll das so entstandene „Ungeheuer" den Raum durchqueren. Die Partner dürfen sich dabei nicht loslassen, sonst müssen sie wieder an ihre Ausgangsstelle an der Wand zurück und von neuem versuchen.

(126) **Die Klasse** ist in Gruppen zu fünft eingeteilt. Die Aufgabe heißt: „Jede Gruppe soll sich gemeinsam von der einen Seite des Raumes zur anderen bewegen und soll dabei sowenig Füße wie möglich auf den Boden setzen." Die Aufgabe soll vom Spielleiter nicht näher erklärt werden, sondern der eigenen Interpretation der Kinder überlassen werden. (Eine Lösung wäre z. B.: Zwei tragen drei, oder alle hüpfen auf einem Bein etc.)

(127) **Die Klasse** ist in Gruppen zu fünft bis acht eingeteilt. Jede Gruppe soll ein Fahrzeug aus den Gruppenmitgliedern „bauen". Mindestens eines der Kinder soll in diesem Fahrzeug von der einen Seite des Raumes zur anderen gefahren werden. Die Konstruktion des Fahrzeugs und die Zahl der Passagiere wird vom Spielleiter und von der gesamten Gruppe begutachtet.

(128) **Die Klasse** ist in Gruppen zu fünft oder zu siebt eingeteilt. Es sollte eine ungerade Zahl sein. Die Gruppe soll eines der Kinder von der einen Seite des Raumes zur anderen transportieren. Dabei dürfen die „Träger" nur einen Arm zum Transport verwenden.

Kommentar zu den Spielen 125 bis 128

In diesen Spielen wird vor allem *Kooperation* gefordert. Kinder sollen ihre eigenen Bewegungen mit denen eines oder mehrerer Partner in Zusammenhang bringen. Sie sollen sich die Folgen der eigenen Bewegungen für die Bewegungsmöglichkeiten der anderen vorstellen. Sie sollen sich getrauen, andere Kinder anzufassen und so im Spiel *Berührungsängste* und *Berührungsverbote* (über die schon in einem vorangehenden Kommentar gesprochen wurde) *überwinden* lernen. Da bei diesen Spielen *Rücksicht* und auch *Vorsicht* notwendig ist, sollte man sie nicht mit Kindern spielen, die aggressiv oder besonders wild sind. Wenn Kinder sich gegenseitig weh tun, weil sie es noch nicht gelernt haben, aufeinander zu achten, sollte man Spiel 125 versuchen, nicht aber mit einem der anderen Spiele beginnen, in der größere Gruppen zusammen spielen.
Wichtig sind diese Spiele aber auch noch aus einem anderen Grund. Obwohl diese Spiele als Wettläufe bezeichnet sind und daher zur Konkurrenz auffordern, habe ich beobachtet, daß eher das Gegenteil ge-

schieht. Das Spielvergnügen läßt die Kinder den *Wettkampf vergessen.* Die Komplikationen bei der Fortbewegung durch die Verschlingungen von Armen und Beinen machen solchen Spaß, daß der anfängliche Wunsch, möglichst schnell und erster zu sein, oft im Gelächter untergeht.

Bericht zu Spiel 125 („Das Ungeheuer")

Bei der Einteilung in Paare waren D. und H. übriggeblieben. Sie hatten bei ihren Freunden keinen Anschluß gefunden. Unter keinen Umständen waren sie bereit, zusammen ein Paar zu bilden. Noch bevor ich den Versuch machte, sie dazu zu überreden, beschimpften sie sich gegenseitig auf das heftigste. Keine Beleidigung war ihnen gräßlich genug. Ich beachtete die beiden nicht weiter und ließ das Spiel beginnen. Großes Vergnügen, Geschrei und Gelächter bei den Spielenden. H. und D. wandten sich ab und entfernten sich, jeder in eine andere Ecke des Raumes. Nach einiger Zeit sah ich, daß H. dem Treiben der anderen Kinder interessiert zusah, dann griff er sich selbst an seine eigenen Fußknöchel und fing an, auf diese Weise durch den Raum zu wandern. Niemand beachtete ihn. Dann versuchte er sich selbst über Kreuz zu fassen, d. h., rechte Hand faßt linkes Bein. Obwohl er sich große Mühe gab, gelang es ihm nicht, und er fiel immer wieder um.
Da sah ich, wie D. in seiner Ecke dasselbe versuchte, mit besserem Erfolg. H. sah das nach einer kurzen Zeit auch, sprang auf, lief auf D. zu. Ich erwartete, wenn nicht eine Prügelei, so zumindest eine Fortführung der Beschimpfung. Doch nichts dergleichen geschah. Wortlos packte der eine den anderen an den Fußknöcheln, und zusammen krabbelten sie durch den Raum.
Als ich die beiden nach der Spielstunde darauf ansprach, sagte H.: „Ich kann nichts sagen, und ich will auch nichts sagen, sonst müßte ich ... nee, sag' ich einfach nicht. Aber beim nächsten Mal spiele ich gleich mit, auch mit dem doofen D." Dabei boxten sie sich spielerisch und grinsten.

Rechtsherum gegen Linksherum

(129) Die Kinder sitzen im Kreis. Der Spielleiter hat eine Stoppuhr. Er gibt dem Kind rechts neben ihm einen Schlag auf die linke Hand und gibt den Auftrag, diesen Schlag mit der rechten Hand weiterzugeben. Er stoppt die Zeit, die es dauert, bis er den Schlag wieder bekommt. Dann geht es linksherum im Kreis. Auch das wird gestoppt. Meistens dauert es länger, weil es Mühe macht, mit der linken Hand etwas zu tun. Es können dann auch Bewegungen anderer Art vorgeschlagen werden: dreimal klatschen, aufstehen und sich um sich selbst drehen usw.

(130) **Die Klasse sitzt im Kreis.** Zwei Kinder dürfen weggehen und sich einen Satz ausdenken mit einer bestimmten Zahl von Wörtern. Der eine setzt sich rechts vom Spielleiter, der andere links. Auf „Los!" wird der Satz wie bei „stille Post" in einer Richtung weitergesagt. Dabei läuft die Stoppuhr; die Geschwindigkeit und die Richtigkeit wird von dem anderen Kind neben dem Spielleiter beurteilt. Beim nächsten Durchgang, der in die andere Richtung geht, denken sich wieder zwei andere Kinder einen entsprechenden Satz aus und bilden Anfang und Ende des Kreises. Mögliche Variation: In dem Satz fehlt ein wichtiges Wort. Wird er trotzdem schnell und richtig, d. h. so, wie er gesagt wurde, weitergegeben?

Kommentar zu den Spielen 129 bis 130

Diese Spiele sind Konkurrenzspiele, doch wird durch sie *Konkurrenz aufgehoben.* Es spielen zwar zwei Gruppen gegeneinander, aber die Gruppen bestehen immer aus denselben Kindern. Es kann niemand böse werden, weil „seine" Gruppe verloren hat, und wenn Kinder im Eifer des Spieles wegen ihrer Langsamkeit oder Ungeschicklichkeit beschimpft werden, dann werden sie meist nur von einzelnen beschimpft, nicht aber von der ganzen Gruppe. Diese Spiele sind jederzeit gut zu verwenden und helfen oft in Kindergruppen, die Schwierigkeiten miteinander haben, einen *Anfang für gemeinsames* Spielen zu setzen. Es gibt endlos viele Variationsmöglichkeiten. In 129 wird vor allem die *Reaktionsgeschwindigkeit* wichtig sein, in 130 wird Genauigkeit im *Hören und Weitergeben* verlangt. In verschiedenen Variationen kann man *motorische Koordination* zum Ziel machen. Dabei ist es erstaunlich, daß Kinder meist selbst die Genauigkeit der Ausführung einer Bewegung kontrollieren und denjenigen, der es falsch gemacht hat, zur Wiederholung auffordern. Es wird nicht unbedingt um des Sieges willen geschwindelt. Falls dies doch geschieht, sollte das vom Spielleiter aufgenommen und ohne moralisierenden Unterton geklärt werden.
Um von der Seite des Spielleiters Genauigkeit zu gewährleisten, ist die Zeit mit einer Stoppuhr zu messen. Bei diesen Spielen ist es sehr gut möglich, Kinder aufzufordern, Vorschläge für Variationen zu machen und ihre Vorschläge selbst zu erklären. Das hat fast immer Erfolg, da es sich nicht um ein prinzipiell schwieriges Spiel handelt und da neue Vor-

schläge sehr oft nicht erklärt, sondern vorgemacht werden können. So haben auch die weniger Wortgewandten eine Chance, ohne sichtbare Hilfe des Spielleiters beachtet zu werden.

Bericht zu Spiel 129 (Rechtsherum gegen Linksherum)

Nachdem die Kinder dieses Spiel mit großem Vergnügen, lange und mit vielen Variationen gespielt hatten und die Spielstunde zu Ende war, fragte mich eines der Kinder: „Wie ist das eigentlich? Wenn wir das spielen, haben wir zwei verschiedene ‚Wir'? Haben wir dann eigentlich auch jeder zwei verschiedene ‚Ich'?"
Da hat ein Kind bemerkt, wie wenig es braucht, um eine Gruppe zu verändern. Es hat erlebt, wie sich dabei seine eigene Rolle und seine Gefühle verändert haben. Und es konnte davon sprechen, weil es befriedigt vom Spiel war und sich geborgen fühlte; denn auch die anderen Kinder waren in einer glücklichen Stimmung und konnten „seltsame" Gedanken angenehm finden.

12. Spiele im Kreis

(131) Jedes Kind bekommt eine Nummer. Dann tauschen alle ihre Plätze, damit niemand weiß, wer welche Zahl hat. Ein Kind wird in die Mitte des Kreises geschickt. Es darf sich dazu melden. Das Kind in der Mitte nennt eine Zahl, z. B. 16. Die Nummer 16 nennt zwei weitere Zahlen: 11 und 20 vielleicht. Die Kinder mit den Nummern 11 und 20 müssen nun die Plätze tauschen, der oder die in der Mitte muß versuchen, einem der beiden zuvorzukommen und einen Platz zu besetzen. Nummer 11 und 20 kennen sich aber nicht. Man muß daher ein unauffälliges Zeichen ausmachen, mit dessen Hilfe man sich finden kann: den kleinen Finger abspreizen, zwinkern oder, deutlicher, eine Hand hochzuheben. Damit muß man sich heimlich verständigen, um zugleich losstürzen zu können. Das Kind in der Mitte muß versuchen, die Zeichen zu bemerken. Wenn es Erfolg gehabt hat, dann ist derjenige, dessen Platz es erobert hat, der nächste, der in die Mitte kommt.

(132) Die Klasse sitzt im Kreis, alle halten die Hände nach vorne. Zwei sind in der Mitte, gehen herum und versuchen, auf die Hände zu schlagen. Täuschen gilt nicht. Wer vorher wegzieht oder getroffen wird, muß sich hinter den Stuhl stellen. Er darf aber auch wieder die Hände vorstrecken. Jeweils eine Minute lang bleiben zwei im Kreis. Gezählt wird, wie viele jedes Paar getroffen hat. Alle sollten drankommen.

(133) Die Kinder sollen paarweise aus möglichst wenig Steinen eine Zahl legen. Die Klasse ist am besten in einem großen Kreis aufzustellen, so daß jedes Paar hinter seiner Zahl stehen kann. Dann rücken alle einen Platz weiter und kontrollieren das Ergebnis des Nachbarn. Gemeinsam wird dann festgestellt, welche Zahlen am besten lesbar sind und aus den wenigsten Steinen gebildet wurden.

(134) Alle Kinder sitzen im Kreis auf Stühlen. Ein Stuhl muß leer sein. Der Junge oder das Mädchen neben dem leeren Stuhl rückt auf diesen Stuhl und sagt: „Ich sitze", das Kind, das neben ihm saß, rückt auf den frei gewordenen Platz und ergänzt: „im Grünen". Und wieder folgt ein Kind und sagt: „Und liebe . . ." Wenn es ein Junge ist, muß er nun ein Mädchen, wenn ein Mädchen, dann einen Jungen nennen, der auf den leer gewordenen Stuhl neben ihm oder ihr kommen soll. Der Junge oder das Mädchen, das herbeizitiert wurde, hinterlassen wieder einen freien Platz. Dort geht das Spiel weiter: „Ich sitze im Grünen und liebe . . ."

(135) Die Klasse sitzt im Kreis. In der Mitte liegt ein Haufen Zündhölzer. Die Aufgabe ist, einen Gegenstand, später einen Satz, aus den Zündhölzern zu legen, ohne dabei zu sprechen. Jedes Kind legt der Reihe nach ein Zündholz an das vorhergehende.

Kommentar zu den Spielen 131 bis 135

Kinder müssen sich jedesmal erst aneinander gewöhnen, wenn sie miteinander spielen sollen. Durch das Spielen werden sie neuen Situationen ausgesetzt. Es gelten nicht mehr die Regeln des Unterrichts, und deshalb verändert sich die Struktur der Gruppe. Derjenige der „gut" ist in Mathematik, muß nicht gleichzeitig irgendwelche Fähigkeiten besitzen, die ihn besonders erfolgreich spielen lassen. Somit ist auch seine Stellung in der Gruppe eine andere geworden, und mit der Veränderung des Status eines einzelnen verändert sich auch die ganze Gruppe. Da diese Veränderung aber auch schmerzlich sein kann, sollte man versuchen, einen möglichst sanften Übergang zu schaffen. Spiele im Kreis eignen sich nach meinen Erfahrungen gut für den Anfang der Spielstunde, da schon die äußere Struktur hilft, ein Gleichgewicht zu schaffen: Niemand ist hier vor den anderen bevorzugt.

Wenn man im Kreis sitzt, ist es zudem für den Spielleiter leicht, mit allen im Blickkontakt zu sein. Ein Problem ist es bisweilen, daß man als Spielleiter im Kreis nur zwei Seiten hat, wo Kinder sitzen können. Die Kinder haben in den Spielstunden oft den Wunsch, bei Kreisspielen neben dem Spielleiter oder sogar auf seinem Schoß zu sitzen. Kinder, die das wünschen, sollen das auch dürfen, da sie sich dadurch beim Spielleiter Schutz und Wärme holen können. Nach meiner Erfahrung sollte der Spielleiter daher oft den Platz wechseln, damit auch andere Kinder neben ihm sitzen können, wenn sie es wollen. Sehr oft werden einige ihm immer nachlaufen; auch da ist es wichtig, geduldig zu sein und spielerisch eine Hilfe zu finden. Spielerisch heißt: eine Regelung finden, die nicht als endgültig und sehr ernst erscheint, z. B.: „Wir sitzen nebeneinander, bis . . .", oder: „Wenn B. dort drüben anfängt zu schreien, setze ich mich woandershin."
Spiele im Kreis sind auch sehr günstig zu spielen, wenn die Klasse neu zusammenkommt; ich habe das jedes Jahr mit der neuen 5. Klasse beobachtet. Man ist im Kreis gut aufgehoben, wenn die Partnerschaft, die man jeweils eingegangen ist, aus geringfügigen Anlässen auseinanderbricht oder ein ungleiches Verhältnis innerhalb der Partnerbeziehung zur Bedrohung wird. Auf die Form des Kreises sollte nicht zu großer Wert gelegt werden. Es reicht aus, wenn man sich gegenseitig sehen kann. Die perfekte Form des Kreises kann nur gefordert werden, wenn man daraus wieder ein Spiel macht. „Wie schnell könnt ihr einen Kreis machen, der ganz rund ist und wo zwischen jedem von euch eine Armeslänge Abstand ist?" Wie lange immer die Klasse dazu braucht, muß man sie dann loben und, falls es Spaß gemacht hat, es daraufhin vielleicht noch einmal versuchen. Zur Beurteilung wird man die Kinder heranziehen, damit sie sich üben können, sich selbst die Maßstäbe zu setzen und diese zu überprüfen.

Bericht zu Spiel 134 (Ich sitze im Grünen)

Ich war gebeten worden, zur Vertretung in eine Klasse zu gehen. Auf Wunsch der Kinder begannen wir mit dem Spiel „Ich sitze im Grünen". Alle waren dabei sehr aufgeregt, ohne aber dadurch den Spielablauf zu stören. Im Gegenteil: Die Kinder bemühten sich, ihre eigene Spannung in der Hand zu behalten durch gegenseitige Kontrolle. Diese Kontrolle äußerte sich in Ausrufen wie: „Nimm nicht immer nur eine dran", „der R. war noch nie dran", „schneller jemanden nennen" usw.
Als der Lehrer nach 15 Minuten seine Klasse betrat, war an Englischunterricht nicht zu denken. Die Kinder riefen: „Herr F., mitmachen." Sie

holten ihm einen Stuhl und wetteiferten: „Hierher, nein, kommen Sie zu mir." Sie spielten eine Zeit mit Herrn F. weiter, dann sagte er plötzlich: „Machen wir es jetzt so: I am sitting on my chair and I like..." Das paßte sehr gut, denn die Kinder haben in Englischstunden ohnehin andere Namen: Tom, Jim, Nancy usw.
Seit dieser Stunde hat dieses Spiel endlose Variationsmöglichkeiten. Denn es wird nicht immer gesagt: „I am sitting on my chair" oder „Ich sitze im Grünen", sondern Sätze wie: „Ich fliege — in den Himmel — und treffe dort...", „Ich liege in der Badewanne — und rufe...", „Ich arbeite — in der Fabrik — für die faule..."

13. Schreibstaffeln

(136) Gruppen stehen in Staffeln, vor ihnen, so weit wie möglich entfernt, befinden sich ein Zettel und ein Bleistift. Der erste läuft hin, schreibt ein Wort auf, dann der nächste usw. Wenn alle durch sind, soll aus den aufgeschriebenen Wörtern ein Satz gebildet werden. Man darf sich bis zu drei Wörter vom Spielleiter dazuholen. Je weniger, desto besser.

(137) Dasselbe; aber bei „Los!" soll die Gruppe sich einen Satz ausmachen, der so lang ist, daß jedes Gruppenmitglied ein Wort hat; dann erst können sie nacheinander hinlaufen und den Satz Wort für Wort aufschreiben. Gewertet wird Zeit und Sinn des Satzes.

(138) Dasselbe; aber der Spielleiter gibt das Thema des Satzes an, der geschrieben werden soll. Z. B. Beschreibung eines Menschen, Nachricht über ein aufregendes Ereignis etc.

Kommentar zu den Spielen 136 bis 138

Diese Spiele üben *motorische Koordination.* Es macht große Schwierigkeiten, den Übergang vom Laufen zum Schreiben zu finden, besonders wenn die Kinder dann selbst verlangen, es solle leserlich oder in Druckschrift geschrieben werden.
Man darf die Fähigkeiten, die bei diesen Spielen durch Übung entstehen, allerdings nicht überbewerten, denn an sich ist es für ein Kind nicht so wichtig, gut und leserlich schreiben zu können, nachdem es rasch gelaufen ist. Es kann aber lernen — und das scheint mir wichtig zu sein, daß eine Art der Tätigkeit bisweilen eine nachfolgende erschwert. Ein Ziel

dieser Spiele ist es also, Kindern Zusammenhänge in ihrem Körper bewußt zu machen oder jedenfalls näher an bewußtes Erleben zu rücken. Ich habe oft erlebt, daß Kinder darüber Äußerungen gemacht, vor allem, daß sie sich Hilfen ausgedacht haben, wie man einen Übergang vom Laufen (und deshalb zittriger Hand) zum Schreiben finden konnte. Solche Hilfen waren z. B. sich zum Schreiben hinsetzen oder ein „Zaubersprüchlein" sagen.

Beinahe noch wichtiger ist, daß in diesen Spielen eine *Gruppe gemeinsam etwas* sehr Kleines und Übersichtliches wie einen Satz schnell *zusammensetzen* soll. Oder im nächsten Schritt: die Aufgabe hat, sich *etwas* Einfaches *gemeinsam auszudenken* und die *Durchführung* zu *organisieren.* Es könnte so scheinen, als ob das eine sehr leichte Aufgabe sei, aber die Erfahrung hat gezeigt, daß Kinder der 5. Klasse, die noch nicht länger miteinander gespielt haben, daran scheitern. Das Hindernis bestand darin, daß man die Satzlänge und die Zahl der Gruppenmitglieder nicht in Übereinstimmung bringen konnte, und daß sich dann auch noch einige Kinder weigerten, bestimmte Wörter zu übernehmen. D. h., sie waren noch nicht in der Lage, um des Spieles willen oder um der Gruppe willen, etwas gegen ihre eigenen Vorstellungen zu tun. Wenn jemand sich z. B. eingebildet hatte, als erster oder letzter oder an sonst einer Stelle in der Reihe laufen zu wollen, so war er davon nicht abzubringen, auch wenn dann alle anderen wieder neu eingeteilt werden mußten.

Diese Schwierigkeiten hatte es natürlich auch bei anderen Spielen gegeben. Da diese Spiele aber im Grunde ziemlich einfach sind, stellten sich im Laufe der Zeit hier als erstes Erfolge ein: Kleine Organisationstechniken konnten sich hier entwickeln, die alle, Kinder wie Spielleiter, befriedigten.

Bericht zu Spiel 136 (Schreibstaffel)

Es war ausgemacht worden, daß jedes Kind bei diesem Spiel zweimal laufen durfte, damit mehr Wörter zusammenkämen und man leichter einen sinnvollen Satz machen könnte.

Ich beobachtete, daß in einer Gruppe unmäßig gekichert wurde und zwei Mädchen jedesmal, wenn jemand zur Gruppe zurückkam, entrüstete Gesten machten. Da es genügend Seitenblicke auf mich gab, war nicht schwer zu erraten, was vorging.

Als sich dann die Gruppen zusammensetzten, um den Satz zu bilden, wurde das Gekicher in dieser Gruppe immer heftiger, und die beiden Mädchen schrien laut, daß sie jetzt nicht mehr mitmachten. „Wir wollen

nichts mit euch Drecksäcken zu tun haben.“ Damit liefen sie weg und hockten sich in eine Ecke.
Wir setzten uns in einen Kreis, da ich annahm, daß sich ein Gespräch über den Satz dieser Gruppe ergeben würde und ich dies von der äußeren Lage her erleichtern wollte. Absichtlich richtete ich es so ein, daß die besagte Gruppe ihren Satz zuletzt vorlesen sollte, damit keine andere Gruppe mehr unter dem Druck stehen konnte, ihren Satz vorlesen zu wollen und deshalb nicht aufmerksam an dem Gespräch beteiligt sein zu können.
Als die letzte Gruppe ihren Satz vorlesen sollte, fingen diese Kinder wieder an, sich zu stupsen und zu kichern. Sie sagten, sie wollten lieber doch nicht vorlesen. Die beiden Mädchen meinten, die Buben seien nicht nur Schweine, sondern auch noch Feiglinge, genau wie man das kenne, und wendeten sich ostentativ ab. Dieser Provokation konnte niemand ausweichen, und so wurde unter Zögern und Stocken ein Satz vorgelesen, in dem fast nur sogenannte unanständige Wörter vorkamen (Arsch, ficken, Hure usw.).
Nachdem diese Lesung beendet war, blickten alle erwartungsvoll auf mich. Daß in erster Linie Entrüstung und dementsprechend Schimpfen oder ironisches Abkanzeln der vermeintlichen Sünder von mir erwartet wurde, war offensichtlich. Daß Kinder aber in solchen Situationen etwas wollen, was ihnen hilft, in der so spannenden Frage der Sexualität Klarheit zu schaffen, weiß wohl jetzt schon jeder Erzieher.
Ich sagte also, wir wollten zuerst die verschiedenen Sätze bewerten und könnten dann über den Satz der letzten Gruppe sprechen, wenn die Kinder das wollten. Beim Bewertungsgespräch kam heraus, daß die besagte Gruppe am besten eingestuft werden mußte, da sie keine zusätzlichen Wörter gebraucht hatte und der Satz komplett und sinnvoll war. Dieses Ergebnis erregte natürlich viele Kinder. Sie waren empört, daß man mit „Schweinereien auch noch Sieger werden kann“.
Das gab natürlich den besten Anfang für ein Gespräch, über das hier nicht berichtet zu werden braucht. Am Ende des Gesprächs gaben alle Kinder zu, daß sie solche Sätze sehr spannend fanden, und wir konnten auch ein wenig herausfinden, warum das so ist.
Danach wollten alle Kinder noch einmal dieses Spiel spielen und entschieden, daß jede Gruppe drei bis fünf sogenannte schmutzige Wörter verwenden dürfte. Vielleicht werden manche Erzieher oder Lehrer entsetzt sein, daß ich das erlaubte.
Das folgende Spiel aber verlief genau wie die anderen: Vielleicht gab es etwas mehr Gelächter beim Bilden der Sätze. Das überhitzte Gekicher, wie es diese eine Gruppe im vorherigen Spiel von sich geben mußte, war jedenfalls verschwunden. Beim Vorlesen dieser Sätze wurde deut-

lich, daß viele dieser Wörter nicht verstanden worden waren. Man konnte sich einigen, daß es besser sei, nur Wörter zu verwenden, die man versteht. Die Spielstunde war damit für diesen Tag beendet. Ich mußte versprechen, daß dieses Spiel nächstes Mal wieder auf diese Weise gespielt werden dürfte und daß ich alle Wörter, die falsch verwendet oder nicht verstanden worden waren, erklären würde.

Das geschah auch, so wie geplant. Mir schien nur, daß der Wortschatz dieser Art sich während der Woche vergrößert hatte. Sie fragten plötzlich nach Bedeutungen von Wörtern, die sie in der Spielstunde zuvor nicht genannt hatten. Ich erkundigte mich nach der Ursache und erfuhr, daß die Kinder erst sicher sein wollten, daß ich wirklich nicht böse auf sie sei und es nicht schlimm fände, wenn sie solche Wörter wüßten, bevor sie sie vor allen anderen Kindern und mir sagen könnten. Aber neue Wörter hätten sie nicht dazugelernt.

Ich beobachtete, daß in der Spielstunde von nun an für einige Wochen sehr viel mit solchen Wörtern herumgeworfen wurde. Nach einiger Zeit schien dieses Thema aber erschöpft zu sein und ging unter, bis es nach mehr als einem Jahr in einem anderen Zusammenhang wieder aufgegriffen wurde.

14. Gegenstände verteidigen

(139) Jedes Paar sucht sich eine bestimmte Anzahl kleiner Gegenstände (z. B. 15 Blätter oder 15 Steine etc.). Die Hälfte der Paare steht an einer möglichst weit entfernt liegenden Wand und berührt mit einer Hand und einem Fuß die Wand. Vor ihm liegen die gesammelten Gegenstände in einem Abstand, der so groß ist, daß sie mit den Fingerspitzen gerade noch erreicht werden können. Die Paare auf der anderen Seite des Raumes sollen sich bei der Hand halten und auf „Los!“ versuchen, so viele der Gegenstände als möglich einzusammeln, ohne von den Besitzern berührt zu werden. Wenn einer berührt wurde, muß das Paar an seine eigene Wand zurück, sie berühren und darf dann wieder versuchen, auf der gegenüberliegenden Seite Gegenstände einzusammeln. Nach drei bis fünf Minuten kommt die andere Gruppe dran. Gezählt wird die Zahl der eroberten Gegenstände für die Paare

(140) Dasselbe; aber das angreifende Paar hält sich nicht an der Hand, soll aber nebeneinander bleiben oder darf nur immer gemeinsam eines der gegenüberstehenden Paare angreifen.

(141) Dasselbe in Fünfergruppen. Wenn ein Gruppenmitglied berührt wurde, muß die ganze Gruppe an die Wand zurück. Die Gruppe darf immer nur gemeinsam angreifen.

Kommentar zu den Spielen 139 bis 141

Diese Spiele haben zum Ziel, Kinder besonders deutlich erkennen zu lassen, was das *Einhalten von Regeln* bedeutet. Wenn bei diesem Spiel absichtlich geschwindelt wird, weil die Kinder sich noch nicht an Regeln halten können, dann wird es meistens auch keinen Spaß machen. Erschwert wird das Spiel noch dadurch, daß Kooperation notwendig ist. Es kann zwar eine Hilfe sein, wenn die Partner sich gegenseitig auf die Spielregel aufmerksam machen und vielleicht auch darauf achten, daß der Partner nicht schwindelt. In den meisten Fällen wird sich aber die Schwierigkeit, die Regeln einzuhalten, durch die Notwendigkeit zu kooperieren, in der Aufregung des Spieles vergrößern. Der Spielleiter sollte keinesfalls ungeduldig werden, wenn er sieht, daß die Kinder sich an die Punkte der Regeln nicht halten können, die ihm wichtig sind. Falls sehr „geschwindelt" wird, kann der Spielleiter fragen, ob, wann und wie man die Regeln verändern sollte, damit man nicht so sehr in die Versuchung komme zu schwindeln. Damit gibt man von sich aus einen Anstoß und zeigt den Kindern, daß es möglich ist, die *Regeln zu verändern.* Es steht dahinter die Hoffnung, daß Kinder lernen, mit Regeln umzugehen, wenn sie ausprobieren können, wie es ist, wenn man Regeln für bestimmte Situationen modifiziert oder auch neu erfindet.

Bericht zu Spiel 140 (Paarweise Gegenstände verteidigen)

Nachdem ich das Spiel angesagt hatte, suchten sich alle Kinder schnell einen Partner, und ich konnte an dem Drängen nach raschem Beginn ablesen, daß ich das richtige Spiel gewählt hatte. Knapp nach Spielbeginn fragte M.: „Wo ist denn U., sie ist doch mit mir hergekommen!" — „Die doofe Kuh ist beleidigt, weil ich gesagt habe, das ist ein schweres Spiel, nicht für Leute, die doof sind", schrie R. voller Stolz. M. wollte schon auf ihn losgehen, um ihre Freundin zu verteidigen. Ich erwischte sie gerade noch am Arm und bat sie, U. suchen zu gehen und ihr zu erklären, daß R. es sicher nicht so gemeint habe. Damit war M. nicht einverstanden: R. sei immer so, und gerade zu U. so gemein zu sein, das könne sie nicht dulden. Ich erklärte ihr, ich fände es sehr wichtig, daß U. jetzt nicht allein sei, sondern daß wir ihr helfen sollten, wiederzukommen und mitzuspielen. Ich selbst könne aber nicht weggehen, weil das Spiel so schwere Regeln

habe und da leicht Streit entstehen könne. Ich fragte M. noch, warum sie denn U. nicht als Partner genommen habe, dann wäre das alles nicht geschehen, sie würde sie ja sonst auch immer wählen und ihr helfen. Da wurde M. ganz rot und murmelte: „Der K. hat mich doch gewählt. Und jetzt suche ich U.“, und lief weg. Kein Wunder, daß sie für ihre Freundin keine Zeit gehabt hatte: K. war der Held der Mädchen dieser Klasse; aber immerhin erstaunlich, daß M. jetzt bereit war, ihre Freundin suchen zu gehen, anstatt als Partnerin von K. weiterzuspielen. Vielleicht würde er sie jetzt nie mehr wählen? Die Klasse spielte weiter. M. und U. kamen zurück und setzten sich an den Rand des Spielfeldes und sahen zu. Ich setzte mich neben sie, und nach einer Weile sagte U.: „Ich weiß ja, daß ich doof bin und immer nicht verstehe, was ich machen soll. Aber beim Spielen muß es doch nicht immer so sein. Und dann sagte der R. so was zu mir, und dann ist alles vorbei. Dann will ich nie mehr mitspielen, weil es ja doch nicht gutgehen wird.“ Ich sagte, sie könne jetzt ruhig hier sitzen bleiben und mir helfen, und ich sah, daß sie froh war, nicht wieder zum Mitspielen aufgefordert zu werden. M. aber litt sehr; denn K. hatte sich einen anderen Partner genommen, wenn auch kein Mädchen; aber sie war traurig, ihre Chance versäumt zu haben. Da sie jedoch ein sehr starkes Mädchen war, fand ich es nicht notwendig, ihr zu helfen, und wartete ab, was sie tun würde. Sie sah sehnsüchtig zu K. hin und beobachtete alles, was er tat, aber sie blieb sitzen.
Beim nächsten Spiel, das auch paarweise gespielt werden sollte, forderte sie U. auf, ihre Partnerin zu sein. Bevor sie ins Spielfeld lief, wandte sie sich an mich und sagte: „Warten, ob man vielleicht doch gewählt wird, ist schon sehr schwer. Ich will das nicht haben, und darum vergesse ich es lieber sehr schnell. Und du hast ja gesagt, daß U. mich braucht.“

15. Verkleiden

(142) Die Kinder bilden Paare. Einer der Partner bekommt vier Bogen Zeitungspapier und zwölf Sicherheitsnadeln. Es wird eine Zeit festgelegt, in der der eine Partner den anderen mit Hilfe der Zeitungen verkleidet. Es kann dann entweder eine Modenschau gemacht werden, bei der der nicht verkleidete Partner Erklärungen oder Kommentare spricht. Die anderen Kinder sollen erraten, was dargestellt wird.

(143) Die Klasse ist eingeteilt in Gruppen zu sechst. Für jedes Kind gibt es vier Bogen Zeitungspapier und zwölf Nadeln. Es sollen mindestens drei Kinder der Gruppe in einer festgelegten Zeit verkleidet werden. Es können aber auch mehr sein. Schnelligkeit und Haltbarkeit der Verkleidung werden begutachtet. Die Haltbarkeit läßt sich z. B. in einem Laufspiel erproben, bei dem gehüpft werden muß. Wessen Verkleidung ist danach noch erkennbar oder vorhanden?

(144) **Dasselbe;** aber die Verkleideten sollen eine ihrer Verkleidung entsprechende Pose einnehmen, damit die anderen Gruppen erraten können, als was sie verkleidet sind.

(145) **Dasselbe;** aber die Verkleideten sollen ein oder zwei für ihre Rolle wesentliche Worte sagen.

(146) **Entweder der Spielleiter oder die Gruppen geben Aufgaben,** als was alle sich verkleiden sollen: z. B. vornehme Dame, Astronaut, Obelix etc. Bei der Begutachtung sollen alle dieselbe Grundhaltung einnehmen, damit auf die Verkleidung geachtet werden kann. Dann können die Kinder die Pose einnehmen, die sie (der vornehmen Dame, dem Räuber etc.) für angemessen halten. Dabei sollte darüber gesprochen werden, ob die gewählte Pose der Verkleidung entspricht und ihre Besonderheiten ausreichend zur Geltung bringt.

(147) **Die Klasse ist geteilt in Gruppen zu dreien bis fünfen.** Jedes Kind hat einen Bogen Zeitungspapier, einen Meter Bindfaden und sechs Sicherheitsnadeln. In einer festgelegten Zeit soll aus diesen Dingen ein Stück Verkleidung oder ein Requisit für jedes Kind der Gruppe hergestellt werden, das die anderen Kinder erkennen läßt, welche Rolle damit gekennzeichnet wird.

Wenn die Kinder ihre Ergebnisse zeigen, kann man gemeinsam herausfinden, welches gut, d. h. der Rolle adäquat ist. Man sollte dabei auch versuchen, zusammen mit den Kindern dafür entsprechende Kriterien zu finden.

Kommentar zu den Spielen 142 bis 147

Bei allen diesen Spielen ist die Beschränkung durch das Material wichtig. Die Kinder bekommen eine Hilfe für die Stilisierung von Rollen, aber ihre eigene Arbeit daran wird nicht ausgeschaltet, wie es durch zu perfekte Materialien leicht möglich wäre. Außerdem erschwert das leicht zerreißbare Zeitungspapier die Aufgabe sehr und verlangt von den Kindern *geduldiges Handhaben* und *kontrollierte Bewegungen* beim Vorzei-

gen. Es schränkt also auch von dieser Seite her ein und verlangt *Überlegung* im voraus.
Darum ist es bei jüngeren Kindern ratsam, Kreppapier zu nehmen, da es weniger leicht reißt und sie deshalb nicht zur Verzweiflung treibt. Es ist bei dieser Spielanordnung zu raten, nicht zu viel verschiedene Farben zu verwenden. Da in diesen Spielen Beschränkung der Mittel so wichtig ist, sollte auch bei Verwendung eines anderen Materials darauf geachtet werden.
Die Beschränkung ist nach den Erfahrungen, die ich mit diesen Spielen gemacht habe, für die Kinder vergnüglich und nützlich. Nützlich deshalb, weil sie sich üben, *Wesentliches zu sehen,* und weil sie lernen, ihre *Vorstellungen* zu *realisieren.*
Vergnüglich deshalb, weil fast alle Kinder sich gerne verkleiden und ihnen das eine Hilfe sein kann, in andere Rollen zu schlüpfen. Vergnüglich auch, weil Absurditäten und Parodien, nach denen es Kinder manchmal verlangt, möglich sind und in diesem Zusammenhang sehr oft hoch honoriert werden. (Die neue Mode: Apfelbutzen auf dem Kopf; oder: der Mann, der sich den Tisch anzieht etc.)
Wichtig für das Gelingen der Spiele ist, daß durch die Anweisung ganz deutlich wird, was jetzt erwartet wird. Schnelligkeit und Haltbarkeit setzt andere Maßstäbe (143) als Elaboriertheit bestimmter Merkmale (146), Wirkung der Verkleidung andere als Unterstützung der Verkleidung durch Worte oder Pose (145, 144).

Bericht zu Spiel 143 (Haltbare Verkleidung)

Nachdem die Gruppen eingeteilt worden waren, brach in einer Ecke ein lautstarker Streit aus. „Ihr engstirnigen Trotteln“ war am häufigsten zu hören. Nach einer Weile liefen alle Kinder auseinander und versammelten sich in einer anderen Ecke. Nur S. stand alleine da. Ich fragte sie, was denn los sei, und sie erzählte, daß sie das Spiel so schön gefunden habe. Gleich nachdem die Regeln gesagt worden seien, sei ihr so viel eingefallen, und sie habe das ihrer Gruppe klarmachen wollen, aber die seien ja alle so blöd und könnten sich nichts vorstellen, und dabei könne man doch aus dem Papier alles, aber auch alles machen. Nach diesem Wortschwall schien sie etwas beruhigter zu sein und war einverstanden, mit mir zu ihrer Gruppe zu gehen, damit wir zusammen klären könnten, was eigentlich geschehen war.
Zwei Buben erklärten sofort, daß S. sich wichtig gemacht und so getan habe, als ob die anderen überhaupt keine Ideen zustande bringen könnten. Ein anderes Mädchen meinte, daß das auch richtig sei, denn sie, die

Buben, hätten gleich geschimpft, das sei ein dummes Spiel und sie würden sich einfach nur jeder einen Fetzen Zeitungspapier umhängen und mehr nicht. Die beiden Buben protestierten heftig und meinten, das sei doch nur Spaß gewesen. „Man muß sich doch wehren, wenn jemand sich etwas ausdenkt, das so anders ist als die Sachen, die man genau kennt", sagte St., der sich bisher nicht geäußert hatte. Auf die Frage, was er denn meine, fügte er erklärend hinzu: „Man möchte doch gerne einen großen Hut mit einer ganz großen Feder aufsetzen oder ganz tolle Stiefel anziehen oder einen Purpurmantel umhängen und spüren, wie der so lang und groß ist; aber man schämt sich, das alles aus Zeitungspapier zu machen. Man weiß nicht, ob es sich die anderen auch so vorstellen. S. hat einfach keine Angst gehabt, und da habe ich auch, und nicht nur W. und T., eine Wut bekommen."
Da die anderen Gruppen mit ihren Vorbereitungen fertig waren, konnte nicht mehr weiterdiskutiert werden; aber es wurde beschlossen, dies allen anderen zu erzählen und zu fragen, was sie dazu meinten. S. durfte zum Trost, während die anderen Gruppen vorführten, einen Buben aus ihrer Gruppe nach ihren Ideen verkleiden, und da die Gruppe beim Wettbewerb um die Haltbarkeit nicht mitmachen konnte, waren alle Schiedsrichter. Die anschließende Diskussion brachte bei vielen Kindern ähnliche Gefühle zum Vorschein, wie schon St. sie geäußert hatte. Aber es gab auch einige Kinder, die – so wie S. – voller Staunen diese Äußerungen anhörten und sie nur mit Mühe akzeptieren konnten. Sich in ausgedachte Personen hineinzudenken war ihnen selbstverständlich. „Man möchte so gerne mal wer ganz anderer sein, aber dann richtig, aber man muß das vielleicht erst lernen", sagte St. zu mir, als die Kinder weggingen.

16. Rollenspiel: Mimik und Gestik

(148) Jeder sucht sich einen Partner. Die Partner stellen sich in möglichst großem Abstand einander gegenüber auf, so daß zwei Reihen entstehen. Der Spielleiter gibt verschiedene Aufgaben, wie der eine Partner den anderen durch Gesten auf seine Seite rufen soll und wie der Gerufene auf entsprechende Weise hinübergehen soll; z. B.: Ein kleines Kind hat Angst und ruft seine Mutter, die der andere Partner spielt. Oder: Eine Mutter hat Angst um ihr Kind, das zu hoch auf den Baum geklettert ist, und ruft den Vater. Ein kleiner Bub hat einen glänzenden Draht gefunden und ruft seinen Freund, um ihn ihm zu zeigen etc. Dann werden die Rollen vertauscht, und der Gerufene ruft ohne Worte. Wenn es nicht zu viele Paare sind, kann jedes Paar seine Version vormachen. Wenn es mehr als zehn Paare sind, nennt der Spielleiter einige, die es sehr verschieden gemacht haben. Es sollen aber im Lauf des Spieles möglichst alle Paare einmal zum Vorspielen drankommen. Die Kinder sollen selbst Vorschläge machen, und es soll über die jeweiligen Formen der Ausführung kurz gesprochen werden.

(149) **Die Klasse wird eingeteilt** in Dreier- bis Fünfergruppen. Jede Gruppe soll sich in einer bestimmten Zeit eine Liste von Menschengruppen ausdenken, die sich auf eine bestimmte Weise fortbewegen. Z. B.: Schule ist aus an einem gewöhnlichen Wochentag, Leute stehen bei der Kinokasse an, Flüchtlinge am Anfang oder nach vielen Tagen der Flucht.

a) Die Listen können dem Spielleiter gegeben werden, und er ruft auf, welche der vorgeschlagenen Menschenmengen von der ganzen Klasse oder von den einzelnen Gruppen dargestellt werden kann. Am Ende sollte dann darüber gesprochen werden, welche der Vorschläge schwer und welche leicht auszuführen waren und, wenn möglich, wie man sich bei den verschiedenen gefühlt hat.

b) Jede Gruppe kann der Reihe nach ihre Einfälle vorlesen, jeweils von den anderen Gruppen vormachen lassen und beurteilen, welche Gruppe es nach ihrer Meinung am besten dargestellt hat.

c) Wenn man die Klasse in drei Gruppen eingeteilt hat, kann eine Gruppe einer anderen leise einen der Vorschläge mitteilen, die sollen es dann vormachen, und die dritte Gruppe soll möglichst genau erraten, was gemeint war. Jede der Gruppen darf einmal raten, einmal darstellen und einmal vorschlagen

(150) Die Klasse ist geteilt in Gruppen zu fünft. Die Aufgabe wird vom Spielleiter gestellt, z. B.: Ein Kind steht auf der Straße und hört ein Flugzeug, schaut hinauf, sucht es, findet es und verfolgt es mit den Augen. Das nächste Kind kommt dazu: was macht es? Und das dritte? – usw., bis alle da sind und schauen. Das Flugzeug macht ein beängstigendes Geräusch. Wie reagieren alle? Und dann fliegt es weiter. Alle Gruppen haben eine kurze Zeit eine derartige Szene auszuprobieren, dann sollen sie sie pantomimisch vorführen und entscheiden, welche die beste war.

(151) Dasselbe; nur darf das Gesicht überhaupt nicht verzogen werden. Man kann den Kindern auch Masken aufsetzen (ein Stück ovaler Kar-

ton mit Schlitzen für Augen, Nase und Mund und einem Gummiband zum Festhalten). Die Gruppen sollen darauf achten, ob man aus den Bewegungen die Handlung erkennen kann.
Die Szenen müssen immer sehr genau erzählt werden und vom Spielleiter sehr gut auf ihre Spielbarkeit, ihre Deutlichkeit hin ausgedacht sein. Hinterher sollte darüber gesprochen werden.

(152) **Dasselbe,** nur mit Mimik ohne jegliche Gesten. D. h., bei der vorher beschriebenen Szene sitzen alle darstellenden Kinder schon auf Stühlen nebeneinander, jedes Kind, das noch nicht in die Spielhandlung einbezogen ist, hat ein ganz ruhiges Gesicht; erst wenn es in die Handlung eintritt, fängt es an, entsprechende Gesichter und Kopfbewegungen zu machen.

(153) **Die Kinder sitzen im Kreis.** Der Spielleiter beginnt. Er fragt: „Wie sieht es aus, wenn jemand müde ist?" Alle Kinder sollen das mimen. Wen der Spielleiter am besten findet, auf den zeigt er. Der darf das nächste sagen – es sollen am besten immer seelische Zustände, nicht Handlungen genannt werden. Auch er zeigt auf einen, der es nach seiner Meinung am besten macht, usw.
Es sollte bei Mißverständnissen oder Ungenauigkeiten während des Spieles darüber gesprochen werden.

(154) **Die Klasse ist geteilt in Gruppen zu acht.** In jeder Gruppe gibt es einen Vater, eine Mutter und ein Kind. Es soll eine Szene oder ein lebendes Bild dargestellt werden, bei denen diese drei Personen beschäftigt sind. Alle anderen sollen Möbelstücke darstellen, die zu der Szene dazugehören. Welche Gruppe hat das beste Gesamtbild, wo alle dabei und notwendig sind? Vier Minuten Zeit zur Vorbereitung.

Kommentar zu den Spielen 148 bis 154

Diese Spiele machen Kindern großes Vergnügen, wenn die Gruppe in der richtigen Stimmung ist. Da es auf sehr *feine Nuancen des Ausdrucks* ankommt, kann man diese Spiele nur in einer friedlichen Atmosphäre spielen. Sind Kinder aggressiv oder unruhig, machen sie gerne Unfug. Gerade bei diesen Spielen zeigt sich das als Unsinn, als Verzerrung, Übertreibung oder Verfälschung. Darum muß man in solchen Situationen das Spiel entsprechend verändern und z. B. diese Übertreibungen zum Inhalt der Darstellungen machen.
Da es bei diesen Spielen auch auf das *Verstehen* ankommt, ist es notwen-

dig zu beachten, daß die Darsteller auch das ausdrücken, was in der Aufgabenstellung genannt wurde. Falls es Mißverständnisse gegeben hat, sollte die Aufgabe erleichtert werden, bis eine verständliche Darstellung möglich ist. Nach meiner Erfahrung ist es bei Spielen, in denen es um irgendeine Form der *Kommunikation* geht, besonders wichtig, Mißerfolgserlebnisse zu vermeiden oder zumindest weniger schmerzlich zu machen. Wenn Kinder bei diesen Spielen sich unverständlich ausgedrückt haben, dann darf der Spielleiter sie nicht entmutigen, sondern muß ihnen helfen, z. B. das Wesentliche an einem Ausdruck oder an einer Geste zu finden. Wenn er ihnen dann noch Wege zeigt, wie sie entdecken können, daß z. B. Verlangsamung oder Vergrößerung der Bewegung zur Verständlichkeit beiträgt – ohne es direkt zu sagen –, dann ist das Spielvergnügen meist schon wieder hergestellt.
Unter keinen Umständen sollte hier ein Bezug zur Wirkung auf der Bühne oder zu späterem Theaterspiel hergestellt werden. Gerade hier muß das Vergnügen am Spielen selbst überwiegen und darf sich nicht aus anderen Quellen speisen. (Von allem auf der Bühne bewundert werden etc.)
Es ist nicht anzuraten, daß der Spielleiter selbst etwas vormacht. Wenn etwas nicht gelingt, ist es besser, es viele Kinder versuchen und dann von allen beurteilen zu lassen, welche Darstellung am verständlichsten war. Es ist nach meiner Ansicht nicht wünschenswert, daß der Spielleiter den Kindern seine Maßstäbe aufnötigt. Er sollte nur auf die Verständlichkeit achten, auch wenn von den Kindern Ideen kommen, die mit seinen Vorstellungen nicht übereinstimmen. So hat z. B. ein Kind Traurigkeit dadurch ausgedrückt, daß es sich den Bauch hielt und dazu ein weinerliches Gesicht machte. Ich dachte, es wollte Hunger darstellen; aber alle anderen Kinder hatten erraten – oder besser: gesehen –, daß traurig sein gemeint war. Vielleicht spüren Kinder Traurigkeit im Bauch?

Bericht zu Spiel 151

Die Kinder spielten eine Szene aus dem Klassenzimmer. Es wird eine Klassenarbeit geschrieben, ein Schüler schreibt ab. Derjenige, der ihm geholfen hat, wird erwischt. Er kann sich nicht verteidigen, weil er seinen Freund nicht verraten will. So wird er bestraft, und da er Angst vor seinen Eltern hat, geht er nicht nach Hause, sondern bleibt am Wege sitzen und weint. Die Kinder hatten sich diese Geschichte selbst ausgedacht, und sie wollten keinen anderen Schluß, da sie meinten, bei allem, was ihnen als Schluß gefiele, müsse man sprechen.
Jede Gruppe, die vorspielte, hatte Masken auf. In einer Gruppe war ein Bub, D., der sich bisher besonders ungern an dieser Art von Spielen be-

teiligt hatte und deshalb auch meistens dem Spielleiter geholfen hatte, zu beobachten oder zu beurteilen. D. sah die Masken, setzte sich eine auf und spielte in einer Gruppe intensiv mit. Er bewegte sich frei und mit großer Sicherheit: Er war einfach nicht wiederzuerkennen.
Nachdem alle Gruppen gespielt hatten und wir im Kreis saßen, um darüber zu sprechen, fing M. an, D. zu hänseln. Warum er denn heute mitgespielt habe? Sei er so ein kleines Kind, daß er es nicht versäumen wolle, auch eine Maske aufzusetzen wie alle anderen? D., der sonst nie viele Worte machte und meist gleich Fußtritte verteilte, kam zu mir, während die anderen Kinder noch miteinander lachten und lärmten. Er sagte mir leise ins Ohr: „Ich finde das mit den Masken toll, da sieht mich niemand, und man weiß nicht, wer ich bin, und da kann ich wer anderer sein und brauche keine Angst zu haben, daß die anderen mich auslachen, weil ich ein blödes Gesicht habe." Ich fragte ihn, ob wir darüber mit allen sprechen könnten und ob er das dann sagen würde. Er lehnte das ab aus Angst, man könnte ihn auslachen, beauftragte mich aber, es als seine Meinung zu sagen. Ein anderes Kind zu seinem Anwalt zu machen, lehnte er ebenso ab. Aber er setzte sich friedlich neben M., den er normalerweise nach dieser Art von Hänselei furchtbar getreten hätte. Als ich bei der Diskussion seine Meinung über die Masken vorbrachte, stimmten ihm mehrere Kinder zu. Nach einigen Wochen kam er nach der Spielstunde zu mir und sagte: „Das mit den Masken, wann spielen wir das wieder? Das war so toll, und für mich war es toll, weil bei der Diskussion andere gesagt haben, daß das, was ich meine, richtig ist."

17. Rollenspiel mit Sprechen

(155) Die Klasse wird in Paare eingeteilt. Die Paare suchen sich Rollen aus, die miteinander etwas zu tun haben. Z. B.: Schaffner und Fahrgast, Verkäufer und Käufer, Polizist und Autofahrer. Die Paare sollen darstellen, daß dem einen durch den anderen etwas Schönes (oder Trauriges oder Böses oder Komisches etc.) geschieht. Alle Paare denken sich ihre Szene gleichzeitig aus und proben sie. Dann setzen sich alle in einen Kreis und spielen der Reihe nach ihre Szene vor. Nach Möglichkeit soll darüber gesprochen werden. Es ist günstig, immer entweder die Rollen oder den Inhalt festzulegen. Entweder sind alle Paare Schaffner und Fahrgast und wählen sich selbst aus, was dem einen durch den anderen Schönes oder Böses etc. geschieht; oder alle sollen darstellen, daß einem etwas Trauriges geschieht, und die Paare können sich die Rollen dafür aussuchen.

(156) Die Klasse wird geteilt in Dreier- bis Fünfergruppen. Es wird eine Szene festgelegt, z. B.: Schulversammlung, Krankenhaus, Straßenbahn etc., und einer der wichtigsten Leute, also Schulleiter, Arzt oder Krankenschwester, Schaffner oder Fahrer. Diese Personen benehmen sich ganz anders, als von ihnen erwartet wird. Z. B. sitzen sie am Boden und weinen, sie sprechen eine andere Sprache, sie halten die Arme verschränkt, sehen sehr ernst drein und sagen nichts.
Man kann den Kindern ein Beispiel geben, sie dann in ihre Ecken gehen lassen und sich selbst eine Szene ausdenken und dann vorspielen lassen. Wichtig ist, dann darüber zu reden.

(157) Dasselbe; aber es wird für alle Gruppen die gleiche Szene festgelegt. Die Kinder sollen nun herausfinden und darstellen, wie diese Leute wohl mit dem Problem des sich so seltsam gebärdenden Menschen fertig werden. Es sollte ausgemacht werden, daß „ins Irrenhaus schicken" und „einen Nervenarzt holen" keine Lösungen sind. Auch hier ist es wichtig, nach der Vorführung mit ihnen darüber zu sprechen.

(158) Die Klasse ist geteilt in Dreier- bis Fünfergruppen. Die Gruppen denken sich alltägliche Handlungen aus, wie Auskehren, Kaffeemachen etc., üben sie ein und spielen sie vor. Beim Vorspielen lassen sie aber einen wichtigen Teil dieser Szene aus, z. B.: beim Kaffeekochen keinen Kaffee in die Kanne tun, beim Auskehren das Schmutzhäufchen liegen lassen. Es soll die Szene möglichst echt gespielt werden. Die anderen Gruppen sollen erraten, was gefehlt hat. Sie haben dafür nur zwei Versuche.

(159) Die Klasse ist geteilt in Paare. Jedes Paar sucht sich einen Beruf aus, einer der Partner soll Vater, der andere Sohn sein. Beide haben den gleichen Beruf. Sie sollen den anderen ein Gespräch oder eine Szene vorspielen, bei der man erraten kann, welches der Beruf und wer Vater oder Sohn ist. (Mutter und Tochter, Vater und Tochter, Mutter und Sohn sind ebenso mögliche Kombinationen und können auch gespielt werden, wenn das Paar nur aus Buben oder nur aus Mädchen besteht.) Zum Vorbereiten sollte man zwei bis drei Minuten Zeit geben, zum Spielen nicht mehr als eine Minute.

(160) Dasselbe; aber die Paare bekommen vom Spielleiter identische Berufsrollen leise ins Ohr gesagt, so daß die anderen Paare nicht wissen, wer welche Rollen hat. Der Spielleiter sollte darauf hinweisen, daß es beim Vorspielen nichts ausmacht, wenn die einzelnen Paare sehr ähnlich

spielen. Die Zuschauer sollten sich nur merken, was besonders ähnlich und was besonders verschieden von den einzelnen Paaren dargestellt wird.
Im Gespräch danach sollten diese Ähnlichkeiten und Verschiedenheiten der Darstellung aufgenommen werden, um, wenn möglich, über die Bedeutung von Rollen zu diskutieren.

Kommentar zu den Spielen 155 bis 160

Über die Bedeutung von Rollenspielen für die Förderung kommunikativer Fähigkeiten u. a. braucht in diesem Zusammenhang nicht ausführlich gesprochen zu werden. Mit Absicht sind hier auch nicht so viele Variationen angegeben, wie ich selbst mit Kindern der Situation entsprechend gespielt habe. Denn es zeigt sich gerade bei Rollenspielen, daß man sehr offen sein muß für die Anregungen, die von den Kindern kommen, wenn man Lernsituationen, die sich die Kinder selbst schaffen, nicht zerstören will. Kinder haben oft ein ganz anderes Verständnis von bestimmten Rollen als Erwachsene. Darum sollte man als Spielleiter sich mit seiner Kritik sehr zurückhalten und auch mit Vorschlägen sehr vorsichtig sein. Es kann ja nicht das Ziel sein, Kinder die Rollen der Erwachsenenwelt einfach so nachahmen zu lassen, wie Erwachsene sich selbst verstehen, sondern es ist wichtig, Kinder die Rollen selbst gestalten zu lassen. Immer wieder helfend eingreifen sollte der Spielleiter allerdings, wenn es darum geht, die Konsequenzen zu finden, die sich aus bestimmtem Rollenverhalten ergeben. Nach meiner Erfahrung fällt es Kindern schwer, solche Konsequenzen zu finden, z. B. herauszubekommen, daß es unlogisch wäre, angesichts eines brüllenden Vaters einen unbelastet witzelnden Sohn zu spielen. Sie bemerken, daß ihr Spiel nicht stimmt, und brauchen dann meist nur die entsprechenden helfenden Fragen, um weiterprobieren zu können, bis es einen für sie logisch erscheinenden Ablauf gibt. Auch da darf man aber wieder nicht zu sehr auf den eigenen Vorstellungen bestehen. Auch Rollenspiele sollten Spaß machen; wann und warum Kinder beim Spielen und Zusehen Spaß haben, läßt sich aber oft von Erwachsenen nicht beurteilen; deshalb darf der Spielleiter nicht zu sehr und vor allem nicht zu lange auf „Richtigkeit" beharren. Viel wichtiger ist es, Beobachtung und Überlegung durch entsprechende andere Aktivitäten und Spiele (z. B. viele der Spiele mit Bildern) anzuregen. Bei fast allen in dieser Gruppe beschriebenen Spielen wird vorgeschlagen, mit den Kindern nach den Vorführungen zu sprechen in der Hoffnung, dadurch den Lerneffekt zu vergrößern. Aber auch hier muß wieder zur Vorsicht geraten werden: Es gibt Kinder und Kindergruppen, denen es

keinen Spaß macht, über ihre kleinen Szenen zu sprechen. Es kann sein, daß das an sprachlichen Schwierigkeiten liegt. Es kann auch sein, daß das Spielen selbst solchen Spaß macht, daß alles andere unnütz erscheint und zu stark dagegen abfällt. Bisweilen ist es Kindern auch einfach unangenehm oder sogar peinlich, über das, was sie gespielt haben, zu sprechen. Das habe ich beobachtet, wenn sich die Gruppe oder Klasse noch nicht gut gekannt hat. Das Spielen machte dann oft bereits Spaß, aber darüber zu sprechen erschien noch zu gefährlich.
Erzwungene Gespräche haben nach meiner Erfahrung keinen aufklärenden Wert. Auch wenn Kinder nicht sprechen können und wollen, kann man aber eine Art von Reflexion anregen, indem man Szenen von anderen Kindern nachspielen läßt. Der Spielleiter müßte dann manchmal sagen, daß das Nachspielen keine negative Kritik bedeutet; sondern, daß man nur wissen möchte, ob man es auch anders spielen könnte.
Aus alledem ist ersichtlich, daß Rollenspiel, so nützlich es sein kann, ganz besonders gefährdet ist durch falsches Verhalten des Spielleiters.

Bericht zu Spiel 153 („Anders als in Wirklichkeit“)

Nachdem ich die Spielregeln vorgeschlagen hatte und fragte, welche Szene wir nehmen sollten, bat C., daß jede Gruppe sich selbst eine Szene ausdenken dürfte, in der jemand alles anders macht als in Wirklichkeit. Die Kinder waren damit einverstanden. Jede Gruppe suchte sich eine Ekke, um sich eine Szene auszudenken und auszuprobieren. Vielleicht war das besonders vorteilhaft, weil die anderen Kinder nicht mehr mit ihren eigenen Vorführungen beschäftigt waren und deshalb schon am Anfang etwas aufmerksamer waren, als es sonst üblich war. Nach ganz kurzer Zeit schon sahen alle beinahe reglos und völlig fasziniert zu. C.s Gruppe stellte eine Familie beim Abendessen dar, C. selbst spielte offensichtlich den Vater und stellte ihn ungewöhnlich liebenswürdig und rücksichtsvoll dar. Er sagte sehr oft „Bitte“ und „Danke“, stand auf, um etwas zu holen, das die Mutter vergessen hatte; er fragte die Kinder, wie es in der Schule gewesen sei, und lachte, als der Sohn sagte, er habe in Deutsch eine Fünf geschrieben. Eines der Kinder stieß etwas um, und die Mutter wollte schon aufspringen, um ein Tuch zu holen; da sagte der Vater lachend: „Ach laß doch, Inge möchte das doch sicher selbst machen, dann ist es für sie nicht so schlimm.“ Darauf klatschten viele der zusehenden Kinder, und einige riefen: „Noch mehr“, und so spielte diese Gruppe weiter, viel länger, als sie selbst vorbereitet hatte. Sie improvisierte ganz frei, und das glückliche Familienleben nahm seinen Fortgang. Als der Vater nach dem Essen freundlich vorschlug, die Tochter könne der Mutter helfen, den

Tisch abzuräumen, und der Sohn dürfe mit ihm Auto waschen, gab es heftigen Protest unter den Zuschauern. „Nein, das ist falsch", „Das gilt nicht", „Noch einmal, aber richtig", riefen sie, und die Gruppe, die spielte, wiederholte die Szene. Dabei sagte diesmal die Mutter nur, daß sie abräumen werde, und der Vater erklärte im Hinausgehen, er wolle den Wagen waschen, worauf die Tochter zu ihm sagte, daß sie ihm gerne helfen wollte; der Sohn aber wollte bei der Mutter bleiben, weil er etwas mit ihr zu besprechen habe. Großer Beifall der Zuschauer, und Ausrufe wie: „Einfach alles verkehrt, Klasse", „Weiter, noch so etwas", ermutigten die Schauspieler weiterzumachen. Und sie spielten einen ganz gewöhnlichen, aber sehr freundlichen Nachmittag und Abend in einer ganz gewöhnlichen Familie. So jedenfalls konnte es scheinen, bis I., die neben mir saß und sehr gespannt zusah, mir sagte: „Das kennen alle Kinder, daß es so schön wäre, wenn es so wäre, wie die spielen, aber es ist ja leider nur ein ‚Alles-verkehrt-Spiel'."

Ein anderes Mal in einer anderen Gruppe kam es noch härter. Vier Kinder spielten eine Familie beim Abendessen; dabei fiel auf, daß die Eltern ungeheuer freundlich zueinander waren. Als die Kinder ins Bett gegangen waren, setzte sich das „Ehepaar" vor das „Fernsehen", faßte sich bei der Hand und sagte: „Schön ist es wieder heute abend." Die zuschauenden Kinder waren bis dahin sehr interessiert gewesen. Jetzt begann ich zu fürchten, daß sie gestört werden könnten, da selbst die entferntesten Andeutungen von Zärtlichkeit sofort große Erregung hervorriefen. Nicht so in diesem Fall. Das „Ehepaar" saß friedlich vor dem „Fernsehen" und kommentierte die Sendung, während sie sich an der Hand hielten oder manchmal einer dem anderen vorsichtig die Hand streichelte. Für einen erwachsenen Zuschauer war es ein ungeheuer rührender Anblick und noch mehr: Es tat auch weh, denn es sollte ja „anders als in Wirklichkeit" sein. Auch die Kinder schienen erfaßt von diesem Spiel, denn niemand störte, und alle sahen zu, bis S. rief: „Bitte, hört auf, das ist so schrecklich traurig." Die anderen Kinder stimmten zu, und die Schauspieler meinten, daß sie ja schon fertig seien mit ihrem Spiel. Als ich S. fragte, warum sie das alles so traurig gefunden haben, sagte sie: „Och, wie ich das gesehen habe, da habe ich gedacht, sie spielen was ganz Verkehrtes, die haben nicht verstanden, weil Eltern doch immer lieb sind zueinander. Und dann ist mir eingefallen, daß der C. erzählt hat, daß seine Eltern sich immer streiten, und T. hat gesagt, ihre Eltern sind geschieden. Und dann bin ich ganz traurig geworden, weil ich gedacht habe, daß für die beiden das, was sie spielen, nicht ‚wirklich' ist."

18. Scavenging: Sammelspiele

(161) **Die Klasse ist in Paare geteilt.** Sie bekommen den Auftrag, im Freien etwas Rotes zu suchen, zu bringen und dabei eine bestimmte Zeit einzuhalten. Danach sollte darüber gesprochen werden, wer die Aufgabe gelöst hat.

(162) **Die Paare** bekommen die Aufgabe, etwas besonders Schönes oder etwas besonders Gräßliches zu holen. Nach der Rückkehr sollen die Sammler ihre Wahl begründen. Was ist besonders schön oder gräßlich?

(163) **Die Paare** bekommen den Auftrag, einen Stein zu holen, der nicht größer als 2 cm im Durchmesser und nicht kleiner als der Nagel des kleinen Fingers ist und sich glatt anfühlt.

(164) **Sie sollen ein Blatt bringen,** das keine fehlerhafte Stelle hat.

(165) **Die Klasse landet auf einem anderen Planeten.** In Gruppen zu fünft kann man das Raumschiff für eine bestimmte Zeit verlassen, um Beweise zu sammeln dafür, daß hier menschliches Leben möglich ist. Sie sollen Beweise mitbringen und sie dann erklären.

(166) **Sie sollen Beweise bringen,** warum menschliches Leben nicht möglich ist.

(167) **Expedition in eine andere Zeit oder Kultur.** Die Aufgabe: Beweise zu bringen, daß hier Menschen leben oder gelebt haben, wie sie ihre Häuser wahrscheinlich bauen, was sie essen, womit sie sich vielleicht vergnügen usw.
Es ist der Phantasie des Spielleiters und der Gruppe überlassen, welche Dinge und mit welchen Einschränkungen und Einkleidungen gesucht, gebracht, erklärt und begründet werden sollen.

Kommentare zu den Sammelspielen (Scavenging)

Was hier beschrieben wird, ist eher ein Spielprinzip als eine Summe von Spielen. Grundlage dieser Spiele ist: die verschiedensten Gegenstände zu suchen, zu sammeln, zu bringen und dann etwas damit zu machen. Sammeln bedeutet hier nicht, über einen langen Zeitraum hinweg etwas Bestimmtes anzuhäufen. In der Spielstunde heißt es zweierlei: entweder etwas sehr genau Definiertes oder etwas, das die Kinder erst mit Inhalt fül-

len, dann suchen und bringen sollen. Für jedes ein Beispiel: 1. fünf völlig unbeschädigte Blätter bringen; 2. etwas besonders Schönes bringen.
Bei der ersten Aufgabe wissen die Kinder ganz genau, nach was sie suchen müssen. Sie richten ihre Aufmerksamkeit auf einen bestimmten Gegenstand und versuchen, von da aus möglichst genau das Verlangte zu finden. Sie zeigen damit, wie gut sie die Aufgabe verstanden haben und wie weit sie in der Lage waren, sie zu erfüllen. Für den Spielleiter oder die beurteilenden Kinder ist es dann relativ leicht, den Maßstab festzusetzen. Allerdings muß auch hier gewarnt werden. Kinder können sogar bei so präzisen Aufgaben ganz andere Maßstäbe als Erwachsene haben. Ich habe es erlebt, daß Kinder Blätter als unbeschädigt bezeichneten, die voller brauner Flecken waren. Sie hatten unter Beschädigung Risse und Löcher verstanden.
Im Gespräch kam dann heraus, daß die braunen Flecken für sie in diesem Augenblick gar nichts mit Welkwerden oder Verfall zu tun hatten, sondern einfach nur als Farbe gesehen worden waren. Wenn nicht eine Gruppe von Kindern ihre Lösung bewertet hätte, wäre ihnen sicher durch mich unrecht getan worden. Es ist aber wichtig, im Gespräch die verschiedenen Ansichten zu klären. Vor allem weil oft, erst durch das Gespräch, dem Spielleiter klarwerden kann, wie Kinder etwas sehen oder erleben. Man sollte darum auch nicht glauben, daß Kinder „ungenau" seien, wenn sie die Aufgabe anders lösen, als ein Erwachsener es tun würde. Kinder sehen und erleben anders, und das sollten wir Erwachsenen respektieren.
Noch viel deutlicher wird der Unterschied zwischen dem Erleben von Kindern und Erwachsenen bei der zweiten Möglichkeit dieses Spieles, wo das, was gesucht und gebracht werden soll, nicht so genau definiert ist. Dabei müssen auch die Einschränkungen bedacht werden, die den Wünschen der Kinder, z. B. etwas besonders Schönes zu finden, durch die Umgebung, in der man ist, gesetzt werden. Sie können also immer nur etwas relativ Schönes finden. Ich habe es erlebt, daß mir ein fast völlig zerfressener Schmetterling gebracht wurde. Die Kinder hielten ihn gegen die Sonne und waren begeistert über die Reste des Staubes auf den Flügeln, der in der Sonne glänzte. Obwohl die anderen Kinder prachtvolle Blütenblätter, einen glitzernden Stein usw. gebracht hatten, wurde von fast allen der eigentlich schäbige Schmetterling am schönsten gefunden.
Bei dieser zweiten Art von Sammelspielen werden andere Ziele verfolgt als bei der ersten. Wenn es bei den ersten um Verständnis der Aufgabe und genaue Erfüllung ging, so ist eines der wesentlichen Ziele der zweiten Art die Fähigkeit zu interpretieren. Kinder sollen Entscheiden lernen, was in einem gegebenen Augenblick und in dieser Umgebung für sie ir-

gendeine besondere Eigenschaft hat. Interpretation wird natürlich auch bei der ersten Art von Spielen verlangt; aber nicht in erster Linie, und man wird nicht diese Art von Spielen aussuchen, wenn es einem vor allem auf die Steigerung ihrer Interpretationsfähigkeit ankommt. Ein Aspekt, der beiden Arten gemeinsam ist: Bei keinem dieser Spiele soll ein Kind allein sammeln. Für jüngere Kinder und solche, die noch nicht in der Lage sind, zusammen mit einer Gruppe Vergnügen und Erfolg im Spiel zu erleben, ist es sehr günstig, zunächst nur paarweise zu sammeln. Dabei sollte man abwechselnd die verschiedensten Regeln anwenden: sich an der Hand halten, in Sichtweite bleiben, in Reichweite bleiben, ganz getrennt losgehen und nur die Ergebnisse gemeinsam vorlegen. Bei jeder Form wird von dem Kind eine andere Art der Einstellung auf den anderen verlangt. Aber jedesmal muß ein Partner berücksichtigt und gesehen oder erlebt werden, wie sich diese verschiedene Art der Partnerschaft auswirkt.

Bericht

N. hatte von Anfang an große Schwierigkeiten, mit anderen Kindern zusammen etwas zu tun. Sein Ehrgeiz war so ausgeprägt, daß er bei Spielen in Paaren immer wissen wollte, wie gut seine eigene Leistung im Gegensatz zu der seines Partners war. Er sagte auch ganz deutlich immer wieder, daß er lieber allein spielen wolle, denn er wisse sonst nie, wie gut er sei; aber das müsse er wissen, weil er vorhabe zu lernen, wie man immer siegen könne. Und überhaupt wolle und müsse er bei allem immer der Beste sein. Wenn man einen Partner habe, wisse man ja nie so genau, was man eigentlich selbst beigetragen habe. Einige Kinder hatten diese Rede, die N. mir gehalten hatte, gehört und waren zuerst sprachlos, und ich war auch beeindruckt. Einer sagte darauf das übliche: „Du bist blöd." Ein Mädchen versuchte zu erklären, warum sie das, was N. geäußert hatte, verkehrt fände; aber die anderen Kinder wollten weiterspielen. Die Paare sollten Blüten in fünf verschiedenen Farben bringen. Zum Suchen gab es 10 Minuten Zeit. Es wurde beschlossen, daß N. allein suchen dürfe, worauf einige andere sofort auch alleine suchen wollten, was ihnen erlaubt wurde.

Nach 10 Minuten waren alle bis auf N. wieder da. Jedes Paar hatte die Aufgabe erfüllt. Die meisten, die einzeln suchen gegangen waren, hatten sich beim Zurückkommen jeweils mit einem anderen Einzelgänger zusammengetan, da sie so ihre nicht ausreichenden Funde gegenseitig ergänzen konnten. Es wurde beschlossen, nicht weiter auf N. zu warten, da die angegebene Zeit weit überschritten war. Jedes Paar fing an, seine Ergeb-

nisse zu zeigen. Da kam auf einmal N. angerannt, ganz verschwitzt und den Tränen nahe. Ich sah einen heftigen Ausbruch bevorstehen, machte neben mir Platz und winkte ihm, sich neben mich zu setzen. Dann fragte ich ihn, wie es denn bei seiner Suche gewesen sei, verfolgte dieses Thema aber nicht weiter, da ich sah, daß die Tränen zu fließen begannen.

Alle Paare hatten ihre Funde vor sich ausgebreitet, besprochen und sahen erwartungsvoll auf N., der jetzt seine Ergebnisse zeigen sollte. Er sprang auf, warf eine Handvoll zerdrückter Blumen in den Kreis und schrie P. an: „Du bist schuld, daß ich nicht alles habe. Alle sind so gemein, ich spiele nie mehr mit.“ Natürlich brach sofort große Aufregung los. Mit Mühe konnte ich die Klasse überzeugen, daß jetzt nicht der Zeitpunkt für eine Prügelei sei, besonders, wenn es sich nur gegen einen richten sollte, sondern daß in diesem Fall eine Erklärung notwendig sei. Vor allem, wo doch N. P. beschuldigt hatte, ihn gestört oder sonst etwas getan zu haben. P. protestierte daraufhin sofort, und da er gehört werden wollte, verschaffte er sich auch Ruhe. Er erzählte, daß er N. begegnet sei und N. gesehen habe, daß er eine blaue Blume in der Hand gehabt habe. Da habe N. ihn gefragt, wo denn diese blauen Blumen wachsen. Er aber habe geantwortet, N. solle doch selbst suchen; sie seien keine Partner, und so habe es ja keinen Sinn, ihm zu helfen. Darauf weinte N. wieder laut los: „Alle sind so gemein zu mir.“

Einer, der sich erst beim Zurückkommen einen Partner genommen hatte, meinte, er könne das sehr gut erklären, weil er ja auch geglaubt habe, allein sei alles besser. Widerwillig hörte N. zu. Als M. am Schluß sagte: „Zwei wissen manchmal mehr als einer“, stimmte N. sogar zu, erwiderte aber: „Es ist am besten, wenn einer soviel weiß wie zwei.“ Heftiger Protest von allen Seiten. Damit war das Gespräch zu Ende, die Klasse wollte weiterspielen, und zwar dasselbe Spiel. N. war wieder nicht bereit, mit einem Partner zu spielen, und so zog er wieder allein los, um sich und den anderen zu beweisen, daß man es auch alleine schaffen könne. Es sollten 5 möglichst lange Grashalme gebracht werden. N. hatte nicht die längsten, nahm seinen Nicht-Sieg aber wortlos und auch ohne sonstige Äußerungen hin. Er blieb dabei, alleine zu spielen, und zufällig hatte er nie die besten Ergebnisse.

Als nach einigen Wochen wieder ein Spiel dieser Art gespielt wurde, suchte N. sich ohne Diskussion einen Partner. Die anderen Kinder hatten den Zwischenfall anscheinend vergessen, denn niemand machte eine Bemerkung. N. und sein Partner hatten einige Male an diesem Tag die besten Ergebnisse. Beim zweiten Mal boxte er mich in den Arm und flüsterte: „Ich glaube, ich weiß, warum.“ Für diese Art der Spiele hatte N. begriffen, wozu Kooperation gut sein kann, aber es brauchte noch sehr lange, bis er es für andere Spiele auch begriffen hatte, und noch längere Zeit, bis er nicht nur ans Siegen, sondern auch ans Spielen dachte.

Kommentar

Bei diesen Spielen ist immer eine bestimmte Zeit anzugeben, wie lange die Kinder zum Suchen brauchen dürfen. Es soll damit ein gewisses *Urteilsvermögen* im Laufe der Zeit geschult werden. Es ist nämlich zuerst schwierig, Wege und die dafür notwendige Zeit abzuschätzen. Außerdem lernen Kinder *Prioritäten* auch auf diesem Gebiet zu *setzen.* Es könnte sein, daß Kinder die gegebene Zeit überschreiten, weil sie meinen, dafür ein besseres Ergebnis mitbringen zu können. Es liegt dann an der Gruppe zu entscheiden, wie das eingeschätzt und bewertet werden soll. Als Spielleiter sollte man nur an die vorher getroffenen Vereinbarungen über die Zeitdauer erinnern, darauf aber nicht bestehen, wenn die Kinder die Ergebnisse einer Gruppe, die länger gebraucht hat, akzeptieren.
Es gibt eine besondere Möglichkeit, diese Spiele einzukleiden; als Abenteuer und Forschungsunternehmungen, als Menschen auf oder von einem anderen Planeten. Da muß natürlich dann auf die Zeit geachtet werden wegen der Sauerstoffversorgung. (Das wird auch genau eingehalten.) Man kann auch jeder Gruppe in einer Geheimschrift aufschreiben, was nach der Landung zu tun ist. Oder man kann einen Abgesandten jeder Gruppe eine Botschaft lesen lassen, was zu tun ist, und sie dann „aus Sicherheitsgründen vernichten". Es kann dabei verlangt werden, daß Nachweise dafür gebracht werden, wie die Lebewesen auf dem jeweiligen Planeten wohnen, essen, ihre Energieversorgung organisieren usw. Auch die Beurteilung wird dann eingekleidet in „wissenschaftliche" Überprüfung.
Nach meiner Erfahrung kann man diese Art von eingekleideten Spielen auch noch leicht mit Zehn- bis Elfjährigen spielen. Es sollte nur auf alle Fälle dem Spielleiter selbst nicht zu schwerfallen, die entsprechende einleitende Geschichte zu erzählen und die Kinder in diese Rollen, die sie sich für das Spiel aussuchen, zu versetzen. Er sollte auch bei der Bewertung selbst eine Rolle übernehmen und sich dementsprechend verhalten. Vorsicht vor Übertreibungen, Kinder sind da sehr empfindlich und finden es schnell peinlich, wenn ein Erwachsener mitspielt und es falsch macht. Andererseits kann ein Erwachsener Kindern, die noch Scheu haben, sich rollengemäß zu verhalten, durch sein Beispiel zeigen, daß das keine Schande ist. Besser ist es aber, wenn diese Hilfe von anderen Kindern geleistet werden kann.
Es gibt auch noch andere Arten der Einkleidung dieser Spiele. Man kann

z. B. Gold- oder Diamantensucher spielen und kann die Kinder so viele Bierkapseln wie möglich suchen lassen oder Glasscherben usw. Dabei kann man schon in der einleitenden Erzählung auf die Gefahr der Verletzung aufmerksam machen und auch das in die Handlung einkleiden.
Man kann auch ohne Einkleidung so viele Gegenstände wie möglich einer oder verschiedener Art suchen lassen und dann ein Bild damit machen lassen. Oder man kann Museum spielen, indem man möglichst viele verschiedene und den Kindern auffallende oder interessant erscheinende Gegenstände sammeln läßt, die dann ausgestellt werden sollen. Je nach Zeit können kleine Zettel mit Bezeichnungen dafür angefertigt werden; oder ein Gruppenmitglied erklärt den anderen Gruppen, was die einzelnen Exponate bedeuten.

Bericht (Museumsspiel)

Bei diesem Museumsspiel entwickelte sich in einer Klasse eine lange Spielfolge, während der ich kaum eingreifen mußte. Alle Gruppen der 5. Klasse waren mit einer großen Zahl von seltsamen Gegenständen von ihrer Suchexpedition zurückgekommen. Voller Eifer fingen sie an, ihr Museum aufzubauen, sich über die Bezeichnungen zu einigen und einige der gefundenen Gegenstände zu einem „Kunstwerk“ zusammenzubauen. Auf einmal sah ich, wie eine Gruppe intensiv miteinander zu flüstern anfing, obwohl alle anderen einschließlich dieser Gruppe sich auch in normaler bis großer Lautstärke unterhalten hatten. Aus der flüsternden Gruppe ging dann ein Mädchen und ein Bub los zu einer anderen Gruppe, und ich hörte, daß sie dort eine formelle Einladung zu der Eröffnung der Ausstellung vorbrachten, dann kamen sie zu mir und luden mich ebenfalls ein. Aus einer der nicht eingeladenen Gruppen waren spöttische Worte wie „Kindergartenkinder, Blödsinn, langweilig“ zu hören. Noch waren die beiden anderen Gruppen dadurch nicht zu stören. Sie richteten weiter ihr „Museum“ ein, die beiden spielunlustigeren Gruppen bauten zwar auch, aber mit wenig Interesse und Konzentration. Sie sahen immer mehr zu den beiden anderen heftig arbeitenden Gruppen hin, sie gingen langsam immer näher, um zu sehen, was dort gemacht wurde. Schon fielen einige heftige Worte: „Verschwindet hier, ihr wollt nur spicken, denkt euch selbst was aus“, usw.
Eingreifen schien notwendig, um die beiden Gruppen, die so großes Vergnügen an dem Spiel hatten, zu schützen und denen, die keinen Anschluß an dieses Vergnügen hatten, einen Ausweg finden zu helfen.
Aber das schien auf einmal überflüssig zu sein. Denn die beiden ablehnenden Gruppen zogen sich in eine Ecke zurück, wo man sie nicht hören

konnte und wo sie anscheinend etwas miteinander besprachen. Nach einiger Zeit riefen sie mich und erklärten mir ihre Idee.
Sie wollten die „Museen" überfallen und berauben, aber sie wollten es nicht so einfach und mit Gewalt machen. Das hatten sie zuerst tun wollen, weil sie sich geärgert hatten, aber dann hatten einige gefunden, daß es feig sei, die anderen Gruppen ungewarnt zu überfallen. Jetzt wollten sie meine Hilfe dafür, wie man das machen könne, so daß ein richtig wildes Spiel herauskommen könne, ohne daß die anderen aus Wut nicht mitspielen. Sie hätten heute einfach keine Lust für ein anderes als ein wildes Spiel, und sie waren auch enttäuscht, daß man nicht gleich eines gespielt hätte.
Gemeinsam entwarfen wir die Spielregeln für den Überfall und das nächste Spiel. Wir planten einen bestimmten Ort, an den die Ausstellungsgüter zur Sicherheit gebracht werden konnten; wenn sie dort waren, konnte niemand sie mehr wegnehmen. Jeder Gegenstand, der dort ankam, war ein Gutpunkt für die Aussteller. Jede Eroberung ein Punkt für die Räuber. Wenn ein Räuber einen Aussteller am Rücken berührte, mußte er sterben, d. h. sich auf den Boden legen, und falls er eine Ware trug, sie neben sich hinlegen. Er mußte bis 10 zählen, und dann durfte er aufstehen und sich beim Spielleiter ein neues Leben holen. Der sollte das auf einem Zettel vermerken, damit die Beurteilung hinterher leichter sei. Inzwischen konnte ein Räuber oder auch ein Aussteller die Ware an sich nehmen. Die Räuber mußten sich ein Versteck für die Ware aussuchen, das den Ausstellern nicht bekannt sein sollte und von wo die Aussteller ihren Besitz auch zurückholen konnten. Die Räuber durften es nicht aus dem sicheren Platz der Aussteller wegnehmen. Die Aussteller konnten die Räuber durch einfaches Berühren töten, aber die Aussteller durften nur mit Ware unterwegs sein, und nur ein Beschützer durfte ohne Ware mit ihnen gehen. Das Ende wurde nicht genau festgelegt, denn man wollte sehen, wie es sich entwickeln würde.
Diese schwierigen Regeln wurden aufgeschrieben, und ich wurde zusammen mit einem Buben, der den Zettel überbringen sollte, aufgefordert, den anderen beiden Gruppen zu helfen, die Regeln zu verstehen.
Inzwischen waren die „Museen" der beiden anderen Gruppen beinahe fertig. Sie waren schon darauf eingestellt, sich gegenseitig zu besuchen; da kam diese große Änderung und stürzte sie in Schwierigkeiten.
Nach meiner Erfahrung ist es für eine Gruppe von Kindern, die intensiv in ein Spiel vertieft ist, vor allem in ein ihre Phantasie fesselndes Spiel, schwer, sich umzustellen und nach anderen Regeln und anderen Vorstellungen weiterzuspielen. Meistens hat sich die Gruppe in ihren verschiedenen Rollenangeboten, die sie in diesem Spiel machen kann, stabi-

lisiert. Jedes Kind erlebt dadurch eine Art von Befriedigung, die es nicht so gerne aufgeben möchte. Vor allem nicht, wenn es sich über die Chancen, im Alternativangebot wieder eine vergnügliche Rolle zu finden, nicht sicher sein kann.

So war es auch in dem hier beschriebenen Fall. Die Aufforderung wurde als Störung empfunden, und es wurde daher zunächst nur Ablehnung geäußert. Als aber der Bote der anderen Kinder hartnäckig blieb, wurden Begründungen genannt, warum das jetzige Spiel nicht aufgegeben werden könne. Einer der wichtigsten Gründe war: Sie wollten das „Museum", das man so mühsam aufgebaut hatte, nicht unangesehen zerstören lassen, und sie wollten auch Führer und Museumsgäste sein, weil sie sich doch schon alles so schön ausgedacht hatten.

Also mußte versucht werden, die Regeln des neuen Spiels so einzurichten, daß die beiden Gruppen nicht unbefriedigt ihr „Museum" und die damit verbundenen Rollen verlassen mußten.

So wurde vereinbart, daß zuerst noch beide Ausstellungen und die gegenseitigen Besuche stattfinden sollten, daß die Räuber dabei zusehen oder in der Zeit das Versteck für ihre Beute suchen sollten und daß am Ende der zweiten Ausstellung, auf ein Zeichen von mir, die Räuber ihre Angriffe beginnen könnten.

Diese neue Wendung brachte eine nicht eingeplante neue Richtung in die Führung durch das Museum und in die Rollenverteilung. In einer Gruppe entstanden völlig ungeplant zwei Sicherheitsexperten, die bei der Führung durch das andere Museum fragten, wie es wohl hier mit den Schutzmaßnahmen stünde. Darauf entwickelte sich ein Gespräch zwischen Museumsbesuchern und Führern und anderen (Museumsbesitzer und Experte). Und alle nahmen an dem Gespräch ihren Rollen entsprechend teil. Das dauerte nicht sehr lange, aber anscheinend genügend lange, um die Lust und die Erwartung auf das nächste Spiel zu wecken.

Das konnte dann auch bald beginnen und war, abgesehen von den Schwierigkeiten der Regeln und allen sonstigen Hindernissen, die Spiele dieser Art in sich tragen, für alle, oder fast alle, befriedigend.

Kommentar

Es könnte jetzt noch aufgezählt werden, welche Dinge nach meiner Erfahrung besonders gerne gesammelt werden. Bei der Art der nicht genau definierten Gegenstände sind Extreme sehr beliebt: etwas besonders Schönes oder Häßliches, ein besonders kleiner und besonders großer Stein, eine besonders farbige oder besonders farblose Blume usw. Dabei sollte immer daran gedacht werden, daß es bei jüngeren Kindern (auch noch bei Zehn- bis Elfjährigen) besser ist, bei extremen Gegensätzen zuerst das eine und dann das andere zu fordern. Es hat sich meistens gezeigt, daß man mehr Konzentration erreicht und dadurch bessere Ergebnisse erzielt, wenn sich die Aufmerksamkeit immer nur auf eine Eigenschaft von Gegenständen richtet.

Beliebt sind neben solchen Extremen auch ungenau beschriebene Dinge, wie: etwas Feuchtes, aber nicht Nasses, etwas Hartes, aber nicht Steinhartes usw.

Bei den genau definierten Gegenständen war nach meiner Erfahrung alles beliebt, wenn die Kinder die Plätze wußten, wo man etwas finden konnte. Langes Suchen danach war meistens nicht so günstig. Die Hauptaufgabe bestand darin, besonders gut der Definition entsprechende Gegenstände auszusuchen. Sie sollten leicht zu finden sein, damit die Zeit nicht mit Suchen, sondern mit Aussuchen verwendet wird. Man sollte also nicht z. B. weiße Blüten mit möglichst vielen Blütenblättern suchen lassen, wenn man selbst nicht mehr als zwei Gänseblümchen in der Gegend gesehen hat und nicht weiß, ob in der Nähe eine Wiese ist.

Die Spiele mit genau definierten Gegenständen können sehr oft als Abwechslung zwischen zwei länger dauernden Spielen mit schweren Regeln gespielt werden oder wenn Kinder Bewegung, aber nicht zu wilde Toberei brauchen. Für die Spiele mit nicht genau definierten Gegenständen sollte man genügend Zeit eingeplant haben, da das Gespräch über die Ergebnisse nicht ausfallen sollte.

Nach meiner Erfahrung sind beide Arten der Spiele sehr beliebt, da sie dem Wunsch nach Sammeln und nach Beschäftigung mit den Gegenständen der Umwelt direkt entgegenkommen.

2. Kapitel: Hinweise für den Spielleiter

Der Erfolg allen Spielens in der Schule steht und fällt mit dem Verhalten des Spielleiters. Mehr vielleicht als irgendwo sonst in der Schule kann der Erwachsene, der mit Kindern regelmäßig spielt, die Lernprozesse behindern, die er in seiner Spielstunde fördern möchte.

Die Schwierigkeit seiner Rolle besteht darin, daß er einerseits die Kinder seiner Gruppe weder reglementieren noch bevormunden darf, das Gelingen der Spielstunde andererseits weitgehend von seinem Tun abhängt.

Der Spielleiter darf nicht dominieren: Spielstunde muß ein Freiraum in der Schule sein. Aber vom Spielleiter hängt es wesentlich ab, ob die Kinder ihre Freiheit auch nutzen können. Sie haben es ja oft nicht gelernt, miteinander friedlich umzugehen, sich zuzuhören, sich zu verstehen und sich mitzuteilen. Sie stehen in Konkurrenz zueinander und haben in den meisten Fällen zu wenig erfahren, welchen Spaß es macht, gemeinsam Spaß an einer Aktivität zu haben. Oft haben sie Angst vor dem Neuen, das die Spielsituationen bringen, und reagieren daher ablehnend. Bei alledem muß der Spielleiter den Kindern gleichsam unmerklich helfen, anders als bei anderen Gelegenheiten miteinander umzugehen.

Ein 11jähriger Bub seufzte einmal, als es bei einem Spiel großen Streit und auch eine Prügelei gegeben hatte: „Warum ist es nicht immer wie in der Spielstunde, da kann man sich so richtig streiten, aber man braucht keine Angst zu haben." Als ich fragte, wovor man denn außerhalb der Spielstunde Angst haben müsse, meinte er: „Oh, das wissen Sie doch. Wenn wir uns sonst streiten, da wird es immer ärger, und zum Schluß habe ich immer so eine Wut, daß ich allen so richtig weh tun möchte: Dabei weiß ich, daß mir dann auch was richtig weh tun wird, und dann habe ich Angst." Ich wollte wissen, ob er Angst davor habe, zu stark verprügelt zu werden. Da ich ihn kannte, nahm ich nicht an, daß er sich davor fürchtete. Darauf nahm er mir das Versprechen ab, niemandem weiterzusagen, was er mir jetzt anvertrauen würde (jetzt wird er es mir sicher verzeihen), und erklärte: „Ich habe immer Angst, daß ich dann weinen muß, weil ich so unglücklich bin. Das tut innen so weh, und ich bin so allein, weil ich dann auch meinen Freunden richtig fest weh tun will." Ich stellte ihm die Frage, warum es in der Spielstunde anders sei. Er zögerte lange und fragte mich dann: „Sehen Sie denn nicht, daß wir anders sein können, weil Sie immer, wenn es beinahe schlimm ist, etwas sagen, und dann wird es wieder so, daß man keine Angst zu haben braucht und das Streiten und auch das Kämpfen Spaß macht."

Sichere Anleitungen, wie man diese schwierigen Aufgaben erfüllen kann, gibt es natürlich nicht. Der Spielleiter muß eine Art von „Gratwanderung" machen: Er muß einzelnen in der Gruppe helfen – aber er darf sie dabei nicht zu stark an sich binden. Er muß Gruppen vor unbewältigbaren Schwierigkeiten bewahren – aber er darf sie nicht so stark schützen, daß sie keine neuen Erfahrungen machen können. Die Gruppen sollen sich frei wählen dürfen – aber der Spielleiter muß Kindern, die nicht gewählt werden, helfen, in den Gruppen ihren Platz zu finden, usw. Auf den folgenden Seiten soll vor allem dieses Balancieren genauer beschrieben werden. Außerdem werden einige praktische Hinweise gegeben, die bei der Durchführung von Spielstunden helfen können.

Zunächst eine prinzipielle Empfehlung. Es ist schwerer, dieser Empfehlung Folge zu leisten, als es zunächst scheint, wenn man Kinder gern hat. Doch sie drückt eine Grundvoraussetzung für das Gelingen von Spielstunden aus:

1. Lehrer und Erzieher, die mit Kindern spielen wollen, müssen sich klar darüber sein, daß sie den Kindern keine Gnade erweisen.

Kinder sehen es nicht als ein Geschenk an, daß ein Erwachsener sich im Spiel mit ihnen beschäftigt. Darum darf auch der Erwachsene nicht erwarten, daß die Kinder ihm zuliebe sich wohlanständig oder auf andere Weise besonders rücksichtsvoll verhalten. Viel zu oft glaubt man, daß Kinder sich dafür erkenntlich zeigen müssen, wenn man versucht, Erziehung und Vergnügen miteinander zu verbinden.

Kinder haben aber ein Recht darauf, daß man sie in die Situationen bringt, in denen sie die Einstellungen und Fähigkeiten lernen können, die sie nach unserer Auffassung lernen sollten.

Es ist wichtig, daß man sich dies immer wieder klarmacht. Denn der Ärger, den man Kindern gegenüber empfinden und dann auch manchmal äußern kann, ist hinderlich für die Entwicklung der freien und warmen Atmosphäre, in der allein eine Spielstunde erfolgreich ist.

Und man wird sich ärgern! Denn es dauert oft sehr lange, bis der Spielleiter die Schwierigkeiten mit den Kindern überwunden hat – bis sich etwa Gelegenheiten ergeben, ruhig und friedlich über das miteinander zu sprechen, was beim Spielen geschieht.

Oft und für lange Zeit hat man es mit aggressiven, ablehnenden, wilden, unfairen, lauten oder mürrischen Kindern zu tun. Und es kann sein, daß solche Verhaltensweisen sich zunächst verstärken, wenn die Kinder spüren, daß man deswegen nicht gleich mit Ärger reagiert.

Hierzu einige Illustrationen:

Ich hatte für eine Klasse eine Spielstunde besonders sorgfältig geplant und viel Arbeit darauf verwandt, eine Geheimschrift für jede Gruppe geschrieben, Bilder ausgesucht, das Gelände genau erkundet ... Ich erwartete, daß dieses Spiel den Kindern besonderen Spaß machen würde, denn sie hatten sich ein Geländespiel gewünscht. Bereits als ich das Spiel zu erklären versuchte, merkte ich, daß niemand zuhörte. Buben boxten sich, Mädchen steckten den Buben Gras in die Hemden, und darauf mußte es Rache geben. Ich fragte, ob wir etwas anderes spielen sollten, da doch niemand zuhöre. Nein, nein, sie hörten doch alle zu. Kaum sollte das Spiel anfangen, fragte einer und dann der nächste und dann immer mehr, was sie denn tun sollten. Ich erklärte es noch einmal, wieder gegen steigende Unruhe. Ich nehme an, daß auch mein Ton entsprechend schärfer geworden war, denn es wurde ruhiger. Das Spiel begann endlich, aber nach einigen Minuten gab es die ersten Tränen, Streit über nicht eingehaltene Spielregeln, Prügelei. Es war deutlich, daß die meisten Kinder beim Ansagen der Spielregeln nicht zugehört hatten und deshalb alles mißlang. Ich war entsprechend gekränkt, wo ich mir doch so große Mühe gemacht hatte. Ich brach das Spiel ab mit den Worten: „Mit euch kann man eben so etwas nicht spielen, genug, machen wir etwas anderes."

Das alles war leider auch in einem entsprechend beleidigten oder wahrscheinlich auch bösen Ton gesagt.

Damit waren die Voraussetzungen für das Spielen endgültig zerstört. In dieser Spielstunde gelang kein Spiel mehr. Wir versuchten darüber zu sprechen, aber auch das war an diesem Tag unmöglich. Vor der nächsten Spielstunde mit dieser Klasse hatte ich Angst. Aber nichts Störendes trat ein, alles machte Spaß, die Kinder waren vergnügt, und die Spiele verliefen wie geplant. Gegen Ende der Spielstunde fragte ein Bub, ob man nicht wieder so ein Spiel wie das letzte Mal spielen könne, diese Art sei so toll. Da spürte ich, wie in mir wieder der beleidigte Ton aufstieg. Ich wollte schon sagen, daß ich dieses Spiel mit ihnen nicht spielen könne, weil sie ja doch nichts richtig machen würden, was für solch ein Spiel nötig sei. Aber dann hielt ich mich doch zurück und fragte die Kinder, was denn an dieser Art von Spielen so lustig sei. Das erklärten sie mir, und ich versprach, daß wir das nächste Mal wieder so spielen würden. Darauf rief ein Bub, während er auf einem Bein herumhüpfte: „Und sie hat nicht gesagt: Wenn ihr euch anständig benehmt!"

Ich erfuhr dann, daß einige Kinder eine Wette abgeschlossen hatten: Sie

würden auf die Bitte, das mißlungene Spiel noch einmal spielen zu dürfen, diesen Satz sicher zu hören bekommen. Ich war sehr beschämt.
Ganz anders verläuft eine solche Situation, wenn man seine Gefühle etwas besser in der Hand hat. Es handelte sich um eine Spielstunde am Vormittag in einer Klasse. Es war ein voller Erfolg und machte allen großen Spaß. Die Stunde war vorbei, die Kinder wollten weiterspielen. Der Lehrer, der die nächste Stunde halten sollte, hatte zugesehen und verstanden, daß die Kinder – eine besonders schwierige Klasse – nicht aus dieser für sie günstigen Atmosphäre gerissen werden sollten. So wollte ich das nächste Spiel ansagen. Aber das war nicht möglich, weil der Lärm noch so groß war, daß meine Stimme nicht ausreichte, um mich verständlich zu machen. Jetzt hätte ich mich eigentlich ärgern müssen und irgendeine Drohung ausstoßen können. Diesmal beherrschte ich mich jedoch rechtzeitig und spielte ein kleineres Drama vor, das für alle deutlich machte, daß ich nicht böse war, aber zugleich, daß man sich auch auf Spiele und Regeln einigen müsse, wenn wir weiterspielen wollten. Das sei nur möglich, wenn ich mit meiner armen kleinen Stimme mich gegen dreißig großmächtige Schreier verständlich machen könne. Man hörte mir bei dieser Rede zu, und dann spielten wir weiter.
Aber nicht immer, ja nur sehr selten, kann dieses Mittel des Theaterdonners erfolgreich eingesetzt werden.
Ich war aufgehalten worden und deshalb zu spät in die Spielstunde gekommen. Die Kinder riefen mir zu, sie hätten schon allein angefangen mit der Spielstunde. Ich setzte mich also an den Rand der Wiese und sah zu, wie sie sich gegenseitig mit dem frisch vom Rasenmäher abgeschnittenen Gras bewarfen. Ich fand das kein besonders lustiges Spiel. Den meisten Kindern sah ich aber an, daß sie sich bemühten, es lustig zu finden. Anscheinend wollten sie mir zeigen, daß sie auch ohne meine Hilfe fröhlich spielen konnten. Sie sahen immer öfter zu mir her, ich wartete ab. Einer der ausgelassensten Buben rief mir zu: „Das ist ein richtig lustiges Spiel." Ein Mädchen schrie: „So toll, wo toll, wer toll, ich hau' ihm eine." Dann sprang sie gegen den am nächsten stehenden Buben, warf ihn um und gab damit den Auftakt zu einer allgemeinen Rauferei. Zuerst großes Gelächter und vergnügtes Geschrei, dann aber lag einer am Boden, ein anderer warf sich auf ihn und dann noch einer und noch einer, bis es ein wirrer Haufen von Armen und Beinen war. Da ich sah, daß sie sich nun ernsthaft weh taten, packte ich zwei, zog sie aus dem Haufen und rief, so laut ich konnte: „Wer ist als erster im Gartenhaus?" Ich flüsterte den zweien, die ich gepackt hatte, zu, sie sollten laut schreiend zum Gartenhaus laufen und sehen, wie viele Kinder sich ihnen anschließen würden. Immerhin gelang es, einen Teil des Haufens auf die Beine

zu bringen, Schmerzen und Rachegedanken vergessen zu lassen und zum Gartenhaus zu bewegen. Ich wartete ab, bis die restlichen Kämpfer sich aufgerappelt hatten, fragte sie dann, ob sie noch ein Spiel vorschlagen wollten. Ihren Vorschlag wandelte ich mit ihnen etwas ab, dann holten wir die anderen aus dem Gartenhaus und begannen das Spiel. Das Wesentliche an dieser Aktion war es gewesen, den Haufen zu trennen, um eine kleinere Gruppe, deren Mitglieder sich nicht so stark gegenseitig reizen konnten, zu einem produktiven Vorschlag zu bringen. Hätten Ermahnungen oder gutes Zureden in dieser Situation nützen können? Oder der Ausdruck von Kränkung darüber, daß die schönen Spiele, die ich mit so viel Mühe geplant hatte, schlechter sein oder weniger Spaß machen sollten als dummes Graswerfen, das sich tatsächlich als nicht sehr lustig erwies?

In einer anderen Spielstunde schlug ich ein Spiel vor, von dem ich wußte, daß es in dieser Klasse sehr beliebt war. „Blöd, fad, immer dasselbe", war die Reaktion. Ein neuer Vorschlag, wieder dieselbe Antwort. Also noch ein Spiel, das ich mit dieser Klasse sicher noch nicht gespielt hatte; wieder dasselbe. Nun bat ich die Klasse um Vorschläge. Mühsam kamen einige Vorschläge zustande, doch die Reaktion darauf blieb die gleiche. Wieder Ablehnung. Da packte mich der Zorn. Ich gab meine Zurückhaltung auf und schimpfte: „Wenn euch nichts paßt, dann gehe ich eben, ich habe keine Zeit und keine Lust, da herumzusitzen und zuzuhören, wie ihr sagt, daß alles fad ist und ihr zu nichts Lust habt." Damit stand ich auf und wollte weggehen. Da sah ich plötzlich die betretenen Gesichter der Kinder, setzte mich beschämt wieder hin und entschuldigte mich für meinen Ausbruch. Da sagte ein Bub: „Ist ja schon gut, man kann doch zu keinem Spiel Lust haben, und Sie können auch mal eine Wut haben." Danach fragte ich, ob ich ihnen eine Geschichte erzählen sollte, und das wurde aus Höflichkeit, nach der Art zu schließen, wie es aufgenommen wurde, akzeptiert. Ich schämte mich und war froh, daß die Geschichte ihnen dann doch gefiel.

Dasselbe zu Beginn einer Spielstunde in einer anderen Klasse: Unlust, Langeweile, Ablehnung gegen alles. Ich hatte den Vorgang in der anderen Klasse im vorigen Jahr vergessen. Wieder stieg in mir der Ärger auf. Dieser Klasse gegenüber war ich ohnehin nicht so sicher, wie ich mich verhalten sollte. Es entschlüpfte mir in etwas scharfem Ton: „Wenn ihr nicht spielen wollt, dann laßt es eben." Schweigen, betroffene Gesichter. Dann sagt ein Mädchen ganz leise: „Aber wir spielen doch. Das ist doch ein Spiel: Wir wollen nicht!"

Ich hatte gar nicht gemerkt, daß die Ablehnung nicht so ernst war. Nachdem ich mich genügend geschämt hatte, erweiterten wir dieses Spiel:

Ich machte Vorschläge, mögliche und unmögliche, und die Kinder mußten sie ablehnen. Als Beispiele: Wollt ihr jetzt alle mit mir Eis essen gehen? Oder wollen wir jetzt alle nach Frankreich hüpfen? usw. Dann machten Kinder Vorschläge, und es gab großes Gelächter. Und zum Schluß, als niemand mehr etwas einfiel, fragte ich: „Wollt ihr jetzt alle laut schreien?" Darauf kam als Antwort ein riesiges Gebrüll. Von da ab hatte ich etwas weniger Schwierigkeiten in dieser Klasse, d. h., ich war mir meines eigenen Verhaltens sicherer.
Es könnte leicht so scheinen, als ob sich Erwachsene durch besondere Großzügigkeit und Duldsamkeit den Kindern nähern könnten.
Doch mit den Beispielen will ich etwas anderes zeigen: Oft kann man sich und den Kindern Ärger und Gereiztheit ersparen, wenn man nicht als Erwachsener beleidigt reagiert, sondern auf der Ebene des Spiels bleibt, wenn man gleichsam zur Abwendung des Ärgers nach einem Spiel als Ausweg sucht. Nicht, als würde das immer gelingen. Doch das Bewußtsein, man könnte danach suchen, wird einem oft über die eigene Gereiztheit hinweghelfen.

2. Der Spielleiter muß immer versuchen, einzelnen zu helfen, aber er darf die Kinder dabei nicht zu stark an sich binden.

In den folgenden Beispielen soll gezeigt werden, was geschieht, wenn man es falsch macht; wenn man Kinder zu sehr an sich bindet, statt ihnen sofort zu helfen, den Weg in die Gruppe zu finden. Es soll auch gezeigt werden, was geschieht, wenn man es richtig macht und den Kindern hilft, aus der gelegentlichen oder dauernden Isolierung den Weg in die Gruppe zu finden.
Wenn man das so deutlich ausspricht, weiß jeder, der es liest, was richtig oder falsch sein könnte. In der jeweiligen Situation mit vielen Kindern, die viele verschiedene Wünsche und Bedürfnisse haben, macht man vieles falsch. Hier kann auch nur ein kleiner Teil der möglichen Fehler aufgewiesen werden. Vielleicht können die Beispiele die Richtung angeben.
R. war ein schwieriges Kind, von seinen Klassenkameraden zum Teil gefürchtet, zum Teil abgelehnt. Er hatte wenig Anziehendes an sich, immer schien sein Gesicht etwas schmutzig und die Kleidung wie an ihm aufgehängt. Er sah einen nie direkt an, sondern schlug meistens die Augen nieder, wenn er mit Erwachsenen sprach; er schlug die schwächeren Kinder und versuchte, sich bei den Größeren anzubiedern. Kein Wunder, daß ihn niemand mochte.
In der Spielstunde fiel er bereits beim ersten Mal dadurch auf, daß er sich gegen die Ablehnung der anderen Kinder unempfindlich zeigte. Wir

begannen mit einem Spiel, bei dem alle im Kreis sitzen sollten. R. wurde überall weggestoßen. So holte ich ihn neben mich. Von da an saß er immer neben mir, er wollte mich zum Partner, wenn paarweise gespielt wurde. Das ließ ich zwar nicht zu, aber ich beschützte ihn oder ließ ihn einzeln spielen, ohne darauf zu achten, daß er von den anderen immer weniger beachtet wurde. Er war in der Spielstunde sozusagen angenehm. Er fiel nicht mehr auf. Ich behielt ihn indessen immer im Auge, da ich ihn immer noch schützen wollte. Einmal gab es bei einem Versteckspiel einen für R.s Situation typischen Vorfall. Alle Kinder waren gefunden, ein neues Spiel fing an. Da fiel mir auf, daß R. noch nicht gefunden war. Ich wies darauf hin und fragte, ob man ihn nicht suchen wolle. Darauf erhielt ich die Antwort: „Uns fehlt er nicht, aber Ihnen fehlt er. Das macht nichts, jetzt sehen Sie einmal auf uns und behüten ihn nicht die ganze Zeit, als ob wir böse wären und ihn kaputtmachen würden." R. wurde unvermutet aus der Schule abgemeldet, und so kann ich nicht berichten, wie sich seine Lage veränderte, nachdem mir mein verkehrtes Verhalten bewußtgemacht worden war.

Im nächsten Schuljahr gab es in der gleichen Klasse wieder einen besonders schwierigen Außenseiter. Im Gegensatz zu R. war F. sehr nett anzusehen. Beim ersten Zusammentreffen hatte er bei Kindern wie Erwachsenen großen Erfolg. Sehr schnell aber stellte sich heraus, daß er nur auf sich bezogen war, daß er auf nichts und niemand außer auf sich selbst achten konnte. Rücksicht auf andere kannte er nicht, doch er verlangte, daß alle um ihn herum auf ihn und seine Wünsche Rücksicht nahmen. Er wirkte sehr zugänglich, verfiel aber in wilde Wutanfälle, wenn man seinen Wünschen nicht entsprach. Da er sehr stark war, konnte er in diesem Zustand auch fest zuschlagen.

In der Spielstunde wurde er nach anfänglicher großer Beliebtheit immer mehr abgelehnt: Keine Gruppe wollte ihn mehr haben. Er schien es nicht zu merken und drängte sich einfach immer in eine Gruppe hinein, von der er annahm, daß sie siegen würde.

Einmal wurde ein Sammelspiel gespielt. Die Kinder gingen in Fünfergruppen los. Da sehr viel gesammelt werden sollte, hatte ich viel Zeit und konnte für das nächste Spiel einiges vorbereiten. Nachdem ich einige Zeit Streichhölzer versteckt hatte, sah ich hinter einer Hausecke F., der mir zusah. Als er merkte, daß ich ihn entdeckt hatte, kam er auf mich zu und bat ganz leise, ob er mir helfen könne. Ich fragte, was ihm denn fehle, warum er seiner Gruppe nicht helfe, für das Spiel die Gegenstände zu suchen. Darauf erwiderte er nur: „Ach, dazu habe ich keine Lust. Kann ich nicht Ihnen helfen?" Ich fragte nur: „Wer hat keine Lust, du oder die anderen?" Da brach es los. Tränen und Vorwürfe gegen alle und zum

Schluß der Satz: „Ich hasse die Welt, immer bin ich so allein.“ Es tut sehr weh, wenn ein Elfjähriger diese Erfahrung zum Ausdruck bringt. Aber Trost war hier nicht das wichtigste. Nachdem der Kummer draußen war, fragte ich, ob er nicht vielleicht doch seiner Gruppe helfen und selbständig suchen gehen könnte, er wüßte doch sicher Plätze, wo es wichtige der zu suchenden Gegenstände gäbe. Er könnte damit vielleicht seiner Gruppe sehr helfen. Vorsichtig fragte F. darauf: „Aber wollen sie meine Hilfe? Sie haben doch gesagt, wie sie weggelaufen sind, sie wollten nie mehr etwas mit mir zu tun haben.“ Ich versicherte ihm, daß wir das zusammen schon schaffen würden, aber er müßte jetzt etwas dafür tun. Er versuchte noch, mich umzustimmen, und machte mir Vorschläge, wie er mir helfen könnte, schließlich ging er dann doch los. Nach einiger Zeit kamen die Gruppen zurück. Ich fragte F.s Gruppe, wo sie ihn denn gelassen hätten. „Der ist so blöd, wir haben ihn nicht bei uns haben wollen, und dann ist er weggelaufen.“ Ich gab zur Kenntnis, daß diese Aussage nicht ganz stimmen könne, bestand aber nicht weiter darauf. Ich sagte nur, daß F. sehr traurig gewesen sei, weil er so gern mitgespielt hätte. Jetzt sei er allein losgegangen, weil er einige gute Dinge wußte, die er trotzdem seiner Gruppe bringen wollte. Betretenes Schweigen. Da holte ich F. und sagte, alle sollten doch jetzt ihre Ausstellung vorbereiten. Das Glück wollte, das F. zwei Dinge gefunden hatte, die die Ausstellung seiner Gruppe sehr verbesserte. Es gab in seiner Gruppe anerkennende Äußerungen.

Es brauchte noch viele Aktionen dieser Art, bis F. sich so verhielt, daß er von den anderen anerkannt wurde.

Aber nicht nur für einzelne Kinder und ihren Weg in die Gruppe muß man sorgen, sondern vor allem dafür, daß die jeweiligen Gruppen, die zu bilden die Kinder sehr schnell bereit sind, auch ein ganzes Spiel durchhalten können.

3. Der Spielleiter hat die Aufgabe, Gruppen vor unbewältigbaren Schwierigkeiten zu bewahren, darf sie aber nicht zu stark schützen, sondern muß sie soweit wie möglich ihre eigenen Erfahrungen machen lassen.

Ich habe zwei Beispiele herausgesucht, mit deren Hilfe ich zeigen möchte, was das heißt: Erfahrungen machen lassen und vor zu großen Schwierigkeiten bewahren.

Die Kinder hatten Fünfergruppen gebildet, um in einer blinden Kette durch einen Teil des Schulgeländes und in einen Wald geführt zu werden. Eine Gruppe hatte sich unter großer Begeisterung und Beteuerung von inniger Freundschaft zusammengeschlossen. Ich war über diese Wahl etwas skeptisch, weil sich in dieser Gruppe zwei Buben und ein Mädchen zusammengefunden hatten, die sonst heftige Rivalen um Führungspositionen waren. Eben diese drei hielten sich eng umschlungen und beteuerten in einem fort, wie gut es sei, in einer Gruppe zusammen zu sein. Fast schienen diese Beteuerungen Beschwörungen zu sein, es möchte doch während des Spieles kein Streit zwischen ihnen ausbrechen, der ihren Ehrgeiz verletzen könnte. Durch den Zusammenschluß dieser drei Kinder in einer Gruppe entstand ein gewisses Unbehagen bei den anderen, die glaubten, durch diese Machtkonzentration hätten sie überhaupt keine Chancen mehr.

Was sollte ich tun, um zu helfen? Sollte ich arrangieren, daß die drei sich doch trennten, und auf die anderen Gruppen verteilen und so den unterschwelligen Gefühlen nachgeben? Aber damit hätte ich Lernmöglichkeiten und neue Erfahrungen für fast alle in der Klasse verhindert. Dafür hätte ich mit großer Sicherheit ein erfolgreiches und vergnügliches Spiel erreicht. Sollte ich das Risiko eingehen, daß sich ein großer Streit zwischen den dreien entspänne oder die anderen Gruppen sich so unsicher fühlten, daß sie erst gar nicht versuchten, ihre Aufgaben so gut wie möglich zu lösen und dadurch zu erleben, daß sie auf manchen Gebieten auch etwas leisten können, ohne sich immer von diesen dreien den Maßstab setzen zu lassen.

Ich entschied mich in diesem Fall für das Risiko, da die Klasse in einer guten, nicht aggressiven Verfassung war. Indessen wollte ich versuchen, ob in dieser Situation vorsichtige Ratschläge oder Warnungen nützlich sind. Ich wollte die drei aus ihrer etwas krampfhaften Hochstimmung herausholen und sie darauf aufmerksam machen, wo Gründe für Streit liegen könnten. Ich wußte zwar, daß Reden meistens nichts nützt, aber vielleicht konnte wenigstens den anderen geholfen werden, indem sie sich der Fragwürdigkeit dieser Gruppenkonstellation bewußt würden. Nachdem also die Gruppen eingeteilt waren, setzten wir uns alle in einen Kreis, und ich fragte, ob man mit dieser Einteilung einverstanden sein könnte. Sofort hieß es, die Verteilung sei ungerecht, eine Gruppe sei „so stark und die andere so schwach". Zustimmung von einer Seite, Triumph und noch engeres Aneinanderrücken auf der anderen.

Ich fragte, ob nicht eine Gruppe ganz leicht in Streit geraten und das Spiel dadurch erschwert werden könnte. Zögern, Verwunderung, Zustimmung von drei Gruppen, nicht die geringste Reaktion von den Betroffenen. Nach einer Weile sagte dann jemand aus dieser Gruppe, daß dies ja wohl vom Spiel abhänge. Heftiger Widerspruch von allen Seiten, denn das Aufkommen von Streitigkeiten hänge von den verschiedenen Kindern ab und wie sie miteinander auskämen.

Da schien der Zeitpunkt gekommen, die Spielregeln anzusagen und das

Spiel zu beginnen. Da die Kinder bei diesem Spiel fortgehen und sich mit mir erst am Ziel treffen sollten, konnte ich ihnen auch unterwegs keine Hilfe geben.
Sie gingen los, und ich ging zu dem vereinbarten Ort im Wald und wartete. Plötzlich hörte ich: „Verdammt noch mal, jetzt geht doch so, wie ich euch sage; M., du zerrst immer wieder, dann führe eben du. Jetzt sind wir sicher schon gleich da, und Ch. glaubt es immer noch besser zu wissen, wo sie doch die Augen zu hat. Es stinkt mir mit euch." „Uns mit dir auch." „So, jetzt ist es, wie die Benita gesagt hat, ihr streitet, und für uns ist das unangenehm." „Halt den Mund, du alte Kuh", war die dreistimmige Antwort.
Ich hatte so angespannt zugehört, daß ich nicht gemerkt hatte, daß die drei anderen Gruppen inzwischen ganz in meine Nähe gekommen waren. Ich konnte beobachten, daß für diese Kinder das Spiel ein Erfolg war, weil sie so intensiv und vorsichtig gingen, wie es ihnen das Kind sagte, das sie führte. Als sie bei mir angekommen waren, sahen sie sich erstaunt um, daß die von ihnen gefürchtete Gruppe noch nicht da war, und erzählten dann begeistert von ihren Erlebnissen. Mitten in dem heftigen Durcheinander kam die letzte Gruppe an; sie wurde nicht sehr beachtet und blieb selbst ganz still.
Ich ging nicht weiter darauf ein und fragte sie auch nicht, was sie erlebt hatten.
Ich hatte eigentlich geplant, wieder ein Spiel in Fünfergruppen zu spielen, aber da nicht zu erwarten war, daß die anderen Gruppen ihre Zusammensetzung verändern wollten und noch ein Spiel für diese eine Gruppe zu schwierig sein würde, beschloß ich, ein ganz anderes Spiel einzuschieben, bei dem die Klasse in zwei Hälften geteilt wurde.
Alles ging ohne Schwierigkeiten vor sich. Aber nach diesem Spiel verlangten die zuvor erfolgreichen Gruppen, man solle doch das gleiche Spiel wie vorher, nur in umgekehrter Wegrichtung und ohne besondere Aufgaben, machen. Große Begeisterung, die drei schwiegen, und die zwei anderen aus dieser Gruppe wollten sich bei anderen anschließen. Aus Anführern war eine Außenseitergruppe geworden. Da nahm M. die beiden anderen beiseite, sie flüsterten miteinander, dann holten sie die beiden, welche die Gruppe verlassen wollten, und flüsterten mit ihnen. Danach wollten auch sie das Spiel in dieser Gruppe mitmachen.
Bevor die Gruppen losgingen, riefen sie mich und fragten, ob es ein Mittel gegen Streit gäbe. Das hörte jemand aus einer anderen Gruppe und rief: „Du Doofi, nicht streiten natürlich!" Ich erklärte, daß ich das auch für ein sehr gutes Mittel hielte, wenn man rechtzeitig darauf achten würde. „Rechtzeitig ist, bevor einer böse wird", meinte S., stieß M. an und

dann K., sie lachten sich zu und packten die anderen beiden bei der Hand. „Los, gehen wir“, sagten sie und grinsten mich an.
Am Ziel war auch diese Gruppe zufrieden, es war ihr gelungen, nicht zu streiten.
Diese drei gingen nun lange Zeit nicht mehr gemeinsam in eine Gruppe, und wenn es einmal zufällig geschah, dann wurde darüber gelacht, wie man sich doch streiten könne.
Ein ganz anderer Weg, Gruppen vor unbewältigbaren Schwierigkeiten zu bewahren, ist die entsprechende Einrichtung der Spielregeln. Einmal wollte die ganze Klasse schnell ein Wettspiel, es wurden Laufstaffeln vorgeschlagen. Kaum war das Wort ausgesprochen, hatten die besten Läufer sich zusammengetan, schrien, sie seien eine Gruppe, und sahen absichtlich von ihren Freunden weg, die sie verlassen hatten. Da von Gruppeneinteilung und Spielregeln noch nicht die Rede gewesen, sondern nur über einen Vorschlag gesprochen worden war, griff ich ein und schlug meinerseits eine Staffel vor, bei der es aber nicht nur auf schnelles Laufen, sondern auf Geschicklichkeit ankam. Ein Stein sollte auf dem Fuß getragen werden. Das fanden nun alle anderen besser. Als ich außerdem noch vorschlug, daß jede Gruppe auch einen Helfer mitführen könne, der mit Zeige- und Mittelfinger der linken Hand heruntergefallene Steine wieder aufheben und dem Läufer auf den Fuß legen könnte, sah ich, wie jene Gruppe, die sich vorher so schnell gebildet hatte, etwas auseinanderrückte. Ich schlug dann vor, die Kinder sollten jetzt Gruppen zu sechsen bilden, ohne auf die vorher entstandene Gruppe zu achten. Es war komisch anzuschauen, wie diese Kinder sich langsam voneinander wieder entfernten, nach der Hand ihrer Freunde griffen oder sich neben sie stellten. Es entstanden die üblichen Gruppen, die gut miteinander spielen konnten.

4. Die Kinder sollen sich frei gruppieren dürfen, aber der Spielleiter muß denen, die nicht gewählt werden, helfen.

Das Gruppenwählen, wie es normalerweise im Sportunterricht geschieht, ist für die Spielstunde völlig abzulehnen. Wenn man nämlich diesen Vorgang aufmerksam verfolgt, zeigt sich, daß die Kinder einer sehr starren Hierarchie entlang wählen. Das führt dazu, daß unabhängig von der Art des Spiels immer dieselben Kinder zuerst und immer dieselben Kinder zuletzt gewählt werden. Die armen letzten leiden oder haben sich daran gewöhnt, das Spiel zu stören oder auf irgendeine andere Weise zu kompensieren, daß sie immer am Schluß stehen.
Wenn die Kinder selbst sich in Gruppen zusammenfinden, ist das Durch-

einander viel größer und die Schande, nicht akzeptiert zu werden, nicht so offensichtlich. Trotzdem muß der Spielleiter sehr wachsam sein und helfend eingreifen. In dieser Situation muß man immer wieder selbst versuchen, sich in das betroffene Kind hineinzuversetzen. Man sollte auch versuchen, den verschiedenen Gruppen dieses Verhalten nahezubringen. Wenn ein Kind von einer Gruppe oder von einem anderen Kind abgelehnt wurde, habe ich oft gefragt: „Wie würde es dir gehen, wenn dich niemand wollte und du dort allein stehen müßtest?“ Darauf sind die Reaktionen sehr unterschiedlich. Sie reichen nach meiner Erfahrung von „das ist mir gleich“ bis „oh, wie schrecklich“. Bei dem ersten Ausspruch nützt weder Ermahnen noch Schimpfen, weil der augenblickliche oder dauernde Mangel an Sensibilität nicht durch Schimpfen oder Ermahnen, sondern nur durch eigenes Erleben verändert werden kann. Das gelingt nach meiner Erfahrung nie gleich. Dennoch kann einem Kind gezeigt werden, daß seine Ablehnung nicht sehr sinnvoll war, wenn es durch die Einsicht der anderen Kinder gelingt, das abgelehnte in eine Gruppe einzugliedern, und es dann (mit Hilfe des Spielleiters) dort zumindest nicht unangenehm auffällt, wenn nicht erfolgreich mitspielt.

Ein Spielleiter kann ja auch leicht eine Gruppe bitten, ein Kind aufzunehmen; für ihn ist es nicht schwer zu ertragen, wenn seine Bitte abgelehnt wird. Er muß nur darauf achten, daß nicht zu viele Kinder merken, wenn er nachhilft. Und es muß schnell über die Bühne gehen!

Wenn ich in dem zuletzt geschilderten Beispiel den ersten Vorschlag übernommen hätte, hätte eine wettkampfbesessene Gruppe gegen mehrere Verlierergruppen gestanden.

Man muß versuchen, dafür zu sorgen, daß sich möglichst gleichgewichtige, einander entsprechende Gruppen bilden, es sei denn, man habe, wie in dem oben beschriebenen Spiel, eine bestimmte Absicht im Kopf, die Erwartung einer positiven Entwicklung.

Es ist ein Prinzip der Spielstunde, daß die Kinder sich ihre Partner selbst wählen dürfen oder sich selbst in Gruppen zusammenfinden, ohne daß der Spielleiter eingreift. Zu oft werden die Kinder von Erwachsenen anders gruppiert, als sie es möchten. Zwar wissen Erwachsene oft, was für Kinder besser wäre, und sie meinen auch beurteilen zu können, welches Kind welchen Freund haben sollte. Es sei dahingestellt, ob sie damit recht oder unrecht haben. Meine Erfahrung ist, daß Kinder bei Spielen die Partner haben sollen, die sie sich wünschen. Man muß ihnen auch hier die Chance geben, es selbst beurteilen zu lernen, mit wem sie gemeinsam etwas tun möchten. Das aber verlangt vom Spielleiter, daß er den Kindern hilft, die einmal oder dauernd Schwierigkeiten haben, einen Partner oder eine Gruppe zum Spielen zu finden. Nach meiner Erfahrung

stellt sich das Problem nicht so massiv bei einer ungeraden Zahl von Kindern. Dann muß das überzählige Kind nur mit Hilfe des Spielleiters ein Paar finden, bei dem es mitmachen kann, falls sich nicht von selbst drei Kinder zusammentun.
Viel schwieriger ist es, den Überzähligen zu helfen, wenn sich Gruppen bilden sollen und ein oder zwei Kinder keinen Anschluß finden. Der Balanceakt zwischen dem gewaltsamen Eingriff, um der zu starken Kränkung des einzelnen abzuhelfen, und dem Respekt vor den Wünschen einer Gruppe macht dem Spielleiter oft schwer zu schaffen. Vor allem muß bedacht werden, daß diese Entscheidungen immer sehr schnell getroffen werden müssen, da die Kinder auf das Spiel selbst nicht zu lange warten sollten.
Schwierig ist immer für den Spielleiter zu erkennen, welche Rolle die verschiedenen Kinder in den verschiedenen Gruppenkonstellationen spielen. Es ist etwas anderes, ob man in Dreier- oder Fünfergruppen spielt, in Paaren oder die ganze Klasse gemeinsam. Verständlich wird das an den Beispielen von U. und von P.
U. hatte bei der Partnersuche stets große Schwierigkeiten. Niemand wollte mit ihm spielen, wenn man sich an der Hand halten sollte. Er war so stark, daß er immer so fest zudrückte, wenn man zusammen laufen sollte, daß er seinem Partner weh tat. Mit Mädchen hatte er auch kein Glück, denn er war nicht sehr hübsch anzusehen, und das schätzen 10jährige nicht sehr. Außerdem wusch er sich so selten er nur konnte, und das war auch ein Hindernis für die Mädchen, die sonst gerne starke Buben als Partner haben. Wenn er nicht gerade ein Päckchen von zu Hause bekommen hatte, mußte ich ihm stets helfen, einen Partner zu finden. (Er war sehr freigiebig und versuchte, Freunde zu gewinnen, indem er die Süßigkeiten aus seinem Päckchen verteilte; an diesem Tag war dann leider jeder sein Freund.)
Ebenso große Schwierigkeiten gab es bei Spielen, an denen die ganze Klasse als eine Gruppe beteiligt war. Immer wurde U. angeschrien: Er schwindele oder stoße oder tue jemandem absichtlich weh. Dies geschah so lange, bis er es dann wirklich tat. An manchen Tagen, wenn er Mißerfolge in der Schule erlebt hatte, begann er selbst, alle Kinder zu ärgern, die in seiner Nähe standen, z. B., wenn die Spielregeln eines Spiels angesagt wurden. Oft ging das im Spiel so lange weiter, bis die Kinder baten, U. vom Spiel auszuschließen. Manchmal gelang es, ihn vorher aus dem Spiel auszuschließen. Manchmal gelang es, ihn vorher aus dem Spiel zu ziehen und als Helfer des Spielleiters zu verwenden und so der Klasse das Spiel und U. gewissermaßen die Teilnahme daran zu ermöglichen. Wenn es nicht rechtzeitig gelang, die Situation zu retten und durch einen Trick

die Klasse zu beruhigen oder für U. eine harmlose Sonderaufgabe zu finden, mußte manchmal das Spiel abgebrochen und um U.s und auch der Klasse willen ein neues Spiel gemacht werden. Meistens gelang es, beim nächsten Spiel die Aufmerksamkeit von U. abzulenken, wenigstens für die Zeit, die er brauchte, um sich zu beruhigen. Die beiden folgenden Gruppensituationen sollen indessen zeigen, daß ein Kind, wenn es in einer bestimmten Gruppenkonstellation einmal Anerkennung gefunden hat, sich diese auch für eben diese Konstellation bewahrt. Man darf jedoch nicht erwarten, daß der Erfolg in dieser einen Gruppierung sich schnell (oder überhaupt) überträgt. U., der in großen Gruppen und beim paarweisen Spielen große Probleme hatte, war immer erfolgreich und beliebt in Fünfergruppen. Das stammte eindeutig von einem Spiel her, das in dem üblichen Sinn der Spielstunde eigentlich keines war.
Es war beschlossen worden, sich in Fünfergruppen aufzuteilen, und im Wald wollte sich jede Gruppe ein Versteck einrichten. Von diesem Versteck aus sollte es dann ein Spiel geben, bei dem die Suche nach verschiedenen „wertvollen" Gegenständen, das Verstecken und die Beobachtung der anderen Gruppen das Ziel war. Die Spielregeln waren noch nicht fest besprochen, denn zuerst sollte das Versteck gesucht werden, und dann sollten sich alle wieder treffen, um die Spielregeln zu planen. Doch so weit sollte es gar nicht kommen. Ich beobachtete die Gruppe, in der U. war, genau. Bei der Gruppeneinteilung hatte es die üblichen Schwierigkeiten gegeben, niemand wollte ihn. Ich hatte ihm dann zur Aufnahme in eine Gruppe verholfen. Nach ganz kurzer Zeit sah ich diese Gruppe in eifrigem Gespräch, bei dem U. eindeutig der Mittelpunkt war. Ich hörte, daß er einen Plan entwickelte, wo und wie das Versteck sein solle. Die anderen Kinder hörten ihm zu und machten ihre Vorschläge, aber alle wandten sich dabei an U., immer mit dem Unterton einer Frage, was er von diesem Vorschlag hielte. Offenbar konnte U. sein eigenes Vergnügen und sein Interesse an der Sache so mitteilen, daß sich die Situation und die Struktur der Gruppe auf diese Weise veränderte: Er wurde zum Zentrum der Planung und mußte nicht stören, um Aufmerksamkeit zu finden. So bekam er Gelegenheit, seine guten Ideen an den Mann zu bringen.
Die anderen Gruppen sahen, wie intensiv U.s Gruppe beschäftigt war, und machten sich nun ihrerseits daran, lebhaft miteinander zu verhandeln und zu planen. Das Vorbild seiner Gruppe scheint an diesem Nachmittag zum Nachahmen gezwungen zu haben. Die Einschränkung auf den einen Nachmittag muß immer gemacht werden. Damals entwickelte sich jedenfalls eine so friedliche Atmosphäre, daß das eigentliche Ziel des Spieles, nämlich das Schatzsuchen und Verstecken und Rauben, ver-

gessen wurde und das Einrichten des Versteckes zur Hauptbeschäftigung werden konnte.
Von da ab fand U. stets Anschluß bei allen Spielen in kleineren Gruppen, in denen das *Planen* wichtig war. Es dauerte länger, bis er in anderen Arten von Gruppierungen Erfolg hatte, weil er sich in den entsprechenden Situationen so verhielt, daß die anderen Kinder mit ihm Schwierigkeiten haben mußten. Erst als wirklich klar war, daß U. nützlich sein konnte, sagte einer der beliebtesten Schüler der Klasse beim Wählen eines Partners: „Heute gehe ich mit dem U. zusammen, der ist so stark, und manchmal kann der ganz Klasse denken."
Manchmal kann man einem Kind in eine Gruppe hineinhelfen, indem man dafür eine Spielregel oder ein Spiel findet. Aber das ist der Idealfall, und man wird ihn selten erreichen.
P. kam einmal zu spät. Alle anderen saßen schon im Kreis. Sie rückten nicht zusammen, um Platz zu machen, sondern schlossen P. aus, zuerst räumlich, dann wurden sie deutlicher: „Natürlich immer der P."; „wegen dir haben wir gewartet" (das stimmte gar nicht); „der P. muß immer alles aufhalten". Ich ging nicht darauf ein, sondern sagte nur: „Alle steigen schnell über ihre Stühle und schimpfen laut auf alles, was ihnen einfällt."
So war P. ohne Aufhebens in die Gruppe einbezogen, denn alle standen außerhalb. Er konnte mitschimpfen und einen Teil seines Kummers über das vorherige Ausgestoßensein loswerden. Unversehens begann M. beim Schimpfen zu gestikulieren, andere machten es ihm nach, ich rief dazwischen: „Man hört jetzt nichts mehr, man sieht nur, daß ihr schimpft." Die Mimik wurde lebendig. Darauf sagte ich: „Man sieht nur am Gesicht, daß ihr schimpft."
Aufgerissene Münder, blitzende Augen, drohend gefurchte Stirnen. Auf einmal großes Gelächter bei allen. Als es abgeflaut war, setzten sich alle auf ihre Stühle. Auch für P. wurde wortlos ein Stuhl eingeschoben.

5. Der Spielleiter sollte versuchen, soweit wie möglich die Konkurrenzhaltung der Kinder abzubauen.

„Schneller, du Idiot", „Hierher, du Trottel", „Au Klasse, der C. hat's ihnen gegeben", „Wir, hurra", „Gemeinheit, wir waren erste", „Schwindler, Betrüger", „Och, gegen die, da mach' ich nicht mit".
Wenn man mit Kindern Spiele macht, kennt man auch diese Ausrufe – und je nach Tonlage sind sie verschieden zu interpretieren. Aber man kann immer eine Bedrängnis heraushören.
Wenn Kinder miteinander spielen, vor allem, wenn ein Erwachsener diese Spiele für sie arrangiert, so ist das Hauptvergnügen, aber auch das

Hauptleiden am Spielen die Konkurrenz. Kinder sind so erzogen, daß vor allem Konkurrenz Vergnügen zu machen scheint. Das wichtigste ist, Sieger, der Schnellste, der Beste, der Erste zu sein. Wo überall Kinder dies lernen, braucht nicht beschrieben zu werden. Es soll hier auch nicht gegen diese Spiele gesprochen werden, denn sie haben sicher auch ihren Ort im Sozialisationsprozeß. Aber es scheint mir wichtig zu bedenken, daß es auch möglich ist, Konkurrenzspiele zu spielen und die Konkurrenz so abzubauen, daß das Vergnügen an der Betätigung selbst in den Vordergrund tritt.

Als Spielleiter soll man den Kindern dazu verhelfen, sich in eine Sache hineinzuwerfen, ohne unter dem Druck einer zu erbringenden Leistung zu stehen und ohne die Angst, nicht genügen zu können. Man muß ihnen dazu verhelfen, Vergnügen darin zu finden, etwas gut zu machen, und nicht unbedingt seine Befriedigung daraus zu beziehen, daß andere es schlechter gemacht haben: Man muß ihnen dazu verhelfen herauszufinden, ob und wie ein Spiel Vergnügen bereiten kann, und nicht immer darüber nachzudenken, wie durch dieses Spiel die eigene Position gestärkt werden kann, Mut zu haben, neue Situationen zu erproben und sich nicht fürchten zu müssen, ausgelacht zu werden, wenn etwas Unerwartetes eintritt. Dauernde Konkurrenz verhindert das alles.

Fast alle Spiele, die ich aufgezählt und beschrieben habe, können als harte Konkurrenzspiele gespielt werden (außer 129, 130). Ob dies geschieht oder nicht, liegt in der ersten Zeit und wahrscheinlich sehr lange völlig in der Hand des Spielleiters. Er kann die Sieger hervorheben und eine genaue Reihenfolge vom ersten bis zum letzten laut verkünden. Er kann aber auch das Siegesgeschrei übergehen und sagen: „*Ihr* wart gut, und *ihr* wart gut, und *ihr* wart *auch sehr* gut", denn anfangs erwarten die Kinder einen Kommentar von ihm. Es wird auch erwartet, daß der Spielleiter Punkte verteilt. In den Spielen ist auch manchmal angegeben, wie man Punkte verteilen kann. Es schadet nichts, wenn man es tut, falls man dabei auf einige Gesichtspunkte achtet:

1. Niemals Punkte über einen längeren Zeitraum sammeln lassen. Es entsteht dann automatisch eine so angespannte Situation unter den Kindern, daß alles dem Siegen untergeordnet wird.

2. Niemals beim gleichen Spiel die gleiche Gruppierung zu lange erhalten. Es entstehen dabei zu leicht Gefühle der Aggression (wenn man es immer gerade nicht schafft zu siegen) oder der Resignation (wenn man immer oder zu oft Mißerfolg hat). Durch wechselnde Gruppierungen

werden die Chancen besser verteilt und damit die Möglichkeit, am Spiel Vergnügen zu haben.

3. Niemals beim Ansagen des Spiels besonders hervorheben und betonen, wie viele Punkte zu erwerben sind. Wenn man es eher nebenbei sagt, lenkt man das Interesse der Kinder leichter auf das Spiel selbst.

Aber es geht nicht nur um Vermeidung. Man kann als Spielleiter auch durch das Angebot der Spiele helfen, am Spielen selbst Spaß zu finden. Alle Spiele, die neue Sensationen und Erlebnisse ermöglichen, tragen dazu bei, etwa mit geschlossenen Augen gehen usw. Aber auch Spiele, in denen man andere Rollen angeboten bekommt, nicht nur beim Theaterspielen (etwa: Helfer der Gruppe sein; jemand sein, auf den geachtet wird, bei 68—79, in Positionen bringen), können die dauernde Konkurrenzsituation abbauen helfen. Darum muß der Spielleiter wissen, was beim Spielen der verschiedenen Spiele geschieht, um sie entsprechend verwenden zu können. Nehmen wir als Beispiel folgendes Spiel: In Fünfergruppen aus allen Gruppenmitgliedern und drei Gegenständen, welcher Art auch immer, sollen die Spieler einen möglichst hohen Turm bauen. (Übrigens ist es bei der Ansage günstig, eine Formulierung zu wählen wie: so hoch, so gut, so schön wie möglich — und nicht: das höchste, das schönste, das beste.) Die Gruppen überlegen sich dann mit viel Spaß, wie sie am besten das Ziel erreichen, die verschiedenen Versuche lösen große Heiterkeit aus. Es macht so viel Spaß, zuoberst auf dem Turm zu stehen, daß jeder es einmal versuchen möchte — und die Gruppe läßt das auch zu. Sie überlegt sogar, wie sie es anstellen soll, daß nicht immer der Stärkste und Schwerste zuunterst stehen oder knien muß, um alle anderen zu tragen, sondern wie auch er in den Genuß des Balancierens kommen kann. Wenn es für die Kinder nicht nur darum geht: „Wir, wir, Sieger", sondern wenn sie ohne Druck miteinander spielen, lachen und freundlich sein können, hat man ihnen eine Erfahrung vermittelt, die sie nicht häufig genug machen können.

6. Der Spielleiter muß eine offene Atmosphäre schaffen und durch sein eigenes Verhalten dazu beitragen, daß Kinder sich gegenseitig helfen können.

Eines Tages fragte M., ob er heute ein Spiel vorschlagen dürfte. Alle waren einverstanden, und er erklärte das Spiel Steckelesverband (Nr. 13). Schon während seiner Erklärung gab es viele Zwischenfragen, die er schlecht beantworten konnte. Und am Ende, als er die in dieser Klasse

rituelle Frage stellte: „Habt ihr es verstanden?“, war die allgemeine Antwort: „Nein“. Er versuchte es noch einmal, ohne Erfolg. Die Klasse wurde unruhig, einige Stimmen wurden laut, M. sei eben so blöd, er könne halt kein Spiel erklären, vielleicht sei es auch ein dummes Spiel.
Da griff A. ein und sagte zu M.: „Rede doch einmal wie der X“ (er nannte eine lokale Größe, der im Dialekt die Leute im Gasthaus unterhielt). M. legte los und erklärte alles in Dialekt mit ungeheurem Aufwand an Gestik und Mimik. Obwohl viele aus der Klasse ihn nicht verstehen konnten, fanden sie das unterhaltend, und als er am Ende seiner Erklärung wieder die Frage stellte, schrien alle wie im Kasperletheater: „Ja“. Noch war nicht klar, ob es verstanden worden war, da schlug M. vor, A. solle doch übersetzen, was er gesagt habe, da es ja doch zu schwierig sei, den Dialekt zu verstehen.
Die Situation war gerettet. A. konnte sehr gut erklären, aber als Dolmetscher nahm er M. nichts von der Ehre, ein neues Spiel vorgeschlagen und erklärt zu haben. Da M. in eine Rolle gestiegen war, die auf einer anderen Ebene den Kindern Vergnügen bereitet hatte, war er aus dem Dilemma befreit und brauchte nicht Angst zu empfinden, versagt zu haben.
Viel schwieriger war es, eine andere Situation zu meistern, in der es für mich vor allem darauf ankam, nicht die Geduld zu verlieren und durch meine Äußerungen ein Kind noch weiter in die Isolation zu treiben, als ohnehin schon geschehen.
R. fiel seiner Umgebung seit Tagen auf die Nerven, indem er dauernd Mickey-Mouse-Sprache sprach. Nicht nur die Erwachsenen, auch die anderen Kinder waren schon ganz unglücklich über ihn. Einige suchten Erleichterung, indem sie ebenfalls Mickey-Mouse-Sprache redeten, andere wollten mit R. nichts mehr zu tun haben.
In der Spielstunde war es nicht anders, nach kurzer Zeit gab R. wieder seine Geräusche von sich; die anderen Kinder reagierten sehr unmutig: „Hier brauchst du das doch nicht zu tun, wo man doch alles darf.“ Die Frage, ob er nicht aufhören könne oder wolle, wurde verneint. Warum? „Ich mach das immer, und ich muß das machen!“ Ich versuchte mehrere Spiele, aber R. gelang es, alles zu stören, denn zu den Geräuschen kamen jetzt noch die entsprechenden Bewegungen dazu. Die anderen Kinder wurden immer ärgerlicher, bis schließlich einer rief: „Du zwingst uns dazu, auch zu mickeymousen, sonst werden wir ganz blöd wegen dir.“ Daraufhin wurde vorgeschlagen, Fangen zu spielen, und alle sollten sich wie Mickey-Mouse gebärden. Das ging eine kurze Zeit gut. Der Spaß verging indessen schnell, vor allem, weil R. es besser und müheloser konnte und die anderen weniger Übung hatten. Daraufhin schlug ich in meiner

Verzweiflung vor, ob man nicht ein Mickey-Mouse-Theater machen könne. Zu meinem Erstaunen waren alle einverstanden – bis auf R. Es wurden Gruppen eingeteilt, die begannen, sich etwas auszudenken und zu probieren. Nur R. stand daneben, obwohl mehrere Kinder ihn aufgefordert hatten, doch in ihre Gruppe zu kommen. Er stand schweigend in einer Ecke und sah den verschiedenen Gruppen zu. Dann kam er zu mir und fragte, ob er allein ein Stück machen dürfe. Nachdem ich das bejaht hatte, setzte er sich ganz still in eine Ecke und sagte: „Ich denke jetzt nach." Dann spielte die erste Gruppe ihr Stück vor, und es war für alle sehr unterhaltend; dann die nächste, und da rief R. dazwischen, er wolle jetzt vorspielen, soviel Mickey-Mouse-Sprache sei ja langweilig. Die anderen Kinder ließen sich nicht stören, und er mußte warten, bis er an der Reihe war. Doch da zierte er sich und erklärte, sein Stück könne nicht so gut sein, weil er es ja allein spielen müsse. Er setzte sich und murrte vor sich hin. Da stand ein Bub auf, hüpfte auf ihn zu, sprach ihn in Mickey-Mouse-Sprache an, R. sah verwundert auf, antwortete, dann sprang ein Mädchen zu den beiden hin, sprach auf sie ein und deutete mit einer fragenden Geste auf mehrere andere Kinder, die mit heftigem Kopfnicken und Redeschwällen reagierten. Auf einmal entwickelte sich ein sehr lebhaftes Gespräch und Spiel unter den Kindern. Worum es im einzelnen ging, weiß ich nicht, ich habe diese Sprache ja nicht gelernt. R. war völlig einbezogen. Die Kinder spielten Schule und Internat. Das war es, was R. offensichtlich gewollt, aber nicht gekonnt hatte: über Probleme in der Schule in seiner Sprache sprechen. Die ganze Klasse spielte so bis zum Ende der Spielstunde an diesem Tag. Als die Kinder weggingen, blieb R. zurück und sagte: „Heute war es richtig schön, alle waren ganz zusammen; da ist Mickeymousen was anderes, als wenn ich es ganz allein machen muß, so um die Leute zu ärgern in der Klasse und im Haus."
In der Spielstunde „mickeymouste" er danach viel seltener, und wenn es außerhalb der Spielstunde geschah, ärgerten sich die Kinder weniger über ihn. Sie hatten seine Sprache als Rollensprache akzeptiert.
Noch viel deutlicher wird die gegenseitige Hilfe der Kinder bei der nächsten Geschichte, wo sie allein durch die Geduld des Spielleiters in die Lage versetzt wurden, regulierend einzugreifen.
Bei vielen Spielen ist die Fähigkeit zu verbalisieren sehr wichtig. Dabei kann leicht der Eindruck entstehen, daß Kinder, die über diese Fähigkeit bereits verfügen, auch die Vorrangstellung in der Gruppe besitzen. Das heißt, daß die Großsprecher und Vielschwätzer, die im Laufe ihres Lebens in diesem Bereich mehr Übung hatten als andere, sich an die erste Stelle drängen können. Daß Kinder da regulierend eingreifen, kann folgender Bericht verdeutlichen.

K. war vom ersten Moment in seiner Klasse ungeheuer geschwätzig. Zu allem hatte er etwas zu sagen, und das auch noch sehr lautstark. Er kannte alles und hatte bereits alles oder wenigstens etwas Ähnliches erlebt.

In der Spielstunde fiel er dadurch auf, daß er bei jeder Spielansage gleich nach den ersten Worten sagte: „Das kenn' ich schon." Ich gab mir Mühe, immer freundlich zu reagieren und trotzdem die Spielansage weiterzuführen, was manchmal gar nicht so leicht war, da K. unbedingt etwas dazu zu erzählen hatte. Die Schwierigkeit war, daß seine Erzählungen manchmal sehr witzig waren, manchmal aber auch ungemein langweilig. Da er neu in der Klasse war, wollte ich ihm natürlich zu einem guten Start verhelfen. Immer wieder stand ich vor dem Problem: Ließ ich ihn schwätzen und war die Geschichte langweilig, schadete es ihm und verstärkte seine Schwierigkeiten, Kontakt zu finden; schnitt ich seine Geschichte ab und sie wäre vielleicht gut gewesen, hätte ich ihm eine Chance genommen, sich positiv darzustellen.

Die Schwierigkeit löste sich aber im Laufe der Zeit von selbst mit Hilfe der anderen Kinder. Diese Klasse war im ganzen sehr problematisch gewesen, als wir zu spielen begonnen hatten. Aber zu dem Zeitpunkt, als K. dazukam, hatten die Kinder schon kleine Wege gefunden, miteinander auszukommen. Dieses noch sehr labile Gleichgewicht schien nun bedroht. Nachdem K. einige Male bei den Spielansagen sich für die anderen störend hervorgetan hatte, wurde er auf die erneute Behauptung, das Spiel bereits zu kennen, von S. aufgefordert, die Ansage zu machen, wenn er es schon kenne. Der arme K. konnte dieses Spiel aber nicht kennen, da ich es für diese Spielstunde ausgedacht hatte. So mußte er sich mit großer Mühe herausreden, tat dies auch mit bemerkenswertem Geschick. Die anderen Kinder wußten, daß ich viele der Spiele selbst erfand oder jedenfalls Abwandlungen von ihnen bekannten Spielen vorzuschlagen pflegte. Fast jedes Mal, wenn K. wieder mit seinem „Das kenn' ich schon, und das war in ..." anfing, bat ihn eines der Kinder freundlich, dann doch das Spiel zu erklären. Es brauchte erstaunlich lange Zeit, bis er begriffen hatte, daß diese Frage immer eine Entlarvung war. Als er dann eines Tages nicht mehr dazwischen rief, sagte M. ganz unbekümmert: „Also endlich hält der K. einmal seine Klappe, das ist viel angenehmer." Ich fürchtete einen Streit, aber nichts geschah. Anscheinend war diese sanfte Form der Entlarvung eine Hilfe für K. gewesen, sich ein wenig zu ändern, ohne durch eine große Kränkung dazu gezwungen zu werden. Natürlich blieb K. im ganzen ein sogenanntes Großmaul — doch nicht mehr auf eine so unerträgliche Weise. Und er kam so weit, daß er sich selbst und seine Geschwätzigkeit ironisieren konnte: „Gut, die Rolle liegt mir, viel reden und noch dazu so laut!“ Dies mit einem Augenzwinkern nach zwei Jahren Spielstunde.

Ein anderer Bereich, den der Spielleiter unbedingt bedenken sollte, ist die Art, wie Spiele einzurichten und zu verändern sind. Man muß die Kinder daran gewöhnen, sich zu äußern, vor allem um dadurch eine gewisse Fairneß der Regeln sicherzustellen, so daß sich kein Kind durch die Spielregeln selbst benachteiligt fühlt. Die folgende Geschichte illustriert vielleicht, daß Kinder das gut verstehen und sogar auf ihre Weise äußern können.

Die Kinder standen dicht gedrängt im Kreis, und ich erklärte die Regeln. Das Spiel ging los. Da sah ich, daß S. sich in meiner Nähe an den Rand des Spielfeldes setzte und mir erklärte, er könne nicht mitspielen, denn er sei gegen Pocken geimpft worden und dürfe nicht laufen. Außerdem seien noch einige andere geimpft worden, aber die hätten es sicher vergessen oder würden sich nicht getrauen, es zu sagen; wenn man nämlich Rücksicht nehmen soll, ärgern sich die Kinder, die dieses Spiel so gerne spielen.

Trotzdem unterbrach ich das Spiel und sagte, daß die gegen Pocken Geimpften doch eigentlich nicht toben dürften; ob wir uns nicht etwas ausdenken könnten, was ihnen sicher nicht schaden würde. Es entstand ein Gespräch, warum sie geschont werden müßten und auf was man alles achten müsse. Dann entstand die große Frage, welches Spiel man also spielen könne, an dem alle mitmachen und zugleich Spaß haben würden. Zuerst stellte W. fest, daß man dabei sitzen müsse. Dann kam sofort der Vorschlag, etwas mit Bildern zu spielen, was mit Freude aufgenommen wurde.

Nach dieser Spielstunde versuchte ich noch zu fragen, ob es denn schlimm gewesen sei, die Art Spiele zu spielen, obwohl wir im Freien gewesen waren und wir dann ja meistens andere Spiele vorzögen. Darauf meinte M. herablassend: „Es war ja nicht das erste Mal, daß wir was anderes spielen. Wenn wir die Spielregeln verändern, dann ist das doch deshalb, weil wir sonst das Spiel nicht gut könnten und es dann nicht lustig wäre. Heute war das eben eine Änderung wegen der Pocken, so irgendwie von außen was.“

Über den Ort und die Dauer von Spielen

Man kann immer und überall spielen, aber nicht unabhängig von der Umgebung. Man muß wohl oder übel seine Spiele darauf einrichten, ob man bloß einen engen, kleinen Raum zur Verfügung hat oder ob man auch hinausgehen kann, ob es eine Wiese gibt, auf der man spielen kann, und einen Wald, den man einbeziehen kann. Es macht einen Unterschied, ob man ein Klassenzimmer oder eine Turnhalle verwendet, ob man draußen einen asphaltierten Schulhof oder eine gefährliche Straße hat. Doch überall gilt, daß die Spiele nicht auf den Raum beschränkt sein sollen, in dem man sich trifft. Soweit als möglich sollte die erreichbare Umgebung einbezogen werden, mit allem, was sie zu bieten hat. So hatte sich einmal die Gruppe in der Bibliothek versteckt. Als ich dazukam, waren einige Kinder damit beschäftigt, die ausliegenden Bilderbücher anzusehen. Wir blieben in der Bibliothek und spielten ein Bilderspiel – ganz leise –, bis wir hinausgeworfen wurden, weil wir doch zu laut waren und überhaupt „dürfen die Kleinen gar nicht in die Bibliothek". Ein anderes Mal stand uns nur eine sehr enge, mit Tischen und Stühlen gefüllte Klasse zur Verfügung. Es regnete, und so konnten wir nicht hinausgehen. Wir rückten die Tische dicht aneinander und gewannen so eine kleine freie Fläche, wo wir im Kreis sitzen konnten. Die Spiele richteten wir so ein, daß sie unter den Tischen und auf ihnen gespielt werden konnten. Das machte so viel Spaß, daß es noch oft wiederholt werden mußte – auch später, als wir in einer Klasse spielten, in der es genügend Platz gab. Überhaupt macht es Kindern Spaß, sich auf Tischen oder Stühlen aufzuhalten, je höher desto besser. Es gab immer einige Kinder, die sich in jeder Spielstunde einen Turm bauten – ein Stuhl auf einem Tisch – und nach Möglichkeit von dort aus am Geschehen teilnahmen.

In einer Gruppe gab es eine Zeit, in der die Spielstunde immer in einer Schlucht stattfinden mußte – auf Wunsch aller Kinder. Dort wurde auf Felsen über einen Bach hin- und hergeklettert, manchmal auch ein Spiel mit Regeln verlangt, meistens genügte es einfach, dort hinzugehen und bei dem Hin- und Herklettern kleine Phantasieanregungen zu geben: „Wir sind jetzt Schmuggler und tragen . . ." Diese Anregungen wurden sehr schnell aufgenommen und weiter ausgesponnen. Obwohl alle Kinder der Schule diese Schlucht kannten, forderten die anderen Klassen nie, in der Spielstunde dorthin zu gehen.

Es scheint mir nicht nötig, daß sich der Spielleiter den Kopf zerbricht, *warum* manche Kinder den einen Ort, manche den anderen Ort zum Spielen bevorzugen. Wichtiger hingegen scheint mir, den Kindern zu zeigen, daß es viele verschiedene Orte gibt, wo man auf die verschiedenste Weise spielen kann.

In meiner Erfahrung gibt es nur einen Ort, wo es schwierig war, mit Kindern zu spielen: das ist ein Sportplatz. Einzelne Spiele kann man auch auf einem Sportplatz spielen, aber es ist schwierig, eine ganze Spielstunde lang die Kinder beisammen zu halten und andere als Laufspiele zu spielen. Versucht man ein ruhiges Spiel, z. B. im Sitzen, rücken die

Kinder nach meiner Beobachtung an den Rand des Spielfeldes, suchen eine Hecke oder eine Böschung oder schlagen vor, man solle doch ins Haus gehen. Was er empfand, sagte V. mit folgenden Worten: „Am Sportplatz kann man nicht sitzen; da ist man dann so klein und allein.“

Wie oft soll man spielen und wie lange?

Ich selbst habe mit jeder Klasse einmal in der Woche eineinhalb bis zwei Stunden Spielstunde gemacht, die im Stundenplan festgelegt war.
Eine Spielstunde ist sehr intensiv, und deshalb sollte man nicht mehr als zwei Zeitstunden nacheinander spielen. Der Spielleiter kann nicht länger als höchstens zwei Stunden so konzentriert seine Aufgabe erfüllen, wie es notwendig ist, um erfolgreich zu spielen. Spielstunde halten, kann und darf nicht zur reinen Routine werden. Darum wird es für den Spielleiter immer eine sehr anstrengende Aufgabe bleiben. Andererseits sollte man nach meiner Erfahrung auch nicht weniger als eine Stunde spielen. Die Praxis mancher Lehrer, in den letzten 15 Minuten oder in der letzten halben Stunde einer Doppelstunde mit der Klasse zu spielen, erscheint unter dem Gesichtspunkt der Funktionen, wie sie die Spielstunde erfüllen soll, nicht besonders sinnvoll.
Die Dauer der einzelnen Spiele richtet sich vor allem nach dem Wunsch der Kinder. Dabei kann der Spielleiter Überraschungen erleben. Ein Spiel, das er für eher langweilig hält, kann manchmal die Kinder stundenlang in Atem halten; andere Spiele, die ihm spannend vorkommen, können nach wenigen Minuten schon abgebrochen werden, weil sie keinen Spaß machen. Man kann sich aber nicht darauf verlassen, daß ein Spiel, das großen Erfolg hatte, in der nächsten Klasse wieder erfolgreich sein wird. Ebensowenig muß man sich darauf einstellen, daß ein Spiel, das zunächst langweilig schien, immer ohne Erfolg bleiben muß. Wichtig ist es daher, für die Spielstunde genügend Spiele bereit zu haben. Man wird nie vorher abschätzen können, wie lange ein Spiel dauern, d. h. wie oft man es wiederholen wird oder welche Variationen sich die Kinder dazu ausdenken.
Manchmal wird man ein Spiel in einem Moment abbrechen, in dem der Spaß noch groß ist, z. B. um ein ähnliches oder ein schwierigeres Spiel vorzuschlagen. Ich habe öfter die Erfahrung gemacht, daß Spiele, die man in der Gruppensituation für wichtig hält, aber nie richtig beginnen konnte, so über ihre Anfangsschwierigkeiten zu bringen waren.
Wenn sich die Kinder allerdings sehr gegen den vorzeitigen Abbruch wehren, dann sollte man ihn nicht erzwingen, da man sonst nicht mehr von dem Vergnügen am vorherigen Spiel als Anfangshilfe zehren kann, sondern möglicherweise Aversionen gegen das folgende Spiel aufbaut.

Über das Ansagen von Spielen

Daß Kinder die Spielregeln anhören und verstehen, ist eine der Voraussetzungen für das Gelingen von Spielen. Das scheint eine Selbstverständlichkeit zu sein. Die Erfahrung zeigt aber, daß das gar nicht so mühelos ist. Kinder hören nicht zu, sie stoßen sich, sie fangen an zu raufen, sie haben es nicht verstanden, man muß von neuem anfangen, sie sind weiter unruhig, hören überhaupt nicht mehr zu, und dann wird man ärgerlich. Nicht immer, aber sehr oft liegt es daran, daß man beim Ansagen Fehler macht, die bei einiger Überlegung vermeidbar sind.
Zur Hilfe sollen einige Hinweise folgen, die nach meiner Erfahrung nützlich sind:

1. Bei der Ansage von Spielregeln, die länger als drei Sätze sind, Kinder hinsetzen. Sie müssen nicht im Kreis sitzen, wichtig ist nur, daß sie sitzen, da Kinder nicht lange ruhig stehen können. Häufig können Kinder im Stehen nicht lange aufmerksam bleiben, weil ihr Kreislauf dadurch zu sehr belastet wird. Zudem ist es im Stehen leichter, sich zu treten und zu boxen, und so entsteht oft ohne Absicht eine Rauferei, die das Zuhören verhindert.

2. Man muß nicht warten, bis auch das letzte Kind still ist. Schon gar nicht darf der Spielleiter Ruhe erzwingen wollen. Natürlich muß man das Spiel ansagen können – aber eben nicht mit Gewalt. Gerade bei Beginn des Spielens muß man sorgfältig darauf achten, daß sich das im Unterricht übliche Verhalten nicht fortsetzt. Was also kann man tun?
Man kann erklären, daß man nicht schreien möchte und die Kinder leise sein sollten, damit man etwas hören kann. Es ist für Kinder eine sinnvolle Erfahrung, freiwillig zuzuhören und nicht erst dann, wenn sie angeschrien oder beschimpft werden. Dies ist ein schwieriger Prozeß und verlangt vom Spielleiter viel Geduld und Verständnis, Einfühlungsvermögen und Flexibilität. Es gibt auch Spiele und Situationen, für die man richtige Ruhe verlangen kann, vor allem, wenn man eine Klasse bereits gut kennt, etwa um ein Spiel mit sehr komplizierten Regeln anzusagen, dessen Eignung für die Klasse gewiß ist. Man versucht gemeinsam, ob es gelingt, daß die Kinder zusammen ruhig sind, stellt fest, welche Geräusche immer noch zu hören sind, usw.
Auch wenn man als Erwachsener zu wissen glaubt, bei der Ansage sei Ruhe das richtige Verhalten, darf man sich nicht auf Begründungen zurückziehen wie: „Irgendwann müssen die Kinder doch lernen, still zu sein. Wenn sie es nicht einmal beim Spielen schaffen, dann sieht es schlimm aus.“ Man sollte bedenken, daß Ruhigsein sehr verschiedene Qualitäten besitzen kann, vor allem für Kinder. Man kann z. B. „Ru-

higsein“ spielen. Ich habe das mit Klassen, die ich gut kannte, öfters versucht. Die Kinder sollen sich eine möglichst bequeme Lage aussuchen und dann ganz still sein. Und dann wird man herausfinden, daß es verschieden ist, allein oder mit 30 Kindern zusammen still zu sein. Wie das ist, kann man besprechen. Man wird dann darauf kommen, daß es kein einfaches „Ruhigsein“ gibt. Ein Bub sagte mir einmal dazu: „Die Erwachsenen wollen immer, daß Kinder still sind. Sie sagen, man hört ihnen sonst nicht zu. Zuhören kann man doch auch, wenn man was anderes tut, auch was ein bißchen Lärm macht; aber verstehen kann man oft so schwer.“

3. Spielregeln müssen so angesagt werden, daß alle sie nach den ersten Ansagen oder spätestens nach einer Wiederholung verstanden haben. Kurze, einfache Sätze sind wahrscheinlich das wichtigste. Wem die nicht leichtfallen, der sollte sich vorher die Spielregeln genau einprägen und ihre Formulierung für sich allein versuchen. Denn Kinder haben keine Geduld, wenn sie sich auf das Spielen freuen, sie wollen nicht abwarten, bis jemand ihnen etwas erklärt hat, das er selbst nicht voll verstanden hat. Kinder sind gespannt, was geschehen soll. Sie wollen immer gleich losrennen, sofort anfangen. Darum genügt es nicht, nur kurz und klar zu erklären, was und wie jetzt gespielt werden soll. Da kann es durchaus passieren, daß man schon nach der Ansage der Spielbezeichnung allein dasteht, denn einige meinen, sie hätten den Plan schon verstanden, nur weil sie wissen, daß jetzt Fangen gespielt wird. Darum ist es wichtig zu bedenken, genaue Startzeichen für Spiele zu setzen, und dies möglichst früh. Mir hat es z. B. geholfen, am Anfang von Spielen mit viel Bewegung festzulegen: „Wenn ich *los* sage, aber wirklich erst, wenn ich *los* sage . . .“, und mich dabei vor allem an die zu wenden, die es erfahrungsgemäß nie abwarten konnten. Man sollte auch, wenn die Spielregel komplizierter ist, ganz deutlich sagen, was zuerst und was danach kommt, damit nicht, wie es mir widerfahren ist, ein Kind klagt: „Wenn nicht einmal du weißt, wie das Spiel geht, kann man es ja nie wissen“, und selbst vorschlug, als nächstes *Fangen* zu spielen.

4. Beim Ansagen sollen alle den Spielleiter sehen und hören können. Er muß auch selbst versuchen, alle Kinder zu sehen. Günstig ist es, besonders lebhafte Kinder so nahe um sich zu versammeln, daß man sie gegegebenenfalls anfassen kann und ihnen dadurch helfen kann zuzuhören. Es ist nicht ratsam, besonders leise zu sprechen, wenn die Kinder laut sind. Kinder haben mir immer wieder gesagt, daß dies für sie besonders unangenehm sei, „weil oft, wenn Lehrer so leise reden, haben sie schon eine Wut, und dann kriegen wir es ja doch irgendwann mal“.

„Ich habe keine Lust"

Man nimmt allgemein an, daß Spielen Kindern Spaß macht. Und wir haben für die Spielstunde im besonderen betont, wie wichtig es ist, darauf zu achten, daß das Spielen den Kindern Spaß macht. Und trotzdem erlebt man es sehr oft, daß Kinder gegen die verschiedensten Spielangebote mit heftiger Ablehnung und Unlust reagieren.

Wieder besteht für den Spielleiter die große Gefahr, ärgerlich zu werden, gekränkt zu sein und vielleicht erst zu spät darüber nachzudenken, warum ein Kind, eine kleine Gruppe oder auch die ganze Klasse nicht spielen will. Nie wird man alle Gründe für Ablehnung ausfindig machen, aber vielleicht hat man einige Denkhilfen bereit. Es lassen sich auch keine Rezepte für empfehlenswerte Verhaltensweisen in ähnlichen Situationen geben. Ich kann nur berichten, wie ich versucht habe, Kindern zu helfen, das Spielen anderer zu ertragen oder selbst den Weg ins Spiel zu finden.

„Nein, ich spiel' nicht mit", kann sehr vieles heißen. Es kann verschiedene Ängste signalisieren. Angst vor Mißerfolg und dessen Folgen ist nach meiner Erfahrung wohl am leichtesten zu beheben. Zum Beispiel verweigerte I. lange Zeit am Anfang der Spielstunde die Teilnahme, er „half" mir dann jedesmal eine Weile und schlüpfte meist wortlos ins Spiel, nachdem er sich vergewissert hatte, daß es nicht zu schwer sei, es richtig zu machen. Ich glaube auch, so etwas wie Anfangshemmung bei Kindern beobachtet zu haben: Sie wollten gerne spielen, konnten aber nicht beginnen, wenn man ihnen nicht sofort eine feste Rolle zuwies, z. B. als erster in die Mitte des Kreises zu kommen, als Fänger bestimmt zu werden usw. (Nach meiner Erfahrung sind das eher die stillen Kinder, nicht die Schreier, die immer als erste „drankommen" wollen und dann beleidigt sind und deshalb nicht mitmachen.)

Eine andere Art Angst scheint mir dazu zu führen, daß ein Kind sich dem Risiko des Spielens nicht auszuliefern wagt. Vor allem gestörte Kinder finden die unsichere Situation des Spiels, das sich so leicht verändern läßt, auf dessen Regeln jeder Einfluß nehmen kann, das im unklaren läßt, worin das Spielvergnügen bestehen wird, unangenehm und weichen ihm lieber aus. So schimpfte O. z. B. jedesmal zu Beginn der Spielstunde, daß alles blöd sei und er lieber Tischtennis spiele, und das nur mit seinem kleinen Bruder, da könne er immer gewinnen. Da er das regelmäßig wiederholte, fragte ihn niemand weiter, ich nahm ihn zu Spielbeginn neben mich, er lehnte sich meistens ganz eng an mich oder hielt meine Hand fest. Nach einiger Zeit fragte ich ihn dann immer, ob er nicht mitspielen wolle, er sehe doch, wie lustig es für die anderen sei, und meistens

war er nach einigen Versicherungen dieser Art bereit, ebenfalls mitzuspielen.
Eine schwer überwindbare Angst ist auch die Angst vor den anderen Kindern, vor allem weil sie oft noch mit Vorurteilen verbrämt ist. Angst von Mädchen vor Jungen, „weil sie so wild sind", Hemmungen der Jungen vor Mädchen, „weil sie so affig sind", verhindern z. B. sehr oft, daß sich Jungen und Mädchen als Partner nehmen. Das bereitet Schwierigkeiten, wenn von jedem Geschlecht ein Kind übrig bleibt. Diese beiden spielen dann oft lieber nicht mit, als daß sie sich zum Partner nehmen oder sie schließen sich als drittes Rad am Wagen einem gleichgeschlechtlichen Paar an und erschweren so die Spielsituation für die anderen.
Hat ein Kind, wie es gelegentlich vorkommt, Angst vor einem bestimmten anderen Kind oder einer Gruppe, wird es auch ablehnen, mitzuspielen. Nach meiner Erfahrung nützt es nichts, wenn der Spielleiter in diesen Fällen Erklärungen abgibt oder die Kinder veranlaßt, Begründungen für ihre Abneigungen zu finden. Es hat sich stets als nützlicher erwiesen, komplizierte Arrangements bei Gruppierungen, etwa bei der Partnerwahl, in Kauf zu nehmen, als Kinder zu einer Lösung zu zwingen, weil die Begründungen für die Ablehnung „unvernünftig" erscheinen. Wenn S. nicht mitspielen wollte, weil sie Angst vor einem oder mehreren anderen Kindern hatte (sie zeigte diese Angst durch besonders negative Äußerungen an), ließ ich sie meist bei Kreisspielen neben mir sitzen, bei wilden Spielen versuchte ich ihr einen Partner zu finden, der angesehen oder besonders freundlich war und noch dazu bereit, sich eines Mädchens anzunehmen. Nach einiger Zeit hatte sich der Status von S. in der Klasse verändert, und sie brauchte keine Angst mehr zu haben. Es muß aber bei diesem Beispiel betont werden, daß es sich wahrscheinlich um einen Ausnahmefall handelt, in dem aktives Eingreifen des Spielleiters die Ängste des Kindes aufgehoben hat. Eher verändert sich die Situation für Kinder, die vor anderen Angst haben, in der Spielstunde dadurch, daß sie im Laufe der Zeit, einerseits durch die Repressionsfreiheit des Spiels und andererseits durch die schützende Kontrolle des Spielleiters, lernen, freundlicher miteinander umzugehen. Aber das braucht viel Zeit. Ärger oder Unannehmlichkeiten, die ein Kind oder die Klasse vor der Spielstunde erlebt haben, können Unlust hervorrufen, die zur Ablehnung von Spielen führt. Solche Unlustäußerungen waren oft nach besonders hartem Unterricht an der ganzen Klasse oder an einzelnen Kindern, die sich von einem Lehrer ungerecht behandelt gefühlt hatten, zu beobachten.
In solchen Situationen ist es relativ leicht, die Kinder Spiele spielen zu lassen, in denen sie ihre Aggressivität ausdrücken können. Einmal hatte

ich z. B. vorgeschlagen, „Schimpfen und Schreien" zu spielen. Es war sehr hilfreich, denn es endete mit großem Gelächter. Als ich es aber bei einer anderen Gelegenheit wieder versuchte, steigerte sich die Aggression und Wut der Kinder.

Nach mehreren negativen Erfahrungen mit wilden und aggressiven Spielen in Unlustsituationen fand ich es hilfreicher, ruhige Spiele mit sehr einfachen Regeln zu versuchen. Es gibt also kein sicheres Rezept.

Eine weitere Unlusterscheinung soll noch erwähnt werden: Kinder wollen ein bestimmtes Spiel nicht spielen. Das kommt öfters vor. So möchte jemand z. B. kein Spiel, bei dem man laufen muß. Es steht jedem Kind zu, das zu äußern, und die Äußerung sollte vom Spielleiter angemessen unterstützt und respektiert werden, auch wenn das Kind keine Begründung gibt. Sehr oft habe ich erlebt, daß sich ein Kind, das eigentlich nicht mitspielen wollte, dann doch dazu bereit erklärte, weil ein anderes einen Partner brauchte. Es kam aber auch vor, daß ein Kind unter keinen Umständen mitspielen wollte und zuschaute oder allein vor sich hin spielte, solange dieses bestimmte Spiel im Gange war. In einem solchen Fall, meine ich, sollte man nicht eingreifen, sondern nur anzeigen, daß man immer bereit ist, einem Kind zu helfen, am Spiel teilzunehmen, oder es anzuhören, wenn es das wünscht.

Als letztes sei die Aufmerksamkeit auf die Kinder gelenkt, die nie mitspielen wollen. Das sind nach meiner Erfahrung sehr wenige, da konstante Spielunlust meistens eine Spielunfähigkeit ist. In allen Fällen, die ich über längere Zeit beobachtet habe und die auch über längere Zeit (mehrere Monate lang) überhaupt nicht in der Lage waren, mitzuspielen, konnte man diese Spielunfähigkeit als Symptom für andere Störungen erkennen. Das sollte für einen Spielleiter, der nicht selbst Psychologe und Therapeut ist, ein Hinweis sein, daß ein Kind einem Fachmann vorgestellt werden sollte. Dabei muß unter allen Umständen folgendes beachtet werden: Der Weg eines Kindes zu einem Fachmann (Kinderpsychologen, Erziehungsberatungsstelle, Kindertherapeuten) geht über die Eltern. Der Spielleiter muß sich also mit den Eltern des Kindes in Verbindung setzen, ihnen seine Beobachtungen und Folgerungen erklären und sie beraten, sich an einen Fachmann zu wenden. Um seine Beobachtungen zu überprüfen, sollte er außerdem mit anderen Lehrern des Kindes sprechen, um zu erfahren, ob vergleichbare Verhaltensweisen im Unterricht zu beobachten sind. Diese Gespräche müssen aber sehr vorsichtig geführt werden, da das Kind sonst sehr leicht als „psychisch gestört" oder „krank" gestempelt wird. Damit kann einem Kind eher geschadet als geholfen werden. Dies gilt vor allem für Schulen, an denen psychologisch oder pädagogisch ausgerichtete Gespräche über einzelne Kinder nicht selbstverständlich sind.

Zusammenfassend kann man sagen:

Spielunlust kann ein Symptom für die verschiedensten Ängste sein. Helfen kann man durch persönliche Wärme und den Schutz, den man als Erwachsener geben kann, sowie durch die Zuweisung einer sicher definierten Rolle in der unsicheren Situation.

Spielunlust kann eine Folge von vorhergehenden unangenehmen Erlebnissen sein. Helfen kann man durch Spiele meist besonders unaggressiver Art, die als vergnüglich bekannt sind.

Unlust an einem speziellen Spiel darf den Spielleiter nicht ärgern – sie sollte respektiert werden. Totale Spielunfähigkeit über lange Zeit ist als Anzeichen für andere Störungen zu sehen. Es ist angezeigt, einen Fachmann zu Hilfe zu nehmen.

Es ist nicht anzunehmen, daß diese getrennt aufgezählten und sicher nicht vollständig genannten Gründe für Spielunlust auch getrennt auftreten. Verschiedene Gründe können in verschiedener Gewichtung gleichzeitig wirksam sein. Der Spielleiter muß wissen, daß Kinder nicht ausBöswilligkeit ablehnen zu spielen, und daß man sie deshalb nicht zur Teilnahme an Spielen zwingen darf. Vielmehr hat der Spielleiter die Aufgabe, Situationen herzustellen, die den Kindern die Teilnahme am Spiel ermöglichen.

Eine verzweifelte Situation: nichts gelingt

Am Anfang des Schuljahres übernahm ich die Spielstunde in einer 5. Klasse. In der ersten Stunde gab es Schwierigkeiten. Wir trafen uns im Klassenzimmer. Da das Wetter schön war, verlangten die Kinder, ins Freie zu gehen. Also gingen wir in den Wald. Ich versuchte einen Vorschlag für ein Spiel. Großes Geschrei, Ablehnung: „Wir spielen, was wir wollen." Einer schrie einen unverständlichen Vorschlag, andere schrien dagegen, die Mädchen lehnten alles ab, einige sagten: „Ich gehe jetzt, mir stinkt's", und weg waren sie. Ich versuchte mit einigen, die dann doch spielen wollten, das Versteckspiel. Das erste Mal ging es ganz gut. Dann aber sollten zwei Mädchen suchen. Sie planten sogar, auf welche Weise sie suchen könnten. Aber soweit kam es gar nicht. Die Gruppe von vier Jungen, die zuerst nicht spielen wollte, dann selbst erfolglos Vorschläge gemacht hatte, fing plötzlich an, sich zu beschimpfen, zu raufen und dann sich so wild zu schlagen, daß ich eingreifen mußte. Das brachte sie so in Wut, daß auch sie beschlossen wegzugehen. Daraufhin mußten die anderen auch aufhören zu spielen und Ärger oder Wut äußern, auch die

Mädchen. Da ich die Kinder nicht zwingen wollte, gingen wir in Richtung Klassenzimmer zurück. Ich fragte, ob wir drinnen noch ein Spiel spielen sollten, für die, welche es wollten. Daraufhin schrie einer: „Nee, spielen ist doof", rannte davon und die anderen ihm nach.
In der nächsten Stunde war es nicht viel anders. Ich wußte zwar jetzt schon einige Namen, sah auch, welche Kinder die größten Schwierigkeiten hatten, mit anderen umzugehen. Im ganzen waren es 15 Kinder, davon waren vier Buben und ein Mädchen besonders auffällig. Das Mädchen, sie war viel weiter körperlich entwickelt als die anderen in der Klasse, war eine der wesentlichen Zielscheiben der Aggressivität der vier Buben. Aber auch alle anderen Kinder wurden angeschrien, geknufft, geboxt, geschlagen. Wenn ich eingriff, bekam ich meistens auch etwas ab.
Die nächsten Stunden versuchte ich in der Klasse zu bleiben, da mir schien, ein geschlossener Raum könnte wenigstens eine äußere Hilfe geben, um Integrationsversuche zu beginnen. Wir konnten aber gar nicht beginnen zu spielen, denn da hätten die Tische und Stühle weggeräumt werden müssen. Auf die Bitte, mir dabei zu helfen, reagierten zwar einige, sie wurden aber von anderen so gestört, geboxt, geschlagen, angeschrien oder sonstwie bedroht, daß sie sich zur Wehr setzen mußten. Es gelang mir nach langer Zeit mit viel eigener Mühe, die Klasse so weit frei zu räumen, daß man sich auf den Stühlen in einen Kreis setzen konnte, oder hätte setzen können. Doch soweit kam es gar nicht, denn R. hatte entdeckt, daß man zum Fenster hinaussteigen und zur Tür wieder hereinlaufen konnte. Sofort schlossen sich andere an. Ich versuchte wieder mit den übriggebliebenen ein Spiel anzufangen, doch sie konnten bei der Ansage der Spielregel nicht zuhören, da das Herumklettern an den Fenstern sich auf die Tische ausbreitete. Ich versuchte ein Fangenspiel auf dieser Basis vorzuschlagen, mit der Regel: „Man darf nur im Freien auf dem Boden laufen." Große Zustimmung. „Ich fange", schrie R. und raste los, in der Klasse am Boden laufend. Die anderen schrien: „Gilt nicht, du läufst doch am Boden, Blödmann", und schon war es wieder vorbei. Prügelei, wüstes Geschimpfe, und zum Schluß liefen alle davon.
Ich versuchte es mit Theaterspielen, indem ich eine spannende Geschichte erzählte, die dann in Gruppen zu Ende gespielt werden sollte. Nachdem ich wieder mit großer Mühe und sehr viel Zeitaufwand einen Raum in der Klasse frei gemacht hatte, damit man enger beisammen sitzen konnte, fing ich an zu erzählen. Alle saßen ganz ruhig, alle hörten zu, aber dann, als sich die Dreiergruppen in ihre Ecken zurückziehen sollten, war es wieder zu Ende. Geschrei, Getobe, Prügelei. Einige Mädchen wollten vorspielen, was sie sich ausgedacht hatten. Aber während sie spielten, ging einer der besonders schwierigen Buben auf sie zu und schlug einer von ih-

nen ohne jegliche Warnung mit der Faust fest auf die Nase. Tränen, Geschrei, Prügelei. Der Versuch, durch Sprechen, Ablenken, Weiterspielen irgend etwas zu erreichen, schlug fehl. Ich setzte mich auf einen der Tische, um abzuwarten. Nach einiger Zeit wollten zwei Mädchen ihre Geschichte vorspielen und baten mich, für Ruhe zu sorgen. Ich meinte, wir sollten das vielleicht gemeinsam machen, das lehnten sie ab. „Wenn die schon auf dich nicht hören, wie dann erst auf uns?" So versuchte ich es allein und bat die Ruhigeren, die eben im Kreis auf den Tischen herumliefen, ob sie nicht zusehen wollten, wie S. und A. etwas vorspielten. Ich selbst setzte mich wieder auf einen Tisch und sah zu, wie die beiden spielten. Dabei merkte ich, wie I. mich dauernd mit dem Fuß trat, ziemlich fest. Ich fragte sie, ob sie mir mit Absicht weh tue. „Ja", sagte sie, „wir tun uns ja auch immer absichtlich weh." „Mich macht das aber traurig, und ich lasse mir auch nicht gerne weh tun", antwortete ich und rückte so weit weg, daß I. mich nicht mehr stoßen konnte. Sie versuchte es noch einmal und wandte sich dann ab.

Inzwischen hatten die beiden zu Ende gespielt. O. und R. waren immer dazwischen gesprungen, hatten dabei Reporter gespielt, aber es wurde kein Spiel daraus, sondern ein Anlaß für andere, wieder einzugreifen. Wieder Stoßen, kräftige Boxhiebe, ich versuchte einzugreifen, um die Schwächeren nicht zu Schaden kommen zu lassen, und bekam selbst einen so festen Schlag in die Magengrube, daß mir übel wurde und ich mich schnell zurückziehen mußte und ans Fenster ging, da ich befürchtete, ohnmächtig zu werden. Nach einiger Zeit entdeckte mich S. und fragte mich, ob mir denn schlecht sei. Noch bevor ich geantwortet hatte, ging R. auf K. los und brüllte: „Du bist schuld, du hast angefangen. Sie hat dir ja gar nichts getan." – „Ausgerechnet du sagst das", antwortete K. und lachte, „du sagst immer, daß sie eine blöde Kuh ist, bei der braucht man nichts tun." Ich versuchte zu erklären, daß es nicht viel ausmache und daß es sicher aus Versehen geschehen sei. „Wir gehen jetzt, uns stinkt's", war das übliche Signal zum Aufbruch.

Nachdem ich sechs Wochen lang versucht hatte, mit den verschiedensten Spielvorschlägen durchzukommen, wollte ich es aufgeben. Ich hatte aus den Akten ersehen, daß die Kinder, die mir aufgefallen waren, wirklich sehr schwere Schicksale erlebt hatten. Es war kein Wunder, daß sie solche Schwierigkeiten hatten, aber ich sah mich nicht in der Lage, mit meinen Mitteln zu helfen.

Da riet mir eine erfahrene Therapeutin, die an der Schule arbeitet, ich solle doch versuchen, den Kindern Geschichten zu erzählen, sie mit Musik zu beruhigen und ihnen etwas zu essen zu geben.

Ich bezweifelte diese Möglichkeit zwar, wollte aber nicht völlig aufge-

ben und fand es dann auch interessant, nach einem Weg zu suchen, an diese Kinder heranzukommen. Ich ließ zweimal die Spielstunde ausfallen, vor allem um Abstand zu gewinnen und auch um den Kindern Abstand von mir und meinen falschen Forderungen an sie zu geben. Meine Forderung, daß sie miteinander spielen sollten, war sicher falsch gewesen. Sie waren dazu noch viel weniger in der Lage als alle anderen Klassen, mit denen ich bisher gespielt hatte. Anfangsschwierigkeiten hatte es immer gegeben, aber in dieser Gruppe standen sie den Spielen unüberwindlich im Weg, und so mußte ich etwas anderes versuchen.
Zuerst suchte ich einen anderen Raum. Da mich die Therapeutin daran erinnert hatte, daß dieser Raum schon die erste Schwierigkeit bedeuten könne, da ja dort am Vormittag der Unterricht für diese Klasse stattfinde und dies nach allen Berichten nicht mit angenehmen Erlebnissen verbunden sei. Die anderen Erwachsenen hatten fast alle ebenfalls Probleme, mit dieser Klasse zurechtzukommen.
Wir trafen uns also vor einem anderen Raum. Ich bat, ob jemand aus meinem Auto den Plattenspieler und die Platten holen könne. „Au, Klasse, es gibt Musik." Ich ließ K. und O. mit dem Plattenspieler hantieren. Die anderen hatten entdeckt, daß ich Gummibärchen mitgebracht hatte. Sofort stürzte sich R. darauf, riß mir die Tüte aus der Hand und schrie: „Alle herkommen, ich verteile." Sofort schlug Ch. vor, sich doch aufzustellen und nacheinander an R. vorbeizugehen, um sich etwas zu holen. Das ging bei zweien ganz gut. B. kam als dritter dran, griff mit der ganzen Hand in die Tüte und stopfte seine Beute sofort in den Mund. Da gab es kein Halten mehr. H. und K. stürzten sich auf ihn und taten ihr möglichstes, ihn zu bestrafen. Ich mußte wieder eingreifen, um B. zu schützen. Er trat nach mir und schrie: „Ich gehe und komme auch nicht wieder." Ich war verzweifelt, denn es schien, daß auch diese Stunde wieder den üblichen Verlauf nehmen sollte. Zaghaft schlug ich vor, ob ich eine Geschichte erzählen sollte. Große Freude, keine Mühe, einen Kreis zu machen, die Musik wurde auf entsprechende Lautstärke gestellt, und ich fing an zu erzählen. Und erzählte und erzählte, mehr als eine Stunde saßen 12 Kinder und hörten zu und fragten und kommentierten das Erzählte. Es waren nur noch 12, denn außer B. waren noch K. und H. weggegangen. K. und H. hatten eine Weile zugehört, hatten dann angefangen herumzualbern, und da niemand darauf reagierte, hatten sie laut geschrien, daß es ihnen zu langweilig sei und daß sie jetzt gehen wollten. Niemand hielt sie zurück, sie fanden aber auch niemanden, der mit ihnen ging. So zogen sie ab. Die anderen saßen und wollten nicht genug bekommen. Ich erzählte eine Geschichte, die ihre eigene Situation und ihre eigenen Probleme in verfremdeter Form brachte. Ich erzählte

von Heimweh und Schulnöten, von Rauchen, von Angst vor einer neuen Gruppe, Angst vor der Unkenntnis der Regeln, über sexuelle Geschehnisse aus ihrem Bereich. In der Geschichte kamen aber auch ihre Träume vor, von Abenteuern und spannenden Erlebnissen, von Mut und von Freundschaft, von Vertrauen und Aufgehobensein.

So erzählte ich sechs Wochen lang, jede Woche ein bis eineinhalb Stunden lang. Alle waren friedlich, aßen Gummibärchen, begannen sich die Zeit einzuteilen, so daß man nicht alle Gummibärchen am Anfang aufaß, sondern sie für die ganze Zeit ausreichten. Auf Zwischenfragen und Kommentare wurden die Reaktionen immer friedlicher. Es hieß nicht mehr so schnell: „Erzähl doch weiter", ja in ganz seltenen Fällen ging sogar jemand aus der Gruppe auf eine Bemerkung eines Kindes ein.

K. und H. kamen jedesmal am Anfang der Stunde, um zu sagen, daß sie nicht dableiben, sondern lieber draußen sein wollten. Das erlaubte ich ihnen natürlich, betonte aber, daß ich es sehr nett fände, daß sie immer kämen, um mir zu sagen, was sie jetzt machen wollten. Von B. war nichts zu sehen.

Eines Tages erzählte mir die Gruppe, daß sie sich jetzt in eine Liste eingetragen hätte, auf der gestanden habe, daß die Spielstunde freiwillig sei, aber sie hätten sich alle eingetragen. Vor allem K. fiel dabei auf, weil er mir erklären wollte, daß er von nun ab immer kommen wolle. H. schrie, daß er sich nicht eingetragen habe, denn er finde das alles sehr doof. Ich fing an zu erzählen, K. setzte sich neben mich, und wieder war alles sehr friedlich. Am Ende der Zeit fragte K., ob wir nicht auch etwas spielen könnten, es heiße doch Spielstunde. Ich meinte, das müßten schon mehrere wünschen, dann könnten wir das gerne tun. K. fragte, wer denn noch spielen wolle, und bekam undeutliche Antworten. So schlug ich vor, doch schnell ein Spiel zu versuchen, damit wir sehen können, wie das sei. Ich tat dabei, als ob wir noch nie versucht hätten zu spielen und als ob noch nie etwas mißlungen wäre.

Wir spielten das Spiel mit den Zahlen und Platzwechseln (Nr. 131). Es verlief unerwartet gut. Zwar war es schwierig, den anderen Zeichen zu geben und auf sie zu achten, aber es gelang trotzdem ganz gut, und vor allem machte es Spaß. Nach drei oder vier Durchgängen brach ich ab, da die Zeit vorbei war und es mir wichtig schien, diese positive Erfahrung in der Erinnerung stehen zu lassen. „Das nächste Mal spielen wir wieder", rief K. „Nö, da wird wieder richtig bis zum Ende erzählt", widersprachen M. und A. im Chor. „Wir werden versuchen, uns zu einigen, so daß für jeden das drankommt, was er gerne hat", meinte ich. Dieses Mal hatte ich ein viel sichereres Gefühl, daß wir es zustande bringen könnten, gemeinsam etwas zu tun und Wege dazu zu finden. Das soll nicht heißen, daß ich nicht bereits beim Geschichtenerzählen Fortschritte gesehen hätte. Die Gespräche dabei waren sicher sehr wichtig zur Befriedigung verschiedener Bedürfnisse. Das Erzählen hatte ja auch eine sehr befriedende Wirkung gehabt, doch dabei durfte es nicht bleiben. Diese Klasse sollte ja lernen, sich miteinander auseinanderzusetzen, ohne sich dabei totzuschlagen. Um das zu lernen, müssen Konfliktsituationen zugelassen werden, sie dürfen bloß nicht so schwierig sein, daß die Lösungswege so kompliziert werden oder die Gratifikation so wenig angemessen (in unserem Fall Vergnügen beim Geschichtenanhören oder Vergnügen beim Spiel), daß der Versuch der Auseinandersetzung gar nicht erst unternommen wird. In der nächsten Spielstunde mußten wir also versuchen, uns zu einigen. Ich war sehr gespannt, wie das verlaufen würde. Die vorsichtigen Anfangsrituale – den Plattenspieler aus dem Auto holen, die Platten ansehen, begutachten, was ich zum Naschen mitgebracht hatte –, alles lief so wie immer. Nur stieß mich K. immer wieder freundlich an und fragte, nicht sehr laut: „Spielen tun wir aber auch heute?" Die Stühle wurden in den Kreis gestellt, da bemerkte ich am lauten Geschrei: „Du mußt hierher, neben mir mußt du sitzen", daß H. beschlossen hatte, heute teilzunehmen. Er zerrte mich neben sich, kam dadurch mit anderen in Schwierigkeiten, aber es war nur ein spielerisches Geplänkel und nicht so brutal, wie es früher gewesen war. Ich fragte, was wir zuerst machen sollten, spielen oder erzählen. „Nicht spielen, nur erzählen", „Nur spielen, erzählen ist doof", waren die lautstark geäußerten Reaktionen, unterstützt von leichten Knüffen und Fußtritten, die man noch nicht ernst nehmen mußte. Ich vermied in dieser Situation eine Abstimmung, griff etwas lenkend ein und schlug vor, zuerst zu spielen, da könne man sich so richtig austoben, dann sei es auch schon finster draußen, und da sei es gemütlich zu erzählen. Ich hatte es absichtlich verhindert, die Entscheidung durch eine Abstimmung zu fällen. Die Enttäuschten wären dann sofort auf die anderen losgegangen, und es wäre für die ganze Gruppe eine schlechte Erfahrung gewesen. Ich hatte Äußerungen wie die folgenden nicht vergessen: „Ach, wir haben so oft etwas beschlossen, und nie ist es so gegangen, weil immer wer beleidigt war und nicht mitgemacht hat." „Unsere Klasse ist gemein, niemand kann sich daran halten, wenn wir was ausgemacht haben." Der Zirkel von immer wiederkehrenden Versuchen und Mißerfolgen mußte durchbrochen werden. Um nicht noch eine negative Erfahrung hinzuzufügen, nahm ich die Entscheidung auf mich, auch wenn die Gruppe vielleicht zornig auf mich sein würde. Doch zuerst mußte ja überhaupt erlebt werden, daß die einen um der anderen willen spielen können, und umgekehrt, daß man Geschichten hören kann, weil die anderen nicht mehr spielen wollen. Aggressive

Reaktionen gab es auch sofort nach der Entscheidung, aber sie richteten sich, wie beabsichtigt, direkt gegen mich; eine Prügelei in der Klasse war vermieden. Wir spielten eine halbe Stunde lang, und es ging ganz gut, da es Spiele waren, bei denen die Kinder viel laufen mußten. Dann erzählte ich. K. und H. lagen friedlich im Kreis am Boden und hörten zu. Wieder waren wir einen Schritt weitergekommen.

In der nächsten Spielstunde fragte ich von neuem danach, in welcher Reihenfolge wir vorgehen sollten. Eine Einigung kam ohne mein Eingreifen und auch ohne Abstimmung zustande, nachdem einfach hin und her geredet worden war. Diesmal sollte zuerst erzählt und dann gespielt werden. In der Geschichte gab es einen Hinweis auf ein sexuelles Thema, das die Gruppe sehr zu belasten schien. Ich erzählte, daß die Hauptperson unserer Geschichte, ein Bub in einem Internat in einem anderen Land, zufällig bei einem anderen Buben einen Haufen Porno-Heftchen gefunden hatte, sie betrachtete und dabei erwischt worden sei. Als ich das erzählte, gab es anzügliche Zwischenbemerkungen, Unruhe, Fragen nach dem Inhalt der Hefte, Gekicher, Aufregung, schließlich Geschrei und Anfänge von heftigeren Kämpfen. Ich versuchte, ein oder zwei Fragen zu stellen. Das ging in der allgemeinen Erregung unter. So erzählte ich weiter, ging auf ein anderes Thema über, und die Aufregung ebbte ab. Ich erinnerte mich, daß ich schon ganz am Anfang der Geschichte ein sexuelles Thema, nämlich Nacktheit, berührt hatte und es dabei ein lautes, aber nicht sehr erregtes Gespräch gegeben hatte. Oder so hatte es damals ausgesehen. Im Laufe der Zeit aber wurden die Reaktionen bei diesem Thema immer heftiger. Das war für mich ein Zeichen, es jedesmal aufzugreifen, ohne zu insistieren, wenn die Ablehnungszeichen, die mit ziemlicher Sicherheit auf Angst schließen lassen, zu groß wurden.

Andere Themen, wie Rauchen, verschiedene Ängste, Heimweh, Einsamkeit, Unsicherheit, mangelndes Selbstvertrauen, waren für einzelne Kinder schwierig, aber da konnten sie sich gegenseitig helfen, indem sie ihre eigenen Erlebnisse erzählten. Das geschah spontan oder wurde durch Hinweise angezeigt, daß ihnen solche Situationen nur zu gut bekannt seien. Doch das Thema Sexualität ist in dieser Gruppe noch lange nicht bewältigt, zumal es ein Problem der ganzen Gruppe und nicht nur einzelner Kinder ist.

Es ist noch nicht abzusehen, wie sich die Situation in dieser Klasse weiterentwickeln wird. Noch wird, um Sicherheit zu geben, erzählt werden müssen, um friedliches Nebeneinander weiter zu erproben. Wahrscheinlich werden wir jetzt jedesmal spielen können, aber mit Vorsicht und vor allem Spiele, die nicht zu leicht zu Konflikten zwischen einzelnen und der Gruppe führen, Spiele, welche die Kinder einander näherbringen.

3. Kapitel: Die Planung von Spielstunden

Will jemand die hier beschriebenen Spiele verwenden und selbst „Spielstunden“ in der Schule einführen, muß er wissen, in welchem Umfang sich solche Spielstunden planen und Erfolge sich durch Planung sichern lassen. Da die Spiele an Zielen orientiert sind, scheint die Voraussetzung für Planung gegeben. Viele der geschilderten Erlebnisse dokumentieren in meinen Augen auch das Erreichen der Ziele. Darum wäre zunächst nicht einzusehen, warum man Spielstunden nicht genau planen sollte.
Nun zeigen meine Erlebnisse mit den Kindern, daß die Erfolge sich ganz plötzlich und unerwartet ergaben. Ich hatte mir die Ergebnisse zwar gewünscht, doch sie kamen oft überraschend: in Situationen, in denen ich mir ganz andere Ziele gesetzt hatte, manchmal geradezu gegen das Programm. Wenn ich die Ereignisse aus der Spielstunde notierte, kam mir oft zu Bewußtsein, daß sich Erfolge eher einstellen, wenn ich Spiele nach den Bedürfnissen der Kinder variierte, auf sie einging und spontan von meinen Plänen abwich, als wenn ich mich genau nach ihnen richtete. Also scheinen die wichtigsten Eigenschaften eines Spielleiters Spontaneität und Flexibilität zu sein, wenn er mit Hilfe der Spiele Kindern helfen will, Fähigkeiten zu erwerben, die für soziales Handeln notwendig sind.
Dennoch habe ich jede Spielstunde geplant. Es ist ein Paradox: Man kann den Erfolg der Spielstunden nicht vorausplanen, doch man muß planen, wenn man über den Augenblick hinaus handlungsfähig bleiben will. So unerläßlich die Flexibilität ist, ohne Planung wird sie orientierungslos.
Um diese widersprüchlichen Vorgänge deutlich zu machen, die zwischen Planung und tatsächlicher Gestalt einer Spielstunde treten, soll auf den nächsten Seiten die Geschichte der Planung und Durchführung einer Spielstunde genauer geschildert werden.

Planung einer Spielstunde

Wenn ein Beispiel zeigen soll, wie eine Spielstunde geplant wird, muß zunächst die Klasse beschrieben werden. Es scheint mir wichtig, daß Auswahl und Abfolge der Spiele, in Planung und Durchführung, sich nach der Klasse und den einzelnen Kindern richtet, aus denen sie zusammengesetzt ist.

Unsere Klasse in einer Internatsschule besteht aus 29 Kindern, im sechsten Schuljahr, sie „hat" Spielstunde bereits im zweiten Jahr. Die Klasse besteht aus 14 Internen und 15 Externen, aus 12 Mädchen und 17 Buben, und diese Zusammensetzung ist ihr Problem, denn es gab deutlich Gruppierungsschwierigkeiten. Verbündeten sich, um nur ein Beispiel zu nehmen, die drei internen Mädchen besser mit den internen Buben oder mit den externen Mädchen?
Außerdem gab es einige schwierige Kinder, die durch Verhaltensstörungen aus dem Rahmen fielen.
Zum Zeitpunkt der hier berichteten Spielstunde waren die Kinder schon fast zwei Jahre zusammen, kannten sich gut, die Probleme der Gruppierung waren in der Spielstunde kaum noch spürbar. Die Schwierigkeiten der Problemkinder waren in manchen Spielsituationen viel geringer als am Anfang, in der Spielstunde waren Fortschritte zu beobachten.
Es war Sommer, das Wetter war unsicher. Man konnte draußen auf einer Wiese, im Wald oder in einem Klassenraum spielen. Die Spielstunde lag am Nachmittag, zwischen 3 und 5 Uhr.
In den letzten Spielstunden waren immer wieder Wünsche laut geworden, bei der Einteilung in Gruppen doch nicht selbst entscheiden zu müssen. Der Spielleiter oder das Los oder Durchzählen oder die Wahl durch einige wenige Führer sollten die Zuteilung der Spieler bewirken. Jedenfalls wünschten einige Kinder nicht, die Verantwortung für die Gruppierung auch selbst tragen zu müssen. „Schicksal ist besser, da ist man nicht schuld", verkündete eine Gruppe. Eine andere wehrte sich heftig dagegen. Sie fand, es sei viel schöner, mit Freunden zusammen zu sein und keine Sorge zu haben. Dieses Problem wollte ich in der nächsten Spielstunde thematisieren. Ich wollte die Kinder ausprobieren lassen, wie sich die eine und die andere Lösung „anfühlt". Ich dachte daran, mehrere Spiele auszusuchen, die verschiedene Arten der Gruppierung implizierten. Zuerst sollte paarweise gespielt werden, dann vielleicht dasselbe Spiel in einer etwas größeren Gruppe, sodann in einer größeren Gruppe ein Spiel, in dem zwei Aufgaben zu lösen waren, und schließlich ein Spiel, bei dem die gesamte Gruppe gut zusammenarbeiten mußte. Zum Schluß sollte noch Zeit für ein Gespräch bleiben, oder, wenn das nicht zustande kam, sollte noch etwas gespielt werden können. Da die Klasse sehr lebhaft war, plante ich für den Anfang der Stunde Spiel Nr. 1 (Fangen). Die Kinder spielten dieses Spiel gerne. Weil sie es gern spielten, dachte ich mir, daß es vielleicht gelingen könnte, Buben und Mädchen zu Partnern zu machen, wenn das „Schicksal", also in diesem Falle ich, die Einteilung vornähme. Dann schrieb ich mir auf, wie ich die Paare zusammenstellen wollte, und überlegte, ob es für C. gut sein könnte, mit B. zu

laufen oder vielleicht besser mit A. Ich dachte daran, daß W. und O. sich nicht mochten und daß ich vielleicht den Bogen überspannen würde, wenn die beiden zusammenspielen sollten. Und ich fragte mich, wie die Kinder wohl reagieren würden, wenn ich die Zusammenstellung der Paare vorlesen würde, da sie diese überhaupt nicht erwarteten; was ich wohl antworten sollte, wenn sie fragten, warum ich die Paare gerade so und nicht anders zusammengestellt hätte. Ich beschloß zu sagen, daß ich überlegt hätte, für welche Kinder es gut sein könnte, mit einem bestimmten Spielpartner zusammen ein Spiel zu spielen, in dem man laufen und gleichzeitig nachdenken und aufeinander achten müsse. Ich hoffte, nach dem Spiel fragen zu können, ob die Auswahl nach dem Urteil der Kinder gut oder ganz verkehrt gewesen sei.

Als nächstes Spiel plante ich Spiel 99 (Zeitungslauf) mit freier Partnerwahl. Bei diesem Spiel wollte ich vor allem darauf achten, wer seinen Partner vom vorhergehenden Spiel behalten würde, und strich mir in meiner Liste an, bei welchen Paaren ich das für besonders unwahrscheinlich hielt. Ich dachte über Gründe nach, warum Kinder, die sich sonst nicht wählen würden, zusammenbleiben könnten. Sie könnten die Entdeckung machen, daß sie gut miteinander kooperieren könnten, daß sie sich vielleicht aus der Ferne ganz gerne mochten, aber irgendwie sich nie näher gekommen waren. Vielleicht würden einige Kinder zusammenbleiben, weil sie sich nicht den Ängsten einer neuen Partnerwahl ausliefern konnten oder wollten und es zufrieden waren, vom „Schicksal" einen Partner zugeteilt zu bekommen. Für das Spiel mußte ich Pappstücke vorbereiten, da im Freien auf der Wiese Zeitungspapier nicht verwendet werden konnte. Ich plante zunächst einen Durchgang, d. h., jeder Partner sollte einmal gehen und einmal legen. Dann wollte ich sehen, ob man mehrere Durchgänge spielen sollte, je nach Spaß oder auch Notwendigkeit (falls es der Mehrzahl sehr schwer fiele, es richtig zu machen).

Danach plante ich Spiel 100 (Zeitungslauf). Die Fünfergruppen sollten durch Auszählen entstehen. Damit Kinder, die im Auszählsystem vorausrechnen konnten, nicht vorausplanten, in welche Gruppe sie kommen, dachte ich daran, sie im Kreis mit ausgestreckten Beinen, damit sie nicht während des Durchzählens ihren Platz wechselten, auf den Boden zu setzen. Auch das könnte nachher erklärt werden, falls man darüber sprechen wollte.

Ich dachte auch daran, daß F. und S. sicher gerne Helfer sein würden, und überlegte, wie ich unbemerkt nachhelfen könnte, da ich es für die beiden als notwendig ansah, gelegentlich einmal aus ihrem Schattendasein herauszutreten und von mehreren Kindern beachtet und ernst genommen zu werden. Ich fand im voraus keine Möglichkeit und hoffte, daß sich eine Situation herstellen würde, in der ich ein wenig Einfluß nehmen könnte. Ich überlegte auch, daß ich auf alle Fälle M. und W. zurückhalten müßte, als erste Helfer zu sein. Denn es war anzunehmen, daß sie sich zwar sehr eifrig anbieten würden, aber auch gleich verzagen könnten, wenn nicht alles so schnell und geschickt vonstatten ging, wie sie sich das vorstellten. Für den Spielverlauf wäre es sicher besser, wenn sie erst später an die Reihe kämen.

Als letztes Spiel wollte ich Nr. 30 (Himmelsrichtungen) nehmen. Dabei sollten die Kinder sich selbst in Fünfergruppen zusammenfinden. Ich wollte auch die Spielregel ganz ansagen, bevor sie sich zu Gruppen zusammentaten. Zwar nahm ich nicht an, daß die Spielregel andere Gruppierungen bewirken würde, aber ich wollte wenigstens die Möglichkeit dazu offenhalten. Je nach Situation wollte ich auch auf diese Möglichkeit hinweisen. Das Spiel hatte ich ausgewählt, weil ich ausprobieren wollte, ob K. bei diesem Spiel, wie bei jedem anderen, durch seine Clownerien herausfallen würde oder ob nicht vielmehr ein Spiel mit geschlossenen Augen ihm helfen könnte, einmal richtig mitzuspielen. Vielleicht könnte es ihm für dieses Spiel aus seiner Clownrolle heraushelfen, wenn niemand ihn sehen konnte und auch er niemand sah.

Als Reserve nahm ich Bilder mit, um die Spiele 50 oder 51 spielen zu können, wenn der Ablauf nicht der Planung entsprechend verlief.

Die Spielstunde

Die Klasse sollte sich nachmittags um 3 Uhr treffen. Es war sehr heiß an diesem Tag, und die Kinder kamen entsprechend langsam, müde und leicht lustlos an. Sie setzten sich an den Rand der Wiese in den Schatten, ohne das übliche Geplänkel, es waren eher gereizte Reaktionen zu beobachten. Als ungefähr zehn Kinder gekommen waren, schlug ich vor, anzufangen: Ich fragte, ob jemand einen Vorschlag hätte, was wir spielen könnten, bis alle da waren. Sofort rief A.: „Au ja, Jungen gegen Mädchen." Als ich wissen wollte, was er damit meinte, lachte er und meinte: „Ach, nur so", und einige andere knurrten: „Doof, doof." Niemand brachte einen Vorschlag zustande. Ich überlegte, was wir spielen sollten, da es mir nicht günstig schien, bei der Hitze Fangen zu spielen. Inzwischen waren auch die letzten angekommen. Ich erinnerte an die vergangene Spielstunde und an die damals geäußerten Wünsche, die Gruppeneinteilung dem Schicksal zu überlassen; ich hätte mir nun ausgedacht, daß wir es bei jedem Spiel anders machen und uns dann überlegen könnten, wie die jeweilige Einteilung sich „angefühlt" und ausgewirkt hätte. Die Reaktion war nicht sehr freudig. Einige meinten, daß sie das gar nicht wissen wollten, andere fanden alles unnütz und zu mühsam, weil es doch so heiß war, nur ein paar wenige fanden den Vorschlag gut und wollten ihn ausprobieren.

Ich sah, daß ich mit diesem Programm heute so nicht durchkommen würde, und ließ das Thema daher fallen. Ich bestand nicht weiter darauf, weil offensichtlich war, daß die Ablehnung nicht auf Lethargie durch Hitze zurückzuführen war. Es war anzunehmen, daß der Vorschlag der Ablehnung verfiel, weil es zu unangenehm war, über dieses Thema nachdenken zu müssen oder dazu etwas auszuprobieren.

Also fragte ich, was wir denn machen sollten, wenn mein Vorschlag nicht das Richtige getroffen hatte. Ins Schwimmbad gehen; hier sitzen bleiben und miteinander sprechen; Fangen spielen; Räuber und Gendarm spielen; raufen; gar nichts tun; — so lauteten die Vorschläge. Ich versuchte, den Wunsch nach „Fangen spielen“ aufzugreifen, hatte aber damit keinen Erfolg, weil nur wenige das wollten. Da gab K. das Stichwort: „Ich will überhaupt nicht hier sein, hier ist es heiß und doof, die Jungen sind doof, die stören bei allem.“ Wie es denn wäre, wenn jetzt keine Buben hier wären, fragte ich. „Ach, dann könnte man irgendwas Schönes spielen, wer anderer sein oder so“, erwiderte sie. Wer sie denn sein möchte, wollte ich wissen. Man könnte doch spielen, wie man durch die Wüste geht und was man dort alles aushalten muß, um bis zur Oase zu kommen. Einige andere Kinder hatten uns zugehört und gefragt, was sie denn damit meine. Daraufhin wandte K. sich hilfesuchend an mich. Ich ergriff die Gelegenheit und schlug der Gruppe, die zugehört hatte, vor, man könne doch jetzt mehrere Gruppen bilden und folgendes Spiel machen: Wir seien verschiedene Forschergruppen und ein wilder Beduinenstamm. Die Forscher wollten einige Wüstenpflanzen und -tiere sammeln und zur Oase bringen, von wo sie dann abtransportiert werden konnten. Die Beduinen fühlten sich durch die Forscher bedroht und versuchten, sie zu vertreiben, indem sie ihnen die Lebensmittel wegnehmen. Es ist sehr heiß, und daher kann man sich nicht sehr schnell bewegen.

So weit hatte ich erzählt, da hatte sich der Kreis der Zuhörer auch schon sehr vergrößert. „Was sagte sie denn da?“ fragten einige. „Sei still, sie erzählt, und das wird, glaube ich, dann ein Spiel“, antworteten andere. Ich beschrieb die Forscher, die Wüste, die Oase und die Beduinen. Inzwischen hörten alle zu, und ich schloß an die Beschreibung, bei der alle andächtig zuhörten, Spielregeln an. Die Forscher sollten fünf verschiedene Pflanzenarten bringen und Steine, die in der Nähe gelegen waren. Die Beduinen sollten ihr Lager in einer bestimmten Entfernung von den Forschern haben und dürften diese, einige Zeit nachdem sie aufgebrochen waren, überfallen, d. h. sie abzuschlagen versuchen. Wer abgeschlagen war, galt als verwundet und mußte in Begleitung eines gesunden Forschers zu mir gebracht werden. Bei mir konnte er sich dann ein neues Leben holen. Die Gruppe, die als erste mit allen ihren Forschungsergebnissen die Oase erreicht hatte, konnte dort bleiben oder wieder hinausgehen und anderen Forschergruppen helfen.

Ein Großteil der Klasse war mit diesem Spielvorschlag einverstanden. Nur ganz wenige hatten keine Lust mitzumachen. Sie wollten bei mir bleiben, und so wurden sie zu Beobachtern ernannt. Die Gruppeneinteilung ging ohne Schwierigkeiten: außer C., die niemand in der Gruppe haben wollte, fanden sich alle ganz schnell zusammen. C. wollte ausweichen und auch Beobachter sein. Ich fand aber, daß es für sie wichtig sei, mitzuspielen. Sie hatte es immer schwer, Anschluß zu finden. Zu oft hatte ich beobachtet, daß sie zusah, wie andere Kinder in der Freizeit spielten, und sie am Rand stehen mußte, weil niemand sie zum Mitmachen aufforderte. Also fragte ich S., die in der Klasse eine gute Position besaß, weil sie alles gut konnte und zudem sehr freundlich war, ob sie nicht C. mitnehmen und sich um sie ein wenig kümmern könnte. S. machte zuerst ein ablehnendes Gesicht, aber als ich ihr dann C.s Lage zu erklären versuchte, winkte sie ab, lachte und sagte: „Ich weiß schon, ist ja gut, das machen wir schon.“ Sie wandte sich an ihre Gruppe und sagte: „Wir haben heute für unsere Expedition einen berühmten Forscher aus Amerika dabei; aber noch weiß niemand von seiner Berühmtheit, und er will auch nicht darüber sprechen.“ Zwei Kinder in der Gruppe nahmen das auf, die anderen grinsten verlegen und wollten etwas äußern, um die Situation zu stören. Da ließ ich das Spiel beginnen.

Das Spiel lief einige Zeit ohne Hindernisse, aber dann hörte ich großes Geschrei. Zwei Kinder kamen daher und beklagten sich heftig, daß sie nicht mehr mitmachen würden, und überhaupt, nie mehr, und alles sei ganz schrecklich. Wenn man hinfällt, könne man doch nicht abgeschlagen werden, das sei doch unfair. Außerdem würden die anderen einen einkreisen, und dann seien sie viele gegen einen. Das Lamento war so groß, daß es hoffnungslos erschien, etwas zu erklären, obwohl mir das Geschehen nach den vorgebrachten Anklagen nicht besonders unfair erschien. So erklärte ich die beiden für krank; sie müßten fünf Minuten bei mir bleiben, und dann könne man weitersehen. Nach drei Minuten — denn fünf Minuten sind sehr lang während eines Spiels — wollten beide wieder los. Ich ließ sie noch einige Sekunden warten, dann durften sie wieder rennen.

Es gab noch einige Klagen und Streitigkeiten dieser Art, die sich aber an diesem Tag schnell und irgendwie von selbst lösten. Nach 50 Minuten war das Spiel zu Ende. Alle versammelten sich, und es gab heftige Hin- und Herreden innerhalb jeder Gruppe, wie man die eine oder die andere Situation besser hätte bewältigen können. M. brachte alle Kritik auf einen Nenner, indem er sagte: „Jeder ist immer so aufgeregt, daß er vergißt, daß man in der Gruppe einen Plan hat, dann geht alles nicht nach Plan, und schließlich ist der Plan weg." Darauf wurde erwidert, daß man nicht gut genug planen könne, weil immer, wenn jemand eine Idee hat, die anderen nicht zuhörten. Als ich dann fragte, ob es nicht doch schon besser ginge als vor einem Jahr, meinten fast alle, daß es viel lustiger sei als früher, so etwas zu spielen. Die Kinder, die dagegen sprachen, wurden darauf aufmerksam gemacht, daß sie heute schlecht gelaunt seien, weil es ihnen beim Spiel nicht so gut ergangen war, wie sie sich das gewünscht hatten. Darum könnten sie nichts Rechtes sagen.

Dieses Gespräch und das Ausruhen von dem eher wilden Spiel hatte ungefähr eine Viertelstunde gedauert. Aufgrund des Gesprächs schlug ich nunmehr vor, ein Spiel zu machen, in dem man die Gruppe selbst prüfen könne, ob man zusammen einen kleinen Plan machen und den Plan auch durchhalten könne. Das wurde akzeptiert. Ich fragte, ob die Kinder die Gruppen ändern oder in den gleichen Gruppen bleiben wollten. Einige wollten dies, andere jenes. Abstimmung wurde gefordert.

Diese ergab, daß die Gruppen gleichbleiben sollten. Murren gegen die Abstimmung, worauf K. erklärte, daß hier Abstimmung gerecht sei, weil es sich um eine Art Entscheidung handle, bei der es niemand schade, wenn er sich nach der Mehrheit richten müsse. Diese Äußerung nahm Bezug auf ein früheres Gespräch in dieser Klasse, wo wir gefunden hatten, daß man Streitigkeiten nicht immer durch Abstimmung lösen könne. Ich schlug vor, das Spiel mit den Himmelsrichtungen (Nr. 30) zu spielen. Wir hatten das schon öfters mit sehr wechselndem Erfolg gespielt. Diesmal schienen die Gruppen guten Kontakt untereinander zu haben, und so konnten sie das Spiel gut spielen. Manchmal geschah es, daß ein Kind sich sehr irrte und an einer ganz unerwarteten Stelle landete. Da wurde es diesmal nicht beschimpft, sondern in zwei Gruppen war sogar zu beobachten, daß es zwischen zwei sehr sichere Kinder gestellt wurde, damit diese ihm helfen konnten.

Nach einigen Durchgängen fing K. an, Unfug zu treiben und zuerst seine Gruppe, beim nächsten Mal auch die anderen Gruppen zu stören. Zunächst gab es von einigen Kindern Ermahnungen, als aber K.s Angriffe immer heftiger wurden und er sich gegen eine Gruppe von Kindern warf und auf diese Weise versuchte, sie umzustoßen, kam die große Wut über A. und T. Die beiden waren sonst meistens die ersten, die ein Spiel störten. Sie packten K. und waren drauf und dran, ihn gründlich zu verprügeln, als ich eingriff. Ich zog K. aus dem Getümmel und ging mit ihm beiseite. Ich fragte ihn, ob er bei mir bleiben und mir helfen wolle zu beurteilen, wie die einzelnen Gruppen nach einem Spieldurchgang dastünden. Er lehnte ab und schimpfte mich an und endete mit dem Satz: „Und jetzt geh' ich nach Hause, ich muß ja nicht kommen, und meine Mutter findet auch, daß hier alles doof ist." Er rannte davon. Sein Abgang wurde nicht sehr beachtet, und das Spiel wurde wieder aufgenommen. Es gab noch zwei Durchgänge, dann erlahmte das Interesse, und viele Kinder wollten sich wieder im Schatten ausruhen. Also setzten wir uns an den Rand der Wiese in den Schatten. Ich war sehr erstaunt, als P. mich fragte, was ich mir denn für heute eigentlich ausgedacht hätte. Ich sollte es erzählen, auch wenn niemand es so spielen wollte. Und so fing ich an, meine Planungsideen zu berichten. Aber ich kam nicht weit. Als die Kinder gehört hatten, daß ich mir die Paare für das Fangenspielen ausgedacht hatte, schrien sie auf mich ein, ich sollte ihnen doch wenigstens vorlesen, wie ich mir die Paare ausgedacht hatte. Sie würden mir dann sagen, was sie sich dazu dachten. Ich versuchte zu erklären, daß es eigentlich gedacht war, um auszuprobieren, wie man reagiert, wenn das Schicksal entscheidet. Dann schlug jemand vor, es doch noch so zu versuchen: Ich solle die Paare zusammenstellen, wie ich es mir ausgedacht hatte. Ein anderer meinte, das sei ja ganz gut, aber wer wolle denn noch rennen. Und dann schlug jemand vor, man brauche doch nicht zu rennen, man könnte ja Fangen statt mit Rennen mit Gehen spielen. „Och, da mogelt dann immer wer." Einige Kinder sahen mit vielsagendem Blick zu A. hinüber, der in diesem Punkt immer Schwierigkeiten hatte. Ich sah, wie ihm die Tränen in die Augen stiegen und er die Fäuste ballte. Da stichelte W. auch schon direkt, und sofort war eine Balgerei im Gange. Ich versuchte zu erklären, daß man doch nicht vorher sagen könne, ob jemand mogeln würde, und wenn es geschehe, könne man ja immer noch sehen, ob es wirklich so böse oder vielleicht nur aus Versehen geschehen sei. Die Kämpfer beruhigten sich, und ich las die Paare vor. Wie zu erwarten, gab es Gekicher und Entrüstung, Freude und Ablehnung. Ich wartete aber keine Kommentare, Fragen oder Änderungswünsche ab, sondern bestimmte ein Paar zum Fangen, und das Spiel ging los. Gespräche wollte ich lieber nach dem Spiel. Dieses Spiel, das für meine Beobachtung und Beurteilung mancher Kinder und ihrer Situation sehr wichtig wurde, soll in diesem Zusammenhang nicht genauer beschrieben werden. Es verlief gut und war allgemein vergnüglich. Und als auch hier Erschöpfung eintrat, war auch die Zeit vorbei, und man konnte nicht mehr darüber reden, wie es war, so eingeteilt zu werden. Immerhin kamen einige Kinder noch zu mir und sagten, wir sollten es noch einmal genauso ma-

chen, aber mit einer anderen Einteilung. Es sei ja richtig spannend, einmal ohne freie Wahl mit jemand spielen zu müssen. Aber ich sollte die Paare zusammenstellen, dann sei es nicht so schlimm.
„Und dann wollen wir doch einmal so spielen, daß man herausfinden kann, wie das mit dem Gruppeneinteilen ist“, sagte V. „Wie soll das denn gehen, wenn sie vorschlägt und es dann alle nicht machen wollen?“ fragte R. „Heute war es doch auch so ganz gut, und ein anderes Mal kann man es ja nach dem Plan machen“, erwiderte V. „Nach Plan geht es doch fast nie, oder?“ fragte R. und lief den anderen nach zu seinem Klassenzimmer.

Warum man trotzdem plant

Nach einer Spielstunde wie der eben beschriebenen wird man denken, daß es eher nutzlos sei, einen Plan zu machen. In dieser Klasse kam es nach den Ferien am Anfang einer Spielstunde wieder einmal zum Konflikt über die Einteilung in Gruppen. Es gab Streit, dann wollten einige Kinder überhaupt nicht mehr mitspielen. Mir fiel ein, daß ich eine ganze Spielfolge geplant hatte, um dieses Problem zu behandeln. So schlug ich vor, ob wir nicht spielen könnten, wir seien Leute, die herausfinden wollten, wie man sich am besten in Gruppen einteilen könne. Zögernde Zustimmung. Die Spielstunde lief beinahe so ab wie damals geplant und war ein großer Erfolg.
Einerseits also plant man, andererseits muß man der Situation entsprechend reagieren. Das bedeutet auch, im Moment ein Spiel zu erfinden, von seinem Plan abzugehen und etwas ganz anderes zu spielen, auf Vorschläge der Kinder einzugehen oder selbst zu erkennen, daß ein anderes Spiel ihren Bedürfnissen besser entsprechen könnte als das geplante. Um reagieren zu können, muß man vorbereitet sein. Durch das Planen begibt man sich in einen Prozeß, durch den man sich ein immer größer werdendes Repertoire von Spielen einprägt, das man zur Verfügung hat und je nach den Bedürfnissen der Kinder, sei es, daß sie selbst sie äußern oder daß man sie erkennt, anbieten kann. Jedes neue Programm macht den Spielleiter fähiger, den Zielen entsprechend zu reagieren, auch wenn er vielleicht die geplanten Spiele erst zu einem späteren Zeitpunkt verwenden kann.
Es ist wichtig zu planen, um eine möglichst große Vielfalt von Spielen anbieten zu können. Der Spielleiter muß sich über den Wechsel von Aktivitäten Gedanken machen. Er muß sich z. B. überlegen, wie er Spiele mit viel Bewegung mit ruhigen Spielen alternieren läßt. Und er muß sich vor allem überlegen, ob er im Laufe der Zeit alle möglichen Ziel-

bereiche angesprochen hat. Durch das Planen kann er immer wieder kontrollieren, ob das Angebot und damit die Chance für alle Kinder breit genug ist. Natürlich kann man in der Spielstunde nicht Lernziele verfolgen, wie man das im Unterricht tut; man kann nicht zunächst ein Spiel in seiner leichtesten Form wiederholt üben, bis die Kinder es beherrschen, um dann zu einer schwierigeren Form überzugehen und diese dann wieder zu „üben". Natürlich wird sich der Spielleiter beim Planen einer Spielstunde Gedanken machen, ob das eine oder das andere Spiel noch nicht gespielt werden kann, weil die Kinder noch nicht soweit sind. Er wird eine Hierarchie der Spiele bedenken — sie ist auch in den Spielbeschreibungen angedeutet —, aber er wird nicht einen Strang von Lernmöglichkeiten allein verfolgen. Man wird nicht ein halbes Jahr lang motorische Koordination üben. Oder noch absurder: in allen Variationen üben, wie man auf den anderen achtet. Aber der Spielleiter wird sein Augenmerk darauf richten, daß im Laufe eines halben Jahres auch diese Fähigkeiten in der Spielstunde angesprochen werden.
„Planen" heißt also, eine „systematische Sensibilität" für die Bedürfnisse und Defizite der Kinder zu entwickeln; auf diese diagnostische Sensibilität mit einer Einschätzung der Spielmöglichkeiten zu antworten und schließlich ein den Bedürfnissen und Defiziten entsprechendes reichhaltiges und vielfältiges Angebot zu machen.

Zur Planung gehören:

Gedanken nach der Spielstunde

Für den Spielleiter ist die Spielstunde nicht vorbei, wenn die Kinder wieder fort sind.
Wenn die Spielstunde nicht nur lustige Beschäftigung für die Kinder sein soll, muß der Spielleiter darüber nachdenken, was in der Spielstunde geschehen ist und welche Konsequenzen daraus für die nächste Spielstunde zu ziehen sind. Darum ist es günstig, sofort nach der Stunde kurz seine Beobachtungen zu notieren und wenn möglich dabei schon das Programm für die nächste Spielstunde zu planen.
Dafür ist es nötig, über die ganze Gruppe, über einzelne Kinder und über das eigene Verhalten nachzudenken. Aus solchen Überlegungen kommen sehr oft Ideen für die nächste Stunde. Der Spielleiter mag z. B. an sich selbst beobachten, daß er zu dominierend war (daran dachte ich, als ich die oben beschriebene Spielstunde rekapitulierte, und mir das erste Spiel in Erinnerung rief, das ja aus dem Moment gewachsen war. Ich fragte

mich, ob ich die Kinder hinreichend in die Erstellung der Regeln einbezogen hatte; hatte ich die Labilität der Situation richtig eingeschätzt oder hätte ich den Kindern mehr zumuten können?). Oft wird man beim Nachdenken eine eindeutige Antwort finden. Demnach ist die Reflexion auf Verlauf und Ereignisse der Spielstunde unerläßlich, um offen zu bleiben und sich in Frage stellen zu können, um dadurch für die Aktionen und Reaktionen der Kinder sensibel zu bleiben.
Beim Nachdenken über einzelne Kinder wird deutlich, daß es wichtig ist, mehr als nur ihr Verhalten in der Spielstunde zu kennen.
(So kamen etwa K.s Probleme aus der Familiensituation. Nur weil ich dies wußte, konnte ich mir vornehmen, darauf zu achten, daß er nicht so sehr aus dem Rahmen fiel. Erst so konnte ich ermessen, ob ihn seine Reaktionen weiterbringen könnten oder ob es nicht vielmehr in seiner besonderen Lage besser war, den Versuch zu unternehmen, ihn wieder in die Gruppe und in die Klasse einzuordnen. Nicht immer ist diese anscheinend pädagogisch stets richtige Entscheidung für das Kind die hilfreichste!)
Der Spielleiter wird also versuchen, ein möglichst umfassendes Bild von den Kindern zu bekommen, um sein eigenes Verhalten entsprechend einstellen und kontrollieren zu können. Das ist wichtig, um nicht als Erwachsener in die Rollenmuster zu verfallen, die den Kindern besondere Schwierigkeiten bereiten oder die für ihre Entwicklung schädlich sind. (So wußte ich, daß C. eine überfürsorgliche Mutter hatte; C. selbst war klein und sehr zart und verleitete einen dazu, sie zu behüten. Daher mußte ich mich sehr in acht nehmen, sie nicht an meiner Hand zu behalten, zumal sie dies auf eine besonders rührende Weise immer wieder forderte. F. dagegen hatte sehr harte Eltern; als er nach längerer Zeit des Kennenlernens oft meine Hand hielt oder neben mir sitzend sich an mich anlehnte, durfte ich das sicher nicht unterbinden, es andererseits auch nicht zu stark beachten, um ihn nicht mit einer zu intensiven Bindung zu belasten.)
Nützlich ist es ferner für den Spielleiter, zu erfahren, was die einzelnen Lehrer über die Klasse denken: so erhält er Einblick in das Verhalten der Klasse auch außerhalb der Spielstunde und Kenntnis der Urteile und Vorurteile, die sie prägen.
Wenn eine Klasse etwa als besonders unangenehm und streitsüchtig verschrien ist, wird der Spielleiter versuchen, Situationen zu schaffen, in denen sie sich nicht streiten muß. Man wird in der Spielstunde versuchen, Konkurrenzsituationen zu vermeiden, viel zu spielen und zunächst wenig darüber zu reden, damit nicht beim Reden die gewohnten Streitigkeiten aufflammen.

Besonders wichtig ist es schließlich, sich durch die Überlegungen nach der Spielstunde immer wieder klar zu machen, daß der Spielleiter auf der Seite der Kinder steht. Wie auch immer die Spielstunde verlaufen ist: man darf den Kindern nicht böse sein, sondern muß zu verstehen suchen, *warum* sie so gespielt haben, wie sie gespielt haben. Ihr Spiel ist eine Mitteilung über ihre Lage. Der Spielleiter muß fähig sein, sie zu hören.

Woran man ein gelungenes Spiel oder eine gute Spielstunde erkennt

Für den Erfolg eines Spieles gibt es viele Anzeichen: nicht nur die spontanen Ausrufe des Vergnügens oder der Zustimmung oder die Bitte um Wiederholung. Man kann es den Kindern ansehen, wenn ihnen das Spiel Spaß macht, und man sollte als Spielleiter seine Aufmerksamkeit auch darauf richten. Man nimmt wahr, daß Kinder rote Wangen bekommen und lebhafter werden, daß sie sich sicherer bewegen, daß sie freier sprechen. Man beobachtet, daß die Kinder mehr lachen. Bei Spielen, die Konzentration erfordern, ist zu erkennen, wann ihre Aufmerksamkeit gefesselt ist: an physischer Spannung, am fixierten Blick, an geringerer Ablenkbarkeit. Diese Symptome sind nichts Neues für jemanden, der Kinder kennt.
Darum erscheint es mir auch wichtiger, darauf hinzuweisen, daß es andere Anzeichen für das Gelingen von Spielen gibt, die man nicht sofort damit in Zusammenhang bringt. Ich habe beobachtet, daß Kinder nach gelungenen Spielen sich etwas anders verhalten haben, als vorher. Wenn ein Spiel gut gelaufen war, zeigte sich hernach oft, daß die Kinder nicht mehr aggressiv waren, zuweilen sogar anschmiegsam und gesprächig und immer offen für Kontakte. Sie halten den Spielleiter an der Hand, sie lehnen sich aneinander oder legen sich den Arm um die Schulter, völlig ohne Seitenblicke und ohne einen Gedanken daran, was die anderen wohl dazu sagen könnten. Es scheint, als seien die sonst vorhandenen Hemmungen und Barrieren etwas abgebaut oder als würden sie in solchen Augenblicken nicht gebraucht. Und in diesen Situationen machen Kinder dann Äußerungen, die für den Spielleiter ein Trost für viele Mißerfolge und Hilfe für weiteres Nachdenken sind. So sagte F., der immer an allem kritisieren mußte, von den Kindern als „Spielverderber" gekennzeichnet war und geordnete Tätigkeiten kaum mitvollziehen konnte, nach einer Spielstunde: „Wenn es nächstes Mal so toll wird wie heute, dann freue ich mich jetzt schon drauf."
Solche Beobachtungen ersetzen nicht die Evaluation der Spielstunde. Doch kein Verfahren der Evaluation macht es überflüssig, sich in der Beobachtung der Kinder zu üben und solche Beobachtungen zur Grundlage der eigenen Reaktionen zu machen.

4. Kapitel: Variante und Fortsetzung der Spielstunde durch das Kindertheater

„Kann man in der Spielstunde das machen, was wir gerne möchten?" fragte mich die sechste Klasse eines Tages. „Ihr müßt mir schon sagen, was ihr machen wollt, und dann können wir darüber sprechen", war meine Antwort. „Theaterspielen wollen wir!" – „Alle?" – „Ja, fast alle, und die, die es nicht wollen, die haben gesagt, sie würden auch mitmachen."

Schon oft, bevor diese Kinder „richtig" Theaterspielen wollten, hatte ich mir überlegt, ob ich ihnen dies nicht von mir aus vorschlagen sollte. Wenn Kinder in der Spielstunde verschiedene Rollen übernommen und kleine Szenen mit Erfolg und Vergnügen gespielt haben, liegt es nahe, im Theaterspielen eine Fortsetzung dieser Spiele zu sehen.

Aber ich war immer wieder davor zurückgeschreckt, da mir unklar war, wie sich die Ziele der Spielstunde im Theaterspiel verfolgen lassen. Die Form des traditionellen Schultheaters erschien mir unvereinbar mit diesen Zielen, und ich sah zunächst keinen Weg, der an solchem Schultheater vorbeiführt. Die eifersüchtige Konkurrenz um die Hauptrollen, die Betonung der eigenen Leistung, die Starrheit der auswendig gelernten Rollen, die durch ihre Fixierung auf die Aufführung bestimmte Probenarbeit, überhaupt die ganze Orientierung an der äußeren Wirkung an einem oder zwei Abenden sind nach meinen Erfahrungen die Kennzeichen der traditionellen Theaterarbeit an Schulen. Wie sollen Kinder dabei lernen, Spaß am Spielen selbst zu haben und daraus folgend: Spaß daran, aufeinander zu achten, auf andere spontan zu reagieren, in wechselnden Situationen eigene Gefühle zum Ausdruck bringen, ohne ständig auf die erhoffte Wirkung bei der Aufführung zu schielen? Zweifellos liegen im Theaterspielen solche Möglichkeiten. Das Theater *kann* ein ideales Medium für freie und spontane Mitteilungen auf Spielebene, für Selbstdarstellung sein und *kann* zugleich eine Gruppe zu gemeinsamem Handeln zusammenführen; aber nur, wenn man radikal bricht mit der Tradition des Schülertheaters: Das heißt, wenn es gelingt, den Proben ein eigenes Gewicht zu geben; wenn die Rollen und damit die Stücke so offen und veränderbar sind, daß eigene Vorstellungen und Gefühle je nach Lebenssituation und Tagesproblemen eingebracht und dargestellt werden können; wenn die Möglichkeit besteht, Rollen zu wechseln, um die Vorstellungen des anderen auch einmal sozusagen am eigenen Leibe nach-

zuerleben; und wenn die Definition und Darstellung der Rollen auf der Bühne zu einer gemeinsamen Anstrengung, daß heißt die Regie z. B. eine gemeinsame Aufgabe der Gruppe wird.
Diese Art des Schülertheaters kann man aber nicht einfach einführen. Kinder – und mit ihnen der Spielleiter – lernen es erst langsam, Theater als Schule ihrer Ausdrucksfähigkeit zu gebrauchen; es dauert lange, bis sie mit Vergnügen verschiedene Rollen übernehmen, gemeinsam gestalten, nach Bedarf umgestalten, Rollen tauschen und sich auf eine gemeinsame Regie einigen können. Und sie müssen den Weg dorthin selbst entdecken. Der Spielleiter kann ihnen höchstens ein wenig helfen dabei, zeigen kann er ihn nicht.
Aber als die Kinder in dieser Situation selbst darum gebeten hatten, gab es kein Zurück. Es mußte der Versuch gemacht werden, gemeinsam diesen Weg zu finden.

Die Anfangssituation

Ich fragte zunächst einmal, was man sich denn eigentlich unter Theaterspielen vorstellen solle. Wie erwartet, erzählten einige von großartigen Rollen, die sie in der Volksschule gespielt hatten, bei anderen kamen Enttäuschungen, Wunschträume, aber auch Ängste zum Ausdruck. Sie hatten sich zwar gewünscht, bei einem der üblichen Theaterstücke mitzuspielen, aber nur wenige hatten diese Chance gehabt, und man wußte nicht, ob man sich das zutrauen durfte. Ganz deutlich war auch die Sehnsucht nach Selbstbestätigung durch die Beachtung eines Publikums herauszuhören. „Und außerdem ist es sicher lustig, sich zu verkleiden", äußerte R. und gab damit dem Gespräch eine neue Wendung. Jeder schilderte, was er einmal sein möchte: ein armer Verfolgter, ein Dummer, ein Bösewicht, eine interessante Dame, ein Detektiv, ein Tramper, ein „blöder, reicher Onkel aus Amerika" usw. Aber dann wollte man möglichst schnell eine Geschichte suchen, damit man bald mit den Proben anfangen konnte; denn am Tertialsende sollte ein Stück aufgeführt werden. Nach einigen Schwierigkeiten einigte sich die Gruppe auf ein Märchen und bat mich, es so einzurichten, daß man es spielen könne; zusammen wolle man dann die Rollen verteilen.
Bei der Besprechung in der nächsten Spielstunde gab es zunächst, wie befürchtet, einen Wettlauf um die begehrtesten Rollen: „*Ich* bin der König, du Trottel." Es stand schon eine Rauferei dicht bevor, da sagte ein Bub, der zuvor von den anderen verdächtigt worden war, sich eine ehrenvolle Rolle erobern zu wollen: „Ich finde das nicht gut, wenn einer oder zwei

eine große Hauptrolle haben und die anderen immer nur so wenig zu tun haben." Diese Bemerkung fand allgemeine Zustimmung. Es sollte viele gleichwertige Rollen geben, und alle Kinder sollten immer zugleich auf der Bühne sein, damit niemand benachteiligt sei. Sofort wurden Rollen erfunden und von der Gruppe akzeptiert, so daß jetzt für jeden eine „wichtige" Rolle zur Verfügung stand. Aber bei der Verteilung gab es trotzdem noch große Schwierigkeiten. Alle Kinder saßen im Kreis, und es sollte der Reihe nach jeder seine Rolle zugeteilt bekommen. Da schrie F. voller Entsetzen: „Aber ich will keine Weiberrolle spielen." S., die schon von einer Bubenrolle geträumt hatte, murrte: „Immer nur wir, nie dürfen wir stark und klug sein, wir müssen immer affig und blöd sein." Meine Frage, ob man nicht eine Rolle erfinden könne, wo ein Mädchen oder eine Frau stark und klug ist, wurde mit der resignierenden Bemerkung abgetan: „Es glaubt einem Mädchen ja doch niemand, daß sie schneller rennen und besser raufen kann." „Können sie ja auch nicht, und doof sind sie auch noch", war die Reaktion der Buben. Es fehlte nicht viel, und wieder hätte eine Prügelei beginnen können. Daher griff ich schnell ein und versicherte, daß niemand daran gedacht habe, jemandem für immer eine Rolle zu geben, die sie oder er nicht wollte. Es sei ja nur für den Anfang, damit man schnell einmal versuchen könnte, wie es überhaupt sei, Theater zu spielen.

So bekam jeder eine Rolle, und die ersten wollten gleich anfangen zu spielen. Sie stellten sich in den Teil der Klasse, der als Bühne erklärt wurde. M. machte eine immer gleiche, aber nicht erkennbare Bewegung, N. sagte zu C. einen Satz; der sollte darauf antworten, fing aber verlegen an zu kichern. Darauf gab M. ihm einen Tritt, S. wendete sich an mich: „Wir können das nicht, das ist alles so doof." Ich schlug vor, die drei sollten ganz schnell miteinander besprechen, wie sie was machen wollten. Und auch die anderen sollten mit ihren Nachbarn diskutieren, wie sie sich diese Szene vorstellten. Nach einigen Minuten versuchten die drei es von neuem. Sie spielten mit großer Intensität ihre Szene, aber sie spielten sie sozusagen ganz allein. Sie schirmten sich gegen die anderen Kinder ab und achteten nicht auf hilfreich gemeinte Zwischenrufe. Darin hatte ich sie in diesem Moment völlig überfordert. Erst sehr viel später, als allen Kindern das Spielen leichter fiel, konnten sie Vorschläge aufnehmen, die während ihres Spiels gemacht wurden. Und sie konnten dann, wenn sie wollten, auch sehr schnell auf diese Vorschläge eingehen. Aber soweit waren wir noch lange nicht.

Die Stunde endete, bevor noch alle einmal in ihrer Rolle aufgetreten waren. Aber immerhin hatten einige Kinder gesehen, wie es war, aus einer gar nicht besonders erwünschten Rolle etwas zu machen. H. erklärte mir das so: „Eigentlich spiele ich nur gerne einen Räuber oder so etwas, ich habe auch noch nie etwas anderes ausprobieren wollen." Auf meine Frage, wie es denn dann sei, wenn man gezwungen wäre, etwas anderes zu spielen, lachte er und meinte: „Diener sein ist ganz gut, heute jedenfalls."

In der nächsten Stunde wurden auf allgemeinen Wunsch die Rollen endgültig verteilt. Ich hatte zwar gehofft, daß es möglich sein werde, gleich von Anfang an eine gewisse Flexibilität in der Einstellung zu verschiedenen Rollen zu erreichen. Aber auch dies erwies sich als Überforderung. Unmöglich, über den Vorschlag, manchmal auch die Rolle eines anderen auszuprobieren, auch nur zu sprechen. „Ich will der König *sein* und nicht auch noch manchmal wer anders", schrie K. in höchster Erregung. Zunächst interessierte nur, wie das Kostüm aussehen und welche Requisiten man sich beschaffen könnte. Denn zum „König-Sein" gehörte nach Ansicht der Kinder vor allem die richtige Kleidung. Sie klammerten sich in der ersten Zeit geradezu an ihre Rollenattribute. Und es dauerte lange, bis sie Vergnügen daran fanden, auch ohne äußere Hilfsmittel Rollen zu spielen, und noch länger, bis sie darüber sprechen konnten. Ungefähr zwei Jahre nach diesem ersten Versuch, Theater zu spielen, sagte die dreizehnjährige M. nach einer Probe zu mir: „Es ist komisch, daß man ohne alles spielen kann, und jeder versteht, was man meint, und weiß, wer man ist. Das kommt vielleicht daher, daß die anderen, mit denen ich spiele, mich gut kennen und ich sie gut kenne, und da verstehen wir uns so schnell." Als ich dann fragte, ob es denn jetzt auch Spaß mache, die Rollen zu wechseln, zögerte sie und meinte dann: „Manche Rollen möchte ich einfach lieber selbst spielen, und darum will ich nicht wechseln; aber ich finde es gut, wenn man so leicht wechseln kann, wie wir das jetzt tun. Da kann dann einfach nichts passieren, wenn einmal einer nicht da ist. Und außerdem ist es schon gut, die Rollen von anderen auszuprobieren, weil man da immer so ein anderes Gefühl bekommt."

Die Theaterstücke

Ein Märchen wurde wahrscheinlich auch deshalb als erstes Stück gewählt, weil die Personen im Märchen einerseits stark typisiert, leicht verständlich sind und meist nur wenige und sehr deutliche Merkmale besitzen, die sie voneinander unterscheidbar machen. Die Eindeutigkeit jeder Rolle scheint Sicherheit zu geben und damit Mut zu machen. Andererseits erlauben diese anscheinend so grob gezeichneten Rollen aber auch, sehr viel von der eigenen Person in das Spiel mit einzubringen. Es können die ei-

genen Wünsche und Träume, die eigenen Eigenschaften und Fähigkeiten dargestellt werden, ohne daß die Rolle verfälscht wird.
So konnte in unserem Stück jemand als launenhaft dargestellt werden, obwohl es in der ursprünglichen Geschichte eigentlich gar nicht vorgesehen war, einfach deshalb, weil R., der selbst sehr launenhaft war, das als Merkmal einer Person erkannt hatte und damit die Besonderheit dieser von ihm gespielten Person kennzeichnen wollte.
S., die sehr schüchtern war und nie gewagt hatte, in der Klasse etwas zu sagen, gelang es, als Prinzessin vor anderen Kindern sicher aufzutreten, zur Überraschung der Gruppe mit hocherhobenem Kopf und ruhigen Bewegungen als stolze Schönheit dahinzuschreiten.
Auswendig wollte niemand seine Rolle lernen. Wenn man ihnen Zeit dazu gibt und sie nicht verkrampft sind, fällt Kindern offenbar immer etwas ein, was ihre Figuren sagen oder tun könnten. Und wenn es auf einer Probe einmal gelungen ist, etwas zu mimen oder zu erfinden, das anderen Spaß macht, dann öffnen sich die Schleusen. Bald glich keine Probe mehr der nächsten, und die Aufführung unterschied sich von vielen der vorhergehenden Proben.
Die nächsten Stücke, ein Gespensterspiel und ein Räuberstück, lagen noch sehr in der Nähe des Märchenspieles. Doch zeigte sich bei den Proben, daß es der Klasse jetzt nicht mehr genügte, einfach nur ein Räuber zu sein. Es bereitete zwar Vergnügen, gegen die Gesetze zu handeln, aber es wurde immer wichtiger, daß jeder es auf verschiedene Weise tat und daß die Figuren mehr als eine Eigenschaft hatten. Es kam dann häufig vor, daß einer der Spieler nur eine der von ihm geplanten Eigenschaften in seiner Darstellung verdeutlichte und die andere oder die anderen Merkmale entweder vergaß oder nicht darstellen konnte. Das rief dann oft Einwände der anderen Kinder hervor. Meist in sehr kritischen Formulierungen, die den Spieler leicht entmutigen konnten. Wenn es z. B. hieß: „Du wolltest das dumm und hochmütig spielen, und jetzt tust du nur dumm", so konnte das den entsprechenden Spieler so kränken und entmutigen, daß er vielleicht gar nicht mehr spielen wollte. Da mußte ich eingreifen und zeigen, daß man auch Vorschläge machen kann, die helfen, und daß man es selbst vormachen kann, wie sich z. B. die Kombination von Dummheit und Hochmut ausdrücken läßt.
Zum ersten Mal auch sollten die Eigenschaften der verschiedenen Räuber Folgen für die Dramaturgie des Stückes haben, d. h. wichtig für die Handlung und nicht gewissermaßen nur Verzierung sein. So sollte z. B. ein Räuber am Ende aus dem Geschäft aussteigen, weil er noch so jung war. Denn Jungsein bedeutete, wie mir C. erklärte: „Er muß noch nicht so gewöhnt sein, wie ein Räuber zu denken; und wenn er jung ist, hat

er weniger Zeit gehabt zum Gewöhnen.“ Es mußte daher auch schon am Anfang des Spieles klargemacht werden, daß z. B. der junge Räuber nicht mit Leib und Seele bei der Sache war. Die Entdeckung war für die ganze Gruppe sehr wichtig. Alle stimmten U. zu, als er erklärte, daß es viel spannender sei, wenn man am Anfang schon Andeutungen mache darüber, wie es sich gegen Ende abspielen werde.

Natürlich wurde dies noch nicht durchgehalten, und sehr viel blieb dem Augenblick und freien Assoziationen überlassen; aber sie hatten doch offensichtlich verstanden, daß es zwischen Eigenschaften der Personen und ihren Handlungen Zusammenhänge gibt.

Das folgende Stück basierte auf dem ausdrücklichen Wunsch, „Charaktere“ darstellen zu dürfen. Es war etwas schwierig herauszufinden, was die Kinder damit meinten. Bis in einem Gespräch F. äußerte: „Ich möchte jemanden spielen, der nur an Geld denkt, damit ich einmal ausprobieren kann, wie das ist.“ Mit diesem Satz hatte er das Interesse der anderen völlig gefesselt. Jeder machte Vorschläge, aber nicht nur für sich, sondern zum ersten Mal beobachtete ich, daß einige Kinder auch Pläne für jemand anderen machten. Auf diese Weise entstand eine Art Allegorienspiel auf der Basis von „Jedermann“. Solche Ansätze gemeinsamen Nachdenkens führten dazu, daß sich viele Kinder während der Proben auch für die Gestaltung der anderen Rollen zu interessieren begannen. Dadurch wurden manche derjenigen Figuren, die die leisen und schwachen Kinder übernommen hatten, aufgewertet und bekamen wichtige Funktionen im Aufbau des ganzen Stückes. Und dies verpflichtete zu noch intensiverer gegenseitiger Hilfestellung. Negative Kritik wurde zusehends seltener, und von Mal zu Mal überwogen positive Vorschläge und konstruktive Ratschläge.

Nach Beendigung der Probenarbeit waren alle sehr befriedigt, und zum ersten Mal konnte ich feststellen, daß das Theaterspielen deutliche Veränderungen einzelner Positionen in der Klasse und des gesamten Klassenklimas bewirkt hatte.

J. äußerte: „Bei diesem Stück hat man immer das Gefühl, daß wir alle ganz Klasse spielen, ich glaube immer, ich bin so gut wie die Besten.“ – „Das kommt nicht, weil du so gut spielst, sondern weil niemand allein ist, und weil darum alle so froh sind“, erklärte U. Und eine der Hauptpersonen, dem seine Rolle große Schwierigkeiten bereitet hatte und der erst durch die allgemeine Anerkennung und die Hilfe der anderen sich von seinen Hemmungen befreien konnte, erzählte, er sei noch nie in seinem Leben so glücklich gewesen, und auch in der Klasse sei es jetzt so viel schöner, so, wie es noch nie für ihn in der Schule war.

Nach der Aufführung des Allegoriestücks verlangten die Kinder etwas

zu spielen, „das mit dem Theaterspielen selbst zu tun hat". Als ich fragte, was sie damit meinten, erklärten sie mir, ich sollte ihnen eine Geschichte vorschlagen, in der die „Menschen so sind, daß man merkt, daß alles nur gespielt ist". Ich erzählte ihnen daraufhin probeweise die Geschichte vom Petruschka: Eine kleine russische Stadt erwartet den Besuch des Zaren mit seinem Hofstaat und möchte ihm dabei auch etwas bieten. Da kommt glücklicherweise der Puppenspieler. Er verspricht, bei diesem Besuch seine Puppen Petruschka, den Mohr und die Ballerina tanzen zu lassen.
Der zarte und träumerische Petruschka und der energische Mohr lieben in diesem Theater die Ballerina. Die aber kann sich nicht entscheiden. Sie tanzt mit beiden. Als sie wieder und wieder mit Petruschka tanzt, erschießt der eifersüchtige Mohr seinen Nebenbuhler.
Die Klasse war begeistert und machte sich mit Feuereifer an die Arbeit. Die Marionettenrollen besetzten sie dreifach, damit nicht nur so wenige die tollen Rollen haben, und „außerdem ist es ja egal, ob es eine oder mehrere Puppen sind". Dann führte der Puppenspieler sein pädagogisches Programm vor: „Schaut hierher, ihr Trottel; halt gefälligst den Mund, du da in der ersten Reihe; Ruhe, verdammt noch mal; ihr werdet es nie zu etwas bringen, ihr Dummköpfe. Ich werde mich euretwegen nicht blamieren!"
Der Zar hält in der Stadt Hof. Einige Bürger überreichen Petitionen. Diese Petitionen wechselten von Probe zu Probe je nach den Tagesereignissen. In der Aufführung bat der Lehrer den Zaren überraschend, zu verbieten, „daß Comics weiterhin so klein gedruckt werden, daß man sie in Schulbüchern verstecken kann". Der Zar stand zunächst verblüfft da; antwortete aber dann sicher wie alle Potentaten: Er werde das prüfen lassen und deswegen an den Unterrichtsminister weitergeben.
Dann tanzt das Puppentheater nach der Musik von Strawinsky. Der Mohr erschießt den Petruschka; aber der steht wieder auf und schaut vom Dach herab. Denn kann eine Rolle sterben? Noch nie vorher war der Zusammenhalt der Klasse so groß gewesen wie bei der Probenarbeit für dieses Stück. Machtkämpfe unter den Kindern hatten oft zu Klagen geführt, wie die von R. und K.: „In unserer Klasse ist es nicht schön, immer streiten sich mehrere, und hinterher weiß man dann auch nicht, wer recht gehabt hat." „Ja, und man weiß nicht einmal, wer der Stärkste ist, und darum ist so ein Durcheinander bei uns." Nach einer gelungenen Probe seufzte K.: „Wenn es nur immer so wäre wie beim Theaterspielen, daß jeder weiß, was er ist, und sich dazu ausdenken kann, was er tun soll, und die anderen es ihm dann auch so glauben." S. fügte hinzu: „In der Spielstunde früher und jetzt beim Theaterspielen müssen wir uns nicht so viel streiten und raufen, obwohl es gerade da ja nicht verboten

ist. Aber da geht es einfach besser zu verstehen, was einer will oder nicht will."

Im folgenden Stück wollte die Klasse einmal etwas Lustiges spielen. Ich machte einige Vorschläge, und sie beschlossen „Alpenkönig und Menschenfeind" von Raimund „frei" zu verwenden. Auffallend war, daß hier bei den Proben zum ersten Mal über die Figuren des Stückes ganz unpersönlich gesprochen wurde.

Es hieß: „Der Rappelkopf denkt wahrscheinlich das und das, und deshalb macht er es so und so." Früher hätte es dabei immer noch eine anzügliche Bemerkung über oder zum entsprechenden Schauspieler gegeben. Ein anderer sagte jetzt z. B.: „Lischen und Habakuk sind zwar mit Worten immer gegeneinander, aber sie hassen sich nicht, sie gehören ja irgendwie zusammen, weil sie beide Dienstboten sind." Da hätte es früher sofort entweder geheißen: „Nein, mit einem Mädchen gehöre ich nicht zusammen", oder: „Na, ihr zwei, gehört ihr schön zusammen", und es hätte, wenn nicht eine Rauferei, so doch sicher Kummer und Wut gegeben.

Die Kinder begannen in diesem Stück offenbar, sich und ihre Rollen distanzierter zu sehen. Sie konnten über ihre Rollen reden, ohne gleich ihre eigene Person mit einzubeziehen. Sie fingen an, Kritik an ihrem Spiel und Kritik an ihren Personen zu unterscheiden. Zum ersten Mal auch wurden die Rollen nun nicht mehr nach einem äußerlichen Prestigewert gemessen, sondern an der Möglichkeit, sie auszugestalten. Früher war es besser gewesen, „ein König mit schönen Kleidern zu sein und wenig zu sagen zu haben, als ein doofer Diener, der viel schwätzt". Jetzt wurden Herrenrollen nicht mehr vorgezogen.

Auch die Größe der Rolle war nicht mehr so sichtbar von Bedeutung, obwohl gerade hier zum ersten Mal ganz deutlich Unterschiede im Umfang der verschiedenen Rollen vorhanden waren. Die Situation war wahrscheinlich so entlastet und durch die in den anderen Spielen gesammelten Erfahrungen so abgesichert, daß sich niemand zurückgesetzt fühlte.

Auch als die guten Leistungen von einzelnen, die solche bedeutenden Rollen übernommen hatten, nach der Aufführung mit großem Beifall honoriert wurden, gab es keine Verstimmung unter den Kindern. Sie sahen und verstanden den Beifall trotzdem als Gruppenleistung, und das Zusammengehörigkeitsgefühl wurde eher stärker als schwächer.

Durch dieses Vergnügen und durch diesen Erfolg ermutigt, wollte die Gruppe sich einem Experiment zuwenden. Es wurden zunächst viele Wünsche laut: „Etwas Absurdes", „wieder etwas Komisches zu spielen", ein „großes Drama" aufführen, die „Leute einmal zum Nachdenken bringen". Man einigte sich auf „Unter dem Milchwald" von Dylon Thomas, ein eher surrealistisches Hörspiel über den Alltag eines wallonischen Fischerdorfes. Dieses Mal wollten sie „so sprechen, wie der Dichter es geschrieben hat", damit „die Erwachsenen nicht nur alles ‚süß und lustig' finden, sondern zuhören müssen, was man sagt".

Durch ihren Vorsatz, „die Leute zum Nachdenken zu bringen", bekamen die Proben einen anderen Charakter. Die Absicht, anderen etwas zum Nachdenken vorzuführen, beflügelte offensichtlich die eigene Entdekkungsfreude und die Lust, Nachdenkenswertes zu finden. Von Mal zu Mal wurde mehr, intensiver und geordneter diskutiert. Immer wieder aber kamen den Kindern Zweifel, ob sie sich nicht zuviel vorgenommen hatten: „Wird man das, was wir wollen, nicht blöd finden, weil wir doch erst Untertertianer sind?" Außerdem stellten sie bei den Proben fest, daß sie gegen ihren Willen durch die Art ihres Spieles selbst die Texte oft ins Komische und Lustige zogen.

Zum Beispiel sollte eine putzwütige Hausfrau dargestellt werden. Nach dem Spiel sagte S.: „Och, jetzt macht ihr es schon wieder so komisch; ich kenne es jetzt schon und muß trotzdem lachen, und dann spüre ich direkt, wie die Sache immer kleiner und unwichtiger wird. Man darf sie dann einfach vergessen. Jetzt macht doch einmal so, daß einem ein wenig graust vor dieser Frau, aber nicht, daß man eine Wut kriegen muß auf sie. So wie wenn G. (ein Erzieher im Internat) nach dem Aufräumen vom Schrank wieder gesagt hat, daß es nicht recht sei. So ein Gefühl soll man bekommen." C. fragte, ob andere Leute denn dann auch so ein Gefühl bekämen, oder ob denen das einfach nicht mehr verständlich sei. Darauf meinte R.: „Man wird doch traurig von sinnlosen Regeln, und das kann doch jeder verstehen." „Wieso sinnlose Regeln?" fragten einige. „Das ist so: Putzwut ist Ordnung für sich allein, Ordnung sind Regeln, Regeln für sich allein sind sinnlos", erklärte R. „Und das sollen die Zuschauer verstehen, vor allem Erwachsene", erwiderte F. „Das macht nichts, jetzt wissen wir das einmal, und wenn wir es sehr gut wissen, dann fällt uns auch eine Art zu spielen ein, daß es andere auch verstehen", erklärte S. abschließend; und dann wurde weitergespielt.

Einige Passagen und Szenen wurden im Laufe der Proben verändert und den eigenen Bedürfnissen und Fähigkeiten angepaßt. So war im Stück eine Szene vorgesehen, in der eine blinde alte Frau durch ihren Garten geht und beschreibt, was in ihrem Garten ist, wie es aussieht und was es ihr bedeutet. Das Mädchen, das diese Rolle übernommen hatte, versuchte, diese alte Frau darzustellen und den Text genau und auswendig zu sprechen. Ich hatte den Eindruck, daß sie und alle anderen von der Poesie dieser Beschreibung berührt waren; denn jedesmal, wenn S. versuchte, diese Szene zu spielen, waren die Kinder ganz ruhig und hörten intensiv zu. Aber es war allen klar, daß irgend etwas nicht stimmte, und sie blieb unbefriedigt. Eines Tages beschloß S., sie selbst zu sein, ein träumerisches Mädchen, das alles schildert, was sie schön findet: Blumen, den Himmel, das Gefühl der Sonne auf der Haut u. a. Die Szene geriet ihr zur Selbstdarstellung. Als sie aufgehört hatte zu sprechen, sagte niemand etwas; sie wurde rot, stand vom Boden auf, wo sie gesessen hatte, warf sich auf einen Stuhl und spielte mit ihren Fingern. M. sagte: „So sollst du es spielen, das war ganz gut", und damit war die Spannung gelöst. Ich konnte mich lobend äußern, so wie es von mir erwartet wurde. Am Ende der Spielstunde sagte S. zu mir: „Ich spiele das gerne, obwohl ich mich ein wenig geniere, und vor allem bei der Aufführung wird das schlimm. Hier muß ich mich jetzt nicht genieren, das war ganz Klasse heute. — Dabei habe ich solche Angst gehabt, der S. und der Ch. werden zu spotten anfangen."

Nachdem die Gruppe eineinhalb Jahre vorhandene Stücke variiert hatte, beschloß sie, ein eigenes Spiel zu machen. In langen Diskussionen entstand eine Parabel über Unfreiheit und Lethargie. In der Form eines utopischen Kriminalstücks versuchten sie, ihre Internatssituation so, wie sie sie sahen, deutlich zu machen:

Menschen sind in einem Bunker gefangen. Eine Atombombe ist gefallen. Sie können nicht hinaus, weil die Umgebung verseucht ist. Im Bunker befinden sich: ein Schlosser, eine Friseuse, ein Universitätsprofessor, eine Lehrerin, eine Hausfrau, die ihren Mann verloren hat, eine Schauspielstudentin, Studenten, ein Chemiker, eine chemische Laborantin, ein Vertreter, ein ausländischer und ein einheimischer Techniker u. a. m. Der wichtigste von ihnen ist der deutsche Techniker. Er kann mit den Apparaten umgehen; alle anderen sind daher von ihm abhängig. Er erteilt Befehle, bestimmt, daß um 6 Uhr gefrühstückt wird, dreht das Wasser zu den absurdesten Zeiten an und ab, macht den Speiseplan. Es gibt Spiele. Die Menschen benutzen sie; aber manchmal kommen sie dabei ins Träumen. Darüber schimpft der Techniker sehr. Konflikte versuchen sie zu besprechen. Überhaupt versuchen sie, über alles zu sprechen. Das verhindert der Techniker, so gut er kann. Dabei helfen ihm einige, die Hausfrau, der Professor, der Chemiker. Sie spielen, wie der Techniker, stark karikierte Erwachsenenrollen. Immer wieder benutzt der Techniker stereotype Wendungen wie: „Ich habe meine Anweisungen und tue, was ich für richtig halte", immer wieder versucht der Professor zu vermitteln, spricht aber von Ruhe und Ordnung, und unaufhörlich begütigt die Hausfrau. Eines Tages stellt der Techniker fest, daß alle Sauerstofftanks bis auf einen ausgelaufen sind. Er glaubt nicht, daß dieser eine Tank für alle ausreicht bis zu dem Tag, an dem sie den Bunker verlassen können. Er beschließt daher, die anderen umzubringen. Dafür braucht er Hilfe.

Er flirtet mit der Chemielaborantin, weiht sie in alles ein und bittet sie, ihm ein Gift zu besorgen. Das tut sie. Und nun sterben die Insassen des Bunkers plötzlich; einer nach dem anderen. Und zwar immer, wenn sie gegessen haben. Der ausländische Techniker ist der erste, der den Zusammenhang merkt. Er kann die Instrumente auf den Tanks lesen. Er versucht, sich verständlich zu machen. Vergeblich, niemand versteht ihn. Außerdem ist er ein Fremder. Er stirbt. Dann beginnen alle, etwas zu ahnen; aber sie wehren sich nicht. Die Erwachsenenrollen versuchen, sich mit dem Techniker zu verbinden. Und die Jüngeren, die nur Studenten heißen und Schülerrollen spielen? Sie sagen: Man kann doch nichts machen. Ein Mädchen befreundet sich mit dem einen Studenten, erzählt ihm von dem schönen Leben, das sie sich draußen aufbauen könnten. Sie müßten nur ab jetzt gegen den Techniker Widerstand leisten. Aber der Student sagt, er glaube nicht, daß es für ihn eine Zukunft gebe. Sie stehen auf, setzen sich zum Essen und sterben. Zum Schluß bleibt der Techniker übrig; er hat zuletzt auch seine Geliebte umgebracht. Da sieht er, daß die Außenwelt wieder für Menschen ungefährlich ist. Er macht die Luke auf und geht hinaus.

Da die Dialoge auch in diesem Stück nicht festgelegt waren, sondern sich ständig veränderten, kamen sehr viele Elemente aktueller schulischer Konfliktsituationen in das Spiel der Kinder.

Viele Schüler, die die Aufführung gesehen hatten, diskutierten fast die ganze Nacht. Eine Gruppe von Lehrern war empört über die negative Grundhaltung der Kinder. Sie verstanden nicht, daß sie gewissermaßen nur eine Momentaufnahme, nicht einen Endpunkt eines viel länger dauernden Entwicklungsprozesses von Kindern gesehen hatten. Sie konnten sich nicht vorstellen, daß offene und eingehende Diskussionen mit den Kindern möglicherweise Wirkungen haben, die sich dann in den Probengesprächen niederschlagen und auf der Bühne beobachten lassen. Nach den Diskussionen mit ihren Mitschülern planten die Kinder sofort ein neues Stück. Im Mietshaus sollte es spielen, und dieses Mal wollten sie sich überlegen, ob man nicht doch „etwas machen“ könne. Sie dachten nach über Formen und Möglichkeiten, Widerstand zu leisten. Über den Stand der Planung aber ging die Arbeit nicht mehr wesentlich hinaus.

Nach vier Jahren Spielstunde und Theaterarbeit stellte ich den Kindern die Frage: „Was, glaubt ihr, habt ihr durch die Spielstunde und das Theaterspielen gewonnen – persönlich und für die ganze Klasse?“

Die Antworten waren (nach Häufigkeit geordnet):

1. Spaß (sehr wichtig); 2. Sicherheit, vor vielen Leuten zu reden; 3. Fähigkeit, anderen zuzuhören; 4. Besser über sich selbst nachdenken können; 5. Wissen, wie man zu gemeinsamen Beschlüssen kommt; 6. Hohes

Ansehen der Klasse in der Schule; 7. Besserer Zusammenhalt in der Klasse; 8. Besseres Verhältnis zwischen Jungen und Mädchen.
Auf einem der Zettel, die mir gegeben wurden, allerdings stand: „Es hat mir nichts bedeutet.“ Und ein anderes Kind schrieb: „Ich war ein Würstchen und bin eines geblieben.“ Ich hatte die ganze Zeit übersehen, daß er die Dienerrollen, die er freiwillig übernommen hatte, im Gegensatz zu den anderen Kindern nur ungern spielte. Er hatte sich nie getraut, eine andere Rolle zu verlangen, und hatte von niemandem – auch von mir nicht – die Hilfe bekommen, die er gebraucht hätte, um eine der Rollen zu bekommen, von denen er träumte.

Aufgaben des Spielleiters

So wichtig die Funktionen des Spielleiters sind, so unentbehrlich seine Anwesenheit ist, so sehr sollte er aber auch versuchen, sich im Hintergrund zu halten. Der Spielleiter muß zwar bei der Wahl des Stücks helfen. Er muß selbst ein Konzept zur Durchführung entwickeln: ja, er sollte sogar sehr genaue Vorstellungen über den möglichen Gang der Handlung, die Kostüme, die Rollenverteilung etc. haben, aber er darf dann nie versuchen, seine Pläne durchzusetzen. Das wäre am Anfang sehr leicht. Die Kinder haben zunächst noch kein Selbstbewußtsein in dieser Beziehung, weil ihnen die Erfahrung fehlt. In allen Planungsgesprächen am Anfang wandten sich die Kinder an mich, auch wenn eines der Kinder Diskussionsleiter war. Zunächst akzeptierte ich das, da zu Beginn die Aufgaben zu groß und überwältigend vor ihnen standen. Aber schon nach kurzer Zeit versuchte ich immer wieder, mich aus der Führungsposition zurückzuziehen, ihre Regieideen, Wünsche und Meinungen auf verschiedene Weise zur Geltung zu bringen und mir so den jeweiligen Situationen entsprechende Rollen zuweisen zu lassen. Es kam nach etwa einem Jahr so weit, daß mir bei manchen Gesprächen verboten wurde, meine Meinung zu sagen, „da die Gefahr besteht, daß die Schwächeren oder die, die keine Meinung zu etwas haben, dadurch gelenkt werden“. Ja, ich durfte oft keine Vorschläge machen, „weil die so sein könnten, daß man nicht mehr selbst nachzudenken braucht“.
Das hieß in den meisten Fällen: „Laß uns probieren, wie weit wir kommen.“ Einmal hatte ich gefragt, ob ich von der Probe nicht weggehen sollte, da ich doch heute nichts sagen dürfte und deshalb auch vielleicht nicht so gebraucht würde. Da erklärte ein Mädchen mir: „Nein, so ist das nicht. Du sollst zusehen und dasein, nicht nur weil wir dann besser weitermachen und uns auch weniger streiten, sondern weil du dann ge-

fragt werden kannst, wenn wir gar nicht mehr weiter wissen. Wenn man sich dadurch so sicher fühlt, kann man ausprobieren, was man sich sonst nicht getraut, weil es ja blöd sein könnte. Aber man muß es eben probieren, ob es wirklich blöd ist, man weiß das doch nie vorher. Und dazu braucht man dann jemanden, der da zuschaut und von dem man weiß, er lacht einen nicht aus, und der hilft, wenn es gar nicht geht." Für solche Fälle muß man ein Konzept im Kopf haben, das im Laufe der Probenarbeit den neuen, durch die Kinder geschaffenen Fakten angepaßt ist. Aber man darf dann nicht enttäuscht sein, wenn alles, was man sich ausgedacht hat und so vorsichtig vorgeschlagen hat, kurzerhand wieder fallengelassen wird. Es ist für Erwachsene in vielen Fällen sehr schwierig, die Kinder wirklich ausprobieren zu lassen und zu akzeptieren, was sie spielen. Ich brauchte viel Beherrschung, um nicht einzugreifen, wenn die Kinder etwas in meinen Augen besonders Kitschiges darstellten. Wenn sie aber völlig ernsthaft Klischees aus der Erwachsenenwelt übernahmen, so wirkte das in seiner Ernsthaftigkeit manchmal so ironisch, daß man in Versuchung war, sie das so spielen zu lassen. Dieser Versuchung sollte man keineswegs nachgeben, sondern versuchen, solche unbewußte Ironie aufzuklären.

So sagte z. B. bei einer Probe ein „Onkel" zu seinem „Neffen": „Es ist wichtig, daß du Geld verdienst und ein nützliches Mitglied der Gemeinschaft wirst." Das war sehr komisch in diesem Moment. Auf meine Frage aber, ob man das denn so sagen könne, kam die empörte Antwort, das sei ja wohl richtig. „Das sagen doch Erwachsene, und da haben sie auch recht." Mit dieser Äußerung waren einige aus der Klasse nicht einverstanden, und so kam ein Gespräch in Gang. Hätte ich nicht eingegriffen, wäre den anderen Kindern auch nichts aufgefallen. Danach spielte der Bub den Onkel ebenso, aber er wußte, „daß er jemanden spielte, der so etwas glaubt und denkt".

Als die Themen immer schwieriger wurden, und die Probleme, die die Gruppe interessierten, immer komplexer, wurde es auch immer schwieriger zu helfen. Je mehr Ideen sie selbst produzierten und je mutiger sie wurden, desto weniger erkennbare Hilfe durfte ich leisten, um so mehr Anwesenheit im Hintergrund und Ratschläge an einzelne wurde gefordert.

Solche Hilfe brauchten durchaus nicht immer nur die schüchternen und ängstlichen Kinder. Es ist immer wieder schwierig, eine Rolle vor den kritischen Augen der ganzen Klasse zu spielen. Mit der Angst zu versagen, müssen viele Kinder kämpfen. Aber die Hilfen, die man ihnen bieten sollte, können sich sehr voneinander unterscheiden.

K., ein allem Anschein nach sehr sicherer, gar nicht gehemmter und lebhafter Bub, sagte mir einmal: „Wenn du wüßtest, wie aufgeregt ich immer bin, bevor ich anfange zu sprechen. Ich denke dann immer, daß ich es nicht so gut kann und die anderen mich blöd finden." Als ich fragte, wie man ihm denn dabei helfen könnte, meinte er: „Am besten ist, man wird zuerst einmal gelobt, nicht zu toll, weil: dann stimmt es nicht, und dann kann man es nicht glauben. Und nachher soll man dann kritisiert werden, aber nur ganz wenig, weil man sonst gleich glaubt, man schafft es nicht." Wie das Kritisieren denn aussehen sollte, wollte ich wissen. „Man soll nicht sagen: Das war ganz falsch, oder so kann man das nicht machen. Viel besser ist, wenn jemand frägt, ob man etwas nicht anders machen kann, und am besten ist, wenn der dann einen Vorschlag macht und es auch selbst vormacht. Aber andere mögen Vorschläge und Vormachen nicht; ich habe es gerne, weil ich es dann beweisen will, daß ich es auf meine Art auch kann." Ob das denn nicht unangenehm sei, sich so im Widerstand zu jemand anderem zu versuchen, entgegnete ich. „Nein", meinte K., „für mich nicht, ich muß dann nachdenken, und das tue ich ja sonst fast nie. Und dann denke ich mir so richtig eines nach dem anderen aus, ganz genau. Dann glaube ich manchmal, daß ich mir ausdenken kann, wie jemand anderer denkt."

K.s Aussagen waren ganz deutliche Anweisungen an mich, wie ich ihn während der Spielstunde zu behandeln hätte. S. brauchte ganz andere Hilfestellungen. Er erzählte mir, er habe noch nie Theater gespielt, weil er immer eine zu leise Stimme gehabt habe. Er wolle so gerne lernen, laut zu sprechen, damit er auch gut Theater spielen könne. Ich tröstete ihn und sagte, es sei bei uns nicht so wichtig, ob er laut oder leise spräche; er solle nur einfach sagen, was ihm einfalle. Im Laufe der Zeit wurde S. zwar sicherer, aber es gelang ihm nicht, laut und vor allem ohne Zögern zu sprechen. Immer wieder versuchte eines der anderen Kinder ihm vorzumachen, wie laut er schreien oder wie man etwas sagen solle. Das hatte zwar im ersten Moment Erfolg; der war aber nicht von Dauer. Ich mußte immer wieder eingreifen und erklären, daß Vormachen S. nichts nütze. Wir entdeckten dann, daß für S. die größte Hilfe war, wenn wir ihm genau zuhörten und das auch zeigten. Ich sorgte daher dafür, daß der sonst übliche kleine Lärm nebenbei, wenn er spielte, so gering wie möglich war. Das erforderte am Anfang einen großen Kraftaufwand, manchmal auch einen befehlenden Ton, den ich sonst in der Spielstunde nicht anwendete. Aber ich hatte das Gefühl, S. müßte die Chance bekommen, sich mit seiner Rolle überhaupt erst vertraut zu machen. Dafür mußte man ihm aber zu Publikum verhelfen. Meinen befehlenden Ton versuchte ich dann zu erklären. Etwa so: „Ich muß jetzt so laut reden und verlangen, daß ihr ruhig seid, damit der S. spielen kann.

Er selbst redet nicht gern laut, und er wünscht sich aber, daß ihr zuhört, also helfe ich ihm. Er braucht euch zum Zuhören, damit er es dann immer besser wissen kann." Diese Hilfen mußte ich nicht nur S., sondern oft auch anderen geben.

Zusammenfassend kann man sagen: Die Schwierigkeit für den Spielleiter ist es aber, eine richtige Balance zu finden: Einerseits ein Konzept zu haben, andererseits immer bereit zu sein, Ideen der Kinder zu stimulieren. Einerseits die Kinder selbst tätig werden zu lassen, andererseits einzugreifen, wenn diese Aktivität nur wenigen zugute kommt. Einerseits Lärm und freie Bewegung zuzulassen, andererseits einzuschränken, wenn es die Situation erfordert.

Am befriedigendsten war es natürlich, wenn es den Kindern selbst gelang, ihre Probleme zu regeln. Am Anfang kam das nie vor, erst nach zwei, drei Jahren gemeinsamen Spiels gelang es ihnen bisweilen, Schwierigkeiten in der Gruppe selbst aufzulösen. Solche Versuche der Selbststeuerung habe ich, so deutlich das möglich war, bestärkt.

Schwierigkeiten entstanden häufig, wenn die Konzentration, die das freie Sprechen und Improvisieren verlangt, nachließ. Oft fragte dann jemand: „Was hast du gerade gesagt?" Wenn solche Unterbrechungen zu häufig wurden, machte das sowohl die Spieler als auch Zuschauer nervös. Dadurch wurde es noch schwerer, bei der Sache zu bleiben, es gab Streit, und ich mußte eingreifen. Aber das nützte dann auch nicht immer.

Einmal ging eine Probe sehr schlecht. Alle waren unkonzentriert. Die Zuschauer machten viel Lärm. Statt auf die Spielenden zu achten, um Verbesserungen oder Änderungen vorschlagen zu können. Ich selbst war auch nicht in der Lage, die Situation zu verändern, und wollte schon abbrechen und mit den Kindern sprechen, ob wir nicht etwas anderes machen sollten. Da sah ich, daß die vier, die eigentlich spielen sollten, die Köpfe zusammensteckten und miteinander flüsterten. Plötzlich stoben sie mit wildem Gebrüll auseinander, rannten schreiend umher, fuchtelten mit den Armen, hüpften, kreischten, setzten sich schließlich ebenso plötzlich auf den Boden und starrten die anderen schweigend an. Die Zuschauer waren inzwischen verstummt und hatten mit großem Erstaunen den unerwarteten Geschehnissen zugesehen. Als alles ganz still war, rief einer von den Schauspielern, die so schnöde mißachtet worden waren: „Schreien muß man und blöd tun, damit ihr aufpaßt, das finden wir nicht richtig." Darauf antwortete R.: „Ich glaube, es war nicht das Schreien, sondern das Unerwartete. Da hört man auf einmal wieder zu. Wenn man schon ungefähr weiß, was kommen wird, und es geht nicht so gut, ist es so langweilig und so mühsam, und da macht man halt lieber was anderes." „Darum bist du auch im Unterricht so ungeduldig und wartest nie ab, bis einer zu Ende gesprochen hat. Du stellst dich nicht auf andere ein, das sieht man hier auch", erwiderte M. „Aber jetzt war es nicht nur der R., sondern sehr viele, nur merkt man es bei R. mehr als bei anderen", verteidigte ihn G. „Also macht es noch einmal, was ihr gerade gespielt habt, und wir sehen alle so zu, als ob wir Publikum wären", schlug M. vor. Die vier spielten ihre Szene unter den kritischen Augen der übrigen Klasse sehr gut. „Das ist auch viel leichter, wenn alle so genau aufpassen; dann ist man selbst auch ganz aufmerksam. Das ist, wie wenn einen etwas zieht oder schiebt, ich weiß nicht, wie ich das sagen soll", erklärte F., nachdem ich gefragt hatte, ob es jetzt anders gewesen sei als vorher.

Wie hilfreich ein Publikum für die Erhöhung der Motivation und die Steigerung des Gruppenzusammenhangs sein kann, hatten die Kinder bei den Aufführungen gemerkt, daher stellten sie ähnliche Situationen oft selbst her, wenn sie in Schwierigkeiten kamen.

Die Aufführungen steigerten das Zusammengehörigkeitsgefühl. Durch den Druck, den sich die Gruppe selbst auferlegte, wenn sie binnen kurzer Zeit ein Stück bis zur Aufführung bringen wollte, verschafften sich die Kinder selbst das Erlebnis erfolgreicher Kooperation. Solche positiven Erfahrungen sind sehr wichtig für eine so große und willkürlich zusammengesetzte Schulklasse. Sie lassen sich im Alltag aber oft nur schwer vermitteln: Zur Überwindung von Antipathien, rauhen Umgangsformen, Egoismus, Verständigungsschwierigkeiten, Empfindlichkeit braucht es mitunter die Hilfe besonderer Situationen, wie sie Aufführungen vor einem Publikum darstellen. Zudem markierten die Aufführungen den Kindern Abschnitte ihrer Arbeit. Das versetzt sie in die Lage, ihren eigenen Entwicklungsprozeß zu reflektieren. Bei den ersten Planungsdiskussionen nach einer Aufführung für ein neues Stück hieß es oft (ohne daß ich dies angestoßen hätte): „Das war in dem letzten Stück gut, aber jetzt müssen wir einen Schritt weitergehen." Oder: „Jetzt ist uns wichtig, daß die Zuschauer verstehen, was wir sagen wollen, früher haben wir nur einfach so gespielt. Dann haben alle immer gesagt, so klein und süß sind die. Das ist jetzt nicht genug."

Die Aufführungen haben also eine wichtige Funktion für das Theaterspielen. Das bedeutet nicht, daß der Spielleiter von sich aus auf eine schnelle Folge oder überhaupt auf Aufführungen drängen sollte. Es wäre völlig falsch, Kinder, die auch ohne den äußeren Stimulus gerne Rollenspiele spielen, zu veranlassen, vor Publikum zu spielen. Aber der Spielleiter muß sich dann ausdenken, auf welche Weise er der ganzen Gruppe die Erfolgerlebnisse für selbständiges und gemeinsames Handeln vermitteln kann.

So wichtig die Funktion der Aufführung sein kann, so gefährlich ist es aber auch für die Ziele des Theaterspielens, wenn der Spielleiter zu starkes Gewicht auf die Aufführung legt. Denn dann kann die Vorbereitung dafür das wichtigste Motiv für das Theaterspielen der Kinder werden. Da die Kinder dann bereit sind, um der bevorstehenden Aufführung willen Mühen auf sich zu nehmen, kann der Spielleiter in Versuchung kommen, dies als Disziplinierungshilfe zu verwenden. „Wenn ihr nicht ..., dann können wir auch nicht aufführen." Genau das darf aber nicht geschehen. Wenn etwas nicht gelingt, wenn Unruhe und Unordnung herrscht, so sollte man nie versuchen, dies mit Hinweis auf ein so weit entfernt liegendes Ereignis zu verändern. Vielmehr sollte man sich immer bemühen, die Situation aus sich selbst zu lösen. Der Sinn des Theaterspielens wäre verfehlt, wenn die Aufführung für die Kinder so wichtig werden würde, daß die Proben keine eigenständige Bedeutung mehr für sie bekommen. Nur wenn die Proben eigenes Gewicht haben, kann das Theater eine Hilfe für viele Alltagsprobleme der Kinder werden.
In fast jeder Probe geschah etwas, das für ein Kind, für mehrere oder für die ganze Gruppe wichtig war. Die Klasse hatte sich z. B. einmal in einer Unterrichtsstunde nicht dem Wunsch des Lehrers entsprechend verhalten und hatte außerdem schlechte Leistungen gezeigt. Es gab eine gewaltige Strafarbeit, die als ungerecht empfunden wurde; insbesondere, weil dadurch die Zeit des Theaterspiels verkürzt wurde, die man so nötig brauchte. Trotz Erklärungen und Bitten wurde die Strafarbeit aber nicht aufgehoben. Die Gruppe beschloß, sich trotzdem noch zu treffen, wenn alle damit fertig wären. Und dann wurde gespielt. Das Thema des Stückes war die Frage nach Freiheit und Gewalt. Ohne abzusetzen, mit ungeheurer Intensität und Klarheit, ohne Diskussion wurde das ganze Stück gespielt. Als ich einmal versuchte einzugreifen, hieß es: „Sei still, wir spielen." Die Kinder spielten sich ihre eigenen Lasten von der Seele. Sie spielten Gewalt, voller Brutalität und Zynismus, sie versuchten, sich damit zu arrangieren, und unterlagen trotzdem, sie träumten von Freiheit und resignierten, weil sie sich allein ließen. Es war atemberaubend, ihnen zuzusehen. Sie spielten alles, was sie erlebt hatten, ihre Situation in Schule und Internat, und sie befreiten sich dadurch von ihrer Wut und ihrer Verzweiflung. „Wenn es so schlimm war wie der heutige Tag und wenn wir dann spielen und alle zusammen sind, dann ist es schon besser. Ich habe noch immer eine Wut, aber eine andere", erzählte S. nach der Probe.
Solche Beispiele gibt es viele; nur weiß man als Spielleiter zuweilen nicht, was bei so einer Probe ausgespielt wird, weil man ja die vorherigen Erlebnisse sehr oft nicht kennt. Ich meine, man sollte nicht nachfragen, auf

was sich so ein Spielen bezieht. Denn sehr häufig kann das gar nicht beantwortet werden. Nur, wenn bestimmte Figuren und Verhaltensweisen bei einem Kind immer wiederkehren, habe ich gefragt, warum er oder sie das so schön fänden. Als C. in mehreren Proben hintereinander seine Rolle von einem auf einem Tisch stehenden Stuhl aus spielte, obwohl es mir sinnvoller geschienen hätte, am Boden zu bleiben, fragte ich, wozu er das immer mache. Er antwortete: „Man kann ja nie oben sein, das ist ja immer verboten. Aber beim Theaterspielen kann es niemand verbieten, da braucht man keine Angst zu haben." (Dieser Bub hatte in der letzten Zeit mehrere sehr harte Briefe von seinem Vater bekommen, da er in der Schule durch schlechtes Benehmen und schlechte Leistungen aufgefallen war.) Solche genauen Antworten sind sehr selten; die Zeichen sind auch meist viel undeutlicher; falls man nicht therapeutisch geschult ist, sollte man sich daher auch nicht zu sehr um eine Interpretation bemühen. Beobachten sollte man und manche Einfälle oder Nebenspiele dieser Art ernst nehmen, auch wenn sie einem hinderlich zu sein scheinen. Solange es den Gruppenzusammenhalt nicht gefährdet, solange die anderen Kinder solche Umwege einzelner akzeptieren, ist man auf dem richtigen Weg, auch wenn sich derartige Aktivitäten nicht sinnvoll in den Ablauf des Stückes einplanen lassen.

Ein Problem ist es, die Spannung zu halten zwischen dem Vergnügen und den Erlebnissen bei den Proben und der Aufführung. Ich selbst habe beobachtet, daß 10 bis 15 Spielstunden zu je eineinhalb bis zwei Stunden ausreichen, um sich mit einem Stück und einem Thema zu beschäftigen. Die Länge der Aufführung wuchs im Laufe der Zeit von 20 Minuten auf 70 Minuten, nicht aber die Probezeit.

Für die Aufführungen gilt im übrigen ganz besonders, daß man die Kinder selbst machen lassen sollte. Solange ich mit Kindern gespielt habe, haben sie immer selbst die Bühne gestaltet, sich die Kostüme ausgedacht, die Beleuchtung und alle technischen Hilfsmittel vorbereitet und bedient. Es hat sich immer wieder gezeigt, daß sie es sehr gut können, wenn man sie nur läßt und ihnen so viel hilft, wie sie das von sich aus wünschen.

Teil II

5. Kapitel: Produktives Lernen und befreites Spiel von Wolfgang Edelstein

Didaktische Aufgaben vor dem Strukturwandel von Schule und Familie

Die Gesellschaft stellt die Schule als Institution des Lernens bereit und verpflichtet jedermann dazu, viele Jahre darin zu verbringen. Doch schwerlich dürfte eine Organisation des Lernens denkbar sein, die sich von „natürlichen“ Situationen und Verläufen des Lernens tiefgreifender unterscheidet als eben die Schule. Jean Piaget hat das natürliche Lernen mit der kognitiven Entwicklung nahezu gleichgesetzt. Die affektive Entwicklung hat ihn nicht beschäftigt. Eine ausschließliche Orientierung an Piaget wäre daher allzu einäugig. Dennoch scheint uns seine Theorie relevant auch über den kognitiven Bereich hinaus. Er führt den Aufbau kognitiver Strukturen auf die natürliche Auseinandersetzung des Kindes mit seiner Umwelterfahrung zurück: Das Kind sucht und exploriert, es prüft und probiert, es ordnet seine Wahrnehmungen und Handlungen — es lernt — in der komplexen Wechselwirkung von Neugierimpulsen, Umweltreizen und Vorerfahrungen, die von ständig wechselnden Situationen, Reizkonfigurationen und Interaktionen stets neu aktiviert werden. Lernen ist unmittelbar, aktiv und entdeckend. Keine Schule ist nötig, um es zu vermitteln.

Wenn wir in diesem Zusammenhang von einer „natürlichen“ Lernsituation sprechen, muß man sich vor einer nativistischen Idealisierung der Kindheit hüten. Gewiß ist die Situation, in der das Kind „natürlich“ lernt, gesellschaftlich vermittelt wie alle menschlichen Situationen. Doch sie unterscheidet sich von der institutionalisierten Form des Lernens, durch ihre „Freiheit“, die Spontaneität eines Lernens, das vor allem durch unmittelbares Interesse, durch die Neugier und die Erfahrung des Kindes selbst motiviert wird.

Es ist heilsam, darüber nachzudenken, wie selbstverständlich die Schule bei uns dem direkten, aktiven und entdeckenden Lernen des Kindes organisatorisch Grenzen setzt. Jahrgangsklassen, Stundentafeln, Fächerordnungen, Lohnversprechen und Strafandrohung, Leistungsreize und Spielverbot, Konzentrationszwang und Sprechdisziplin, Gruppenbindung und Aktivitätsverzichte sind kaum vereinbar mit dem impulsiven, neugiergeleiteten und erfahrungsbestimmten aktiven Entdeckungslernen, welches das Kind aus der Vorschulzeit in die Schulzeit mitbringt. Uns ist die radikale „Unnatürlichkeit" der Schule selbstverständlich. Es nimmt uns überhaupt nicht wunder, daß sie Kindern vorschreibt, mehrere Stunden am Tag still zu sitzen (obwohl sie starke motorische Bedürfnisse haben), nicht mit anderen Kindern zu reden (obwohl sie in Interaktionen lernen), auf fremdbestimmte Aufgaben sich zu konzentrieren (obwohl kein Interesse für sie spricht, keine Neugier nach ihnen fragt). Kinder sollen ihre natürliche, in tausend Fragen belegte Erkenntnislust einem organisierten Angebot unterwerfen, nach dem sie selbst gerade nicht gefragt haben; sie sollen lernen, ihre Aktivität einem Standard zu unterwerfen, der ihnen Erfolg und Versagen bestätigt, bis sie schließlich selbst sich nach diesem Maßstab als befähigt oder unfähig, fleißig oder faul, dumm oder begabt wahrnehmen.

Es wäre indes oberflächlich und falsch, die repressive Schule gegen die freie Kindheit auszuspielen. Das anarchische, weitgehend impulsgesteuerte Potential des Kindes muß diszipliniert und sozialisiert werden. Kein Rousseau läßt die Fragen des Kindes in ihrem natürlichen Verlauf in algebraische Gleichungen oder in die Evolutionslehre einmünden. Und nicht nur die Reproduktion der Gesellschaft, sondern auch die Autonomie des Individuums, seine Möglichkeit, in den geordneten Prozessen etwa des reifen wissenschaftlichen Erkennens die lustbetonten Erkenntnisimpulse der Kindheit wiederzugewinnen, ist auf die disziplinierende Leistung der Schule angewiesen. Doch an dieser Stelle treten die Fragen, die Widersprüche auf. Zugegeben: Die Schule muß „disziplinieren", d. h. spontane und anarchische Impulse des Kindes unter die Ordnung von Prinzipien bringen, die ihm die Möglichkeit zu relativ affektentlastetem, systematischem Denken eröffnen. Doch muß sie dabei die Antriebe der Aktivität und der Neugier verleugnen, die das kindliche Denken in der kognitiven Auseinandersetzung mit der Umwelt bewegen? Oder muß sie nicht vielmehr diese Antriebe in ihre Arbeit einbringen, wenn diese zugleich disziplinierend und befreiend sein soll? Es scheint, daß die Schule im Widerspruch nicht nur zum neugiergeleiteten Lernen der Kindheit, sondern zu dem von ihr selbst behaupteten Ziel steht, Voraussetzungen für autonomes Lernen zu schaffen. Denn dies setzt den ungebrochenen Zusammenhang mit den Erkenntnisimpulsen der Kindheit ebenso voraus wie ihre Transformation.

Übrigens ist Schule nicht notwendig und überall so disziplinierend-triebfeindlich organisiert wie in unserer institutionellen Tradition. Das Lernklima der Primarschule ist ebensowenig „natürlich" gegeben wie das Spielklima der Familie. Und was nicht natürlich gegeben ist, kann Änderungen zugänglich gemacht werden. Es ist nicht einzusehen, warum es nur in Amerika möglich sein soll, die Schule als einen Ort zu bezeichnen, in dem Kinder aufregende Einfälle haben können (Duckworth 1972).

Seit vielen Jahren gibt es eine öffentliche Auseinandersetzung um die Schule. Die Positionen in dieser Diskussion sind uneinheitlich, die Kategorien kontrovers. Einig äußerstenfalls in der Unzufriedenheit, macht man der Schule den Prozeß; sie sei dysfunktional gegen ihre Ziele. Doch beansprucht sie die Mittel, die kleinen Klassen, die Ausbildung ihrer Mitarbeiter, die zur Erfüllung der Ziele notwendig sind, stößt sie auf taube Ohren. Sie soll zu Leistungsfähigkeit und autonomem Lernen erziehen. Doch viele Kinder, die voller Lust am Lernen in die Schule eintreten, haben vor unseren Augen in kurzer Zeit die Freude daran verloren. Faulheit, Schulversagen, Unlust, Leistungsverfall beschäftigen Lehrer, Eltern, die bildungspolitische Öffentlichkeit. Die Gründe dafür werden summarisch „der" Schule angelastet. Dabei wird „die" Schule von ihren Kritikern unkritisch mit den ökonomischen, sozialen und administrativen Beschränkungen organisierter Lernprozesse gleichgesetzt, unter denen Lehrer ebenso wie Kinder zu leiden haben, auch wenn sie sich ihnen gefügig anpassen, wie sie es in langen Traditionen gelernt haben. Aber muß denn unausweichlich Unlust, der Verlust des Antriebes der Preis des organisierten Lernens sein? Welches sind die Bedingungen, unter denen Kindern in der Schule der Spaß am Lernen erhalten bleibt?

Diese Fragen sind um so dringlicher, als heute die Schule eine privilegierte Institution der individuellen und kollektiven Befreiung aus dem Gehäuse der Hörigkeit zu sein hätte: Sie müßte, gerade weil ihre Angebote universell und nicht mehr nur partikular sind, die Enge einer durch die bloße Herkunft determinierten Lebensgeschichte auflösen helfen. Und doch zeigt uns die erdrückende Evidenz der Forschung, daß sie diese Determination, entgegen ihrem Auftrag und entgegen dem Willen der Beteiligten, eher noch weiter verfestigt. Tendenziell bleibt sie noch immer eine Mittelklasseninstitution (Lütkens 1959). Sie reproduziert die Positionen der Elternhäuser, indem sie Einstellungen, kognitive Leistungen und Disziplinierungen prämiiert, die schulorientierte Elternhäuser produzieren, statt die Arbeit an Kompetenzen der Kinder zu orientieren, über die sie der Tendenz nach alle gleichermaßen verfügen. So bestätigt die Schule die Kinder, deren Elternhäuser sie dazu ausgestattet haben, robust mit ihren Anforderungen fertig zu werden, während sie jene Kinder zusätzlich benachteiligt, die schwächer gerüstet aus den Elternhäusern in die Schule entlassen werden. Verläßt sie sich unter dem Gewicht der Lerntradition auf deren Fortwirken, rekurriert sie ohne ihr Wissen auf ein *Privileg*[1]. Ihre Praxis gerät dabei zusehends in Widerspruch zu ihrem Ziel, alle Kinder mit der Fähigkeit auszustatten, autonom zu lernen. Diese aber greift, wie Piaget uns gelehrt hat, auf Kompetenzen und Potentiale zurück, die, da sie zur Ausstattung der Gattung gehören, allen Kindern zu eigen sind.

Der Widerspruch zwischen dem Auftrag der Schule und ihrer Wirklichkeit zeigt sich in der Gestalt der Lernprozesse, die sie kollektiv organisiert: Die Schule muß Lernen nach Plan und Ordnung erzwingen, obwohl Spontaneität zu den Voraussetzungen gelungener Lernprozesse gehört. Aber der Widerspruch wird auch und in zunehmendem Maße von den Determinanten individueller Lernprozesse hervorgetrieben. Zwar ist die Schule für alle da, doch die Kinder bringen die in der Familie gelernten Dispositionen bereits in die Schule mit, die davon ihren Gebrauch macht. Unversehens wird so aus Disposition Privileg oder Unterprivilegierung. Für den unerläßlichen Umgang mit beiden Problemkreisen hat die Schule von Benita Daublebskys Spielen etwas zu lernen.

Unmittelbar tritt der eben skizzierte Widerspruch auf zwischen kindlicher Lust am Erwerb von Wissen, an Lernen und Erkennen und der ebenso auffälligen wie häufigen Unlust bei dem geordneten Lernen der Schule. Wir haben bereits darauf hingewiesen, wie unmittelbares, aktives und entdeckendes Lernen durch den Abbau der Reiz- und Situationsvielfalt und durch die organisatorische, aber normgeleitete Entfaltung von Eintönigkeit in der Schule gehemmt wird. Wir haben jedoch zugleich darauf aufmerksam gemacht, daß diese Norm weder universell noch unwandelbar ist. Lothar Krappmann, Elke Calliess und Monika Keller zeigen in diesem Buch, welche sozialen, affektiven und kognitiven Grundqualifikationen Voraussetzungen gelungener Lernprozesse sind. Es handelt sich dabei um Voraussetzungen in den Individuen, auf die die Schule nicht bloß zurückgreifen muß, sondern zu deren Entfaltung sie aktiv und bewußt beizutragen hat, wenn sie Anregungspotentiale für das Lernen bereitstellen will. Sie kann dazu beitragen, weil die Bedingungen produktiven Lernens paradoxerweise in der Gestalt gelungener Lernprozesse selber enthalten sind. Präsentiert die Lernsituation Anreize zum Entdecken, zu sprachlichem Austausch und Kooperation, läßt sie die Entfaltung von Neugier und exploratorischer Aktivität zu, hebt sie exemplarisch auf

1 Der Zusammenhang von Tradition und Privileg im Bildungssystem ist viel beschrieben worden. Besonders relevant die Analyse in: Bourdieu, Pierre & Passeron, Jean-Claude, Les Héritiers. Les étudiants et la culture, Paris (Minuit) 1964. Deutsch: Die Illusion der Chancengleichheit, Stuttgart (Klett) 1971.

Verstehen und Einsicht ab, statt auf bloßes Gedächtniswissen, dann lernen die Kinder mit den Gegenständen des Wissens das disziplinierte und autonome Lernen selbst: heuristisch fragen, induktiv von Tatsachen und Erscheinungen zu Regeln und Strukturen vordringen, schlußfolgernd denken. Hier reicht Lernen zurück zu den Impulsen des kindlichen Weltverstehens und der ihm vorausgehenden Explorationslust. Es ist deutlich, daß in Benita Daublebskys Spielen diese Eigenschaften eingefangen sind und artikuliert werden. Sie zeigen uns ein Stück befreiten Lernens und die vielen Hemmnisse, die ihm im Spiel wie in der Praxis schulischen Lernens entgegenstehen. Doch durch diese Spiele und den Umgang des Spielleiters mit den Hemmnissen wird schließlich deutlich, daß auch in die Disziplin der Schule dies befreite Lernen sogar für ihre ureigenen rationalen Zwecke ertragreich Einzug halten könnte: Teils in Form der Spiele selbst, wie dies Buch es vorschlägt. Teils in Form einer befreienden Didaktik der Denkerziehung (Skowronek 1968) und der Sozialerziehung[2], die an den Prinzipien der Spiele, der Wissenschaft und der freien Kommunikation gleichermaßen teilhat.
Wir müssen indessen von Hemmnissen sprechen, die dem befreiten Lernen auch des Spielens entgegenstehen. Hier sind nicht die von der Schulorganisation genormten Hemmnisse gemeint, die oben bezeichnet wurden (obwohl sie jene vermutlich verstärken), sondern die tiefgreifenden Erschwernisse, die durch veränderte Sozialisationsbedingungen mit den Kindern in die Schule eingebracht werden.
Die Schule steht heute vor einem besonderen Dilemma: Es wachsen die gesellschaftlichen Anforderungen an ihren engeren Funktionsbereich — Vermittlung von Fähigkeiten und Fertigkeiten, die zur Bewältigung einer immer stärker intellektualisierten und „verwissenschaftlichten" Welt nötig sind. Zugleich werden die bislang als selbstverständlich geltenden Vor-

---

2 Zu den Prinzipien einer Didaktik der Denkerziehung vgl. Bruner, Jerome S., The Process of Education, Cambridge (Harvard University Press), 1966 (deutsch: Der Prozeß der Erziehung, Pädagogischer Verlag Schwann/Berlin Verlag 1970). Die wichtigsten Anregungen zu einer befreienden Didaktik der Denkerziehung im deutschen Raum gehen auf Martin Wagenschein und sein Konzept des exemplarischen Lernens und Lehrens zurück: Wagenschein, Martin, Ursprüngliches Verstehen und exaktes Denken, I, II, Stuttgart (Klett) 1965/1970.
Zur Konkretisierung didaktischer Ansätze, „die an den Prinzipien der Spiele, der Wissenschaft und der freien Kommunikation" teilhaben, seien zwei praktische Beispiele erwähnt: Edelstein, Wolfgang, Ungefächerter Sprachunterricht. Begründung und Beispiel einer Curriculum-Sequenz, *in*: Erziehung und Unterricht heute, Beiträge zur Theorie und Praxis, 12, Frankfurt (Hirschgraben) 1972, S. 12—60; Siegfried Thiel, Modellvorstellung und Wirklichkeit. Kinder sprechen über Schallphänomene, *in*: Neue Sammlung 11, Heft 6, Nov./Dez. 1971, S. 508—517. — Auf diese Prinzipien gründen sich die Entwürfe eines sozialwissenschaftlichen Curriculums für die Schule, das die Forschungsgruppe Modellschulen in dieser Reihe 1974 vorlegen wird.

aussetzungen, die Fundamente schulischer Bildung, von den Elternhäusern weniger zuverlässig gelegt. Die Kinder kommen, so heißt es, weniger belastbar und lernfähig in eine stärker belastete Schule als zuvor. Strukturelle Wandlungen im Bereich der primären Sozialisation machen dem Bereich der sekundären sehr zu schaffen: die Diagnosen reichen von Konzentrationsmängel über eine intensivere aggressive Tönung des sozialen Umgangs, die Schwächung der Motivation, die Verwahrlosung der sprachlichen Form bis zum Zerfall der überlieferten Muster psychischer Organisation. Man sagt, die Kinder seien triebhafter, disziplinloser, ungesitteter, „neurotischer" als früher. Zum Teil sind diese Diagnosen vermutlich Reaktionen auf den Phänotyp einer neuen Generation von Schulkindern. Doch die Klagen, sieht man ab von ihrem Pathos und von dem mal leisen, mal lauten Vergleich mit einer guten alten Zeit, die es gewiß nie gegeben hat, weisen auf einen Funktionsverlust oder Funktionswandel der Familie hin, in der die psychischen, sozialen und kognitiven Qualifikationen erworben werden, auf die Schule zurückgreift. Wir können nicht hier den strukturellen Gründen für den Funktionswandel der Familie und die damit einhergehenden Änderungen der familialen Sozialisation genauer nachgehen. Erwähnt seien nur als wichtige – und hier keineswegs inkriminierte – Momente des Wandlungsprozesses die häufige Berufstätigkeit der Frau, der damit angebahnte Wandel in den Geschlechts-, Autoritäts- und Erziehungsrollen, im sprachlichen und emotionalen Klima in der Familie. Der Schule wird in zunehmendem Maße die Aufgabe angesonnen, die häufig als Sozialisationsdefizite begriffenen Folgen dieses Wandels zu kompensieren. Auf diese Aufgabe ist sie indes nicht vorbereitet. Weder die traditionelle Definition ihrer Unterrichtsfunktion noch die Ausbildung der Lehrer setzen sie bislang zu „kompensatorischer Erziehung" instand.

Diese Forderung tritt vielmehr in Gegensatz zur herkömmlichen Aufgabe. Es scheint schlüssig, daß nicht zur gleichen Zeit die klassischen Leistungsforderungen erfüllt und die Entwicklung der konstitutiven Fähigkeiten selbst verlangt werden können, die ihre Voraussetzungen sind. Das heißt: Zielgerichtetes Lernen und Grundfähigkeiten entfaltendes Spiel würden die Schule überfordern, wollte man beides von ihr verlangen. Das Gegenteil könnte der Fall sein; vielleicht kann sie das Lernen überhaupt nur sichern, wenn sie spielen lernt. Das macht, wie bereits angedeutet, Änderungen in der Gestalt der Lernprozesse erforderlich, Änderungen der Schule selbst. Hierfür greift der Begriff der „kompensatorischen Erziehung" zu kurz. Wächst der Schule die Aufgabe zu, motivationale, soziale und kognitive Qualifikationen aufzubauen, die unter anderen Bedingungen durch die Familienerziehung bestimmter Schüler für die Schule bereitgehalten wurden, bahnt sich ein neues Verhältnis von Kindheit und Gesellschaft, von Familie und Gesellschaft an, eine gewandelte Konfiguration im Sozialisationsprozeß, in dem der Schule eine gewandelte Funktion zufällt. Bislang sind die Kinder die Leidtragenden in diesem Umschichtungsprozeß. Sie geraten in Gefahr, zwischen einer veränderten Familie und einer unveränderten Schule zerrieben zu werden, die aus ihrer jeweiligen Perspektive falsche, d. h. unerfüllbare Erwartungen aneinander richten. Und gegen diese Gefahr gerät die Schule nachgerade unter den Zwang, mehr als kompensatorische, nämlich sozialisatorische Funktionen wahrzunehmen. Mißlingen oder Mängel in dieser Funktion führen zu *therapeutischen* Aufgaben, für die wir kaum gerüstet sind. Die Schule ist nicht darauf vorbereitet. Die Zahl der Psychotherapeuten ist, wollte man sie hierfür in Anspruch nehmen, verglichen mit dem riesigen Bedarf, nahezu verschwindend klein. Um so wichtiger erscheint es, die Entlastungen zu studieren, die Benita Daublebskys Spiele durch ihre sozialisatorische Leistung im *vor-therapeutischen* Raum erbringen können. Das Wort ist mit Bedacht gewählt. Denn obwohl nach ihren Berichten die Spiele in manchen Situationen eine genuin therapeutische Wirkung entfaltet haben – faktisch Spieltherapie gewesen sind –, muß der Lehrer gewarnt werden, auf eigene Faust die Grenze von implizit therapeutischen Spielen zur intentionalen Spieltherapie zu überschreiten.

Lothar Krappmann beschreibt den sozialisatorischen Beitrag, auf den die Schule sich einrichten muß: Entwicklung von Fähigkeiten der Interaktion mit anderen. Auf diesen Fähigkeiten gründet die unverzerrte Entfaltung des motivationalen und kognitiven Potentials der Schüler, ebenso wie ein stabiles und realistisches Selbstbild. Und gerade in diesem Bereich entfalten die Spiele ihre konstruktive und ihre therapeutische Wirkung. Benita Daublebsky bemerkt am Anfang ihres Abschnitts über den Spielleiter (S. 115): *„Sie (die Kinder) haben es ja oft nicht gelernt, miteinander friedlich umzugehen, sich zuzuhören, sich zu verstehen und sich mitzuteilen. Sie stehen in Konkurrenz zueinander und haben in den meisten Fällen zu wenig erfahren, welchen Spaß es macht, gemeinsam Spaß an einer Aktivität zu haben. Oft haben sie Angst vor dem Neuen, das die Spielsituationen bringen, und reagieren daher ablehnend. Bei alledem muß der Spielleiter den Kindern gleichsam unmerklich helfen, anders als bei anderen Gelegenheiten miteinander umzugehen.“* Die Interaktionsfähigkeiten sind bezeichnet, welche die Schule für ihre Arbeit braucht, die kognitiven, kommunikativen und motivationalen Korrelate gelungener Interaktion sind aufgeführt, auf die auch alles schulische Lernen angewiesen ist (zuhören, verstehen, mitteilen, Spaß haben ...); die Folgen mißlungener Interaktion sind vermerkt, die *produktives Lernen* hemmen (in Konkurrenz stehen, Angst haben, ablehnend sein). Und schließlich ist die Rolle des Erziehers beim „Interaktionslernen" angegeben, die auch eine gleichsam therapeutische ist: unmerklich helfen, anders miteinander umzugehen. Die Eigenschaften des Spielleiters, quasi-therapeutische Eigenschaften, wie Benita Daublebsky sie als das verhaltenssichere „Balancieren" zwischen Zurückhaltung und Engagement, Distanz und Wärme, Einfühlung und emotionaler Unabhängigkeit, Schutz und Risikobereitschaft, reflexiver Bedachtsamkeit und Schlagfertigkeit, Zielbewußtsein und Flexibilität und Geduld in ihrem Spielleiterkapitel beschrieben hat, sollen uns hier nicht weiter beschäftigen. Doch stellen nicht über weite Strecken Verhalten und Eigenschaften des Spielleiters eine Beschreibung des *Lehrers* dar, der sich seiner „quasi-therapeutischen" Funktion im Prozeß der schulischen Sozialisation von Kindern bewußt wäre?

Die meisten Störungen und Blockierungen erweisen sich als *Beziehungsstörungen;* sie verursachen Angst, Aggression und Gehemmtheit, Symptome, die bis zur Spielunfähigkeit führen. Die Symptome, die Benita Daublebsky beschreibt, kennt in dieser oder ähnlicher Form jeder Lehrer aus seiner Klasse: den Clown, den Angeber, den Schläger, den Ängstlichen, den Außenseiter ... Die den Symptomen zugrunde liegenden Ängste einerseits in der entlasteten und entlastenden Form des Spiels *agieren,* andererseits zur Sprache bringen, *versprachlichen* zu können, erscheint als Voraussetzung dafür, emotionale *Blockierungen* des Lernens zu überwinden. Im Kindesalter kann es nur selten wie in der Therapie Erwachsener darum gehen, diese Ängste selbst und ihre Gründe bewußt und damit zum Gegenstand des Sprechens zu machen (vgl. S. 122: „immer bin ich so allein"). Vielmehr handelt es sich darum, die unzugängliche Angst selber im Spiel zum Sprechen zu bringen. Im Mickey-Mouse-Spiel gelingt es R. (S. 132), seine Schulängste in symbolischer Form zur Sprache zu bringen, sie im Spiel mitzuteilen und zu distanzieren, um sie schließlich zu überwinden.

Vielleicht darf dieser sonderbare und besondere Fall als Paradigma einer Störung und ihrer Heilung begriffen werden. Der isolierte einzelne bildet infolge seiner Probleme, in Abwehr der von ihnen ausgehenden *Angst* ein Symptom aus, das die Angst (teilweise) bannt, doch zugleich soziale und kognitive Schwierigkeiten bereitet. Gelingt es, im Spiel das Verborgene mitzuteilen, es in symbolischer oder direkter Form oder im Handeln zur Sprache zu bringen, ist der Anfang zur Bewältigung des Problems gemacht. So ist R. und sein Mickey-Mouse-Spiel in hundert Gestaltungen in der Schule fast allgegenwärtig. „Zur Sprache bringen" ist eben nicht bloßes Ausagieren (das an der Lage des Leidenden nichts ändert, vielmehr bloß auf sie verweist), sondern eine Mitteilung, die andere aufnehmen können. Entsteht ein „Sprechen", eine Interaktion, z. B. ein Spiel, in das die Botschaft eingehen kann, gelingt es oft mit der Zeit, das Problem umzuerleben und etwa wie der Angeber K. (S. 134) mit gestärktem Ich die eigene, bisher unreflektierte Rolle distanziert ironisch zu übernehmen. Benita Daublebsky berichtet in ihren Kommentaren eine Anzahl solcher quasi-therapeutischer Auflösungen von Restriktionen und Wiederherstellungen unverzerrter Beziehungen. Mit dem Schwinden der zugrunde liegenden Beziehungsstörung zeigt sich dann die Wiedergewinnung der kognitiven Fähigkeiten, der plötzlich positiv gewandelte Schüler, den „man nicht mehr wiedererkennt". Die Lernstörung wird als kognitives Symptom einer sozialen und affektiven Hemmung oft erst erkannt, wenn mit dieser die Gedächtnisschwäche, die Blockierung, die „Faulheit" (d. h. der Motivationsverlust), die Denkhemmung überwunden ist. Häufig wird das Symptom verkannt, und aus der mangelhaften Diagnose folgen jene unangemessenen schulischen Konsequenzen, welche durch eine weitere Wendung im Teufelskreis die lebensgeschichtliche Störung des Schülers noch vertiefen. Solche „Auffälligkeiten" sind zu häufig geworden, um sie als „Fälle" zu bewerten, auf spontane Besserungen zu warten oder auf den Therapeuten zu hoffen. Sie sind eine neue Kondition, die auf Bedingungen der Schule im Kontext veränderter Sozialisationsbedingungen zurückgeht. Damit wird sie zu einem Problem der Schule selbst, und sie wird lernen müssen, es anzunehmen und psychologisch und didaktisch darauf zu antworten. Die Spiele bieten eine Möglichkeit dazu. Sie bewegen sich in den zwei neuen Dimensionen zugleich, die der Schule und dem Unterricht heute gleichsam gegen ihre Absichten und fast erzwungenermaßen eröffnet worden sind:

Wenn Lernen produktiv sein soll, verlangt es nach dem Moment entdeckender, aktiver Direktheit, das Piaget dem spontanen Lernen im Spiel zuschreibt. Vielleicht führt die Konfrontation damit den einen oder anderen Lehrer dazu, die Gestalt von Lernprozessen zu ändern, die einengenden Randbedingungen des Unterrichts in Frage zu stellen und die Urteilsgrundlagen über die Schüler zu erweitern.

Wenn Lernen zu sich selbst befreit verlaufen soll, müssen sozialisatorische Prozesse gelungen sein, die heute oft erst in der Schulzeit quasi-therapeutisch freigelegt werden können. Im Gegensatz zur üblichen Situation in der Klasse mit ihren festgefügten Rollen, den genormten Beziehungen, der eingeschränkten Kommunikation (die „dysfunktionale" Äußerungen als Störungen statt als Metakommunikation in einer Beziehung definiert), zeigt das Spiel eine diagnostische Sensitivität und ein therapeutisches Potential, das ein sozialisierender Unterricht von ihm lernen müßte, wollte er zugleich produktiv und „emanzipatorisch", das heißt: befreiend, sein.

„Als Lehrer soll man den Kindern dazu verhelfen, sich in eine Sache hineinzubegeben, ohne dabei unter dem Druck einer zu erbringenden Leistung zu stehen und ohne die Angst, nicht genügen zu können. Man muß ihnen dazu verhelfen, Vergnügen daran zu finden, etwas gut zu machen, und nicht unbedingt seine Befriedigung daraus zu beziehen, daß andere es schlechter gemacht haben. Man muß ihnen dazu verhelfen, herauszufinden, ob und wie eine Aufgabe Vergnügen bereiten kann, und nicht immer darüber nachzudenken, wie durch sie die eigene Position gestärkt werden kann; Mut zu haben, neue Situationen zu erproben, und sich nicht fürchten zu müssen, ausgelacht zu werden, wenn etwas Unerwartetes eintritt."

In diesem Text (S. 115) sind nur zwei Wörter ausgetauscht worden: Für „Spielleiter" wurde „Lehrer", für „Spiel" „Aufgabe" eingesetzt. Bedarf es eines weiteren Beweises, daß der Unterricht von den Spielen lernen kann? Sie versuchen *eine* gewiß partielle Antwort auf beide Dilemmas der Schule zu geben: wie angesichts der organisatorischen Beschränkungen und funktionalen Traditionen der Schule Bedingungen produktiven Lernens erzeugt werden können. Und wie angesichts des Sozialisationsdefizits, mit dem die Schule konfrontiert wird, in der Schule die Bedingungen befreiten Lernens sozialisatorisch und therapeutisch hergestellt werden können, auf die sie herkömmlich sich verlassen zu können meinte. In beiden Dimensionen verweisen die Spiele auf dasselbe Prinzip: Produktives Lernen wie befreites Spiel setzen jene gelungenen Lernerfahrungen voraus, die im Spielen und im Lernen selbst gleichermaßen gewonnen werden, wenn wir sie nicht um ihre genuinen Antriebe bringen.

6. Kapitel: Soziale Kommunikation und Kooperation im Spiel und ihre Auswirkungen auf das Lernen

von Lothar Krappmann

1. Die ungenügende Berücksichtigung sozialer Faktoren in den Lerntheorien

Es scheint unmittelbar einleuchtend, daß Spiele soziales Verhalten beeinflussen: Sie verlangen, den Mitspielern gegenüber fair zu sein und sich den gemeinsam vereinbarten Regeln zu unterwerfen; sie stacheln bei Wettkämpfen zur Konkurrenz an, aber vielfach belohnen sie auch gegenseitige Hilfe und Kooperation. Dennoch dürfte diese trivial anmutende Aussage – zumal, wenn sie als Programm formuliert wird: Spiele sollen helfen, soziale Lernziele zu verfolgen – schon viele Spiele verdorben haben. Sie verleitet zudem dazu, zuerst immer wieder nur an eine bestimmte Art von Spielen zu denken, nämlich an soziodramatische Rollenspiele, die soziale Sensibilität schulen und Aufklärung über soziale Zusammenhänge vermitteln sollen. Zu befürchten ist, daß gerade durch Konzentration auf diese Ziele eher zusätzliche Rituale und Stereotype eingeübt werden als die Fähigkeit, aufeinander einzugehen und gemeinsam Handeln zu planen. Diese Gefahr wird vor allem dadurch unterstützt, daß – trotz der weltweiten Entdeckung sozialer Lernziele neben den kognitiven – weitgehend ungeklärt geblieben ist, in welchem Verhältnis Lernen, Spiel und soziale Verhaltensweisen stehen (Stevenson 1970).

Diese Aussage mag vielleicht überraschen, denn es ist bekannt, daß „Lerntheorien" seit Jahrzehnten zu den zentralen Forschungsbereichen der Psychologie zählen. Trotzdem enttäuschen die bisherigen Ergebnisse die weitreichenden Erwartungen. Zwar gibt es viele Teilerkenntnisse, aber es ist noch nicht befriedigend gelungen, diese einzelnen Aussagen in eine umfassende Erklärung für die Entwicklung der Lernfähigkeit einzufügen. Dies gilt insbesondere für die sozialen Faktoren, welche die Entstehung von Lerndispositionen beeinflussen. In vielen psychologischen Ansätzen werden diese Determinanten des Lernens überhaupt nicht berücksichtigt. Wenn überhaupt, werden sie lediglich als Randbedingungen erwähnt. Die Forderung, den sozialen Charakter des Lernvorgangs in die Erklärung einzubeziehen, ist auch dadurch noch nicht erfüllt, daß auf die Anlehnung an Vorbilder und die Imitation von Verhaltensmodellen aus der sozialen Umwelt beim Lernen hingewiesen wird (Bandura und Walters 1963). Auch wenn diese Einbettung des Lernens in ein soziales Feld gesehen wird, bleibt doch der eigentliche Akt des Lernens, nämlich die psychische Umstrukturierung, die neue Dispositionen zur Informationsverarbeitung und Problemlösung schafft, im Kontext dieser Theorie immer noch ein ausschließlich individuelles Ereignis. Es wurde daher auch zu Recht darauf hingewiesen, daß aus der Perspektive dieser Theorie sozialen Lernens nicht geklärt werden kann, welche Motive die Kinder bei der Wahl von Verhaltensmodellen anleiten. Außerdem ist nicht verständlich zu machen, daß oft nur bestimmte Züge des Vorbildes kopiert werden. Offenbar stimuliert das Vorbild zugleich Gegenreaktionen, die nur noch in gleichsam verspiegelter Weise das ursprüngliche Modell erkennen lassen. Stoßen wir hier auf unberechenbare Spontaneität, oder reproduziert auch hierin das Kind Verhaltensstrukturen seines Lebensbereiches?

In dieser Problematik versucht ein neuerer Ansatz weiterzugehen, der sich an eine soziologische Betrachtungsweise sozialer Vorgänge anlehnt, die Interaktionismus genannt wird (Rose 1962, McCall und Simmons 1966). Er erstrebt die Integration sozialpsychologischer, psychoanalytischer und lerntheoretischer Aspekte und nimmt daher vieles von den früheren Überlegungen und Forschungsergebnissen in sich auf. Diese interaktionistische Lerntheorie möchte insbesondere belegen, daß das Vorgehen des Kindes beim Lernen auf Handlungsstrukturen antwortet, die es in seiner sozialen Umwelt vorfindet. Es prägt in seiner Psyche der Struktur nach die Interaktions- und Kommunikationsmuster aus, die ihm durch seine Beteiligung am Familienleben und in anderen Gruppen zugemutet werden. Diesem Ansatz geht es folglich – jedenfalls zunächst – nicht darum, die bewußten Lehrstrategien der Eltern zu verfolgen, mit denen sie das intellektuelle Leistungsvermögen und die soziale Anpassung ihrer Kinder fördern wollen. Vielmehr will diese interaktionistische Lerntheorie vor allem die impliziten Auswirkungen des sozialen Beziehungssystems, in dem das Kind Mitglied wird, auf die Lernfähigkeit untersuchen.

Da gerade dieser Ansatz dazu beitragen kann, positive Auswirkungen des Spiels auf die Entwicklung der Lernfähigkeit plausibel zu machen, sollen die Prozesse, in denen das Kind die typischen Strukturmerkmale sozialer Handlungssysteme übernimmt, etwas ausführlicher dargestellt werden. Ohne diesen knappen Exkurs in die Sozialisationstheorie dürfte auch nicht verständlich werden, wie soziale Lernziele in diesen Zusammenhang einzuordnen sind.

Der Begriff der sozialen Lernziele kann allerdings leicht zu Mißverständnissen führen. Man kann darunter zum einen ein Bündel von Verhaltensweisen und Gewohnheiten verstehen, die den Umgang der Menschen miteinander regeln: Man soll hierzulande ohne Nebengeräusche essen; Herren sollen Damen rechts gehen lassen und vieles andere mehr. Eine Reihe weiterer Forderungen ist weniger eng an bestimmte kulturelle Traditionen gebunden. Zu ihnen gehören das Gebot der Rücksichtnahme auf andere Personen oder die Verpflichtung, Überzeugungen anderer Menschen zu respektieren. Jedoch wird in vielen Gesellschaften recht genau festgelegt, welche Personengruppen besondere Vorrechte genießen und welche Menschen nur wenige oder gar keine Rechte für sich in Anspruch nehmen können. Es wird auch bestimmt, wessen Ansichten vor allem geachtet werden müssen und wessen Überzeugungen übergangen werden dürfen. Es gibt jedoch noch fundamentalere Erwartungen im Umgang der Menschen miteinander, die vielleicht gerade deswegen, weil sie für das Zusammenleben konstitutiv sind, den Menschen selten bewußt werden. Diese Verhaltensanforderungen beziehen sich darauf, wie man den anderen – den Interaktionspartner – mit seinen Vorstellungen und Bedürfnissen überhaupt wahrnimmt und wie man in Anbetracht des Spielraums von Normen und ihrer Veränderbarkeit eine gemeinsame Verständigungs- und Handlungsbasis gewinnt. Um derartige Qualifikationen geht es im Prozeß der primären Sozialisation. Erst wenn das Kind die Grundqualifikationen für Kommunikation und Interaktion erworben hat, können die kulturspezifischen Regelungen des Miteinanders relevant werden.

Wie kann man diese grundlegende Öffnung des Kindes für seine Partner erreichen? Wie wird es fähig, sich auf einen wenigstens vorläufigen Konsens zu einigen und dennoch seine eigenen Bedürfnisse nicht aufzugeben? Lassen sich derartige konstitutive Fähigkeiten für soziale Interaktion in derselben Weise als Lernziele formulieren wie etwa die Rechtschreibung oder eine Fremdsprache?

Diese Fragen sollen hier nicht nur untersucht werden, weil sie für das allgemeine Verständnis der kindlichen Entwicklung wichtig sind, sondern die Antworten werden helfen, die Möglichkeiten, Kinder durch Spiel zu fördern, besser einzuschätzen. Die Anregungen und Hinweise, die „Spieler“ und „Theoretiker“ in unserer Arbeitsgruppe austauschen konnten, berechtigen zu der Hoffnung, daß die Verankerung der Argumente in sozialwissenschaftlichen Theorien, die hier dem Leser zugemutet wird, sich lohnt.

2. Schwierigkeiten bei der Förderung sozialer Lernziele

2.1. Soziales Verhalten nicht ein isoliertes Ziel, sondern Medium der Sozialisation

Das Kind wird von Anfang an in der Familie nicht wie ein Ding behandelt, sondern es wird Mitglied eines sozialen Beziehungssystems. Schon dem eben geborenen Säugling werden eigene Erwartungen, Gefühle, Bedürfnisse und Intentionen zugestanden. Ehe das Kleinkind wirklich eigenständig an der Meinungsbildung und an gemeinsamem Handeln in der Familie teilnehmen kann, wird es schon wie ein Partner für Interaktion und Kommunikation behandelt. Diese den tatsächlichen Fähigkeiten des Kindes vorauseilende „Fiktion" ist ein wesentliches Element der gesamten, frühkindlichen Sozialisation. Sie muß als ein Prozeß stufenweiser Integration des Kindes in ein immer komplexeres Rollensystem aufgefaßt werden. Die ursprüngliche Mutter-(Pflegeperson-)Kind-Einheit geht in eine Zweier-Beziehung von Mutter und Kind über. Als Folge der Unterscheidung der Familienmitglieder nach ihrer Zugehörigkeit zu verschiedenen Generationen und Geschlechtern bildet sich nach und nach ein sehr komplexes Familiensystem aus, in dem es eine Fülle von Beziehungsmöglichkeiten gibt. Jeder dieser Schritte zu immer differenzierterer Beziehung ist aus der Sicht des Kindes als Krise seiner Teilnahme an diesem Netzwerk beschreibbar, denn die bis dahin ausgebildeten Verhaltensweisen reichen angesichts der veränderten Interaktionsbedingungen nicht mehr aus. Sie müssen ihnen entsprechend weiterentwickelt werden. Unter „produktiver" Lösung der drei wichtigsten Krisen – Entstehung eines „Selbst"; Übernahme von Leistungsanforderungen der mächtigen Erwachsenen; Erwerb der Geschlechtsrolle – ist zu verstehen, daß das Kind in Antwort auf das jeweilige Beziehungsproblem bestimmte Fähigkeiten ausbildet, die ihm helfen, das – aus seiner Sicht – durch die neuen Anforderungen aus dem Gleichgewicht geratene Interaktionssystem wieder auszubalancieren.

Die durch diese Beziehungsprobleme stimulierten Fähigkeiten gehören sowohl dem kognitiven als auch dem affektiv-motivationalen Bereich an. Einerseits muß das Kind Erwartungen und Problemstellungen erkennen, Begriffe auf verschiedenen Abstraktionsebenen bilden und sich um rationale Lösungen bemühen. Andererseits aber können durch diese Anstrengungen die Beziehungen zu anderen Familienmitgliedern belastet werden, so daß abgewogen werden muß, welches affektive Risiko eine kognitive Leistung bedeutet. Diese Zusammenhänge können zum Beispiel an den Vorgängen bei der Übernahme der Geschlechtsrolle demonstriert werden. In dieser Entwicklungsphase erfährt das Kind, daß es zwei unter den gegebenen Verhältnissen nicht beliebig veränderbare Verhaltensmodelle gibt: Männer und Frauen. Die erwachsenen Inhaber dieser Rolle in der Familie – Vater und Mutter – richten an ihr Kind sich nicht voll deckende Verhaltenserwartungen, zwischen denen es sich entscheiden muß. Das Kind aber hat gute Gründe, mit beiden Elternteilen befriedigende Beziehungen zu unterhalten. Dem Jungen ist zwar der Vater, dem Mädchen die Mutter Vorbild für die zu internalisierende Geschlechtsrolle. Aber Jungen und Mädchen erkennen ihre Besonderheit erst durch die Auseinandersetzung mit dem andersgeschlechtlichen Elternteil. Im Falle einer stabilen Ehepartnerbeziehung werden allerdings Vater und Mutter dafür sorgen, daß der Junge sich gegenüber der Mutter nicht so verhält, als ob er der Vater wäre. Seine Geschlechtsrolle zu erwerben kann für den Jungen folglich nur bedeuten, sich als ein heranwachsender Mann und möglicher Vater in einer anderen Familie zu begreifen. Dies zeigt aber auch, daß mit der Veränderung der sozialen Beziehungsmuster eine kognitiv-konzeptuelle Umstrukturierung und eine Neuinterpretation von Normen und Rollen einhergeht. Die beschriebene Rollenkonstellation verlangt nämlich vom Jungen, daß er zwischen „Vater in dieser Familie" und der generellen Kategorie „Väter und mögliche Väter" unterscheiden kann. Eben diese Unterscheidung sichert dem Jungen weiterhin einen unangefochtenen Platz im Zusammenleben der Familie. Es ist diese Anerkennung als kompetentes Familienmitglied, die die motivationale Basis für den kognitiven Fortschritt in der Entwicklung des Kindes liefert.

Die Aussage, die Ausweitung seines Rollenrepertoires erhalte dem Kind alle Beziehungsmöglichkeiten in der Familie, darf im Hinblick auf Ursache und Wirkung nicht falsch interpretiert werden. Der Junge wird nur zu entscheidenden kognitiven Umstrukturierungen gedrängt, wenn tatsächlich die Beziehungen zwischen den Familienmitgliedern – vor allem die affektiv gestützte Solidarität der Eltern – ihm verwehren, sich eine zu stark familiengebundene Interpretation seiner neu entdeckten Geschlechtsrolle anzueignen. Wenn die Beziehung zwischen Mutter und Vater gestört ist, ist die Gefahr groß, daß die Mutter das Kind in eine Koalition gegen den Vater zu verstricken versucht. Sie will vielleicht auch die fehlende Liebe des Mannes kompensieren. Eine hieraus sich entwikkelnde überenge Mutter-Kind-Bindung könnte es dem Kind sehr erschweren, sich Handlungsorientierungen anzueignen, die seine Autonomie fördern. Aber die notwendige Selbständigkeitsentwicklung kann ebenfalls gefährdet werden, wenn die Mutter die allmähliche Ablösung ihres Kindes übereilt, etwa um dem auf die Kinder eifersüchtigen Vater entgegenzukommen. Das Kind wird dann sehr leicht überfordert. Oft fehlt zugleich die hinreichende affektive Unterstützung, weil die Mutter den bereits erreichten Stand an Fähigkeiten ihres Kindes zu wenig anerkennt. Auch das mit Problemen belastete Familiensystem bringt folglich typische Sozialisationsresultate hervor. Allerdings sind es überwiegend negativ bewertete Eigenschaften, die von mangelnder Selbständigkeit bis zur völligen Unfähigkeit, sich auf ein Problem zu konzentrieren, reichen. Auch diese Defizite liegen sowohl auf der kognitiven als auch auf der affektiven Ebene der psychischen Entwicklung.

Welche Fähigkeiten aber kann die Sozialisation in einer Familie hervorbringen, in der immer wieder versucht wird, die verschiedenen Erwartungen und Bedürfnisse aller Mitglieder zu einem Ausgleich zu bringen? Neben der bereits dargestellten Förderung immer allgemeiner anwendbarer Verhaltensmuster und entsprechender kognitiver Konzepte wäre noch aufzuzählen, daß sie die Kinder in die Lage versetzt, voreilige Vereinfachungen von Problemstellungen zu vermeiden. Das Kind wird dazu hingeführt, Lösungen gerade unter Berücksichtigung widersprüchlicher Erwartungen von Vater und Mutter zu erarbeiten. Es wird ferner die Fähigkeit erwerben, Maßstäbe für Leistungen selbst festzulegen und einzuhalten. Des weiteren lernt es, äußere Belohnungen aufzuschieben, und kann folglich Ziele langfristig verfolgen. Außerdem werden die Kinder ermutigt, über Probleme auch zu sprechen und in ihrer Sprache Mehrdeutigkeit nicht zu verdrängen und Rückfragen zuzulassen.

Obwohl in den Familien wichtige Grundlagen für die Ausbildung dieser Fähigkeiten geschaffen werden, wirken vor allem auf das ältere Kind auch andere Einflüsse. Institutionen wie Kindergarten, Vorschule und Schule sowie die Gruppen der Altersgenossen werden mit fortschreitendem Alter zu immer wichtigeren Sozialisationsinstanzen. Auch sie treiben die Entwicklung von Kindern und Jugendlichen weniger durch Belehrung und bewußte Erziehung voran, sondern nehmen gleichfalls die Kinder in ein Interaktions- und Problemlösungsfeld auf, dessen Regeln das Kind übernimmt und auf dessen Belohnungssystem es sich einstellt. Hier ist wiederum die Formulierung unzureichend, daß die grundlegenden Verhaltensdispositionen in Prozessen entstehen, die unter anderem durch soziale Faktoren mitbestimmt werden, sondern die fundamentalen Interaktions- und Lernfähigkeiten — ebenso wie deren Störungen — bilden Verhaltensmuster von Personen in sozialen Beziehungssystemen ab. Während über die Auswirkungen der Art des familialen Zusammenlebens auf die psychische Entwicklung inzwischen einige Erkenntnisse vorliegen, ist über die impliziten Konsequenzen der Organisation des Lernens in unseren Schulen, die sehr komplexe, aber zugleich auch außerordentlich formalisierte und wenig spontane Beziehungssysteme sind, noch kaum etwas bekannt.

Diese Darstellung der Sozialisationsprozesse weckt Zweifel an der Möglichkeit, einen Katalog sozialer Lernziele aufzustellen, der neben anderen Lernzielen und vielleicht sogar getrennt von ihnen verfolgt werden kann. Es sollte deutlich geworden sein, daß die Beherrschung der Grundqualifikationen zu sozialer Kooperation mit einer offenen und flexiblen Struktur sozialer Prozesse einhergeht. Die Teilnahme an lohnenden Bemühungen um den Ausgleich von Erwartungen und Interessen vermittelt dem Kind innere Motivationen und kognitive Konzepte und bildet somit die Vorbedingung für die Ausprägung komplexer Problemverarbeitungsstrategien. Aus dieser Sicht können die grundlegenden Fähigkeiten zur Teilnahme an Kommunikation und Interaktion nur dadurch verändert werden, daß die Art der sozialen Prozesse in Familie, Gruppe und Schule selber den Partnern mehr soziale Sensibilität, Flexibilität im Umgang mit Erwartungen und Regeln sowie Toleranz gegenüber den von den eigenen abweichenden Bedürfnissen auferlegt.

Die Schwierigkeit, Erkenntnisse der Sozialisationsforschung pädagogisch-didaktisch auszunutzen, beruht also offenbar darauf, daß das Lernziel zugleich die konstitutive Dimension derjenigen Prozesse ist, in denen die Interaktions- und Lerndispositionen des Individuums insgesamt erst entstehen. Daher bilden aber auch nicht nur die beobachtbaren sozialen Handlungsstrategien des Kindes die ihnen zugrunde liegenden sozialen Prozesse ab, sondern diese Prozesse haben sich in allen Bereichen der psychischen Entwicklung eingeprägt. Sie determinieren die kognitive, die motivationale und die affektive Entwicklung und eben auch jene Fähigkeiten, die von Eltern und Lehrern — meist um einen Mangel zu beklagen — als „soziale Verhaltensweisen" gesondert angesprochen werden. Diese analytische Hervorhebung eines Aspekts im Verhalten darf jedoch nicht vergessen lassen, daß die soziale Dimension der Sozialisationsprozesse nur peripher erfaßt wird, wenn lediglich die offen zutage tretenden Regeln des sozialen Umgangs untersucht werden. Das Ziel, soziales Verhalten zu fördern, kann sich nur auf die eigentlichen Sockelprozesse der Sozialisation beziehen.

Verfolgt man die sozialen Lernziele getrennt, dann bricht man sie aus einem Zusammenhang heraus. Dabei wird nicht nur der „Tiefgang" der Sozialisationsprozesse unterschätzt, sondern auch die Übernahme bloßer Verhaltenskonventionen gefährdet. Selbstverständlich läßt sich Sozialverhalten trainieren, so etwa, wie man dem Kleinkind beibringen kann, danke zu sagen, ohne daß es Dankbarkeit kennt. An die sozialen Prozesse, in denen sich die psychische Struktur in Auseinandersetzung mit den Personen der sozialen Umwelt formt, kommt man auf diesem Wege nicht heran. Viele Erfahrungen mit „wohlerzogenen" Kindern laufen darauf hinaus, daß diese Dressurakte die Entwicklung sozialer Sensibilität und geistiger Beweglichkeit sowie die Durchsetzung von Regeln der Vernunft in sozialen Beziehungen eher stören.

2.2. *Das Dilemma sozialer Lernziele: Als Programm führen sie in „Beziehungsfallen"*

Der Hinweis auf die oft beobachteten Krisen der „wohlerzogenen" Kinder macht auf eine weitere grundlegende Schwierigkeit aufmerksam, in die ein Pädagoge gerät, der die Förderung sozialer Lernziele – um es überspitzt zu formulieren – wie einen Mathematikkurs zu organisieren versucht. Eigenartigerweise entwinden sich diese Lernziele der Erreichbarkeit, wenn sie zum ausdrücklichen Programm erhoben werden. Jeder hat entsprechende Erfahrungen schon gesammelt: Man kann Freundlichkeit, Vertrauen, Kooperationsbereitschaft nicht befehlen. Woran aber liegt es, daß man diese Lernziele nicht auf dieselbe Weise fördern kann, wie man „technische" Fertigkeiten – etwa Kopfrechnen, Telefonieren, Protokolle schreiben – schulen kann?

Über die bereits genannten Gründe hinaus wird hier noch ein zusätzlicher Aspekt sichtbar. Er wird erkennbar, wenn statt der „idealen" Familienverhältnisse, in denen die Familienmitglieder divergierende Erwartungen zu einem Ausgleich zu bringen versuchen, solche Familien betrachtet werden, in denen die gegenseitige Übersetzung individueller Ansprüche gerade nicht gelingt. Wie zahlreiche Familienbeobachtungen gezeigt haben, können diese Störungen von Kommunikation und Kooperation auf zwei typischen Konstellationen beruhen: Im ersten Fall läßt eine zwanghaft aufrechterhaltene Einigkeit der Familienmitglieder – falsch verstandene „Harmonie" als Familienideal – nicht zu, Ansprüche zu äußern, die mit den festgelegten Erwartungen der anderen nicht übereinstimmen. Im zweiten Fall strengen sich die Familienmitglieder an, sich in ihren Auffassungen voneinander strikt abzugrenzen. Statt einander individuelle Ansichten zu verdeutlichen, dienen alle Mitteilungen nur dazu, sich gegenseitig abzuwerten. In der amerikanischen sozial-psychiatrischen Forschung konnte nachgewiesen werden, daß beide Formen des sozialen Zusammenlebens in der Familie einen wichtigen Faktor für die Entstehung schwerster psychischer Störungen bei den heranwachsenden Kindern bilden (Bateson u. a. 1969). Wie die Untersuchung „normaler" Familien ergab, haben offensichtlich auch diese mit der Gefahr zu kämp-

fen, konfliktträchtige Kommunikationsprozesse vorschnell abzuschneiden. Gemeinsam ist den beiden Typen „pathologischer" Kommunikation, daß in ihnen auf eine besondere Weise unterbunden wird, sich zu verständigen: Alle Mitteilungen enthalten zusätzlich zum manifesten Inhalt ein Verbot, eine individuelle, den tatsächlichen Bedürfnissen entsprechende Interpretation eines Sachverhaltes auszusprechen, die von dem eingespielten Familienritual abweicht. Damit diese Verschleierung des Gemeinten nicht auffällt, sprechen die Familienmitglieder gleichsam auf verschiedenen „Kanälen". Reflektierende Überlegungen, in denen diese zerstückelten und unpräzisen Aussagen miteinander konfrontiert werden, dürfen ebenfalls nicht laut geäußert werden, weil sie das jeweilige starre Muster familialer Interaktionsbeziehungen — „Harmonie" im einen, „gegenseitige Disqualifikation" im anderen Falle — sichtbar und damit auch angreifbar machen würden (Richter 1970). In der Literatur wurde diese Struktur von Kommunikationsstörungen als „double-bind" bezeichnet. Die deutsche Übersetzung „Beziehungsfalle" (Stierlin) will verdeutlichen, daß derjenige, der in dieses System von Verboten verstrickt ist, massive Strafen zu erwarten hat, wenn er versucht, diesen Zirkel zu verlassen.
Beziehungsfallen aber gibt es nicht nur in Familien, sondern auch in anderen sozialen Beziehungen, wenn in ihnen Regeln und Absichten durch Kommunikationsverbote gegen Kritik abgeschirmt werden. Ebenso wie in der Familie kann sich das Kind auch in anderen sozialen Gruppen — bei Verwandten oder Freunden, in Kindergarten oder Schule — widersprüchlichen Anforderungen oft nicht entziehen, weil es in einem System miteinander verschränkter Verbote gefangen ist. Dies geschieht auf eine besonders vertrackte Art, wenn soziale Beziehungen mit dem Ziel organisiert werden, soziales Verhalten zu vermitteln. Der innere Widerspruch, der dabei auftritt, läßt sich an einem — als extremem Beispiel erdachten — „Förderungskurs für soziale Sensibilität und Kooperation" nachweisen. Die diesen Kurs anleitenden Verbote, die gewiß nicht ausgesprochen würden, könnten etwa auf folgende Formeln gebracht werden: (1) Unterlasse alles, was dir als mangelnde Sensibilität ausgelegt werden könnte! (2) Beschwere dich nicht über Sanktionen für Verstöße gegen dieses Verbot! Sie sind keine Strafen, sondern sollen dir helfen!
Tatsächlich aber wird in einem derartigen Beziehungssystem das Kind ständig bestraft, und zwar ganz gleich, für welche Handlungsalternative es sich entscheidet. Wenn es sich völlig konform zu den vorgegebenen Zielen — vermehrte Sensibilität, Erhöhung der Kooperationsbereitschaft — verhält, wird es seine subjektiven Erwartungen an den Ablauf der Interaktionen zurückstellen und somit eine Reihe von Frustrationen hinnehmen müssen. Äußert es aber abweichende Bedürfnisse, wird dies

als ungenügende soziale Einordnung angesehen und abgewehrt. Falls das in dieser Zwickmühle steckende Kind dieses Dilemma auszusprechen versucht, eröffnet es denjenigen, die über den Erfolg des Förderkurses wachen, die Möglichkeit, es als Einzelgänger, Querulanten oder als unreif, vielleicht auch borniert, abzustempeln.

Das Resümee dieser Analyse liegt auf der Hand: Zum expliziten und strikt kontrollierten Programm erhoben, ist auch die positive Absicht, Grundqualifikationen des sozialen Verhaltens zu fördern, stets davon bedroht, sich selber zu zerstören. Sie versucht zu erzwingen, was sich nur „von selbst" entwickeln kann, nämlich als Antwort auf eine Interaktionssituation, in der es wirklich nötig ist, auf die Intentionen der Beteiligten einzugehen. Die durchgeplante Lehrsituation für soziales Verhalten provoziert und prämiiert im besten Fall lediglich zweckrationales Verhalten: Wie muß ich mich beteiligen, um das Wohlwollen des Lehrers nicht zu verscherzen? Im schlechteren (und häufigeren) Falle aber bewirkt sie Bedürfnisverdrängung und Realitätsentstellung. Die Fähigkeit, subjektive Erwartungen anderer und eigene Interessen wahrzunehmen und zu berücksichtigen, kann auf diese Weise nicht erzeugt werden.

2.3. *Die Gefährdung sozialer Lernziele in der Schule*

Sicherlich ist zuzugeben, daß das Beispiel unrealistisch ausgemalt wurde. Es geschah, um die Struktur des sich widersprechenden Verbotssystems zu verdeutlichen. Die geschilderten verhängnisvollen Konsequenzen werden sicherlich nur dann in vollem Umfange eintreten, wenn ein Beziehungssystem wirklich sehr rigide ist und die einander widerstreitenden Absichten der Beteiligten samt den Strafen nicht bewußtgemacht werden können. Besonders anfällig für derartige Beziehungsfallen sind Interaktionszusammenhänge, in denen die Macht unter den Partnern sehr ungleich verteilt ist, so daß einige sehr viel leichter als andere ihre normativen Vorstellungen und Bedürfnisse durchsetzen können. Auch wenn Konformität und Anpassung hoch belohnt werden, wird der offene Austausch über divergierende Erwartungen leicht von opportunistischen Interessen verzerrt.

Gibt es in der Schule Ansätze für derartige Beziehungsfallen? Sehr schnell fällt auf, daß es zahlreiche Barrieren für freie Kommunikation über Erwartungen und Bedürfnisse zwischen den an den Aufgaben der Schule beteiligten Gruppen gibt. Nur zu oft werden Ziele ungeachtet der Rechte und Ansprüche anderer durchgesetzt, statt sie mit Schülern, Eltern, Lehrern und auch den Schulverwaltungsbeamten abzustimmen.

Dieser Mangel wird dann besonders sichtbar, wenn soziale Lernziele in der heutigen Schulwirklichkeit gefördert werden sollen. Er besteht darin, daß Lehrer sich – mit Recht – für ihre Erziehungsaufgaben Ziele setzen, und zwar in Analogie zu Zielen, die sie im kognitiven Sektor ihres Unterrichts verfolgen. Diese Ziele werden von den Lehrern gewiß den derzeitigen gesellschaftlichen Erfordernissen angepaßt; aber sie verbinden sich immer noch sehr leicht mit den traditionellen Vorstellungen von Wohlerzogenheit, wie sie durch die Erziehung der bürgerlichen Sozialschichten zum Teil bis heute vermittelt werden. Der Lehrer, der diese Normen durchzusetzen versucht, befindet sich infolge der Lern- und Schulorganisation in einer sehr mächtigen Position. Wenngleich seine Entscheidungen – notfalls sogar gerichtlich – überprüft werden können, so wird er doch von seinen Schülern nach wie vor geradezu als „Schicksal“ erlebt. Dieses „Schicksal“ enthält für den Schüler Ambivalenz, denn der Lehrer muß auf die Einhaltung recht widersprüchlicher Verhaltenserwartungen drängen: Auf der einen Seite möchte er seine Schüler dazu bringen, aufeinander Rücksicht zu nehmen und sich gegenseitig zu helfen. Andererseits muß er verlangen, daß sie Einzelleistungen erbringen, die miteinander verglichen werden und damit Konkurrenzdenken begünstigen.

Aber diese Analyse muß sogar noch schärfer pointiert werden: Wenn die oben skizzierte Theorie über die Entstehung von Lerndispositionen in sozialer Interaktion richtig ist, dann belastet die Inkonsistenz und die Unaufgeklärtheit der sozialen Beziehungen in der Schule die Lernchancen der Kinder beträchtlich. Die impliziten Einschränkungen der Erfahrungsmöglichkeiten, die die Schule den Schülern auferlegt, das Belohnungs- und Strafsystem, das sie errichtet, und ihre Zuweisung der Verantwortlichkeit für das Lernen und die Disziplin, die sie überwiegend dem Lehrer zuschiebt, treten in einen Fortschritt lähmenden Gegensatz zum expliziten Programm dieser Institution, das lautet, eigenverantwortliches, innerlich motiviertes Lernen zu fördern. Wenn sich nun dazu noch ritualisierte Rollenspiele im Umgang von Lehrern und Schülern herausbilden, deren Sinn nicht in Frage gestellt werden darf, dann nähert sich auch die Schule als ganze jenem „double-bind“-Modell, das oben am Beispiel interaktionsgestörter Familien entwickelt wurde.

Aufgedeckt und bekämpft werden kann diese Gefahr nur, wenn auch in der Schule Raum für spontanes soziales Verhalten gewährt wird. Da dies aber zunächst nur als weitere Verunsicherung der traditionellen Lern- und Erziehungsziele sowie der Lernmethoden erscheint, schreckt die Schule – und vielleicht noch mehr die Schulverwaltung – vor den Konsequenzen dieser Einsichten zurück. Wenn man bedenkt, welche Belastungen auf die ohnehin überforderten Lehrer zukommen würden, ist diese Reaktion nicht unverständlich. Andererseits verführt diese begreifliche Abwehr dazu, Rechtfertigungen für die dem Lernen so abträgliche Gestalt der heutigen Schule zu erfinden. Genau das aber verfestigt den immanenten Widerspruch.

3. Spiele in der Schule

Die Ergebnisse der vorgetragenen Analyse von Sozialisationsprozessen und Institutionen stecken den Rahmen ab, innerhalb dessen nun diskutiert werden kann, inwieweit Spiele das Verhalten der Kinder positiv zu beeinflussen vermögen. Lassen die bisherigen Ausführungen überhaupt noch Möglichkeiten dafür offen? Gewiß, Kinder spielen. Sie üben dabei Fähigkeiten, lernen sich im Umgang mit anderen kennen und tragen Probleme aus. Diese vielfältigen Ereignisse schildern die Berichte Benita Daublebskys über die Spiele zehn- bis zwölfjähriger Schulkinder. Sie überzeugen den Leser, daß Spiele den Kindern wirklich helfen können, Probleme verschiedener Art zu überwinden. Woher aber beziehen diese Spiele ihre Kraft? Wie können sie Sozialisationsdefizite kompensieren, wenn die Determinanten der Persönlichkeitsentwicklung so eng mit den gesamten Lebensverhältnissen verwoben sind? Kann denn die Schule ein geeigneter Ort sein, Lernbarrieren abzubauen, wenn die Verhältnisse ihr nicht erlauben, den Widerspruch zu lösen, der sich aus dem Konflikt zwischen theoretischen Einsichten in die Lernvorgänge und der tatsächlichen Lernorganisation ergibt?

Die Darstellung des Standes der Überlegungen in den beteiligten wissenschaftlichen Disziplinen sollte nun allerdings nicht falsch verstanden werden. Es war nicht die Absicht, Pessimismus zu erzeugen. Vielmehr sollte erläutert werden, daß ernste Gefahren bestehen, die den Erfolg von Spielen in der Schule beeinträchtigen können und gegen die die Spiele daher soweit wie möglich abgesichert werden müssen. Dazu müssen bestimmte Vorbedingungen in den Schulen garantiert sein. Darauf müßte aber auch das „Spielprogramm" selber abgestimmt werden. Vor allem aber kommt es auf das Verhalten des Spielleiters an. In den folgenden Abschnitten wird versucht, Antworten mit Hilfe der vorgetragenen theoretischen Ansätze zu geben, aber zugleich auch die Vorschläge durch Erfahrungen aus der Spielpraxis Benita Daublebskys zu belegen.

3.1. *Vorbedingungen in der Schule*

Sicherlich nicht von ungefähr entwickelten sich die Spiele, über die Benita Daublebsky berichtet, in Schulen, die am Zusammenleben ihrer Schüler besonders interessiert waren. Die Motive, eine „Spielstunde" in den Wochenplan aufzunehmen, waren vielleicht nicht ganz klar formuliert. Wahrscheinlich wollte man den Schülern die Gelegenheit bieten, sich nach langem Stillsitzen einmal „auszuspielen" und damit etwas zu tun, was ihnen Spaß macht. Vielleicht wollte man auch die Chance geben, Aggressionen im Spiel auszutragen.

Diese Aufgeschlossenheit der Schule scheint auf den ersten Blick keine sehr gewichtige Voraussetzung zu sein. Daß sie dennoch als Vorbedingung für den Erfolg des Spielens nicht übersehen werden darf, wird deutlich, wenn man sich das Schicksal der „Spielstunde" an einer Schule ausmalt, die letztlich nur die kognitive Leistung ihrer Schüler fördern will. Für sie kann das Spielen in der Schule lediglich eine Art von sozialtechnischem „human engineering" sein; die Kinder sollen ausspannen, um erholt an ihre ernsthafte Arbeit zurückzukehren. Die an sozialer Interaktion interessierte Schule dagegen wird das Spielen nicht nur als Allotria betrachten können, das eine kluge Schulleitung um der Lerneffizienz willen der schwachen menschlichen Natur zugesteht, sondern mißt dem Spiel in sich einen Wert bei. Wie weit diese Aufgeschlossenheit geht, wird sich dann herausstellen, wenn das Spiel selber ernst zu werden beginnt — vielleicht besser: wenn durch das Spiel Prozesse in Gang gesetzt werden, die den Schulalltag wirksam berühren.

Wenn die Schule nicht bereit ist, Verhaltensänderungen bei den Schülern zu akzeptieren und im Stil des Umgangs von Lehrern und Schülern beim Lernen und im gemeinsamen Leben zu berücksichtigen, dann wird die Spielstunde bestenfalls eine geduldete „Insel der Seligen". Ein klares Kriterium für „spielgeeignete" Schulen ergibt sich dennoch nicht. Wenn Lehrer und Schüler mit Spielstunden überhaupt beginnen, dann werden sie sich wahrscheinlich auch von positiven Erfahrungen überzeugen lassen und weitere Konsequenzen für den Schulalltag gern ziehen. Wichtiger scheint, daß sie keine übertriebenen Erwartungen haben, denn Benita Daublebsky zeigt, daß die Erfolge niemandem in den Schoß fallen.

3.2. *Positive Auswirkungen der Spiele auf die Entwicklung der Grundqualifikationen für soziales Handeln*

Nachdem eine kurzschlüssige Übersetzung von sozialen Lernzielen in ein „Spiel-Curriculum" abgewehrt wurde, kann jetzt sicherlich unmißverständlich dargelegt werden, was durch Spiele erreicht werden kann, und zwar gleichsam unbeabsichtigt und trotzdem erwünscht. Dafür müssen die Spielberichte und Kommentare nur noch einmal aufmerksam durchgesehen werden. Die dort belegten „Erfolge“ des Spiels können einigen Gruppen jeweils eng miteinander zusammenhängender Fähigkeiten zugeordnet werden. Es handelt sich um jene komplexen Verhaltensmuster, die der Interaktionismus als Grundqualifikationen für soziales Handeln ansieht. Was damit gemeint ist, wird die Schilderung der einzelnen Verhaltensbereiche sicherlich verdeutlichen. Sie wird auch darauf hinweisen, daß diese Grundqualifikationen als Bedingungen der Möglichkeit jener kognitiven Prozesse anzusehen sind, die Monika Keller in ihrem Beitrag analysiert.

3.2.1. Flexibler Umgang mit Regeln

Spiele zeichnen sich vor allem durch ihre Regelhaftigkeit aus. Diese bestimmt weitgehend das Verhalten der Mitspieler: Wer die Regeln nicht beherrscht, kann gar nicht teilnehmen. Kinder im Alter über zehn Jahre, auf die sich das vorliegende Spielbuch konzentriert, haben – wie seit den Arbeiten Piagets in den 20er Jahren bekannt ist – ein Entwicklungsstadium erreicht, in dem sie zum vollen Verständnis des Wesens von Spielregeln gelangen können. Dazu gehört vor allem die Einsicht, daß Regeln auf Vereinbarungen beruhen, die man ändern kann, wenn alle Beteiligten einverstanden sind. Gleichzeitig aber pflegen die Kinder dieses Alters sehr genau darauf zu achten, daß sich alle Mitspieler wirklich an die beschlossenen Regeln halten, damit das Spiel nicht zusammenbricht.

All dies läßt sich auch aus Benita Daublebskys Spielberichten ablesen: Diese Kinder haben im Prinzip verstanden, daß man die Regeln einhalten muß, wenngleich sie oft noch nicht imstande sind, diese Orientierung an den Regeln auch während des ganzen Spiels durchzuhalten. Sie sind auch immer wieder bemüht, die Spielregeln zu verbessern, um das Spiel interessanter zu machen. Ein Spiel ist offensichtlich interessant, und die Kinder spielen es dann gern, wenn es den Spielern ermöglicht, etwas von ihren augenblicklichen Wünschen einzubringen und auch Besonderheiten der Lebenssituation, in der sie sich befinden, einzubeziehen. Die Kinder entwickeln in diesem Zusammenhang eine recht klare Vorstellung über das, was als „fair“ angesehen werden darf: Fair ist ein Spiel dann, wenn die Regeln von den Mitspielern eingehalten werden können, wenn sie jedem grundsätzlich die gleiche Chance einräumen zu gewinnen und wenn sie allen – auch unabhängig vom Ausgang des Spiels – Vergnügen bereiten.

Das optimale Verhältnis zu den Regeln, das von einem kompetenten Mitspieler verlangt wird, ist folglich ein reflexives: Einerseits soll er die Regeln ernst nehmen, so daß er sich Übertretungen widersetzt und sich gemeinsam mit seinen Spielpartnern gegen Falschspieler und Spielverderber wehrt. Andererseits aber muß er auch in der Lage sein, die Spielregeln neu zu überdenken, damit sie veränderten Spielbedürfnissen angepaßt werden können. Dabei sind aber eben nicht nur die näheren Umstände des Spiels selber zu berücksichtigen, sondern auch die darüber hinausgehenden Erwartungen der Beteiligten. Diese Anforderung führt zu folgender Relation: Ein Spiel wird desto problemloser vonstatten gehen können, je fähiger die Mitspieler sind, die Regeln des Spiels so zu interpretieren, daß sie mit den verschiedenartigen Bedürfnissen der Teilnehmer in ein befriedigendes Verhältnis gebracht werden können.
Spätestens an dieser Stelle wird evident, daß die Fähigkeit, sich gegenüber Normen reflexiv zu verhalten, die in freien Regelspielen simuliert wird, über den Bereich dieser Spiele hinaus Bedeutung hat. Über diese Qualifikation wurde in jüngerer Zeit sehr oft im Umkreis der soziologischen Rollentheorie diskutiert. Dort wurde sie von E. Goffman mit Hilfe des Konzepts der „Rollendistanz" eingeführt (Goffman 1961). Er meint mit diesem Begriff, daß es in allen sozialen Beziehungen den Partnern möglich sein muß, unter Berufung auf andere, ebenfalls geltende Verpflichtungen von den Rollenerwartungen, die in einer bestimmten Situation Vorrang haben, dennoch ein Stück abzurücken. Das eröffnet ihnen die Chance, einen Kompromiß auszuhandeln, der die besonderen Interessen des einzelnen mit den Interessen seiner Handlungspartner zu einem Ausgleich bringt. Die neueren Auffassungen der Rollentheorie heben gerade diesen Aspekt besonders hervor. In bestimmten Handlungsbereichen muß jeweils erst vereinbart werden, was als legitime Ausführung zunächst recht allgemeiner Rollennormen anerkannt werden kann. Auch die hier geschilderten Spiele sind für diese Diskussion immer wieder offen. So wird zum Beispiel im Spiel 162 gemeinsam besprochen, ob der Schmetterling, den einer der Mitspieler gebracht hat, als Erfüllung der gestellten Aufgabe akzeptiert werden kann.

3.2.2. Soziale Sensibilität

Um sich auf eine gemeinsame Interpretation von Regeln einigen zu können, ist erforderlich, die besonderen Erwartungen der Mitspieler überhaupt wahrzunehmen. Ohne „soziale Sensibilität" kann man an den meisten Spielen gar nicht teilnehmen. Soziale Sensibilität ist freilich nicht nur für die gemeinsame Anstrengung nötig, angemessene Regeln zu vereinbaren, sondern eine Grundvoraussetzung im gesamten Ablauf des Spiels. Immer kommt es darauf an, die Intentionen der Mitspieler richtig zu deuten. Aber auch ihre künftigen Pläne müssen rechtzeitig vorhergesehen werden, denn anders kann man auch selber keine Spielstrategie mit Aussicht auf Erfolg verfolgen. Unter sozialer Sensibilität ist jedoch nicht nur die Fähigkeit zu verstehen, auf der kognitiven Ebene differenziert wahrzunehmen und zu unterscheiden. Sie führt auch dazu, Motivationsstrukturen zu erkennen und voneinander abzuheben: Kam der Fehler durch Unkenntnis, Versehen oder Übereifer zustande? War es Absicht?

Nach einiger Zeit erkennen die Spieler, daß solche Fragen nicht immer vollständig geklärt werden können. Oft zeigt sich, daß es in solchen Fällen ratsam ist, auf Grund einer Einschätzung der Beteiligten eine allgemein akzeptierbare und das Spiel rettende Interpretation des Vorfalls bzw. eine Neufassung der Regeln vorzuschlagen, auch wenn diese Veränderung zum Teil auf einer fiktiven Annahme beruhen sollte.

Durch die Beobachtung der Mitspieler in immer wieder wechselnden Interaktionssituationen wird ferner offenbar, daß alle Einschätzungen und Vorhersagen mit einer gewissen Unsicherheit behaftet sind, die dazu zwingt, die anderen Spieler stets im Auge zu behalten und zusätzliche Informationen schnell zu verarbeiten. Jedoch wächst nicht nur die Kenntnis über die anderen und ihre Interpretationen und Bedürfnisse, sondern jeder Mitspieler wird auch Erfahrungen mit sich selber sammeln. Vieles, was er bei seinen Spielpartnern wahrnimmt, ist nämlich auch Antizipation und Reaktion auf sein eigenes Auftreten. Wer ein guter Mitspieler sein will, muß sich daher selbst aus der Blickrichtung der anderen kontrollieren können.

Auch hier zeigt sich wieder: Was zunächst nach bloßem Spiel aussieht, erweist sich sehr bald als Beispiel für die in allen sozialen Beziehungen zu beobachtenden Versuche, das eigene Selbstbild so zu präsentieren, daß es die Meinungen der Partner von vornherein berücksichtigt. A. Strauss hat diese Anstrengungen, seine Identität vor den Augen der anderen zu behaupten, mit der Suche nach einem Weg durch ein Spiegelkabinett verglichen (Strauss 1959).

3.2.3. Fähigkeit zur Kommunikation

Diese Probleme wechselseitiger Abstimmung über Regeln und Erwartungen auf der Grundlage eines Kompromisses zwischen zum Teil divergierenden Bedürfnissen können nur gelöst werden, wenn die Mitspieler fähig sind, miteinander zu kommunizieren. Damit wäre der dritte Komplex von Fähigkeiten genannt, die erfolgreiches Spiel erzeugen kann. Kommunikation schließt hier mehr ein, als nur miteinander mit Worten reden zu können. Wie die Spiele zeigen, gehört auch dazu, daß die Mitspieler in der Lage sind, Mitteilungen weiterzugeben ohne zu sprechen. Das verlangt von ihnen, Zeichen und Symbole richtig zu verstehen und auch selber richtig zu benutzen.

Noch deutlicher als das Spielbuch machte ein Fernsehfilm, der über die Daublebskyschen Spielstunden gedreht wurde, wieviel bei diesen Spielen – sogar wenn sie nicht Sprachspiele sind – kommuniziert werden muß. Daneben erscheint der traditionelle Unterricht als eine recht „sprachlose" oder in Frage- und Antwortritualen erstarrte Situation. In vielen Spielen ist Kommunikation der Teilnehmer ständig nötig, in allen aber erfüllt sie an bestimmten Stellen wichtige Aufgaben. Es beginnt damit, daß der Spielleiter die Regeln erklären muß. Dabei spricht vor allem er selber, denn er kennt die Regeln oder hat sie sich ausgedacht. Sein Sprachgebrauch ist – um ein Begriffspaar von Jürgen Habermas aufzunehmen – „analytisch"; das bedeutet, daß die Regeln als eindeutiges widerspruchsfreies System von Sätzen erläutert werden. Aber da der Spielleiter immer prüft, ob die dargestellten Regeln auch begriffen wurden, kommt zugleich ein dialoghaftes Element in seinen Vortrag. Durch Rückfragen vergewissert er sich, ob der Sinn verstanden wurde. Dadurch wird ein Prozeß ausgelöst, in dem die Spieler an Vorerfahrungen anknüpfen und sich den möglichen Ablauf des Spieles vorstellen, um vielleicht Veränderungen vorzuschlagen, die dafür sorgen, daß das Spiel ihnen mehr Spaß macht. Diese Diskussionen erfordern einen Sprachgebrauch, den Habermas „reflexiv" genannt hat, weil er durch Rückwendung auf die Beteiligten die Einigung auf ein gemeinsames Sinnverständnis zu fördern vermag. Wenn nur längst bekannte Spiele nach den hergebrachten Regeln gespielt werden, werden die Beteiligten kaum zu reflexivem Sprachgebrauch stimuliert. Je mehr Freiheit jedoch den Spielern gewährt wird, veränderte oder neue Regeln zu entwickeln, die ein für sie noch reizvolleres Spiel möglich machen, desto mehr reflexives Sprachvermögen müssen sie aktivieren.

Um im Spiel erfolgreich mitreden zu können, reicht jedoch noch nicht aus, Regeln begreifen zu können, die in einer analytischen Sprache formuliert wurden, und eine reflexive Sprache zu beherrschen, in der nach ihrem Sinn gefragt werden kann. Es kommen einige weitere Voraussetzungen hinzu. Sie lassen sich in zwei Richtungen verfolgen: Ist der Diskussionsleiter in der Lage, Mitteilungen mit möglichst geringem Informationsverlust in sprachliche Äußerungen zu kleiden (Enkodierung) und umgekehrt Sprache wieder zu entschlüsseln (Dekodierung)? Und zum anderen: Beherrscht er die grundlegenden Dialogstrategien? Kann er Aufmerksamkeit wecken und sein Argument wirksam anbringen?

In den Spielberichten ist zu beobachten, daß man ohne diese Fähigkeiten in sehr vielen Spielen kein guter Diskussionspartner und damit zugleich kein geschickter Mitspieler sein kann. En- und Dekodierungsfähigkeiten sowie geeignete Dialogstrategien sind – man vergleiche die Spielberichte – für das Ergebnis eines Meinungsbildungsprozesses nämlich noch entscheidender als die Qualität der vorgebrachten Argumente. Andererseits ist den Spielberichten aber auch zu entnehmen, daß Schwätzer offenbar schnell erkannt und von der Gruppe „umerzogen" werden. Vor allem fällt auf, daß die Kinder sich oft bemühen – anders als wohl sonst im Unterricht –, ihren Klassenkameraden zu helfen, sich auszudrücken und ihren Beitrag anzubringen (besonders einprägsam die „Übersetzung" im Spielbericht 13, S. 131).

Die verschiedenen Aspekte der Kommunikationsfähigkeit hängen eng zusammen. Um sich in den Regeldiskussionen oder in Auseinandersetzungen über die zweckmäßigste Spielstrategie wirksam durchsetzen zu können, müssen Argumente nämlich aussagekräftig aufgebaut werden. Das verlangt, die spezifische Informationsbedürftigkeit des Adressaten und seine Interessenlage zu berücksichtigen. Folglich muß in der Mitteilung mehr „enkodiert" sein als eine inhaltliche Information; sie muß auf den Empfänger zugeschnitten sein und eine soziale Beziehung zwischen Sender und Hörer aufbauen, die einen Informationsfluß trägt. Schwerlich wird sich der etwas sagen lassen, der implizit für dumm erklärt wird. Ferner muß die Mitteilung, um Gehör finden zu können, so formuliert werden, daß sie die Besonderheiten der Situation aufnimmt: Sie muß schon vorhandene Informationen einfangen und Emotionen kanalisieren. Sodann müssen Mißverständnisse kontrolliert und durch ergänzende Hinweise ausgeschaltet werden. Oft ist es schwierig, sich auch für diese zusätzlichen Mitteilungen noch die Aufmerksamkeit zu sichern, weil die Beteiligten sich ihre Meinung schon weitgehend gebildet haben. In vielen Spielberichten werden Schüler geschildert, die gelernt haben, Kommunikationsprozesse zu beeinflussen und für sich zu nutzen. Sie wissen den rechten Augenblick abzuwarten, um ihren Beitrag einzubringen. Sie können einschätzen, ob es von Vorteil ist, ihn klar gegen andere Positionen abzugrenzen, oder ob es günstig ist, ihn an vorher Gesagtes eng anzulehnen. Die Spiele scheinen aber auch anderen Kindern nach und nach zu vermitteln, wie in einem kommunikativen Austausch Plausibilität erzeugt werden kann, auf deren Grundlage dann über Argumente entschieden wird.

Weil in den Diskussionen der Kinder dieses Alters viele Beziehungsprobleme und Interpretationsdiskrepanzen noch nicht so perfekt versteckt werden wie bei älteren, läßt sich hier sehr gut beobachten, was in der interaktionistischen Kommunikationsforschung – z. B. P. Watzlawick (1967) – über die Kommunikation generell ausgesagt wird: Sie sei ein Prozeß, der stets gleichzeitig auf mehreren Kanälen fortgeführt werde. Beim Weitergeben von Inhalten werden immer auch soziale Beziehungen definiert, Situationen strukturiert und umfassendere Deutungssysteme angerufen. Überraschend oft steht der zu übermittelnde Inhalt gar nicht im Zentrum der Kommunikation, sondern ein Beziehungskonflikt oder ein Streit über die Interpretation der Situation. Die Ergebnisse von Auseinandersetzungen wird folglich nur mitbestimmen können, wer diese verschiedenen Ebenen der Kommunikation wahrnimmt und berücksichtigt.

Aber noch eine weitere Eigenart von Sprache wird in den Spielen erfahrbar, nämlich dort, wo Kommunikationsprozesse um des Spielerfolgs willen vor anderen abgeschirmt werden sollen. Dann müssen die zusammengehörenden Spieler eine „private" Sprache entwickeln, die möglichst nur sie allein verstehen: Sie vereinbaren Zeichen, oder sie legen einen neuen Wortsinn fest. Diese Privatsprachen stiften leicht besonders enge Beziehungen. Gruppen, die „ihre" Sprache haben, wollen oft über den eigentlichen Spielanlaß hinaus zusammenbleiben. Der Übergang in eine andere Spielsituation oder in die nächste Schulstunde fällt ihnen besonders schwer. Die Berichte liefern jedoch auch Beispiele, die zeigen, daß „Privatsprachen" vielfach gar nicht mit Absicht erfunden wurden, sondern in bestimmten Spielsituationen lediglich offenbar werden. Sie scheinen auch dann zu entstehen, wenn jemand verhindern möchte, daß ein ihn belastendes Problem mit Hilfe von Fragen und dann unvermeidlichen Antworten entdeckt wird. Daher spricht jener Junge im Spiel S. 132 wie die Figuren der Mickey-Mouse-Filme. Er setzt damit die Sprache als mögliches Instrument der Aufklärung außer Kraft. Aber als Kommunikationsstörung dringt das zu Verdrängende dann gerade doch wieder nach außen. In beiden Fällen – Privatsprache als Spiel oder als Symptom – wird ein wichtiges Problem von Kommunikation deutlich: Verständigung setzt voraus, sich so weit an ein allgemeines Deutungs- und Regelsystem zu halten, daß andere begreifen können, was gemeint ist. Abweichungen machen auf Besonderheiten des Sprechers aufmerksam, z. B. auf seine Beziehungsprobleme. Aber nicht nur Störungen können auf diese Weise ihren symbolischen Ausdruck finden. Ungewöhnlicher Sprachgebrauch kann auch dazu dienen, den anderen eine individuelle, mit den Mitteln der allgemeinen Sprache nicht leicht übersetzbare Perspektive oder Erfahrung zu verdeutlichen.

Drei Kommunikationsprobleme schälen sich also aus den Beobachtungen heraus: das Verhältnis von „analytischem" – d. h. Zweck-Mittel-Relationen aufklärendem – zu „reflexivem" – d. h. Sinn explizierendem – Sprachgebrauch; das Nebeneinander verschiedener „Kommunikationskanäle" im Dialog; das Problem der Übersetzung individueller Erfahrung in eine allgemeine Sprache. Es bedarf wohl keiner ausführlichen Begründung, daß die hier dargestellten Kommunikationsprobleme nicht nur die Situation des gemeinsamen Spiels betreffen, sondern in jedem Interaktionsprozeß nachzuweisen sind.

3.2.4. Handlungsdispositionen

Alle Spiele, die Benita Daublebsky schildert, fordern gemeinsames, aufeinander abgestimmtes Handeln. Diese Koordination muß oft unter ungewohnten und erschwerten Umständen geschehen. Um im Spiel erfolgreich sein zu können, benötigen daher der einzelne Spieler und die Gruppe neben einem funktionierenden Verständigungssystem auch wirkungsvolle Handlungsstrategien. Diese können hochspezialisierte Fertigkeiten sein, wie schnelles Zählen oder Gegenstände balancieren. Mehr interessieren jedoch in diesem Zusammenhang wiederum fundamentale Dispositionen, die das Spiel anspricht.
Die Dispositionen für effektive Spielstrategien betreffen drei Problemkreise: die Fähigkeit, sich überhaupt auf das Risiko des Spielens mit anderen nach nicht allein zu bestimmenden Regeln einlassen zu können; die Fähigkeit, auch bei nur teilweiser Befriedigung mitmachen zu können, sowie die Fähigkeit, ein Spielproblem so strukturieren zu können, daß es lösbar wird.

Kooperationsfähigkeit durch Vertrauen auf sich selbst und auf die Gruppe

Viele Psychologen und Erziehungsberater fassen es als ein sehr ernst zu nehmendes Signal auf, wenn ein Kind nicht spielen kann. Um was geht es im einzelnen bei dieser Fähigkeit zum Spiel? Wer an einem Spiel teilnimmt, der hat sich Regeln zu unterwerfen, nach denen er sich richten muß. Da ihm diese Regeln zunächst fremd sind, muß er sich auf etwas Neues, ihm Unbekanntes einlassen. Der Ausgang des Spiels und die Rolle, in der er sich dabei behaupten kann, sind ebenfalls ungewiß. Also benötigt der zukünftige Spieler Vertrauen auf sich selbst und die anderen Beteiligten, daß er das Spiel spielen können wird und daß er dabei er selbst bleiben kann, obwohl die Regeln sein spontanes Verhalten einschränken. Jeder Mitspieler ist jedenfalls gezwungen, auf der Ebene des Spiels zu reagieren. Die Teilnahme wird sicherlich erleichtert, wenn der

Spieler außer Vertrauen auch Neugier mitbringt, nämlich die Neugier, sich in anderen Situationen zu erleben, um dabei zu erfahren, wie er sich in ihnen verhalten wird. Bekannt sind die Spielernaturen, die immer risikoreichere Situationen suchen, um zu testen, ob sie noch heil herauskommen können.

Diese Überlegungen laufen auf einen paradox zu nennenden Sachverhalt hinaus: Gerade dann, wenn ein Spieler sich selbst nicht in den Vordergrund rückt und sich an die Regeln hält, wird er die größte Aussicht auf Erfolg haben. Spieler, die „egoistisch agieren", verfallen schnell der Ablehnung ihrer Partner. Sie beurteilen sie moralisch als „irgendwie gestört" und wollen mit ihnen nichts zu tun haben. Wie in diesem Spielbuch zu lesen, scheitern Spiele, die den Klassengruppen schwierig vorkommen, gerade an diesem Problem. Sie schaffen es nicht, genug Faszination auszustrahlen, um die Mitspieler „selbstlos" zu engagieren. Somit bleiben diese bei ihren einseitigen Interessen und Vorurteilen. Die Ängste der Kinder äußern sich vor allem auch darin, daß sie mit ihren Freunden in eine Gruppe zu kommen versuchen.

Diese Gefahr für gutes Spiel weist letztlich auf die hereindrängende Realität hin. Spiele dürfen der Realität nicht zu nahe kommen. Oder richtiger: Es darf nicht klar zu erkennen sein, wieviel Realität sich in den Spielen ausdrückt; denn tatsächlich beeinflussen Vorlieben, Freundschaften und Aggressionen die Spiele in weitem Umfang. Für ein problemloses Spiel muß daher offenbleiben, was Spiel und was doch Wirklichkeit ist. Da aber diese Grenze zwischen Realität und Spiel fast beliebig hin und her verschoben werden kann, können Spiele relativ lang die speziellen Probleme der jeweiligen Teilnehmer aufnehmen und gleichzeitig verdekken. Für den gehemmten Spieler bedeutet diese Eigenschaft des Spiels, daß er nicht von vornherein alle seine Probleme offenbaren muß. Er kann etwas wagen, ohne den eigenen Namen gleich ganz aufs Spiel setzen zu müssen. Wenn das Spiel die Probleme der Kinder nicht entblößt, können sie allmählich Vertrauen fassen und ihre Risikobereitschaft stärken. Hemmungen, sich auf Kooperation einzulassen, können auf diese Weise nach und nach gemindert werden.

Ein besonderes Problem der Realitätsnähe wird dadurch aufgeworfen, daß viele Spiele Konkurrenzsituationen enthalten oder ganz und gar Wettkampfspiele sind. Das Motiv, andere auszustechen, stellt offenbar einen so starken Antrieb dar, daß unter der Hand viele Spiele, die gar nicht zum Rangstreit ersonnen wurden, sich in Konkurrenzkämpfe verwandeln. Dies wird oft dadurch zu erklären versucht, daß entweder die menschliche Natur „so" sei oder die Kinder durch unsere auf Konkurrenz

basierende Leistungsgesellschaft schon frühzeitig entsprechend erzogen wurden. Gewiß wirken derartige Einflüsse mit.
Benita Daublebsky hat gegen diesen zerstörerischen Konkurrenzeifer bald zu kämpfen begonnen. Trotzdem weisen auch viele ihrer Spiele deutliche Züge des Wettstreits auf, eines Wettstreits allerdings, in dem die anderen nicht vernichtet werden sollen. In ihren Spielen erscheint die Konkurrenz um den ersten Platz, die beste Idee oder die lustigste Pointe – anders als wohl meist in der gesellschaftlichen Realität – oft beinahe wie eine Sonderform der Kooperation; denn dieser Wettkampf wird nur so lange durchgehalten, wie die gemeinsame Verpflichtung auf faire Regeln anerkannt wird. Die Spieler dringen darauf, daß ihre agonalen Auseinandersetzungen klar von den Konkurrenzsituationen im sonstigen Schul- und Alltagsleben geschieden werden. Fast allen machen diese Wettkämpfe sofort keine Freude mehr, wenn die Spiele von der Realität vereinnahmt werden. Das geschieht zum Beispiel, wenn Sieg oder Niederlage Anlaß zu Beurteilungen werden, die über das Spiel und seine Erfolgskriterien hinausreichen, und etwa Parallelen zu Schulleistungen hergestellt werden. Offenbar geht es eben gar nicht in erster Linie darum, andere zu „besiegen", sondern hinter diesem Verhalten verbirgt sich wohl auch wieder die Lust, etwas von sich selbst aufs Spiel zu setzen und durch Gefahren hindurch in neuer Bestätigung wiederzugewinnen.
Aber wenn auch Kooperation und Konkurrenz enger zusammenhängen und Gruppen- und Einzelleistungen mehr aufeinander aufbauen, als es bei einer schroffen Gegenüberstellung von Konkurrenz und Zusammenarbeit ausgedrückt wird, so gibt es doch genug Erfahrungen, wieviel individueller Leistungszwang verderben kann. Folglich ist nur zu verständlich, daß allgemein gewünscht wird, Kooperation zu fördern. Benita Daublebsky zeigt mehrere Wege, übermächtige Konkurrenzmotive aus den Spielen herauszuhalten. Da sind Spiele, die nur Spaß machen, wenn alle aufeinander eingehen und sich gegenseitig unterstützen – Beispiele: Tanzspiele oder Rollenspiele. In anderen Spielen hat diejenige Gruppe mehr Aussichten zu gewinnen, deren Mitglieder besser zusammenarbeiten – Beispiel: Gruppenwettläufe, bei denen „Sehende" die „Blinden" leiten. Hier gibt es zwar auch Konkurrenz, aber Gegenstand des Wettstreits ist eben die Kooperation. In einer dritten Gruppe von Spielen konkurriert jeder Spieler oder die ganze Gruppe mit sich selbst – Beispiel: Schnelligkeit der Informationsweitergabe in einem Gruppenkreis „rechtsherum" gegen „linksherum". Als letzte Möglichkeit bietet sich an, die Konkurrenz wenigstens auf die verschiedenartigsten Felder zu verlagern und Fähigkeiten zu prämiieren, die weit von üblichen Schulleistungen entfernt liegen – Beispiele: Rhythmen klopfen, Geräusche nachah-

men, Lügenmärchen erzählen. Hier tritt die Wettkampfstruktur hinter der Freude an lustigen Einfällen zurück. Es kommt mehr darauf an, sich gegenseitig zu immer mehr bejubelten Ideen anzutreiben, als selbst zu gewinnen. Spiele dieser Art öffnen die Beteiligten für Kooperation. Sie nötigen sie, einander zu beobachten und sich gegenseitig zu ergänzen. Sie lehren auch, daß niemand schlechter dasteht, der sich helfen läßt. Somit liefern sie den Beweis, daß es Bedürfnisse gibt, die nur gemeinsam befriedigt werden können.

Toleranz für nur partielle Befriedigung der Bedürfnisse

Der Hinweis auf die Bedürfnisse führt zum nächsten Aspekt: Welche Art der Befriedigung muß den Beteiligten angeboten werden, damit sie sich zum Mitmachen entschließen können? Ein gewisses Maß an Befriedigung müssen sie erwarten dürfen. Aber muß ihnen volle Befriedigung ihrer Wünsche versprochen werden? Hier unterscheiden sich – wie Benita Daublebskys Berichte zeigen – die möglichen Mitspieler beträchtlich. Im Normalfall findet jeder Mitspieler in einem fairen Spiel einigen Spaß, erlebt aber zugleich auch Enttäuschungen. Wer sich mit den „guten" und „schlechten" Seiten eines Spiels nicht abfinden kann, wird jedoch auf die Dauer nicht teilnehmen können.
Diese psychische Vorbedingung des Mitspielens ist das Resultat positiver oder negativer Erfahrungen, die das Kind früher in ambivalenten Situationen gemacht hat. Können Spiele derartige Dispositionen verändern? Das ist sicherlich nur dann möglich, wenn die Spiele für die besonderen Interessen von potentiellen Mitspielern offen sind, wenn sie also „verlokkend" sind. Außerdem müssen sie den Zögernden die Zuversicht vermitteln können, daß sie mit ihren Wünschen Einfluß auf den Verlauf des Spiels gewinnen können. Das Spiel muß durch Entgegenkommen ermutigen, damit der skeptische Außenstehende erlebt, daß das Spiel „trotz allem" schön sein kann. Wenn dieser hinzugewonnene Mitspieler jedoch bald feststellen muß, daß unerfreuliche Spielbedingungen rigide aufrechterhalten werden, dann hat das Spiel eine Lernmöglichkeit vergeben. Sogar derjenige, der bereit ist, um des gemeinsamen Spaßes willen manche Frustration in Kauf zu nehmen, wird unter diesen Bedingungen nach einiger Zeit resignieren.
Auch diese Aussagen über Anforderungen im Spiel lassen sich auf die Realität im „normalen" Leben übertragen. Mit ambivalenten Sachverhalten und Beziehungen hat sich dort jeder ständig auseinanderzusetzen. Selten nur werden allerdings „wohldosierte" Lernchancen angeboten. An den Interaktions-„Spielen" des Alltagslebens muß man sich fast immer

beteiligen. Rückzug ist kaum jemals möglich. Desto wichtiger ist, unklare Situationen vernünftig – also durch Abwägung der Bedürfnisse der Beteiligten – strukturieren zu können. Die Spielberichte wecken die Hoffnung, daß sinnvolle Spiele zur Entwicklung dieser Fähigkeit beitragen.

Stile der Informations- und Problembearbeitung

Spiele verlangen von Mitspielern, die erfolgreich sein wollen, oft ganz bestimmte Vorgehensweisen. Da viele Kinder auf Grund ihrer Sozialisationserfahrungen jedoch nur eine beschränkte Auswahl an Möglichkeiten mitbringen, ein Problem zu strukturieren und zu bearbeiten, geraten sie bei manchen Spielen in Schwierigkeiten. Benita Daublebsky hat dargelegt, daß dies ein sehr guter Indikator für Defizite in der Entwicklung von Fähigkeiten ist.

Die hier zu erläuternden Dispositionen zur Lösung von Problemen werden in der Psychologie als „kognitive Stile" bezeichnet. Beispiele für solche kognitiven Stile sind die reflexive Problembearbeitung, die von einem mehr impulsiven Vorgehen abzuheben ist. Weitere Beispiele sind die Orientierung an einer vorgegebenen Problemstruktur, die einer weitgehenden Unabhängigkeit von vorgegebenen Problemdefinitionen gegenübersteht, oder die Entwicklung einer differenzierten Problemsicht, die den Gegensatz zu dem Bestreben darstellt, Probleme auf einfache Formeln zu bringen. Von diesen Alternativen ist nicht eine besser als die andere; es gibt allerdings Probleme und Konflikte, bei deren Lösung eine der Alternativen überlegen ist.

Ein guter Spieler sollte über die verschiedenen Vorgehensweisen verfügen und in der Lage sein, diejenige Verhaltensstrategie für ein Spiel auszuwählen, die Erfolg verspricht. Die Spielberichte decken auf, wie schwer es vielen Kindern tatsächlich fällt, angemessen zu reagieren: Einmal platzen sie, statt nachzudenken, mit der falschen Lösung heraus; ein anderes Mal schalten sie nicht schnell genug, obwohl es nichts zu überlegen gibt. Dennoch fällt auf, daß Schwierigkeiten vor allem durch mangelnde reflexive Selbstkontrolle, zu wenig differenzierte Wahrnehmung und voreiliges Urteil auftreten. Hier müßte die Förderung rationaler Denkprozesse folglich vor allem ansetzen.

Ermahnungen und Hinweise des Spielleiters scheinen nicht viel zu nutzen. Aber offenbar wirken sich Regelsystem und Aufgabenstellung auf die Beteiligten aus. Benita Daublebsky schildert, wie die Kinder lernen, in Spielen erfolgreich zu sein, die sie zunächst scheitern ließen. Die Spiele sind also in der Lage, den angemessenen Einsatz von Problembearbeitungsstilen zu üben. Dafür müssen sie abwechslungsreich in ihren Anforderungen sein, und es muß deutlich werden, daß ein ihrer Problemstruktur entsprechendes Vorgehen die gestellten Aufgaben leichter lösbar macht.

3.2.5. Fähigkeit zur Veränderung vorgegebener Handlungsbedingungen

Die bisher geschilderten Fähigkeiten, die das Spiel hervorrufen und stärken kann – flexibler Umgang mit Regeln, Sensibilität für Erwartungen, Kommunikationsfähigkeit und angemessene Handlungsstrategien –, lassen sich zusammengefaßt als das Potential des Mitspielers interpretieren, trotz eines vorgegebenen Rahmens an Zielen, Regeln und Verhaltensweisen ein Spiel selbst mitzugestalten. Diese Aussagen gelten jedoch nicht nur für die Spielproblematik: Jedes Individuum hat sich offenbar zunächst in einen Sinnzusammenhang einzufügen, wenn es sich an sozialem Handeln beteiligen will. Den Raum, der für Veränderungen offen ist, wird es dann ausnützen können, wenn es unterschiedliche Erwartungen zu sehen, Regeln den Bedürfnissen anzupassen, Intentionen zu kommunizieren und geeignete Handlungsstrategien zu entwerfen gelernt hat. Auf diese Weise definiert das Individuum die Chancen für Innovation selbst mit. Es führt nämlich vor, wie man vorgegebene Veränderungsmöglichkeiten ausnützt. Dazu gehört, daß es imstande ist, sich an der Diskussion über neue Sinnstrukturen zu beteiligen. In diesen Prozessen werden jedoch nicht nur neue Handlungsmöglichkeiten geschaffen, sondern auch veränderte Voraussetzungen für die Entstehung von Motivationen. Dieses Bündel von psychischen Dispositionen, die veränderte Umstände zu erkennen und bei neuartigen Problemlösungen zu berücksichtigen erlauben, ist als Lernfähigkeit des Individuums im weitesten Sinne zu bezeichnen. Diese Lernfähigkeit sichert, daß das Individuum Information verarbeitet und für seine Reaktionen verwendet.

Wenn das Individuum lernfähig ist und somit sein Verhalten immer wieder ändert, dann rückt allerdings das Problem in den Blick, wie das Individuum sein neues Verhalten mit dem früheren und dem in anderen Situationen vor den Augen seiner Handlungspartner in Einklang bringen kann. Es wird nur dann für seine Verhaltensänderung Anerkennung finden, wenn es dennoch seine Identität über die ständigen Bemühungen um angemessene Problemlösungen hinweg wahren kann. Dieses Konzept der Identität entstammt ursprünglich der psychoanalytischen Tradition (Erikson 1956). In einen soziologischen Zusammenhang gestellt, bezeichnet es den Konflikt, daß ein Individuum auf eine vorstrukturierte Situation antworten und seinen Interaktionspartnern entgegenkommen muß, aber zugleich seine eigenen Bedürfnisse und Verpflichtungen nicht aufgeben kann. Wieweit das Individuum in diesen Auseinandersetzungen seine

Ansprüche durchzuhalten vermag, und zwar ohne dem Konformitätsdruck zu erliegen oder gesellschaftlicher Isolation zu verfallen, hängt davon ab, ob die die Handlungsbedingungen determinierenden Faktoren — Normen, Kommunikationschancen, Handlungsalternativen — ihm diesen Versuch, Identität zu wahren, überhaupt gestatten.
Zu beachten ist allerdings das ambivalente Verhältnis, in dem Identität und Autonomie des Ich zum Konformitätsdruck der sozialen Umwelt stehen. Die in der gesellschaftlichen Realität schwer analysierbaren Möglichkeiten der Selbstbehauptung eines Individuums lassen sich im Spiel leichter verfolgen. Je weniger Repression der Mitspieler — das Individuum generell — zu fürchten hat, desto eher ist er in der Lage, einen eigenen, originellen und unverwechselbaren Beitrag zur wechselseitigen Befriedigung von Interessen zu leisten. Je einfacher es jedoch ist, auch abweichende Bedürfnisse zu äußern und irgendwo Möglichkeiten ihrer Befriedigung zu finden, desto mehr schwindet die Notwendigkeit für die derzeitigen Interaktionspartner, sich an originellen, autonomen Problemlösungen abzuarbeiten. Während diese gegenläufigen Alternativen im „wirklichen" Leben kaum beobachtet werden können, zeigen sie sich auf der Ebene des Spiels durchaus als reale Gefahren: Je weniger Widerstand zu überwinden ist, wenn die Regeln verändert werden sollen, desto einfacher ist es zwar, sich zu einigen. Aber desto wahrscheinlicher ist zugleich, daß Übereinstimmung, wie gespielt werden soll, überhaupt nicht mehr erreicht werden kann, weil jeder „ungestraft" auf seinen subjektiv interpretierten Bedürfnissen beharren kann. Ebenso kann geschehen, daß das Spiel in seinem Ablauf von „originellen Ideen" von verschiedenen Seiten überflutet wird, so daß schließlich eine allgemeine Orientierungslosigkeit entsteht. Mitzuspielen gewinnt also nur scheinbar an Anreiz. Dadurch, daß das Spiel offener und flexibler wird, kann es auch leichter gelingen, das Spiel überhaupt zu zerstören oder es bereits bei geringen Irritationen zu verlassen, wirklich oder angeblich zugunsten eines schöneren Spiels. Mit anderen Worten: Obwohl man einerseits „besser" spielen kann, weil die verschiedenen Interessen ins Spiel eingebracht werden können, sind die Spieler andererseits kaum noch darauf angewiesen, sich unter bestimmten, relativ fest strukturierten Verhältnissen gemeinsam zu einer befriedigenden Spiellösung durchzuarbeiten. Wenn aber alles beliebig wird, verliert die Struktur der Spiele die Kraft, Problemlösungsfähigkeiten zu provozieren.
Aus den Spielberichten ist jedoch eindeutig abzulesen, daß Spiele eine Gegenkraft gegen diese selbstzerstörerische Tendenz entwickeln. Sie kann sich darauf stützen, daß Spiele, die keine Anstrengung verlangen, auch keinen Spaß machen. Benita Daublebskys Spiele vermitteln die Erfah-

rung, daß die egoistische, irrationale Auflösung der Spannung zwischen Anforderungen und Wünschen durch schwammige Spielregeln oder durch Rückzug vom Spiel recht bald Unlust und Apathie hervorruft. Auf Dauer wollte noch jeder wieder mitspielen, weil er sehr bald merkte, daß man nur „jemand" werden kann, wenn man sich mit den anderen im Rahmen eines Regelsystems auseinandersetzt.

3.3. Hemmnisse für erfolgreiches Spiel

Gerade weil es sich aufdrängt, die Parallelen zwischen den Strukturen des Spiels und den Rollen- und Sprachspielen im „normalen" Leben immer wieder zu unterstreichen, könnte leicht ein zu optimistischer Eindruck von den Möglichkeiten erweckt werden, durch Spiele soziale Grundqualifikationen und damit auch die Lernfähigkeit im weitesten Sinne zu entwickeln. Es klingt manchem Leser vielleicht im Ohr, als ob man nur in einer Weise zu spielen braucht, die übermäßige Repression vermeidet und alle Beteiligten wirklich das Spiel genießen läßt, und schon sind die positiven Auswirkungen greifbar.

Tatsächlich dürften die Prozesse, in denen die aufgezählten Fähigkeiten gefördert werden, sehr schwer nur in Gang zu setzen sein. Die Kinder, mit denen Benita Daublebsky gespielt hat, waren immerhin zehn, elf oder gar zwölf Jahre alt. Über alle jene Fähigkeiten, die die Spiele fördern, sollten sie – jedenfalls der Anlage nach – bereits verfügen. Tatsächlich aber beherrschen viele der Schüler, wie den Berichten allenthalben zu entnehmen ist, sie jedoch noch nicht. Eine ihrer Spielgruppen brauchte Monate, bis erste Voraussetzungen für gemeinsames Spiel geschaffen waren. Die Gründe für diese Defizite können verschieden sein. Möglicherweise wurden die Fähigkeiten nie gelernt. Wahrscheinlicher aber ist, daß die Kinder „nur" nicht in der Lage sind, sie einzusetzen, weil sie durch ihre Sozialisationserfahrungen in ihrem psychischen Funktionieren anders festgelegt wurden (vgl. den Beitrag von Wolfgang Edelstein in diesem Band). Wie auch immer diese für die Sozialisationstheorie sehr relevante Unterscheidung zu klären ist: Jedenfalls beweisen die Spielberichte Benita Daublebskys, daß bestimmte Spiele sich für bestimmte Gruppen als nicht spielbar erwiesen oder daß diese Spiele durch „propädeutische" Übungen vorbereitet werden mußten. Mindestens aber war ein anderer Zeitpunkt abzuwarten, an dem dann die Widerstände überwunden zu sein schienen.

Was sind das für Widerstände? Sie sind sicherlich auf verschiedenen Ebenen zu suchen. Es gibt rein organisatorische und durch äußere Spielbe-

dingungen hervorgerufene Barrieren: Die Spielgruppe kennt sich noch nicht; Spiele in der Schule sind verwirrend, weil sie den üblichen Schulanforderungen widersprechen; einer Reihe von Mitspielern ist Spiel dieser Art überhaupt ungewohnt; einige haben nicht den Mut, etwas scheinbar „Zielloses" zu tun; die Reaktionen des Spielleiters, den man nur aus seiner Lehrerrolle kennt, sind noch nicht vorhersehbar.
Diese Diagnose der Schwierigkeiten erweist sich jedoch bald als noch zu vordergründig. Wenn man die Spielhemmungen einer Reihe von „Problemkindern" genauer analysiert, drängt sich auf, daß die psychischen Dispositionen, die diese Kinder bisher in Familie und Schule erworben haben, zu wenig produktive Problemverarbeitung zulassen. Hier handelt es sich folglich um Unfähigkeiten, die in den Bereich der psychoanalytisch zu diagnostizierenden psychologischen Vorgänge fallen. Welche Störungen vorliegen, muß freilich für jeden Einzelfall geprüft werden. Da spielt ein Kind nicht mit. Kann dieses Kind vielleicht das Risiko, in einem Spiel zu verlieren, nicht eingehen? Möglicherweise befürchtet es mehr zu verlieren als nur ein Spiel. Da merkt ein anderes Kind nie, daß ihm ein Mitspieler ein Zeichen gibt. Kann es Zeichen nicht verstehen? Es kann sein, daß es noch nie Gelegenheit hatte, stabile Bedeutungen zu erleben, und daher keinen Grund sieht, Zeichen zu beachten. Da bleibt ein Kind immer stumm. Glaubt es vielleicht, daß die anderen seine Äußerungen doch nicht berücksichtigen würden? Oder werden dort, wo es herkommt, seine Äußerungen immer nur zu seinem Schaden verwandt?

3.4. Spiele als Hilfe zur Wiederherstellung beschädigter oder unterdrückter Fähigkeiten

Die Hinweise auf eine psychodynamische Verankerung der Spielbarrieren lassen die Möglichkeiten, durch Spiele psychische Dispositionen zu verändern, vorsichtig einschätzen. Zwar lassen die berichteten Spielerfahrungen hoffen, daß die durch restriktive Sozialisationsbedingungen verschütteten Fähigkeiten wieder aktiviert werden, wenn man den Kindern die Gelegenheit gibt, ihre Probleme aus sich herauszuspielen. Aber naiv darf man nicht vorgehen. Der Spielleiter muß wissen, daß er sich im Umkreis therapeutischer Maßnahmen bewegt, wenn er massiv im Spiel blockierte Kinder in die Kommunikation und Kooperation der Gruppe einzubeziehen versucht. Die Widerstände können nur langsam überwunden werden. Leider gibt es auch Fälle, in denen nur der Fachtherapeut noch Erfolg haben kann, weil übermächtige Sozialisationserfahrungen nicht in einer Wochenstunde aufgearbeitet werden können.

Das Spiel dient im Rahmen dieser „vortherapeutischen" Bemühungen keineswegs nur der Diagnose gestörter sozialer Fähigkeiten, sondern es soll helfen, diese Fähigkeiten auch wieder zu wecken. Wie kann dieses therapeutische Ziel in der hier geschilderten Altersgruppe erreicht werden? Was bedeuten Spiele in diesem Zusammenhang? Die vorliegenden Berichte legen nahe, das erfolgversprechende Vorgehen sowohl von der Erwachsenentherapie, aber auch — und das ist vielleicht unerwartet — von den üblichen Kinder-Spieltherapien abzugrenzen.

3.4.1. Probleme der psychoanalytischen Therapie bei zehn- bis zwölfjährigen Kindern

In der Behandlung eines Erwachsenen ist der Therapeut bestrebt, im Gespräch mit seinem Patienten Reflexionsprozesse anzuregen, die die vergangenen ungelösten Konfliktsituationen aufzuarbeiten haben. Er benutzt dazu Teilstücke der Biographie, die der Patient mit Hilfe von Träumen oder freien Assoziationen wachrufen konnte. Durch die erinnernde Rekonstruktion der Situation, in der die Leidenssymptome entstanden, sollen sie in ihrem symbolischen Gehalt entschlüsselt werden, damit die Störung unter Kontrolle gebracht werden kann. Abbau einer Sperre bedeutet also, daß die eingerasteten Prozesse der aktiven Abstimmung zwischen den Ansprüchen von Bedürfnissen und verinnerlichten Normen einerseits und der Außenwelt andererseits wieder in Gang kommen können.
Dasselbe Ziel gilt für die Therapie der Kinder. Der Weg muß allerdings ein anderer sein, weil vor allem die jüngeren Kinder Reflexionsprozesse, in denen biographische Ereignisse nachvollzogen werden, noch nicht leisten können. Die Gründe sind darin zu suchen, daß die Kinder noch keine Einsicht in ihre gestörten Fähigkeiten aufbringen. Sie stehen noch nicht unter dem Realitätsdruck, der Erwachsene antreibt, sich mit ihren psychischen Barrieren zu beschäftigen. Es fehlt ihnen auch an Lebenserfahrung, um das Handeln der an ihrer Sozialisation und Erziehung beteiligten Erwachsenen einschätzen und deuten zu können. Wenn Kinder sehr jung sind, genügt zudem ihre sprachliche Ausdrucksfähigkeit noch nicht. So ist den Kindern die „klassische" psychoanalytische Therapie als Möglichkeit zur Wiederherstellung verschlossen. Die Kindertherapeuten haben daher nach anderen Wegen suchen müssen, um ihre Patienten von den ihre Problemlösungsfähigkeiten einschränkenden Sozialisationserfahrungen zu befreien. Schon sehr früh in der Geschichte der Psychotherapie haben sie sich bemüht, Störungen bei Kindern im Spiel zu beheben. Dabei erhält das Spiel sowohl eine diagnostische als auch eine therapeutische Funktion (Axline 1972, Klein 1969).

Können die Spiele, über die in der psychotherapeutischen Literatur berichtet wird, Vorbild für Hilfen auch bei den hier behandelten 10- bis 12-jährigen Schulkindern sein? Diese Frage ist nicht ohne weiteres zu bejahen. Die Kinder, mit denen die Therapeuten spielen, sind fast immer jünger. Die 10- bis 12jährigen Kinder stehen am Abschluß der Latenzphase und kurz vor der Pubertät. Viele Kindertherapeuten haben darauf hingewiesen, daß gerade die älteren Kinder und Jugendlichen – also in den Jahren der Latenzphase und der Pubertät – im allgemeinen nur sehr schwer von ihren Störungen zu befreien seien. Einige der aufgezählten Gründe über die Schwierigkeit des üblichen psychoanalytischen Vorgehens bei jüngeren Kindern gelten auch noch für die über 10jährigen: Sie verspüren im allgemeinen keinen „Leidensdruck", der das eigene Bemühen um Wiederherstellung der psychischen Funktionen fördern könnte. Auch an Erfahrung mangelt es noch. Hinzu kommen deutliche Verdrängungstendenzen, die die Phantasie und auch die Projektionsfähigkeit einschränken. Bei den Jugendlichen der Pubertätszeit wird oft darüber hinaus noch eine phasenspezifische Ich-Schwäche festgestellt. Folglich können diese Kinder und Jugendlichen die übliche Therapie noch kaum psychisch ertragen. Andererseits sprechen sie aber auch nicht mehr auf die Spiele an, die die Therapeuten bei den kleineren Kindern anregen.
Das leuchtet ein, wenn diese Spiele genauer betrachtet werden. Es handelt sich vor allem um Spielmaterial, das aus kleinen Figuren – Personen, Tieren, Gegenständen wie Puppenmöbel, Autos etc. – besteht. Das Kind benutzt sie, um Situationen oder Geschichten darzustellen, wobei der Therapeut vor allem auf die Personenkonstellationen achtet. Es ist erfahrungsgemäß nicht sehr schwer herauszubringen, welche Erlebnisse das Kind in dieses Spiel hineinlegt. Die Charakteristika der Szene, die das Kind darstellt, und die Geschehnisse, die es diesen Personen widerfahren läßt, erlauben dem Therapeuten, die Ursachen der Störung einzukreisen. Manchmal stellt er Figuren um oder hinzu und kontrolliert die Reaktion des Kindes auf diesen Eingriff. Allein die Tatsache, daß das Kind ungestraft eine bestimmte Problemsituation in einer bislang tabuierten Variante durchspielen darf, kann schon ein wesentlicher Beitrag zu seiner Heilung sein.
Neben diesem Material verwenden Kindertherapeuten auch noch andere Mittel, die Reaktionen der Kinder zu erforschen: Sie bieten ihnen Decken und Bretter, Papier und Farben, Wasser und Sand an. Aber immer spielt das Kind bei der herkömmlichen Therapie allein, sogar bis auf wenige Ausnahmen dann, wenn der Realität nahe Szenen soziodramatisch nachgespielt werden. Anwesend ist nur der Therapeut. Die älteren Kinder sperren sich gegen diese Materialien. Sie können auch kaum noch – nicht

zuletzt auf Grund ihrer Störung – die problematischen Rollenkonstellationen, die hinter ihren psychischen Problemen stecken, in derartige Spielsachen projizieren. Für sie ist die Grenze zwischen Spiel und Realität schon so fest eingeschliffen, daß sie nicht mehr spontan die Erlebnisse mit ihren Eltern und Geschwistern vor den Augen eines Analytikers mit diesem ihnen ohnehin nicht mehr gemäßen Spielmaterial abbilden können. Sie ahnen, an was hier gerührt werden könnte.

3.4.2. Die „vortherapeutischen" Möglichkeiten freier Regelspiele

Ganz anders sehen die Spiele und die Spielsituationen aus, von denen dieses Buch berichtet. Die Jungen und Mädchen werden nicht allein mit einem Therapeuten konfrontiert, dem sie unterstellen könnten, er wolle als Abgesandter der Erwachsenenwelt ihr Versagen aufdecken. Das Arrangement der Spielstunde überzeugt die Kinder dieses Alters sehr viel leichter als das „klassische" Vorgehen nach der psychoanalytischen Grundregel von der Repressionsfreiheit der Situation: Sie können sehr weitgehend bestimmen, was und wie gespielt werden soll. Wer gar keinen Gefallen an den gemeinsamen Beschlüssen findet, kann seine Teilnahme sogar aufkündigen. Die Spiele sind ferner spannend; sie binden die Aufmerksamkeit an das Spielgeschehen. So ist die Gefahr gering, daß die Kinder dann, wenn sie erst einmal zu spielen begonnen haben, ihr Verhalten verstellen.

Die Spielberichte zeigen an vielen Stellen, wie unbekümmert die Kinder ihre innerpsychischen Existenzbedingungen auf das Interaktionsgefüge des Spiels übertragen. Dafür benützen sie also nicht Spielzeugfiguren oder Puppen; sondern sie schieben einzelne Mitspieler, die gesamte Gruppe und/oder den Spielleiter in die Positionen, die ihnen möglich machen, die in der früheren Kindheit vermittelte Auswahl an Handlungsstrategien immer wieder anzuwenden. Da sie nicht Lösungen für neue Konstellationen erfinden können, versuchen sie also, die Situation der Struktur nach wieder zu schaffen, in der sich ihre Kommunikations- und Interaktionsdispositionen einst ausformten. So verwandeln sich für ein Kind die Mitspieler in seine Geschwister, mit denen es aus rivalisierender Eifersucht noch nie etwas teilen konnte. Für ein anderes mag die Spielgruppe zur Mutter werden, mit der es aus Angst vor ihrer Überfürsorglichkeit nicht sprechen kann. Der Spielleiter kann zum Vater werden, vor dem man sich verstecken muß. Das spielende Kind wird sich selbst vielleicht wieder in die Sündenbock-Rolle begeben, in der es zu Hause die Aggressionen der Familienmitglieder kanalisiert, oder es stilisiert seine Mitwirkung als „Opfer", „Rabauke", „Clown", um seine Verhaltensunsicherheit einzuschränken.

Diese Sicht verdeutlicht noch einmal, warum das Geflecht sozialer Beziehungen, das in den Spielen und durch sie entsteht, vielfältig und beweglich sein sollte: Nur dann bietet es auch Kindern mit einem beschränkten Verhaltensrepertoire die Chance mitzumachen. Das erfordert, diesem Kind die Gelegenheit zu geben, seine Situationsinterpretation zunächst in das Interaktionssystem des Spiels hineinzutragen und sich damit in einer Nische des Spielgeschehens einzunisten. Nach und nach wird es dann erfahren, daß die mitgebrachten und immer wieder angewandten Problemlösungsgewohnheiten ungenügend sind. Die Kinder erleben, daß sie mit ihnen an den oben erläuterten Grundproblemen sozialer Beziehungen scheitern: Sie können die Intentionen der Beteiligten und damit den mutmaßlichen Spielverlauf nicht hinreichend antizipieren; sie kleben an einem konventionellen Regelverständnis oder sind nicht in der Lage zu unterscheiden, in welchen Fällen Normen weit und wann sie eng zu interpretieren sind; sie verstehen nicht, worum es jeweils geht, und sind nicht flexibel genug, die Spielsituation zu ihren Gunsten oder zugunsten ihrer Gruppe beeinflussen zu können.
Die mögliche Therapie besteht nun nicht darin, daß die Kinder kraft Willensentschlusses plötzlich beginnen, sich anders zu verhalten. Die Chance liegt vielmehr darin, die Kinder durch die Attraktivität des Spiels in die Interaktionen zu integrieren, damit sie – hoffentlich – erfahren, daß der Spielleiter z. B. kein strafender Vater und die Gruppe keine überfürsorgliche Mutter ist. Ferner können die Kinder hier im Gegensatz zu ihrem vielleicht auf angebliche Harmonie oder sinnlose Feindseligkeit festgelegten Familiensystem erleben, daß divergierende Ansichten und widerstreitende Motive die Basis für Kooperation nicht zerstören müssen. Mit anderen Worten: Sie erleben, daß die eingeübte Beschränkung auf bestimmte rigide Verhaltensmuster, die ihnen in einem gestörten Familiensystem durchzukommen verhalf, in diesem sozialen System dysfunktional ist. Hier werden Sensibilität, Einsicht auch in ambivalente Sachverhalte und Flexibilität durch Spaß und Spielerfolg belohnt. Hier zeigt sich in aller Deutlichkeit, daß diese Hilfe zur Überwindung psychischer Störungen im Spiel das Modell der primären Sozialisation wieder aufgreift: Sie setzt ihre Hoffnung auf die Teilnahme des Kindes an einem sozialen System, das Verständnis für die Bedürfnisse der Beteiligten, Diskussionen von Normen, Ausprobieren angemessener Konfliktlösungen und Anpassung an neue Situationen herausfordert. Offenbar merken viele Kinder sehr genau, daß ihr Freiraum zum Erproben und Entdecken in den Spielstunden größer ist als zu Hause oder in vielen anderen Schulsituationen. „In der Spielstunde ist einfach alles anders, als ich es kenne!“ Zahlreiche Äußerungen machen klar, daß die Kin-

der die Veränderungen in ihrem Verhalten durchaus bemerken. Sie erleben, daß die Vernunft, die die Spielteilnehmer im Umgang miteinander entwickeln, ihnen ermöglicht, die innerpsychischen Sperren abzubauen, die sozialer Handlungsfähigkeit und rationaler Problemlösung im Weg stehen. Um das Beispiel zu wiederholen: Da nicht mehr jede Norm die Erinnerung an einen unnachsichtigen Vater weckt, wird nicht länger die Überlegung unterbunden, wie mit einer angemessenen Normeninterpretation Erwartungen und Bedürfnisse besser erfüllt werden können.
Noch einmal wird erkenntlich, daß sowohl die zunächst festgestellte Unfähigkeit, autonom an sozialen Beziehungen teilzunehmen, als auch die im Spiel neu gewonnenen Fähigkeiten Eigenschaften von sozialen Beziehungssystemen abbilden. Dies erschließt eine Möglichkeit unmittelbarer Kontrolle eines Entwicklungsfortschritts: Das Kind spielt zunächst gar nicht oder „nicht richtig". Im Fortschreiten seiner psychischen Wiederherstellung schaltet es sich mehr und mehr ins Spiel ein. Schließlich kann es spielen und signalisiert damit, daß es wesentliche Schwierigkeiten überwunden hat. Benita Daublebskys Spielberichte zeigen eine ganze Reihe solcher Genesungsprozesse; am eindrucksvollsten in jener Klasse, die zunächst überhaupt nicht spielen wollte und dann doch zu ersten Schritten auf den Weg zu konstruktiven sozialen Reaktionen gebracht werden konnte.
Jedoch könnten Zweifel auftauchen, ob Spiele nahe genug an der Realität des „Lebens" sind, um Folgen für das Verhalten auch außerhalb der Spielsituation hervorzubringen. Für die Möglichkeit, im Spiel psychische Balance zwischen den verschiedenen Ansprüchen von Bedürfnissen und übernommenen Normen grundlegend rekonstruieren zu können, spricht, daß die Kinder – wie an vielen Stellen der Spielberichte zu bemerken – ihre „realen" Probleme tatsächlich in das Spiel hineintragen: Das Spiel ist für sie bedeutsam genug, um zum Beispiel dem Spielleiter die Charakterzüge einer wichtigen Bezugsperson wie des Vaters oder der Mutter anzuheften. Auch der oft langanhaltende Widerstand gegen eine Verhaltensänderung spricht für die tiefe Verankerung der im Spiel zutage tretenden Funktionsweisen in den psychischen Strukturen. Falls sie überhaupt gelingt, wird die Aufhebung einer solchen zwanghaften Übertragung im Interaktionszusammenhang des Spiels entsprechend weitreichende Auswirkungen haben.
Hier findet sich eine weitere Bestätigung dafür, daß das Spielen für die Beteiligten wirklich Spaß machen muß. Elke Calliess zeigt in ihrem Beitrag, welche Bedürfnisse damit angesprochen werden. Je mehr Möglichkeiten zu gemeinsamem Vergnügen das Spiel bietet, desto mehr sind die Kinder bereit, sich sehr persönlich zu engagieren. Sie beginnen auf der

Grundlage ihrer Fähigkeiten zu handeln und sammeln ihre positiven oder negativen Erfahrungen, an denen dann Prozesse ansetzen können, die psychische Mängel beheben. Diese Prozesse werden sicherlich ebenfalls davon profitieren, wenn sogleich zusätzlich Befriedigung von Bedürfnissen durch die im Spiel hinzuerworbenen Handlungsalternativen erreicht werden kann. Wirksame Spiele müssen also ein ständiges Überangebot an möglichem „Lustgewinn" in sich tragen.
Außerdem wird bei dieser Perspektive sichtbar, daß die Kinder nur dann ihre Probleme aus sich herausspielen werden, wenn sie darauf vertrauen können, sich nicht in einem unentwirrbaren Gestrüpp einander widersprechender Verbote zu verfangen. Das grenzt auch die Möglichkeiten einer Spielplanung ein. Zwar spüren die Beteiligten, daß sie Einschränkungen von sich abstreifen. Aber die Erfahrungen, die man im Spiel mit sich selbst und anderen sammeln kann, wären in Gefahr, voreilig umgedeutet zu werden, wenn diese erwünschten Auswirkungen des Spiels als ausdrückliche Ziele vorgegeben würden. Im Kopf werden die Lehrer einer Schule, die Spielstunden einrichtet, und die Spielleiter solche positiven Konsequenzen sicher haben. Aber sie als verbindliches Programm zu dekretieren, wäre schon der erste Schritt auf einem Weg, der allzu leicht dahin führt, Fortschritte im Spielverhalten wie eine andere Schulleistung zu messen. Die Beziehungsfalle, die oben aus mehr theoretischen Überlegungen abgeleitet wurde, ist hier als schnell errichtete Zwickmühle begreifbar: Welcher „Evaluator" wird denn schon Pluspunkte für ein mangelhaftes Einfühlungsvermögen in die Spielpartner geben? Und doch mag dieses Verhalten in einem Heilungsprozeß wichtig sein, damit der psychisch Deformierte endlich einmal erlebt, wo er versagt. Er sollte gerade keinen Grund sehen, sein Verhalten vor sich und den anderen umzuinterpretieren. Wenn er wieder aus Furcht vor einer strafenden Autorität behauptet: „Ich war es nicht!", „Ich habe es anders gemeint!" oder „Ich habe einen anderen angesprochen!", dann wiederholt er nur das Muster seiner Störung. Er möchte Strafe vermeiden und wird doch auf jeden Fall von ihr ereilt: Entweder handelt er aufrichtig, erhält aber eine schlechte Note und kann als „unsensibler" Mitspieler angeprangert werden; oder er bekommt zwar ein Lob, muß aber dafür den Sinn seiner Äußerung verdrehen und nimmt sich somit die Chance einer Besserung seiner psychischen Verklemmung. Diese Gefahren werden nur vermieden, wenn das Spiel zweckfrei und sanktionslos bleiben darf. Es braucht eine gewisse Unbekümmertheit. Andernfalls verstricken sich Spielleiter und Spieler um der scheinbaren Klarheit und der positiven Zielsetzung willen in der Mehrdeutigkeit von Ereignissen und Motiven.

3.5. Erste Aufgabe des Spielleiters: Sicherung des Vergnügens am freien Spiel

Diese Gebote sind vor allem an den Spielleiter zu richten, dessen Aufgaben noch etwas ausführlicher erläutert werden müssen. Seine Tätigkeit scheint nach den bisherigen Ausführungen einfach und kompliziert zugleich zu sein: einfach, weil er nur darauf zu achten braucht, daß die Spiele allen Beteiligten Spaß machen; kompliziert, weil die Spiele sich sehr oft im Rahmen eines problematischen Beziehungssystems entfalten müssen, das durch manches psychische Defizit mitgeprägt wird.

Zunächst zu der „einfachen" Seite der Aufgaben des Spielleiters: Ganz ohne Anforderungen sind auch sie nicht. Der Spielleiter muß spannende Spiele anregen. Sie dürfen nicht zu leicht, aber auch nicht zu schwer sein. In ihren Intentionen sollten sie nicht unterlaufen werden können. Wenn es zum Beispiel darauf ankommen soll, sich über Blickkontakte mit einem Spielpartner zu verständigen, dann verliert das Spiel seinen Reiz, falls angesichts allgemeinen Lärms doch flüsternd kommuniziert wird. Der Spielleiter beobachtet folglich, ob die einmal vereinbarten Regeln eingehalten werden. Es gibt Fälle, in denen er an die abgesprochenen Regeln erinnern wird. Aber manchmal wird er auch fragen, ob nicht eine Änderung das Spiel noch attraktiver machen könnte. Das Vorgehen des Spielleiters wird behutsam, „subsidiär", sein müssen. Er greift also nur dann ein, wenn die Spieler eine verfahrene Situation nicht selber überblicken können (z. B., weil sie alle Partei sind) und wenn es sinnvoll ist, das Spiel zu retten. Der Spielleiter muß daher die Spiele gut kennen, allerdings nicht im Sinne wortgetreuer Übernahme einer Spielanweisung, sondern in ihrer Grundstruktur. Er soll zulassen, daß sich besondere Regelsysteme, also neue Spiele, aus seinen Vorschlägen entwickeln. Aber auch die Probleme seiner Spieler muß er beachten. Er sollte daher sowohl über den besonderen Konfliktstoff des jeweiligen Entwicklungsstadiums aufgeklärt sein als auch wissen, was diesen Jungen oder dieses Mädchen zur Zeit bedrückt.

Die zweite, auf den ersten Blick noch komplizierter erscheinende Seite der Aufgaben des Spielleiters verlangt von ihm, die Rollenkonstellation wahrzunehmen, in die die Spieler sich und andere manövrieren. Dies Problem wurde am Beispiel von Vater-, Mutter- und Geschwisterprojektionen sowie anhand rigider Identifizierungen mit stereotypen Rollenmustern („Sündenbock", „Clown") geschildert. Dem Spielleiter ist zu raten, die von den Kindern vorgebrachten Spielwünsche immer sehr sorgfältig zu analysieren, weil sie viel über die Motivationsstruktur enthüllen. Spiele, die es sehr leicht machen, in erstarrte Rollen und Konkurrenzsituationen zu schlüpfen, können vielleicht in bestimmten Phasen gemeinsamen Spielens sogar nützlich sein. Sie ermöglichen auch dem in seiner psychischen Struktur festgelegten Kind, überhaupt erst einmal mitzumachen. Der Spielleiter muß aber entscheiden können, wann diese Spiele gefährlich werden, weil sie Fixierungen verstärken. Nicht vergessen werden darf dabei, daß es sich hier niemals allein um individuelle Störungen handelt, sondern das gesamte Beziehungssystem durch die „pathologische" Rolleninterpretation eines einzelnen Mitspielers berührt wird. Das Spiel aller Beteiligten kann verdorben werden.

Weil aber stets das gesamte Spielsystem betroffen wird, müssen „therapeutische Gegenmaßnahmen" vor allem auf der Ebene des sozialen Beziehungsgefüges ergriffen werden. Sie bestehen darin, daß der Spielleiter für ein Spiel sorgt, das den Beteiligten dann Freude macht, wenn sie ihre Einengungen überwinden und sich über ihre Erwartungen verständigen. Das befreit den Spielleiter von einer Anforderung, der er mangels fehlender Ausbildung kaum gewachsen sein dürfte: Er muß einzelnen gestörten Mitspielern keine „Deutungen" wie ein Psychoanalytiker anbieten. Deswegen soll ihm nicht das rechte Wort zur rechten Zeit verboten werden. Es schließt auch nicht aus, über Spielvorfälle ausführlich zu reden, wie es Benita Daublebsky oft getan hat, um die reflexive Aufmerksamkeit der Kinder zu wecken. Jedoch kann auf Deutungen im strikten Sinn deswegen verzichtet werden, weil die Umstrukturierung im psychischen Vermögen der Kinder primär dadurch ausgelöst wird, daß sie in ein freies und vergnügliches Spiel hineingezogen werden. Dieser durch Spielfreude angetriebenen Dynamik muß die Hauptaufmerksamkeit des Spielleiters gelten.

Eine besondere Schwierigkeit für den Spielleiter dürfte darin liegen, daß das Spielverhalten der Kinder auch bei ihm an nicht vollständig aufgearbeitete Probleme rührt. Er ist daher auch seinerseits geneigt, die Spiele so ablaufen zu lassen, daß sie seine eigenen verheilten Wunden nicht wieder öffnen. Ein selbstkritischer Spielleiter sollte seine eigenen Manipulationsversuche erkennen und kontrollieren können. Auch der Spielleiter benötigt jene Fähigkeiten, die die Kinder entwickeln sollen: Er muß sich in die Probleme der Spieler einfühlen und sein Urteil revidieren können. Er darf nicht verletzt sein, wenn die Kinder seine gut überlegten Vorschläge ablehnen, aber sollte dennoch seine Freude oder Enttäuschung aussprechen können. Um das Spiel nicht zu zerstören, muß er ebenfalls lernen, auf der Ebene des Spiels zu reagieren und nicht seine Erwachsenen- und Lehrerrolle ins Spiel zu bringen. Sicherlich wird auch aus dem Spielleiter durch die Erfahrungen des Spiels allmählich ein anderer. Er wird gewiß als Lehrer davon profitieren.

4. Rezepte gibt es nicht

Die Liste der Kräfte, die das Spiel und seinen Erfolg beeinflussen, ist sehr lang geworden. Ihr Zusammenwirken ändert sich dazu noch von Stunde zu Stunde und von Situation zu Situation. Benita Daublebsky und Diether Hopf haben dargelegt, daß der Spielleiter dennoch Erfahrungen auswerten und künftige Spielstunden planen muß. Eines aber macht die Analyse der Spielvorgänge ganz deutlich: Die vorliegenden Berichte können nicht als „Kochbuch" verwendet werden. Wenn bei Benita Daublebsky ein Spiel die Kinder zu prächtigen Einfällen führte, müssen bei einer Wiederholung in einer anderen Schule den Kindern keineswegs wieder originelle Ideen einfallen. Wenn hier die Kinder in einem Spiel entdeckten, daß man einander zuhören sollte, werden andere sich bei diesem Spiel vielleicht weiterhin gegenseitig überschreien. Das, was hier beschrieben wird, kann nur der „wiederholen", der sich eine generelle Kompetenz aneignet, mit Kindern frei zu spielen.

7. Kapitel: Spielen in der Schule — Motivationale Aspekte

von Elke Calliess

1. Spielen und Lernen

Kleine Kinder spielen. Dies ist ihre vorwiegende und spontane Beschäftigung, dabei fühlen sie sich glücklich, dabei sind sie aktiv und engagiert, zum Spielen sind sie motiviert. Beim Spielen lernen sie ihren Körper, ihre dingliche und personale Umwelt kennen. Der Säugling spielt mit seinen Händen und entwickelt dabei die Hand-Auge-Koordination, die wiederum das Greifschema, das Hantieren mit und das Manipulieren von Gegenständen ermöglicht. In Gestaltungs- und Konstruktionsspielen setzt sich das Kleinkind mit seiner Welt auseinander, es experimentiert mit den Objekten seiner Umwelt, erforscht ihre Eigenschaften und vielfältigen Verwendungs- und Kombinationsmöglichkeiten. In Rollenspielen versucht das Kind seine soziale Umwelt kennen und verstehen zu lernen und beginnt dabei die Grundlagen seiner eigenen Identität zu entwickeln. In Regelspielen üben Vor- und Grundschulkinder sich in sozialer Interaktion vorwiegend mit Gleichaltrigen, aber auch mit älteren Kindern und Erwachsenen, sie erwerben kommunikative Kompetenzen und Handlungsstrategien.
Empirische Untersuchungen zeigen, daß Kinder, die viel spielen, intelligenter (Boynton und Ford 1933) und kreativer (Liebermann 1965, Wallach und Kogan 1965) sind und ein größeres Handlungsrepertoire (Sutton-Smith 1971) haben als andere Kinder, die weniger spielen. Smilansky (1968) konnte nachweisen, daß Kinder durch soziodramatische Rollenspiele in ihren sprachlichen Fähigkeiten, in ihrer Phantasieaktivität und in ihrem Interaktionsverhalten gefördert wurden. Spielen scheint also in der frühen Kindheit *die* Form motivierten Lernens schlechthin zu sein.

Wenn heute immer wieder Klagen laut werden über die Unlust und das Desinteresse der Kinder in der Schule, so mag sich mancher Erzieher mit Sigmund Freud wundern über die große Diskrepanz zwischen der blendenden Intelligenz von Kleinkindern und der stumpfen Interesselosigkeit vieler Schulkinder. Wie werden aus aktiven, aufgeweckten, eroberungslustigen, unermüdlich die Umwelt erforschenden, mit allen Gegenständen experimentierenden, überall Probleme entdeckenden, Fragen

über Fragen stellenden Kleinkindern, die man aus Familien und Kindergärten kennt, passive, gelangweilte, desinteressierte, unengagierte, lustlose Schüler? Wo liegen die Ursachen für diesen Wandel? Ist Lernen etwas, was naturgesetzlich diese Einstellungen auslöst und voraussetzt? Wie aber kommt es dann, daß kleine Kinder, die ja auch lernen, wenn sie im Spiel ihre Umwelt erobern, dabei so engagiert und fröhlich sind?
Der Terminus „Unlust“ stellt über seinen beschreibenden Charakter hinaus einen theoretischen Schlüsselbegriff dar, der das Problem verdeutlicht und zugleich Ansätze zu seiner Lösung bietet. Unlust besagt, daß Lust fehlt. Lust ist der Alltagsbegriff für das, was in der Psychologie der Antrieb, die bewegende Kraft des Verhaltens ist: die Motivation. In der Schule scheint also die Motivation zu fehlen, die im Spiel kleiner Kinder vorhanden ist und den Motor für alle aktiven und lustvollen, erobernden und entdeckenden Lernprozesse darstellt.
Es bietet sich von diesen Überlegungen her an, wenn Lustlosigkeit und Unmotiviertheit der Schüler als eine Misere der heutigen Schule beklagt werden, das Spielen in die Schule hineinzunehmen, um Aktivität, Spontaneität, Engagement und Motivation in den Schülern zu wecken. Dies ist auch einer der Anlässe, aus denen heraus Benita Daublebsky von praktischen Erfordernissen der Schularbeit her ihre Spiele entwickelte. Die Erfahrungen, die sie dabei mit 10- bis 14jährigen Kindern machte, scheinen zu zeigen, daß das Spielen auch in dieser Altersstufe Erfolg verspricht. Die Spielstunde ist beliebt, die meisten Schüler machen gern, fröhlich und lustvoll mit, wenn nicht gleich, so doch nach einer anfänglichen Phase des Widerstandes oft um so engagierter. Nur wenige Kinder finden auf die Dauer gar keinen Spaß am Spielen und bleiben den – freiwilligen – Spielstunden ganz fern.
In den Spielstunden sind die Schüler also im Gegensatz zu vielen anderen Unterrichtsstunden motiviert. Aber lernen sie auch beim Spielen? Werden hier, wie bei kleinen Kindern offensichtlich, lebenswichtige Fertigkeiten und Fähigkeiten, Einstellungen und Verhaltensweisen erworben? Oder ist die Spielstunde nur eine Konzession an die allgemeine Lustlosigkeit der Schüler, wird ihnen nur ein kleines Stückchen Freiheit geschenkt, damit sie sich hinterher um so besser dem Zwang und Druck des Lernens unterwerfen? Ist Spielen gar Manipulation der Schüler, ein didaktischer Trick, um Motivationen für ernsthafte Lernprozesse zu wekken? Um diese Fragen zu beantworten, um den Stellenwert und die Funktion des Spielens für die Schule bestimmen zu können, gilt es, Spiel und Motivation in ihren Relationen genauer zu analysieren.
Dies soll nun im folgenden anhand der Beschreibungen und Interpretationen der Spielstunden, die Benita Daublebsky konzipiert und prak-

tiziert hat, unter dem Aspekt einer für Spielphänomene relevanten psychologischen Theorie der Motivation versucht werden. Zunächst einmal sollen motivationale Struktur- und Verhaltensmerkmale des Spiels, wie sie in den phänomenologischen Analysen der Spieltheorie (Groos 1922, Heckhausen 1964, Piaget 1969, Rüssel 1965, Scheuerl 1960) quasi idealtypisch abgegrenzt wurden, aufgezeigt und an den Spielbeschreibungen Benita Daublebskys veranschaulicht werden. In einem zweiten Schritt werden diese Spielphänomene bezogen auf eine psychologische Motivationstheorie, welche Erklärungen und Interpretationen von Spielsituationen ermöglicht und aus der sich praktische Konsequenzen für die Gestaltung von Spielstunden ergeben, die dann in einem dritten Teil, wiederum unter engem Bezug auf die Spielbeschreibungen Benita Daublebskys, aufgewiesen werden sollen. Wenn bei dieser Vorgehensweise einzelne Aspekte des Spiels nacheinander dargestellt werden, obgleich sie im aktuellen Spielgeschehen immer zugleich und in Wechselwirkung miteinander auftreten, so scheint dies notwendig, um die Komplexität und Ambivalenz der Spielphänomene so weit aufzulösen, wie es für ein analytisches Verständnis des Spiels und seine Umsetzung in praktische Handlungshilfen wichtig ist.

2. Struktur- und Verhaltensmerkmale des Spielens

2.1. Kinder können ihre Bedürfnisse und Gefühle in die Situation einbringen

Eine Grundbedingung und -voraussetzung in allen Arten von Spielen ist es, daß Kinder ihre Bedürfnisse, Wünsche und Interessen, ihre Stimmungen und Gefühle in die Situation einbringen können. Wenn in den meisten Unterrichtsstunden verlangt wird, daß die Kinder sich von außen an sie gestellten Anforderungen fügen und sich den Zielen und Programmen anderer anpassen müssen, so gilt in der Spielstunde das Gegenteil. Hier zählt es und hat es Auswirkungen auf das Geschehen, wenn man keine Lust hat, wenn man Wut hat, wenn man sich austoben möchte und kämpfen und schreien oder wenn man ruhig miteinander reden und sich nahe sein möchte. Bedürfnisse und Gefühle der Kinder sind prinzipiell akzeptiert, sie dürfen und sollen zum Ausdruck gebracht werden, sie tragen, in Abstimmung mit denen der anderen Mitspieler, zur Gestaltung der Spielsituation bei.

Beispiele dafür gibt es viele in den von Benita Daublebsky beschriebenen Spielen. So passiert es einmal in der Spielstunde, daß zu jedem Vorschlag des Spielleiters gerufen wird: „Wie langweilig, wie doof, wie öde..." (S. 119). Daraus entsteht dann ein neues Spiel: Die Kinder spielen „Spiele vorschlagen". In einem anderen Fall, als die Kinder unruhig und wütend sind, schreien sie so laut sie können den Ärger aus sich heraus. Auch das wird zum Spiel, in dem die Kinder langsam wieder zur Ruhe kommen, in dessen Verlauf sie leiser und friedlicher werden. Häufig kommt es vor, daß ein einzelnes Kind über irgendein Ereignis im Spielgeschehen wütend wird. Es darf dann seinem Ärger Luft machen, es darf sagen, daß es keine Lust mehr hat, es kann sich auch zurückziehen an den Rand des Spielgeschehens, es kann Helfer- oder Zuschauerrollen annehmen, es kann auch ganz weggehen, ohne daß es dafür lange Erklärungen und Begründungen geben muß.

Aber nicht nur Unlustgefühle werden ausgedrückt in den Spielstunden, es finden auch Vorlieben und besondere Interessen der Kinder Berücksichtigung. So spielt z. B. eine Klasse wochenlang „Ich sitze im Grünen...", weil es immer wieder neuen Spaß macht (S. 87). Viele Kinder wünschen sich sehr häufig Bilderspiele, weil man da „so reden kann, wie wenn man zusammen träumt" (S. 48). Sie spüren hier die affektive Nähe zueinander und können ihre Zuwendungsbedürfnisse ausleben.

Auch aktuelle Probleme der Kinder können in Spielen zum Ausdruck gebracht werden. So passiert es einmal beim Sätzeraten, daß eine Gruppe einen „unanständigen Satz" produziert (S. 91). Das aufgeregte Gerede und heimliche Gekicher der Kinder zeigt an, daß hier ein verdrängtes Interesse angesprochen worden ist, das sonst wohl im Unterricht tabuisiert ist. In der Spielstunde wird es aufgenommen und angenommen: Die Kinder spielen eine Zeitlang mit „unanständigen Sätzen", und es ergeben sich Gespräche über sexuelle Fragen, in denen sie ihr Bedürfnis nach Information und Aussprache befriedigen können — bis das Thema allmählich langweilig wird und das Interesse verschwindet.

So werden viele Bedürfnisse, Wünsche und Gefühle, die Kinder in anderen, alltäglichen sozialen Situationen unterdrücken müssen, weil sie unangepaßt und ungewöhnlich oder gar tabuisiert sind, in der Spielstunde aufgedeckt und ausgelebt: positive ebenso wie negative Gefühle und Bedürfnisse, Zuwendungsreaktionen wie Aggressionen, Abenteuerlust ebenso wie Ängste und Hemmungen. Verfestigte Motivationsstrukturen und rigide Verhaltensweisen, Verdrängungen und Abwehrmechanismen, welche die Kinder im Laufe ihres bisherigen Lebens entwickelt haben und die im Schulalltag vielleicht Anpassungsformen darstellen, welche diese Kinder gerade unauffällig und normal erscheinen lassen, finden im Spiel ihren Ausdruck. Kinder machen dabei mit sich selbst und mit anderen ganz neue Erfahrungen und lernen Bedürfnisse, Gefühle und Stimmungen kennen, die sie sonst kaum wahrnehmen. Sie tragen ihre Alltagsprobleme ins Spiel hinein, und doch finden sie sich ganz anders und neu in der Spielsituation vor.

2.2. Selbstbestimmte Aktivität

Das erste Grundprinzip des Spielens, daß Kinder ihre Bedürfnisse und Gefühle in die Situation einbringen können, hat Konsequenzen, die sich sowohl im Verlauf des Spielgeschehens wie auch im Erleben und Handeln der Kinder ausdrücken. Kinder haben im Spiel die Möglichkeit, aktiv zu sein. Spiel ist „handelnde Auseinandersetzung mit der Umwelt" (Heckhausen 1964). Hier können die Kinder bestimmen, was sie wann und wie tun wollen. Sie müssen selbst die Regeln für ihren Umgang miteinander setzen. Dies ist im Unterricht und auch in Familiensituationen, wo sie sich meist vorgegebenen Zielerwartungen und Rollenvorschriften unterwerfen müssen, nur selten der Fall.
Im Spiel können die Kinder ihre Bedürfnisse und Interessen in Abstimmung mit den Mitspielern in Handlung umsetzen und die Konsequenzen ihres Tuns erleben. Wenn andere einem aufgetragen haben, etwas zu tun, so kann man die Folgen seines Handelns sehr leicht auf ihn schieben und braucht sich nicht selbst verantwortlich zu fühlen. Hat man aber selbst ein Ziel gewählt, so erlebt man sich als Initiator der Handlung auch verantwortlich für die entstehenden Wirkungen. Man ist „origin" und nicht „pawn", wie es de Charms (1973) sehr plastisch im Bild des Schachspiels ausdrückt: Man ist der selbst seine Züge bestimmende Schachspieler und nicht die von anderen geschobene Schachfigur.
So erleben die Kinder zum Beispiel in der Spielstunde, daß man vergnügliche Spiele stören kann, wenn man jemandem weh tut, ihn verärgert, wenn man Spielmaterialien kaputtmacht oder vereinbarte Regeln nicht einhält. Herumtoben kann leicht in wilde und aggressive Kämpfe ausarten, bei denen viele sich weh tun und alle unzufrieden sind.
Die Kinder erfahren auch, daß man bei der Zusammenarbeit mit Partnern Aufgaben besser lösen, Schwierigkeiten leichter meistern und Erfolge und Ergebnisse erringen kann, die man allein nie erreicht hätte. So erlebt ein Kind beim Fangenspielen, daß es allein mit noch so wütendem Einsatz scheitert (S. 19); ein anderes, daß es ausgeschlossen, einsam und unglücklich ist, wenn es sich nicht an die vereinbarten Spielregeln hält (S. 122).
Spiele bieten den Kindern Erfahrungsräume, in denen sie Motivationsabläufe in ihrem ganzen Spannungsbogen erleben können: von der Vor-

stellung und Erwartung, etwas haben oder tun zu wollen, angefangen, über das Gefühl der Spannung und Erregung der vorwegnehmenden Planung möglicher Handlungsstrategien zur Erreichung des Ziels bis hin zur Entscheidung und Ausführung der Handlung und zu dem Erleben ihrer Folgen. In solchen Handlungseinheiten, können Kinder sich als aktive, selbstbestimmte, auf die Welt einwirkende, sie gestaltende und verändernde Wesen erfahren.

2.3. Freiheit von formellen Sanktionen und Repressionen

Ihre Bedürfnisse in die Spielsituation einbringen und selbstbestimmt handeln können die Kinder in der Spielstunde, weil hier ihr Verhalten keine gesellschaftlich sanktionierten Konsequenzen hat. Man wird nicht gezwungen, wie bei anderen Schulfächern, dazusein und mitzumachen, auch wenn man keine Lust hat. Es gibt keine Zensuren. Man hat keine Beschwerden bei den Eltern oder Klagen beim Schulleiter zu befürchten und keine disziplinarischen Maßnahmen wie Nachsitzen oder Tadel für „schlechtes Spielen". In der Spielstunde können die Kinder es wagen, auch einmal neue und ungewohnte Verhaltensweisen zu zeigen und deren Wirkung auszuprobieren, ohne die sonst in der Schule üblichen Konsequenzen fürchten zu müssen.
Nicht nur hinsichtlich institutioneller Sanktionen herrscht im Spiel weitgehende Freiheit, sondern auch die im Bereich der alltäglichen sozialen Situationen üblichen formellen Sanktionen sind gelockert. Die Erwachsenen, den Kindern sonst als strenge Lehrer und Autoritätspersonen bekannt, verhalten sich in der Spielstunde anders: Wenn es laut und wild zugeht und keiner auf die Erklärungen des Spielleiters hört, so versucht dieser nicht, sich durch Schreien und Schimpfen durchzusetzen, er wendet sich an eine kleine Gruppe von Kindern, die ruhiger und interessierter ist, und bespricht zunächst mit ihnen das Spiel, in der Hoffnung, daß die anderen sich von der eifrig beschäftigten Gruppe anlocken und zum Mittun engagieren lassen (S. 154). Der Spielleiter erwartet keine besondere Dankbarkeit von den Kindern dafür, daß er etwas Schönes für sie plant und mit ihnen tut, wie es im Schul- oder auch Familienleben meist der Fall ist (S. 116). Er ist nicht beleidigt, wenn die Kinder keine Lust haben, seine Spielvorschläge aufzunehmen; wenn sie einfach herumnörgeln oder böse sind – vielleicht nicht einmal deswegen, weil sie nicht spielen wollen, sondern weil sie gerade in der Pause Ärger miteinander hatten. Der Spielleiter entschuldigt sich bei den Kindern, wenn er ungerecht war, er ist nicht entsetzt, wenn Tabuworte benutzt und Tabuthemen angeschnitten werden (S. 91).

Auch viele Repressionen, denen die Kinder in sozialen Situationen ihres Alltags ausgesetzt sind, treten im Spiel weitgehend zurück. Kinder erleben häufig, und in der Schule ist dies vielleicht sogar die vorherrschende Erfahrung, daß mächtigere, stärkere, klügere Erwachsene die Situation strukturieren: daß sie ihnen Bedürfnisse einreden und Aktivitäten vorschreiben, die sich an herrschenden gesellschaftlichen Normen und Erwartungen ausrichten, und daß sie ihnen gar keinen Raum und auch gar keine Zeit lassen, Spontaneität und Eigeninitiative zu entwickeln. Dies ist im Spiel anders. Hier sind grundsätzlich alle Partner gleich „mächtig" und haben in gleicher Weise die Möglichkeit, die gegebene Situation so zu strukturieren, daß sie ihre eigenen Bedürfnisse und Erwartungen einbringen können. Hier ist der spontane Ausdruck von Gefühlen und Bedürfnissen erlaubt, auch wenn sie ungewöhnlich sind. Sonst „müssen" Kinder meistens etwas Bestimmtes tun, hier „dürfen" sie – die Einschränkungen ergeben sich durch die Reaktionen der Mitspieler – zunächst einmal alles, fast alles. Sie können Originalität und Kreativität entwickeln. Sie können phantastische Pläne machen (S. 23) und abenteuerliche Situationen schaffen (S. 136, S. 154), in denen verdrängte Bedürfnisse und Wünsche realisiert werden.

Der Fortfall der üblichen Sanktionen und Repressionen kann in den Anfangsphasen des Spielens häufig geradezu chaotisch anmutende Situationen herbeiführen. Kaum ein Lehrer und Erzieher wird Kinder erleben, die sich in Anwesenheit Erwachsener so ungehemmt verprügeln, wie es in manchen Spielberichten beschrieben wird, die den Spielleiter selber bedrohen und angreifen, wie es in einer Klasse schwieriger Kinder einmal geschieht. Aber er wird auch selten Situationen so friedlicher Eintracht und Kooperation sehen, wie sie etwa bei den Kim-Spielen geschildert werden, er wird selten erfahren, daß Kinder so sensibel aufeinander eingehen und sich helfen können, wie es etwa bei M.s mißlungener Spielerklärung geschieht, die A. „in Hochdeutsch übersetzt" (S. 131).

Freilich braucht das Spiel, wie jede soziale Interaktion, eine Ordnung. Die Kinder erfahren sehr bald, daß auch ein Spiel nicht ohne Regel bestehen kann, wenn es Spaß machen soll. Die Regeln, die sie dann selbst zu setzen lernen, um den Fortgang der Interaktion zu ermöglichen, werden einen anderen Charakter haben als von außen gesetzte, durch formelle Sanktionen abgesicherte: Es sind reflexive Regeln, die, unter den Spielenden abgestimmt, die Bedürfnisse aller Gruppenmitglieder so gut wie möglich miteinander vermitteln und die so lange gelten, wie sie eben dies tun. Auch die Sanktionen, die für Regelverstöße im Spiel zu erwarten sind, sind anderer Natur als die formellen, in der Schule sonst üblichen. Sie sind ebenfalls reflexiv, und das heißt, sie können sich der individuellen Situation des Regelverletzenden anpassen. Sie haben keine Folgen in dem Sinne, daß sie endgültig klassifizieren: „Ich bin eben dumm." Oder: „Mich mag keiner." Sie müssen ein Kind nicht entmutigen, sondern können ihm Brücken bauen, denn „es ist ja alles nur Spiel ..."

2.4. Die Botschaft: Dies ist Spiel

Die Offenheit und Entspanntheit der Spielatmosphäre, bedingt durch die weitgehende Freiheit von formellen Sanktionen und Repressionen, wird dadurch verstärkt, daß alle im Spiel gezeigten Verhaltensweisen nicht so ernst genommen werden wie im normalen Leben. Sie sind jederzeit umzudeuten, in eine andere Richtung zu lenken und abzubrechen. Sie sind korrigierbar, ironisierbar, in Lachen und Scherz auflösbar.
Spiel entsteht und besteht auf der Ebene der „Quasi-Realität" (Heckhausen 1964), es bildet zwar häufig Realität ab und gestaltet sie nach, es existiert auch in der Realität, aber es kann auch ihren Problemen ausweichen, wenn sie die Spieler zu überwältigen drohen. Am deutlichsten wird dies in den Fiktionsspielen kleiner Kinder, die etwa einen Stock nehmen und ihn zur Puppe erklären, wenn beim Familienspiel unbedingt fünf Kinder gebraucht werden, aber nur vier Puppen vorhanden sind. Ebenso in Konstruktionsspielen, wenn Kinder von ihrer Intention, ein kompliziertes Fabrikgebäude aus Bausteinen zu errichten, ablassen, weil ihnen das zu schwierig wird, und statt dessen ein Flugfeld bauen. In kritischen Situationen können die Spieler ausweichen in die „rettende Fiktion". Sie können die Realität oder ihre eigenen Intentionen umdeuten und sich dadurch Entmutigung und Mißerfolgserlebnisse ersparen. Die Motivation bleibt erhalten, das Spiel kann, wenn auch auf einer anderen Ebene, seinen Fortgang finden.
Beim Regelspiel der Schulkinder wird „the message: this is play", wie Bateson (1971) es formuliert, durch Mimik und Gestik vermittelt und immer wieder ermutigend in das Spielgeschehen eingebracht: durch ein Augenzwinkern, ein Schulterzucken, ein Lächeln, einen Händedruck. Durch die verbale Aufmunterung für einen Verlierer: „Ist doch nur Spiel ..." Man muß sich nicht schämen über Mißerfolge, man kann sie überspielen, ausgleichen und neu beginnen. Man muß keine Angst haben.
In den Spielstunden gibt es viele Beispiele für solche Ermutigungen durch Mimik, Gestik, Worte und Handlungen, die es gerade Problemkindern ermöglichen, auch bei Schwierigkeiten motiviert zu bleiben, weiter mitzumachen, sich nicht auszuschließen und nicht ausgeschlossen zu werden. Die meisten Ermunterungen spielen sich auf nichtverbaler Ebene und

ohne direkte Intention ab, aber es gibt auch Fälle, in denen ermutigende Hilfen explizit und gezielt gegeben werden. So etwa, als M. die Regeln des von ihm vorgeschlagenen Spiels im Dialekt erklären und von einem anderen Kind übersetzen lassen darf (S. 131) und damit seine Rolle als Spielerfinder beibehält, obgleich er seine Idee den anderen nicht vermitteln konnte.

2.5. *Zweckfreiheit des Spielens*

Die relativ sanktions- und repressionsfreie Spielatmosphäre wird durch ein Strukturmoment des Spiels ermöglicht, das in den psychologischen und pädagogischen Analysen von Spielphänomenen als „Zweckfreiheit" des Spiels beschrieben worden ist. Es wird am häufigsten aufgeführt und als konstitutiv für jedes Spiel erachtet.
Das Spiel ist eine Tätigkeit, die keinen außerhalb ihrer selbst liegenden Zweck verfolgt. Das Spiel dient nicht – oder höchst indirekt – biologischen Funktionen und Zielen im engeren Sinne. Schon Tiere spielen nur, wenn die primären Bedürfnisse wie Hunger, Durst oder Schlaf befriedigt sind. So auch spielen Kinder, ohne daß ihr Verhalten dabei einen bestimmten Zweck hat. Spielen geschieht um seiner selbst willen, weil es vergnüglich ist und Spaß macht – und nur solange es dies tut.
Dies wird in den Spielstunden immer wieder deutlich, wenn die vom Spielleiter geplanten Programme völlig umgeworfen oder verändert werden, weil die Kinder sich gerade etwas anderes ausgedacht haben, was ihnen mehr Spaß macht. So wird aus einem Scavenging-Spiel das Museumsspiel (S. 111), weil eine Kindergruppe keine Lust mehr hat zum Sammeln, sondern „Räuber" und „Krieg" spielen will. So wird aus einem Spiel mit Zeitungen, bei dem möglichst lange Papierschlangen gerissen werden sollen, ein Feuerspiel, bei dem diese Schlangen möglichst schnell verbrannt werden sollen (S. 67).
Die Dynamik des Spiels orientiert sich an keinen außerhalb liegenden Zwecken und Plänen, sie entsteht aus dem Spiel selbst heraus und wird bestimmt durch die sich wandelnden Bedürfnislagen der Spieler. Alle Bemühungen, Lernziele für die Spielstunde zu formulieren, alle Versuche, Spielprogramme zu entwickeln, finden an diesem Prinzip ihre Grenze: Letztlich ist das Spiel nur um seiner selbst willen da, Spiel ist expressives und nicht zweckrationales Verhalten. Wenn es in bestimmten Phasen der Übung motorischer Fertigkeiten, kognitiver Fähigkeiten oder sozialer Kompetenzen dient, so ist das vom Erzieher sicher gern gesehen, aber in dem Moment, wo er es registriert, möglicherweise schon wieder in der

Spieldynamik aufgehoben – zugunsten neuer und anderer Lernmöglichkeiten, die sicher nicht weniger wichtig sind als die vorher angeregten. Die Lern- und Übungsmöglichkeiten des Spiels sind nicht direkt für den Spielleiter verfügbar, sie ergeben sich aus der Spieldynamik und können sich jederzeit wandeln.

Allerdings ist es sehr selten so, daß Einfälle und Wünsche der Kinder sprunghaft wechseln. Dies mag vorkommen, wenn die Erfahrung der Freiheit in den Spielstunden noch neu ist und die Kinder ausprobieren wollen, wie weit sie ungestraft Gefühle und Bedürfnisse ausleben können. Dies mag auch für einzelne Problemkinder gelten, die im offenen Raum des Spiels überhaupt zum erstenmal Gelegenheit finden, verdrängte Bedürfnisse zum Ausdruck zu bringen. Normalerweise werden sich im Verlauf der Spielstunden relativ kontinuierliche Vorlieben und Interessen der Kinder entwickeln, die eine langfristige Planung und eine vorsichtige Gestaltung der Spielstunden ermöglichen.

Hier wird der ambivalente Charakter des Spiels deutlich: Spiel ist zweckfrei – und doch ergeben sich in seinem konkreten Ablauf bestimmte Ziele und Zwecke, welche die Kinder mit großer Anstrengung und Konzentration verfolgen und die der Spielleiter aufnehmen und fortführen kann. Spiel eröffnet die Möglichkeit, individuelle Bedürfnisse und Gefühle in die Situation einzubringen und selbstbestimmt zu handeln – und doch müssen die Spieler ihre Bedürfnisse aufeinander abstimmen. Im Spiel sind Sanktionen und Repressionen weitgehend gelockert – und doch muß man gemeinsam Regeln festlegen und ihre Einhaltung oder Veränderung kontrollieren. Diese Ambivalenzen bestimmen das Spiel und machen gerade das aus, was als Spaß und Vergnügen beim Spielen bezeichnet wird.

2.6. Spaß und Vergnügen

Spaß, Vergnügen, Fröhlichkeit und Leichtigkeit sind die Stimmungs- und Gefühlslagen, die das Spiel begleiten. „Die Kinder sollen vergnügt sein und in angenehmer Spielspannung“, heißt es in den Spielkommentaren. Sie sollen „zufrieden und friedlich, angeregt, aber nicht ängstlich sein“. Aufgabe des Spielleiters ist es, darauf hinzuzielen, daß die Kinder Vergnügen haben. Er soll den Kindern helfen, sich den Spielen hinzugeben, ohne unter dem Druck einer Leistung zu stehen. „Kinder, die ohne Druck miteinander spielen, lachen und freundlich sein können“, sind das erklärte Ziel der Spielstunden Benita Daublebskys.

Spiele müssen so attraktiv sein, daß sie die Kinder wie von selbst in ih-

ren Bannkreis ziehen. Sie müssen die Aufmerksamkeit der Kinder fesseln, sie in das Spielgeschehen integrieren, so daß sie sich selbst und ihre in anderen sozialen Situationen üblichen Ängste und Hemmungen vergessen. Auch wenn sie anfangs nicht wollen, lassen sich viele Kinder im Verlauf der Spielstunde in das Spielgeschehen hineinziehen (S. 140).
Spaß, Vergnügen, Lust und Fröhlichkeit sind die emotionalen Begleiterscheinungen der Motivation, die Kinder in Spielen entwickeln können und die sie beim Spielen auch lernen oder, besser, wieder lernen können. Spaß und Vergnügen sind aber, wie in den Spielbeschreibungen immer wieder deutlich wird, nicht von selbst vorhanden. Oft gelingen Spiele nicht, sie kommen gar nicht in Gang, weil die Spieler keine Motivationen entwickeln. Oder sie scheitern, weil die Spieler nicht miteinander übereinkommen, sich gegenseitig hindern und stören.
Wie nun lernen Kinder, Spaß und Vergnügen beim Spielen zu haben — und möglichst nicht nur dabei, sondern, wie die kleinen Kinder, auch beim Lernen? Wie können ihnen dabei die Spielstunde und der Spielleiter helfen?
Um diese Fragen zu beantworten, soll versucht werden, einen theoretischen Rahmen für die Interpretation der motivationalen Struktur- und Verhaltensmerkmale des Spielens aufzuzeigen, die im ersten Teil beschrieben worden sind. Welche Art von Motivation wird in Spielen angesprochen? Wie kommt sie zustande? In welchen Situationen tritt sie auf? Unter welchen Voraussetzungen? Was bewirkt sie? Wie kann man auf sie einwirken, sie herausfordern und fördern?

3. Die Motivation beim Spielen

3.1. Exploratives Verhalten

Die bisher genannten motivationalen Merkmale spielerischen Verhaltens lassen sich einer Klasse von Motivationen zuordnen, die in den letzten 15 Jahren in amerikanischen Untersuchungen unter Begriffen wie „explorative behavoir“, „intrinsic motivation“, „competance motivation“ erforscht worden sind.
Exploratives Verhalten wurde zuerst in Lernversuchen bei Ratten (Berlyne 1950) und Affen (Welker 1956) experimentell erfaßt. Es zeigte sich, daß die Tiere, auch wenn alle physiologischen Bedürfnisse befriedigt waren, neugierig herumliefen, ihre Umwelt erforschten oder miteinander spielten. Sie waren motiviert und aktiv, ohne von irgendwelchen „Mangelzuständen“ angetrieben zu sein. Ähnliches gilt auch für Menschen, und

dies in größerem Maße: Schon Säuglinge (Fantz 1967) suchen, wenn ihre primären Bedürfnisse befriedigt sind, aktiv nach Ablenkung und Anregung und bevorzugen dabei kontrastreiche und komplexe Wahrnehmungsmuster. So weiß jede Mutter, daß Säuglinge gern in Bäume schauen, deren Blätter sich bewegen, daß sie mit Spielzeug hantieren, das über ihrer Wiege hängt. Kleinkinder, deren Erkundungsverhalten nicht massiv eingeschränkt wird, gelten als die Inkorporation von Neugier schlechthin. Erwachsene Studenten, die, in einem psychologischen Versuch über mehrere Tage hinweg von Außenreizen abgeschirmt, sich allein in einem Zimmer aufhalten sollten, zeigten nach einigen Tagen massive Frustrationen und psychische Störungen, obgleich ihre primären, biologischen Bedürfnisse voll befriedigt waren und sie sogar für die Teilnahme an dem Versuch bezahlt wurden (Bexton, Herron und Scott 1954).

3.2. Die Trieb-Reduktions-Theorie

Diese experimentellen Beobachtungen mögen heute banal erscheinen, für die herrschende psychologische Trieb-Reduktions-Theorie stellten sie jedoch aufregende und umwälzende Befunde dar. Ging sie doch davon aus, daß angeborene, primäre Bedürfnisse – wie Hunger, Durst und Sexualität – sowie gelernte, sekundäre Bedürfnisse – wie etwa Heimatliebe oder Wanderlust – Erregungspotentiale im Organismus auslösen, welche diesen zur Aktion treiben und ihn motivieren, dem als Bedürfnis empfundenen Mangelzustand abzuhelfen. Ist dies geschehen, so wird die Erregung reduziert, der Organismus ist befriedigt und ruhig – bis sich das nächste Bedürfnis meldet. Dieser Motivationstheorie mußte unverständlich bleiben, wie ein Organismus dazu kommen kann, aktiv zu sein, wenn er keine solchen primären oder sekundären Mangelzustände hat. Man konnte zwar einen angeborenen „Neugiertrieb“ annehmen, aber dieser widersprach eigentlich dem zugrunde gelegten Denkmodell: Organismen wurden in der Trieb-Reduktions-Theorie gesehen als passive, reaktive Systeme, die von außen, durch „extrinsische“ Reize in Aktion gebracht werden. Spontane Aktivität, wie sie sich etwa beim explorativen Verhalten zeigt, ist im Grunde nicht erklärbar.

3.3. Intrinsische Motivation

Die explorative Motivation ist nicht auf die Erfüllung biologischer Funktionen ausgerichtet. Sie dient weder der Anpassung noch dem Überleben im engeren Sinne. Explorative Bedürfnisse sind vielmehr auf biologisch neutrale Stimuli gerichtet, die zunächst weder positive noch negative Bedeutung für den Organismus haben. Sie sind relativ unabhängig von äußeren, extrinsischen Anreizen. Nach den Ausführungen von Hunt (1965) sind sie „intrinsisch", das heißt in den Informationsaustauschprozessen zwischen Organismus und Umwelt selbst gelegen. Diskrepanzen zwischen sogenannten „standards" – dies sind Reizkonstellationen, die der Organismus kennt und gewöhnt ist – und unbekannten, nicht vertrauten Informationen lösen intrinsische Motivationen aus. Solche „kollative Variablen", so genannt von Berlyne (1969), da sie beim Vergleich von Informationen aus verschiedenen Quellen entstehen, sind: Neuigkeitsgehalt, Unbekanntheit, Wechsel sowie Überraschungsmomente von Stimulusmustern, aber auch Komplexität, Verwickeltheit, Widersprüchlichkeit und Konflikthaftigkeit. Diskrepanzen bestehen hier

- zwischen gegenwärtigen und früheren Wahrnehmungen: die Neuigkeit,
- zwischen Wahrnehmungen und Erwartungen: die Überraschung,
- zwischen verschiedenen Teilen des gegenwärtigen Wahrnehmungsfeldes: Komplexität, Verwickeltheit und Widersprüchlichkeit,
- zwischen verschiedenen Erwartungen: Ungewißheit und Konflikt.

3.4. Erregungsniveaus

Diskrepanzen der beschriebenen Art zwischen im Organismus vorhandenen „standards" und neuen Informationen lösen eine Erregung, ein „arousal" im Hirnstamm aus, das zu einer mehr oder weniger spezifischen Reizung zentraler Mechanismen führt und eine bestimmte Handlungsfolge im Organismus in Gang setzt: zunächst eine seligierende Aufmerksamkeitszuwendung, einen „Orientierungsreflex". Sodann eine Zuwendung des Organismus, eine „Lokomotion", die in Annäherungs- und Suchbewegungen besteht und weiterführt zum Manipulieren und Experimentieren mit den die Aufmerksamkeit erregenden Gegenständen der Umgebung. Außer diesen drei mehr motorisch-explorativen Verhaltensarten unterscheidet Berlyne eine vierte, die „epistemische Neugier", die auf der Ebene symbolischer Reaktionen als Fortsetzung des explorativen Verhaltens verstanden wird und die sich in Wißbegier und Erkenntnisstreben ausdrückt.

Alle diese explorativen Verhaltensweisen unterscheiden sich von den physiologischen primären Bedürfnissen und den von ihnen abgeleiteten sekundären Bedürfnissen dadurch, daß sie nicht zur Triebreduktion, zur

Verringerung der Erregung führen, sondern gerade einen bestimmten Erregungs- und Spannungszustand erstreben und aufrechtzuerhalten suchen. Ein mittlerer „arousal level" oder auch plötzliche Erregungsanstiege und -abfälle, sogenannte „arousal jags", um diesen Pegel herum, stellen die angenehme und gesuchte Motivationslage des wachen Organismus dar.

Ist dieses mittlere Erregungsniveau nicht vorhanden, etwa bei Langeweile, so sucht der Organismus es selbst herzustellen. Er wird aktiv, erforscht neugierig die Umwelt und spielt, wie es in den oben aufgeführten Experimenten beschrieben wurde. Dieses erkundende, erforschende und erobernde Verhalten wird von Gefühlen der Lust, der Freude, des positiven Gespannt- und Angeregtseins im Organismus begleitet. Wird die Erregung zu groß, löst sie Angst- und Fluchtreaktionen aus. Ob ein Organismus in einer bestimmten Umwelt mit aktiver Zuwendung oder Flucht reagiert, hängt nicht nur von den objektiv gegebenen Anregungskonstellationen, sondern auch von dem subjektiven Erregungsoptimum ab. Dieses ist durch vorherige Erlebnisse bedingt, etwa durch das Erregungsniveau, mit dem er in die neue Situation eintritt, und auch von Erfahrungen, die er in früheren Situationen gemacht hat und die sich als übergreifende Informationsverarbeitungsstile und Persönlichkeitsmerkmale verfestigt haben.

3.5. Die Bedeutung explorativen Verhaltens

Das explorative Verhalten nimmt bei höheren Tieren und Menschen, insbesondere in den Frühphasen der Entwicklung, einen so breiten Raum ein, daß die ursprüngliche Ansicht, hier handle es sich um ein biologisch zweckloses und überflüssiges Verhalten, revidiert wurde. White (1959), der neben dem „exploratory drive" noch einen „activity drive" und einen „manipulation drive" abhebt und diese drei Motive unter dem Begriff „effectance motivation" oder „competance motivation" zusammenfaßt, versucht die anthropologische Relevanz explorativen Verhaltens zu beschreiben. Für ihn ist exploratives Verhalten eine wichtige Voraussetzung für aktive und kontinuierliche Lernprozesse, in denen die Basis gelegt wird für alle kognitiven und motorischen Prozesse, die es dem Menschen ermöglichen, ein großes Repertoire von Handlungsmöglichkeiten aufzubauen und autonomes Verhalten zu lernen. Während unter aktuellem Anpassungsdruck spezifische, eng auf Effektivität ausgerichtete Verhaltensschemata gelernt werden, kann der Organismus – relativ entspannt, das heißt frei vom Drang primärer oder sekundärer Bedürfnisse, und zugleich durch kollative Variablen der Umwelt aktiviert – eine breite Skala von Erfahrungen und Fähigkeiten erwerben, die im Umgang mit der gegenständlichen ebenso wie der personalen Umwelt von Bedeutung sind. Nur durch dieses spontane, aktive Erobern der Welt können die Lernaufgaben, welche für die spezifisch menschliche Sozialisation notwendig sind, überhaupt bewältigt werden.

3.6. Spiel und exploratives Verhalten

Für White ist Spiel eine Form explorativen Verhaltens. Im Spiel erobert das Kind aktiv, spontan und lustvoll seine Umwelt, hier macht es die Lernerfahrungen, die für seinen Umgang mit sich selbst und der Welt von entscheidender Bedeutung sind. Auch Berlyne (1969) zeigt in seinen Arbeiten immer wieder Parallelen zwischen explorativem Verhalten und Spiel. Spiel entspricht innerhalb der breiten Skala explorativer Verhaltensmöglichkeiten nach seiner Auffassung am ehesten der „diversive exploration“, die im Unterschied zu der auf bestimmte Ziele ausgerichteten spezifischen Exploration, die etwa in Problemlösungsprozessen vorherrscht, weitgehend ungerichtet, flexibel und offen verläuft.
Spiel kann also unter motivationalem Aspekt als eine Form explorativen Verhaltens verstanden werden, das intrinsisch motiviert ist. Stimuliert durch bestimmte Anregungskonstellationen seiner Umwelt wird ein Organismus aktiv, beobachtet, untersucht und erforscht diese, dabei nicht eingeschränkt auf bestimmte vorgegebene Ziele, sondern flexibel eingehend auf die Aufforderungsvalenzen, die sich von inneren oder äußeren Anregungspotentialen her in einer bestimmten Situation ergeben. Dies alles geschieht engagiert, lustvoll und freudig, in einer relativ entspannten Motivationslage auf mittlerem Aktivierungsniveau, teilweise jedoch auch in Aktivierungszirkeln, wobei sehr hohe Erregungszustände mit plötzlichen Spannungsabfällen periodisch wechseln.

4. Praktische Konsequenzen für die Gestaltung von Spielstunden

4.1. Spielen anregen und Spielen lernen

Die geschilderte Theorie der intrinsischen Motivation explorativen Verhaltens ist nun insofern interessant für die Interpretation des Spiels, als sie spontane Aktivitäten von Organismen, wie etwa das Spiel, nicht durch die Annahme eines „Explorationstriebes“ oder „Spieltriebes“ zu er-

klären sucht, sondern auch diese verankert in den Informationsaustauschprozessen zwischen Organismus und Umwelt. Spontane Aktivitäten sind somit kein mystisches Vermögen, intrinsische Motivationen sind kein angeborenes und vorgegebenes Potential, das an- oder abgestellt werden kann, sondern erklärbare Verhaltensphänomene, die durch Umweltvariablen beeinflußt werden können. Auch spontane Aktivitäten beruhen, wie alle Motivationen, immer und grundsätzlich auf Person-Umwelt-Bezügen, die durch Erfahrung gelernt werden. Und das heißt: Sie müssen angeregt und herausgefordert, aber auch reguliert und gesteuert werden. Dieser Ansatz ermöglicht es, Spielen als ein menschliches Verhalten zu sehen, das der pädagogischen Anregung und Formung zugänglich ist.
Die motivationstheoretische Erörterung des Spiels hat also einen Aspekt deutlich gemacht, der in den bisherigen Ausführungen, die vorwiegend auf die Darstellung des Spiels als Freiheitsraum abhoben, in dem die Motivationsdynamik ihren Ausdruck finden kann, weniger erörtert worden ist. Sosehr es auf den ersten Blick scheint, als ob man in der Spielstunde den Kindern nur Freiheiten geben muß, die sie im Unterricht nicht haben, als ob es genügt, einen relativ repressionslosen Raum zu schaffen, um vergnügliches und kooperatives Spielen zu ermöglichen, so deutlich wird auf dem Hintergrund der Motivationstheorie, wie sehr das Gelingen der Spielstunden von den Anregungen der Umwelt einerseits, von den Hilfestellungen des Spielleiters andererseits abhängt.
Die offene, weitgehend repressions- und sanktionsfreie Spielatmosphäre ist Grundbedingung und Voraussetzung dafür, daß die Kinder nicht um sekundärer Belohnungen oder Strafen willen handeln, sondern intrinsische Motivationen entwickeln können: daß sie ihre Bedürfnisse, Gefühle und Einstellungen einbringen und sich der Dynamik der Spielsituation überlassen können. Der Spaß und das Vergnügen beim Spielen entstehen aber nicht schon dadurch und nicht von selbst. Auch Spielen muß man lernen.

4.2. Situative Anregungsvariablen

Spielen macht keinen Spaß, wenn die Umwelt keine Anregungen bietet, wenn die vorgeschlagenen Spiele keinen Reiz für die Kindergruppe haben, etwa, weil sie zu schwer oder auch zu leicht sind, weil sie den gegenwärtigen Bedürfnissen der Gruppe nicht entsprechen oder weil sie schon zu oft gespielt und damit langweilig geworden sind.
Beispiele dafür finden sich in den Spielkommentaren Benita Daublebskys. Die Kinder selber formulieren, was sie suchen: Sie wollen spielen,

„wie man sich wünschen könnte, daß etwas ausgeht". Sie wollen etwas erleben, das „ganz anders ist als die Wirklichkeit" (S. 104). Sie sammeln gern Extremes: sehr schöne oder sehr häßliche Gegenstände; oder auch ungenau beschriebene Dinge: etwas Weiches, etwas Großes (S. 106). Scavenging-Spiele lieben sie besonders, wenn sie als Abenteuer- oder Forschungsunternehmen eingekleidet sind (S. 110). Sie lehnen Spiele ab mit Kommentaren wie „zu leicht" oder „zu schwer" (S. 74). Für eine Klasse, die lange Zeit ein bestimmtes Spiel mit großem Spaß wiederholt hatte, waren plötzlich „die Möglichkeiten dieses Spiels ausgeschöpft" (S. 59), das heißt, es war zu vertraut, zu gewohnt und dadurch langweilig geworden. Spiele, die reizvoll für die Kinder sein sollen, dürfen nicht eindimensional und zu festgelegt sein. Sie sollen nicht mehr als einen Rahmen für Aktivitäten stecken, welche die Kinder sich selbst im einzelnen ausdenken können. Sie müssen vielfältige Variationen zulassen, um sich den Bedürfnissen der Kinder flexibel anpassen zu können. Sie müssen Projektionsmöglichkeiten für die Wünsche der Kinder bieten. Spiele sollten unübliche und ungewöhnliche Verhaltensweisen provozieren oder bekannte und gewohnte Verhaltensmuster durch eine neue Einbettung, durch andere Bezugssysteme verfremden. Spiele dürfen auch extrem spannungsvolle Situationen herbeiführen, in denen die Kinder in große Erregung geraten, wenn solche Spannungsmomente nicht zu lange dauern und es sicher ist, daß die Erregung sich wieder lösen kann. Gerade der Wechsel von hoher Spannung und Entspannung ist für die Kinder sehr reizvoll.

Spiele dürfen auch nicht zu leicht sein, sie müssen die Kinder herausfordern und ihnen Aufgaben und Probleme bieten, die sie in Angriff nehmen und bewältigen können. Zu komplizierte und schwierige Spiele andererseits entmutigen die Kinder und können sie veranlassen, aus dem Felde zu gehen, was ja im Spiel viel leichter möglich ist als in den üblichen Schulsituationen. Besonders wenn Spielstunden an einer Schule neu eingeführt werden und auch zu Beginn jeder einzelnen Spielstunde sollte der Spielleiter darauf achten, daß er Spiele vorschlägt, welche die Kinder herausfordern, aber die doch nicht zu schwierig sind. Ist erst einmal die Atmosphäre verdorben, langweilen sich die Kinder bei zu leichten Spielen oder sind sie frustriert, weil sie bei zu schweren Spielen keine Erfolge haben, so ist es fast unmöglich, neue Spiele in Gang zu bringen.

In Benita Daublebskys Spielen ist für situative Anregungsvariablen der beschriebenen Art geradezu vorbildlich gesorgt. Es wird immer wieder versucht, die Spielstunde durch neue Variationen von Spielen und Spielregeln spannend zu machen. So werden bei Kim-Spielen möglichst interessante Gegenstände gesammelt (S. 32). Die Regeln werden bei vielen Spielen in Geschichten eingekleidet. Es werden neue und unge-

wohnte Empfindungen ausgelöst, wenn man mit geschlossenen Augen spielt (S. 40). Beim Durcheinandersingen berichten die Kinder von Verfremdungen bekannter Melodien: Sie haben „so ein anderes Gefühl" (S. 72). Es werden sogar bewußt Unsicherheit und leichte Angst durch Abenteuer-Erlebnisse bei den Kindern provoziert (S. 72). Ein Spiel wird unter verschiedenen Umständen und Regeln gespielt, um es immer wieder zu verändern und neu spannend zu machen (S. 136).
Situative Anregungsvariablen bieten also alle Spiele, welche Möglichkeiten zu neuen und unüblichen Erfahrungen geben, welche die Neugier der Kinder wecken, welche exploratives Verhalten herausfordern. Dies geschieht, wie durch die oben geschilderte Motivationstheorie verdeutlicht, durch Diskrepanzerlebnisse: indem Bekanntes verfremdet oder in Abenteuer eingekleidet wird, indem Unsicherheit ausgelöst wird, Überraschungen eingebracht werden, Unerwartetes und Unübliches geschieht, indem die Kinder vor Probleme und Konflikte gestellt werden, die sie selbst lösen sollen.
Welche Spiele für die Kinder im geschilderten Sinne anregend und spannend sind, ist für den Spielleiter nicht immer leicht vorauszusagen. So spielt eine Klasse, wie schon berichtet, über lange Zeiträume immer wieder das an sich recht eintönige und simple Spiel „Ich sitze im Grünen . . ." und findet immer neuen Spaß daran. Hier sind die Anregungsvariablen wohl nicht in der äußeren Situation zu suchen, sondern in den Gefühlen und Erlebnissen, welche die Kinder von sich aus in das Spiel hineintragen. Es ist vielleicht immer wieder aufs neue spannend für sie, zu sehen, wer wohl wen als Partner wählt, wer wen mag. Die Kinder variieren das äußerlich in seinen Regeln gleichbleibende Spiel, indem sie eine innere Anregungskonstellation schaffen, die immer wieder Unsicherheit und Überraschungsmomente hervorbringt.
Situative Anregungskonstellationen sind also nicht allein von äußeren Gegebenheiten der Umwelt her zu bestimmen, es müssen immer zugleich die Intentionen und die Projektionen der Spieler einbezogen werden. Die Spieler, ihre Bedürfnisse und Gefühle, ihre Handlungs- und Problemlösungsstrategien, ihre Verdrängungen und Abwehrmechanismen, ihre Ängste und Hemmungen, ihre Frustrationen und Aggressionen sind das eigentliche und wichtigste Feld der pädagogischen Beeinflussung und Gestaltung von Spielen.

4.3. Ängste und Hemmungen

Die situativen Anregungsvariablen, die das Spiel in so reichem Maße als Herausforderung bietet, können gerade ängstliche und gehemmte Kinder zum Aktivwerden und Handeln ermutigen. In der offenen und entspannten Atmosphäre des Spiels können sie es leichter wagen als in anderen sozialen Situationen, sich dem Risiko des Handelns auszuliefern, ohne Angst vor Mißerfolgen zu haben, vor Ärger, Unannehmlichkeiten oder dem Spott der anderen Kinder. Sie hoffen, daß der Spielleiter hilft, „immer, wenn es beinahe schlimm ist", und daß es dann wieder so wird, „daß man keine Angst haben braucht und daß das Streiten und auch das Kämpfen Spaß macht" (S. 116).

In den Spielkommentaren bieten sich immer wieder Beispiele dafür, daß Kinder, auch wenn sie zunächst passiv waren und kaum mitspielten, sich manchmal selbst vergessen und in das Vergnügen des Spiels einbeziehen lassen. Haben sie erst einmal einen Anfang gemacht und erfahren, daß sie im Spiel nicht, wie vielleicht sonst häufig im Unterricht, ausgelacht werden, wenn ihnen etwas mißlingt, haben sie sich bewährt bei Aufgaben, die in den üblichen Schulsituationen gar nicht gefragt sind, so ist viel gewonnen. Es gibt für die mißerfolgsgewohnten Kinder wenigstens eine soziale Situation, und sei es die des „unernsten" Spiels, in der sie Erfolge haben, in der sie ihre vorherrschenden Vermeidungsreaktionen überwinden und sich neue Umweltbezüge erschließen können. Sie können sich Schritt für Schritt immer schwierigere Aufgaben in Spielsituationen stellen und ihre Tüchtigkeit dabei erproben. Da sie selbst ihre Aufgaben wählen und sich ausschließen können, wenn ihnen ein Spiel zu schwer erscheint, ist die Chance einer Passung zwischen ihren Fähigkeiten und den Ansprüchen der Aufgabe größer als bei Tätigkeiten, die von anderen vorgeschrieben werden. Durch Erfolge in den Spielstunden ermutigt, können gehemmte und ängstliche Kinder positiv getönte Erwartungsmotivationen aufbauen, die Hoffnung auf Erfolg kann die Furcht vor Mißerfolg überwinden. Sie können im Spiel lernen, sich immer wieder neuen Situationen auszusetzen und ihr Verhaltensrepertoire zu erweitern.

Ob solche Erfahrungen aus der Spielsituation auch in die Ernstsituationen der Schule und des Alltagslebens übertragen werden können, mag in Frage gestellt sein. Sind diese neuen Erfahrungen, die Kinder mit sich selbst und ihrer Umwelt in den Spielen machen, nur häufig genug und sind sie langfristig möglich, so werden Veränderungen der Persönlichkeitsstruktur nicht ausbleiben, zumal im Spiel nicht allein die kognitive Verarbeitung von Ängsten und Hemmungen, sondern auch – im Sinne verhaltenstherapeutischer Prinzipien – die Aktivierung und Erprobung neuer Verhaltensmuster möglich ist.

Ein Beispiel für solche Ermutigung ist in den Kommentaren zu dem Spiel „Feuer, Erde, Luft und Wasser" gegeben: Dieses Spiel mochte P., der sonst beim Spielen recht passiv und nie sehr erfolgreich war, besonders gern: „Für mich ist das eben ein anderes Spiel, für mich ist es schon spannend, einen richtigen Partner zu finden, der mir schnell vorsagen kann. Und dann finde ich das einfach Klasse, wenn ich keine Angst haben muß ... Bei Geburtstagspartys ist das so oft gespielt worden, und ich habe immer Angst gehabt und nicht mitgespielt." T. konnte durch die Hilfe und die Ermutigung, die er in diesem Spiel fand, sein mangelndes Selbstvertrauen ein wenig abbauen (S. 31).

Die offene Spielatmosphäre bewirkt zusammen mit dem reichen Anregungspotential und den vielfältigen Handlungsmöglichkeiten im Spiel motivationale Lernprozesse, die kaum eine andere Situation im Schulleben ermöglicht. Gerade antriebsschwache, gehemmte und ängstliche Kinder finden im Spiel Erfahrungs- und Handlungsräume, in denen wenig ausgebildete oder durch entmutigende Erlebnisse verschüttete Motivationspotentiale wieder angeregt werden können. Die explorative Motivation, das aktive, neugierige, entdeckende Erforschen der Umwelt kann im Spiel gelernt und, wo es verlorengegangen ist, wieder gelernt werden.

4.4. Aggressionen kanalisieren

Der motivationstheoretische Rahmen weist aber auch zugleich auf die Einschränkungen hin, die der Stimulation, der Anregung und Aufregung der Kinder beim Spielen gesetzt werden müssen, damit Spiele gelingen: Nur ein mittleres Erregungsniveau oder schnelle Erregungsumschwünge zwischen sehr hohen und niedrigen Spannungen gewährleisten eine vergnügliche und friedliche Spielatmosphäre. Ist die Erregung zu groß, so sind Angst, Aggression oder Flucht die Folge. Dabei gilt es zu beachten, daß es interindividuelle Unterschiede hinsichtlich der Erregungswirkung bestimmter Anregungskonstellationen gibt, die durch vorangegangene Erlebnisse, allgemeine Erfahrungshintergründe und Persönlichkeitsmerkmale bedingt sind.

In den Spielbeschreibungen finden sich immer wieder Situationen, in denen Kinder sich zu sehr aufregen, wütend und aggressiv werden oder sich aus Angst vom Spiel zurückziehen, meistens folgt die zweite Reaktion der ersten. So etwa K., ein Mädchen, das bei Bilderspielen auf einem Bild in dem dargestellten häßlichen Mädchen sich selbst sieht und, als es ihm nicht gelingt, in der Spielgruppe dieser unerwünschten Rolle auszuweichen, zunächst aggressiv wird und dann weinend wegläuft (S. 50). Es gibt auch Spielstunden, in denen die gesamte Klasse aufgrund eines ärgerlichen Vorfalls vor der Spielstunde in einer zu großen Erregung ist, die sich auf alle Spiele niederschlägt und diese verdirbt (S. 75).

Hier nun liegt eine wichtige und sehr schwierige Aufgabe des Spielleiters, die allerdings, wenn die Kinder über längere Zeiträume gespielt haben, zunehmend von der Spielgruppe selbst übernommen wird. Die motivationale Disposition der gesamten Spielgruppe, die der Spielstunde vorausgegangenen Tätigkeiten und Erlebnisse sollten erfaßt und beachtet werden. Darüber hinaus, und dies ist fast unmöglich für einen Spielleiter, der einer Gruppe von 20 bis 30 Kindern gegenübersteht, sollten die individuellen Bedürfnislagen der einzelnen Spieler wahrgenommen und berücksichtigt werden. Zumindest müßte der Spielleiter in einer Spielstunde besonders erregte Kinder herausfinden und genauer beobachten lernen.

So schwierig diese Aufgabe erscheinen mag, es gibt viele Hinweise in den Spielberichten, daß der Spielleiter mit Einfühlung und Kenntnissen über die einzelnen Kinder, über den Tageslauf der Gruppe, über durchgängige Probleme und Konflikte der Klasse, über Interessen und Einstellungen der Kinder es schaffen kann, die Spieldynamik so zu regulieren, daß aggressive Ausbrüche eingeschränkt werden können. Er wird einzelnen Kindern besondere Aufgaben geben, um sie dadurch in seiner Nähe zu behalten (S. 140). Er wird auch einmal die Spielgruppe sich selbst überlassen, um einem einzelnen unglücklichen Kind nachgehen und ihm helfen zu können (S. 24). Er wird besonders einfache und beruhigende Spiele vorschlagen, wenn die Kinder sehr erregt sind. Er wird es auch manchmal wagen, der Erregung oder der verdrängten Aggression der Kinder durch lautes Schreien Ausdruck und Erleichterung zu verschaffen (S. 129). Spielstunde geht hier häufig in Therapie über, wie besonders am Beispiel von Problemkindern deutlich wird (S. 143).

Der Spielleiter, dessen Ziel es ja gerade ist, Gefühlen und Bedürfnissen, die in den meisten sozialen Situationen und schon gar im üblichen Schulunterricht unterdrückt werden müssen, zum Ausdruck zu verhelfen, wird häufig fürchten, daß er „die Geister, die er ruft" nicht bändigen kann. Dies mag aber nur für eine Anfangsphase des Spielens gelten, in der die Kinder, ungewohnt, ihre Bedürfnisse zugleich zum Ausdruck zu bringen und mit denen anderer Menschen abzustimmen, in der Spielstunde „allen Dampf ablassen müssen", der sonst mühsam unterdrückt wird. Zunehmend lernen sie ihre Bedürfnisse zu regulieren, auf die anderen zu achten, Rücksicht zu nehmen und anderen Kindern zu helfen. Ein Ziel der Spielstunde müßte es sein, daß der Spielleiter als regulative Instanz, die anfangs unabdingbar und notwendig ist, sich selbst überflüssig macht, daß die Kinder es selbst schaffen, miteinander zu spielen, zu lachen und freundlich zu sein, miteinander Spaß zu haben.

4.5. Reflexive Motivationssteuerung

Die motivationale Dynamik des Spielgeschehens, das An- und Absteigen des Erregungspegels, plötzliche Erregungsumschwünge bei einzelnen Kindern, in kleinen Untergruppen oder in der Gesamtgruppe, nimmt normalerweise ihren Lauf, ohne von den Beteiligten reflektiert und bewußt gesteuert zu sein. Die Spieler werden sich vielleicht zwischendurch einmal ihrer Stimmung und Gefühlslage inne, wenn sie sich gerade behaglich fühlen, sich besonders freuen oder wenn sie übermütig und ausgelassen sind. Die bewußte Reflexion und Verbalisation wird meist erst dann notwendig, wenn es Konflikte und Probleme im Spielverlauf gibt. Dann muß man darüber nachdenken und vielleicht reden, wer denn gerade schuld daran war, daß die Staffel nicht geklappt hat; wodurch derjenige gestört hat, warum er es getan hat und was man nun machen kann, damit das Spiel weitergehen kann.
Die distanzierende Reflexion, das Verbalisieren von Gefühlen und Konflikten, das Interpretieren von Verhaltensweisen und den dahinterliegenden Intentionen, das Diskutieren von Erfahrungen, das gemeinsame Entscheiden über Problemlösungen sind für das Vergnügen des Spiels oft von entscheidender Bedeutung.
Erzählt man sich, wie schön das gemeinsame Bilderbetrachten ist, so verstärkt sich das Gefühl der Freude daran und damit die Motivation für das Spiel. Manchmal aber, wenn die Gefühle und Erfahrungen noch zu neu, diffus und unstrukturiert sind, „kann das Reden auch alles verderben“. Dann muß der Spielleiter akzeptieren, daß die Kinder nicht reden wollen, und einen Zeitpunkt abwarten, wo sie selber das Bedürfnis haben, über ihre emotionalen Erfahrungen zu sprechen.
Negative Erfahrungen, Konflikte und Probleme zu reflektieren fällt den Kindern meist besonders schwer, da sie es gewohnt sind, durch Aufbrausen, Schreien und Kämpfen damit fertig zu werden. Das bedeutet aber, daß das Spiel gestört oder gar zerstört wird und daß nur schwer die Motivation für ein neues Spiel aufgebaut werden kann. Darum gilt es besonders bei Konflikten, die Kinder zum Sprechen und Besprechen der Probleme zu bringen. Eine Hilfe, die Benita Daublebsky in der Spielstunde häufig mit Erfolg anwendet, ist es, sich mit den Kindern in einen Kreis zu setzen: Da ist man schon äußerlich ruhig – und einander gegenübergestellt, so daß man sich ansehen und kommunizieren kann. Durch die emotionale Distanzierung gelingt es, die Erregung zu dämpfen, so daß die Störfaktoren ermittelt und ausgeschaltet werden können.
Beispiele für solche Erregungsregulierungen und Konfliktbewältigungen durch distanzierende Reflexion und Verbalisierung gibt es an vielen Stel-

len der Spielberichte: Ein Spieler muß einsehen, daß er um des Spieles oder der Gruppe willen auch einmal etwas tun muß, was gegen seine eigenen Vorstellungen läuft. Einem anderen wird im Gespräch klargemacht, daß seine Taktik nicht zum Erfolg führt und seine Gruppe hindert. Ein Spiel will nicht klappen, und die Gruppe erkennt nach einem Gespräch mit dem Spielleiter, daß die Spielregeln zu kompliziert oder zu unklar waren. Man ändert sie oder klärt sie noch einmal. Oft wird das Besprechen einer Problemsituation nur noch helfen können, die Frustrationen der Kinder aufzufangen, nicht aber neue Motivationen wecken können, um weiterzuspielen. Die Kinder „erzählen, was sie empfunden haben, äußern ihre Gefühle, um klarer zu sehen". Beim nächsten Mal wissen sie dann vielleicht besser, worauf sie achten müssen, damit das Spielen Spaß macht. Sie lernen vorwegnehmend planen, Konfliktmöglichkeiten in einem Spiel vorauszusehen und, wenn sie zerstörend wirken könnten, zu umgehen: Eine Spielgruppe, die beim Museumsspiel zunächst in direkter Gewaltanwendung die Sammlung der anderen Gruppe zerstören will und damit sicher das Spiel kaputtgemacht hätte, bespricht mit den anderen, wie man aus dem ihnen langweilig gewordenen Museumsspiel ein spannendes Räuberspiel machen könnte, und vereinbart mit der anderen Gruppe neue Spielregeln. Das Spiel geht weiter und ist für beide Gruppen spannender als zuvor (S. 111).

Mit zunehmender Erfahrung der Kinder wird ihnen eine vorausschauende Planung möglich. Sie lernen, die triebmäßig-emotionale, diffuse Motivation durch eine kognitive, reflexive Motivationssteuerung zu ersetzen. Sie lernen, selbst die Motivationsdynamik der Gruppe so zu steuern, daß ein mittlerer Erregungspegel gewahrt bleibt, bei dem das Spielen den größten Spaß bringt. In den Rollenspielen und insbesondere in den Theaterspielen, die von den Kindern selbst erfunden und in jeder Spielstunde variiert werden, ist diese Entwicklung sehr deutlich zu sehen. Wurden am Anfang kurze Szenen aus dem Alltag gespielt, in denen sich die Kinder ganz der Situationsdynamik überließen und in denen es oft zu emotionalen Ausbrüchen und Aggressionen kam, so werden später längere, durchstrukturierte und geplante Sequenzen gespielt, in denen übergreifende gesellschaftliche Zusammenhänge reflektiert und dargestellt werden.

Hier wird deutlich, wie in der Spielstunde die impulsive Verhaltenssteuerung, die Kinder meist in selbstbestimmten und offenen Situationen zeigen und die sehr leicht in Chaos und Anomie enden kann, zunehmend durch eine reflexive Verhaltenssteuerung, durch die gemeinsam überlegte und abgestimmte Gestaltung der Situation, abgelöst wird. Und es wird deutlich, wie Spiele dabei helfen können, solche reflexiven motivationalen Lernprozesse in Gang zu setzen.

5. Spielen in der Schule

Die eingangs gestellten Fragen: ob durch Spielen die vielbeklagte Lustlosigkeit in der Schule überwunden werden kann, ob durch das Spielen aktive, engagierte, entdeckende und problemlösende Lernprozesse in Gang gesetzt werden können, läßt sich nun wiederaufnehmen, nachdem die Struktur- und Verhaltensmerkmale des Spiels in ihrer Relation zur Motivation erörtert worden sind.
In den Spielstunden finden sich die Kinder in einem offenen Interaktionssystem, das es ihnen ermöglicht, neue Erfahrungen mit sich selbst und anderen zu machen. Sie können ihre Bedürfnisse und Gefühle in die Situation einbringen, sie können aktiv und selbstbestimmt handeln und die Konsequenzen ihres Handelns erleben. In der entspannten Spielatmosphäre können sie es wagen, kreative und auch unübliche Verhaltensweisen zu zeigen, ohne Sanktionen und Repressionen fürchten zu müssen. Diese Freiheiten des Spiels dürfen aber nicht zum anomen Chaos führen. Damit Spiele gelingen und Spaß machen, müssen sie auch Herausforderungen bieten, Aufgaben stellen und Handlungsmöglichkeiten eröffnen, in denen die Kinder lernen können, ihre Bedürfnisse miteinander abzustimmen, gemeinsam Regeln zu setzen und diese zu ändern, wenn es notwendig erscheint. Sie müssen lernen, Ängste und Hemmungen zu überwinden, Aggressionen zu kanalisieren, Konflikte zu verarbeiten und ihre triebhaft-emotionalen Impulse durch eine reflexive Motivationssteuerung zu regulieren.
In der Spielstunde ist somit alles anders als sonst — und doch gibt es viele Brücken zum Schulalltag. Man ist selbst ein anderer — und doch hat man die alten Probleme. Man ist freier und darf mehr als sonst — und doch gibt es Grenzen. Man kann sehr individuelle Gefühle und Bedürfnisse ausdrücken — und doch muß man sie mit den anderen abstimmen. Man kann selbstbestimmt handeln — und doch muß man sich über die Spielregeln mit den Mitspielern einigen. Man muß keine Sanktionen fürchten — und doch muß man sich ernsthaft einsetzen für bestimmte Aufgaben und Spielziele.
Die Spielstunden haben wohl gerade durch diese Ambivalenzen ihre anregende Funktion in der Schule. Diese „dosierten Diskrepanzerlebnisse", dies hat uns die oben dargestellte Motivationstheorie gelehrt, lösen in den Schülern Motivationen aus, die sie zum explorativen Verhalten in der

Spielstunde ermutigen. Das gleiche gilt für den Lehrer, der Spielleiter sein will. Auch er muß seine sonst in der Schule üblichen Verhaltensweisen und Einstellungen ablegen, er muß Spontaneität und Flexibilität zeigen und eine „experimentierende Haltung" einnehmen. Und das heißt, auch er muß exploratives Verhalten lernen. Schüler und Lehrer werden in der Spielstunde motiviert für aktive und neugierige, entdeckende und problemlösende Lernprozesse.

Gilt dies zunächst auch nur für einen Teilbereich der Schule, eben die Spielstunde, von dem man keinen gesicherten Transfer auf andere Bereiche erwarten kann, so wird doch die Schule dadurch verändert. Schule ist dann *auch:* Spaß, Lust und Vergnügen, das Schüler und Lehrer miteinander planen und gestalten.

Wenn die Spielstunde ein Spaß ist für Schüler und Lehrer, so könnte dieses Faktum schon allein Begründung sein für die Einrichtung von Spielstunden in der Schule. Wenn man darüber hinaus aus den Spielberichten Benita Daublebskys weiß, wie langsam und oft mühevoll die äußeren und inneren Bedingungen hergestellt werden, unter denen dieser Spaß des Spielens entsteht, was Kinder alles lernen müssen, ehe sie wirklich in der Schule spielen können – so, wie die kleinen Kinder spielen, von denen eingangs die Rede war –, dann ist deutlich, daß in der Spielstunde selbst auch grundlegende emotionale, motivationale und kognitive Lernprozesse in Gang gesetzt werden können, die von entscheidender Bedeutung sind für schulisches Lernen ebenso wie für das Leben der Kinder.

8. Kapitel: Spiel und kognitives Lernen, ein Widerspruch?

Von Monika Keller

Lange Zeit wurde eine — noch heute nicht beendete — Diskussion über das Verhältnis von „Spielen" und „Lernen" geführt, wobei der „Ernstcharakter" der Lernsituation gegenüber dem eher als „realitätsfern" gesehenen Spiel betont wurde. Als Ergebnis folgerte man, daß Spielen eigentlich nur in die Kindheit gehöre; daß es zwar nach der frühen Kindheit auch außerhalb der Schule toleriert werden könne, daß es aber in einer leistungsorientierten Schule keinen Platz habe, in der kognitives Lernen — als Vermittlung von Wissen und Konzepten, Fähigkeiten und Fertigkeiten — im Vordergrund stehen müsse.

Benita Daublebsky hat entgegen diesen Schlußfolgerungen Spiele in den Unterricht selbst einbezogen. Sie legt hier ein Buch vor, in dem sie ihre Erfahrungen und Erlebnisse schildert. Diese Spielbeschreibungen und -kommentare bieten reichhaltiges Material, an dem analysiert werden kann, welche — auch für die Schule relevanten — Lernprozesse sich im Spiel vollziehen. Dem Leser soll damit eine Möglichkeit gegeben werden, selbst nachzuvollziehen, welchen Beitrag Spiele für schulisches Lernen leisten könnten.

Um den Stellenwert des Spielens in der Schule — wie hier — mit 10- bis 13jährigen Kindern zu bestimmen, sollen folgende Fragen diskutiert werden:

a) **Wird das traditionelle Konzept** schulischen Lernens, welches den Schwerpunkt auf die Wissensvermittlung legt, dem gerecht, was heute in der Schule vermittelt werden sollte, nämlich: aa) die Fähigkeit zum lebenslangen Lernen einerseits und bb) die Fähigkeit zur Bewältigung komplexer sozialer Situationen andererseits?

b) **Ist die Trennung** von Spielen und Lernen überhaupt gerechtfertigt, oder muß nicht vielmehr geklärt werden, zu welchem Zeitpunkt der Entwicklung welche (kognitiven) Lernprozesse überhaupt im Spiel erfolgen und welche Fähigkeiten im Spiel unter besonders günstigen Umständen entfaltet werden können?

Um dem Leser ein besseres Verständnis für die kognitiven Lernprozesse beim Spielen zu vermitteln, sollen deshalb auch Grundzüge der kognitiven Entwicklungstheorie dargestellt werden, die eine Klärung der Frage ermöglichen, welche Funktion Spiel für kognitives Lernen generell und besonders in der Entwicklung von Kindern im Alter von 10 bis 13 Jahren hat.

1. Kognitive Lernprozesse in der Schule

Die Rolle der Schule als Sozialisationsinstanz gewinnt in unserer Gesellschaft zunehmend an Bedeutung. Diese, dem überkommenen Verhältnis von Elternhaus und Schule zuwiderlaufende Entwicklung, ist dadurch bedingt, daß das Elternhaus die Techniken, welche für die Beherrschung der differenzierten technologischen Umwelt und für die Bewältigung und sinnvolle Gestaltung komplexer sozialer Situationen notwendig sind, nur unzureichend vermitteln kann und diese Funktion mehr als früher auf die Schule überträgt.

Die Schule definiert ihre Aufgabe i. w. S. einerseits als die Vermittlung von Fähigkeiten und Fertigkeiten, andererseits von Normen, Werten und Überzeugungen der Gesellschaft. Sie dient der Vermittlung von Traditionen des Wissens und der Methoden für zusätzlichen Wissenserwerb.

Es ist also ihre explizite Aufgabe, die kognitiven Fähigkeiten von Kindern zu fördern, ihre Fähigkeiten zur Problemlösung auszubilden, sie das Denken zu lehren.

Weist man der Schule zusätzliche sozialisatorische Funktionen zu, so bedeutet dies eine Erweiterung ihres Aufgaben- und Lernzielbereiches über den engeren kognitiven Bereich hinaus.

In diesem Beitrag soll die Analyse der kognitiven Lernprozesse zweierlei verdeutlichen: erstens, daß auch Prozesse des sozialen Lernens unter kognitiven Ansätzen gesehen werden können; und zweitens, daß wichtige kognitive Lernprozesse sich auch in Interaktionssituationen vollziehen, die *nicht* auf kognitive Lernziele ausgerichtet sind. Solche Interaktionssituationen stellen die Spiele dar.

Um einen genaueren Einblick in kognitive Lernprozesse beim schulischen Lernen und beim Spielen zu ermöglichen, soll zunächst der globale Begriff des kognitiven Lernens etwas weiter aufgeschlüsselt werden. Aus dieser Differenzierung kognitiver Prozesse wird dann auch ersichtlich, welche kognitiven Lernprozesse in der Schule bisher schwerpunktmäßig und welche eher unzureichend behandelt werden.

In Zusammenhang damit sollten die Analysen der kognitiven Lernprozesse der vorliegenden Spiele aufgenommen werden. Dies kann dem Leser verdeutlichen, welches Spektrum kognitiver Lernprozesse in Spielen zu finden ist und welche Schwerpunkte kognitiven Lernens im Spiel gegenüber dem traditionellen „schulischen" Lernen gesetzt sind.

Als Strukturierungshilfe für den Leser sei der Versuch einer Bestimmung von kognitivem Lernen unternommen.
Unter kognitivem Lernen versteht man
a) **den Erwerb von Fähigkeiten** und **Fertigkeiten** in der Form von Wissen und Begriffen;
b) **den Erwerb von Strategien** der Auseinandersetzung mit Problemen; die charakteristische Art und Weise, wie Personen Probleme zu lösen versuchen: ihre Art, Fragen zu stellen, Ideen zu finden, verschiedene Aspekte eines Problems einzubeziehen, Sequenzen von Schritten zu planen, die nötig sind, um ein Ziel zu erreichen.
Solchen charakteristischen Strategien sind auch die sogenannten *„kognitiven Stile“* zuzuordnen. Damit bezeichnet man *impulsives* (spontanes) oder *reflexives* (eher zögerndes) Verhalten als bevorzugte Reaktionsweisen in Situationen des Problemlösens. Als kognitiver Stil wird auch die Tendenz zu einer bis in Details durchgliedernden – *analytischen* – oder zu einer eher *ganzheitlichen Wahrnehmung* bezeichnet. Auch *Flexibilität* und Umstellungsfähigkeit, als Möglichkeit zu Neuansätzen bei Problemlösungen, fallen in die Kategorie der Lernstrategien;
c) **das Lernen des Denkens,** der abstrakten Prozesse der Problemlösung (logisches, schlußfolgerndes, kausalerklärendes Denken);
d) **das kreative Denken** als Verfügung über Phantasie und Originalität und das Problematisieren üblicher Lösungswege;
e) **der Gebrauch der Sprache** als Mittel zur Problemlösung und Kommunikation.
Kognitive Prozesse sind nicht auf den Bereich des Problemlösens in der Auseinandersetzung mit der sachlichen Umwelt beschränkt, sondern sie beziehen sich auch auf soziale Interaktionsprobleme. Der Prozeß des Rollenlernens, die Fähigkeit zur Bewältigung von Interaktionssituationen, Empathie, soziale Sensibilität, Identitätsfindung u. a. können ebenso unter kognitivem Aspekt gesehen werden wie die Entwicklung der Persönlichkeit, der Einstellungen, Gefühle und Werthaltungen.
Manche der hier angeführten kognitiven Lernprozesse wird man vermissen, wenn man bedenkt, welche Ziele in der Schule überwiegend thematisiert und zum Gegenstand des Lernens werden. Leider steht noch immer allzu häufig die Vermittlung von Wissen im Vordergrund. Der Prozeß des Problemlösens und der Erwerb von Lernstrategien wird dem Schüler eher zu wenig nahegebracht: Wie man ein Problem anpackt, wie man die richtigen Fragen stellt, was man macht, wenn man auf unüberwindlich erscheinende Widerstände stößt, wie man Frustrationen überwindet – das alles sind Probleme, die sich dem Schüler täglich im Unterricht stellen, die aber kaum zum Gegenstand des Unterrichts gemacht werden.

Die kognitiven Stile sind – auch auf Grund ihrer Relevanz für schulisches Lernen – Gegenstand zahlreicher psychologisch-pädagogischer Untersuchungen. So untersuchte man z. B. die Sozialisationsbedingungen für impulsives und reflexives Verhalten und erarbeitete Trainingsprogramme für reflexives Verhalten (Kagan u. Kogan 1970; Kogan 1971). Solche Programme, in denen mit Kindern, die durch impulsives Reagieren in Lernsituationen viele Fehler machten, reflexives Verhalten, d. h. die Möglichkeit zu einer abwägenden und prüfenden Haltung, eingeübt wurde, haben bisher kaum Eingang in den Unterricht gefunden.

Pädagogische Konsequenzen wurden in Deutschland aus der umfangreichen Kreativitätsforschung bisher kaum gezogen (Ullmann 1970; Mühle und Schnell 1970). Obwohl Kreativität von den Werten und Erziehungszielen unserer Gesellschaft her außerordentlich erwünscht ist, wird sie im Unterricht eher als ein ungebetener Gast angesehen, weil sie den „programmgemäßen" Verlauf des Unterrichts zu stören geeignet ist. Phantasie und Originalität werden häufig zurückgedrängt zugunsten von logischen, leistungszielorientierten, Konvergenz fördernden Denkprozessen.

Selbst wenn Lehrer Kreativität bei ihren Kindern begrüßen, gibt ihnen der Unterricht meist zu wenig Gelegenheit, diese Fähigkeiten zu fördern oder einzuüben.

Die Notwendigkeit der Vorbereitung auf eine Zukunft, die andere Probleme stellen, anderes Wissen verlangen wird, als es den Kindern im Augenblick vermittelt wird, stellt die bisherige Tradition schulischer Wissensvermittlung in Frage und verlangt eine Orientierung an neuen Lernzielen. Die Vermittlung der Fähigkeit und Bereitschaft zum Lernen, Neugier, Spontaneität und Kreativität treten als Lernziele in den Vordergrund. Der Schule stellt sich mehr als bisher die Aufgabe, neben der Reflexion der Inhalte auch eine Reflexion der Strategien des Lernens einzubeziehen.

Im folgenden sollen anhand der Spiele selbst die in den Spielen aktivierten kognitiven Lernprozesse i. e. S. skizziert werden. Neben dieser phänomenologischen Betrachtung wird dann in einem zweiten Schritt eine mehr theoretische Aufarbeitung vorgenommen. Dem Leser soll anhand eines allgemeinen Einblicks in die Struktur intellektueller Prozesse und ihrer Genese der Stellenwert des Spiels in der Entwicklung der kognitiven Fähigkeiten des Kindes vermittelt werden. Da die Spiele nicht als Rezeptbuch herangezogen werden dürfen, in der Absicht, die (kognitiven) Lernprozesse, die in den Berichten analysiert werden, zu üben, muß der Spielleiter ein gewisses theoretisches Verständnis für Spielabläufe gewinnen, das ihm den flexiblen Umgang mit den Spielen ermöglicht.

Spiele konstituieren sich immer neu und anders im jeweils aktuellen Spiel. Sie sind Spiele nur dann, wenn sie spontan und zweckfrei, d. h. nicht fremdbestimmt, gespielt werden. Paradoxerweise entfalten sie dann — und nur dann — ihre Wirkung im Lern- und Entwicklungsprozeß der Kinder.

2. Die Übung kognitiver Prozesse im Spiel

2.1. Aufmerksamkeit und Wahrnehmung

Aufmerksamkeit und Wahrnehmung sind wichtige Voraussetzungen für schulisches Lernen. Besonders jüngere Kinder sind sehr leicht ablenkbar und können ihre Aufmerksamkeit nicht über längere Zeit hinweg einem Objekt oder Problem zuwenden. Dennoch läßt sich auch bei jüngeren Kindern beobachten, wie sie in ein Spiel versunken sind, sich ganz konzentriert mit einer Spielaufgabe beschäftigen und ihre Umwelt darüber vergessen.

Nur selten läßt sich im Unterricht, auch bei älteren Kindern, solch ausdauernde Beschäftigung feststellen — sehr zum Leidwesen der Lehrer. Dies ist z. T. dadurch bedingt, daß die Aufgaben, mit denen das Kind sich auseinanderzusetzen hat, keine *selbstgewählten,* sondern *fremdbestimmte* Tätigkeiten sind: Das Kind muß Aufgaben rechnen, Aufsätze schreiben, dem Lehrer zuhören. Das Kind kann alle diese Aufgaben besser erfüllen, wenn es konzentriert ist: Eine Aufgabe wird falsch gelöst, wenn man die Instruktion nicht richtig liest, wenn man Zahlen verwechselt; ein Aufsatz gelingt besser, wenn man sich auf das Thema konzentriert und nicht daran denkt, wie schön man den Nachmittag (vielleicht beim Spielen) verbringen wird; und man lernt — zumindest häufig — mehr, wenn man dem Lehrer zuhört, als wenn man aus dem Fenster schaut oder sich mit dem Nachbarn unterhält.

Aufmerksamkeit im psychologischen Sinne ist indessen nicht einfach willentliches Aufpassen und Achtgeben, welches in der Schule mit Kopfnoten beurteilt wird und daher leicht zu einer schulmoralischen Kategorie wird. Vielmehr ist es eine kognitive Disposition zur konzentrierten Wahrnehmung und Auseinandersetzung mit der Umwelt, die gerade nicht durch Willensakte oder durch Ermahnungen des Lehrers herbeigeführt werden kann. Sie wird durch Wechselwirkungen von Merkmalen des Lernens und Anregungen der Umwelt wachgerufen und zeigt insofern eher eine stärkere Verwandtschaft mit dem Konzept der *Motivation* als

mit einem naiven Aufmerksamkeitsbegriff, wie er allzu häufig in der Schule verwandt wird.
Aufmerksamkeit ist also eine Bedingung für kognitive Leistungen, eine wichtige Voraussetzung dafür. In jüngster Zeit wurden – insbesondere für jüngere Kinder – Curricula zur Einübung von Aufmerksamkeit erarbeitet. Die Kinder erhielten z. B. Belohnungen, wenn sie über längere Zeit hinweg ihr Interesse konstant einer Tätigkeit zuwandten.
Ähnlich versuchen Lehrer, die Aufmerksamkeit ihrer Kinder an die Aufgabe zu fesseln, indem sie Belohnungen versprechen – etwa eine gute Note – oder wenn sie die Kinder loben und für unaufmerksames Verhalten tadeln oder durch Nichtbeachtung strafen.
Aus den Spielkommentaren wird ersichtlich, daß man weder ein Trainingsprogramm noch äußere Belohnungen braucht, um die Aufmerksamkeit der Kinder zu sichern. Ein Grund dafür ist sicher gerade die Freiheit und Eigenständigkeit, die den Kindern in den Spielstunden zugestanden wird, denn man wendet gern einer Sache Aufmerksamkeit zu, für die man sich spontan interessiert.
Dennoch zeigt sich bei der Lektüre der Spielberichte, daß Aufmerksamkeit auch beim Spielen häufiger zum Problem wird: Es dauert eine Weile, bis die Kinder so ruhig sind, daß sie überhaupt zuhören können. Hat man ihre Aufmerksamkeit erst einmal gewonnen, so hören sie dennoch nicht immer eine Spielinstruktion – besonders wenn sie länger ist – bis zum Ende. Plötzlich haben sie keine Lust mehr, glauben, genug verstanden zu haben, und wollen mit dem Spiel beginnen.
Der Spielleiter gerät dann in einen Konflikt: Soll er die Kinder zwingen, weiter zuzuhören, um sie „in Aufmerksamkeit zu üben"? Oder soll er auf die Bedürfnisse der Kinder eingehen und seine eigenen Intentionen zurückstellen? Nach den Prinzipien, die in den vorangegangenen praktischen und theoretischen Beiträgen immer wieder diskutiert werden, sollte er auf die Bedürfnisse der Kinder eingehen, da in den Spielstunden ihre Wünsche im Vordergrund stehen. Dieses Eingehen auf die Kinder fällt bei den Spielen sicherlich leichter als im Unterricht. Dort ist dem Lehrer ja ein bestimmtes Lernziel stärker unterrichtsbestimmend vorgegeben.
Aber gibt denn der Spielleiter durch diese Umorientierung das „Lernziel Aufmerksamkeit" auf? In vielen Kommentaren wird deutlich, daß dies gar nicht der Fall ist: Die Kinder erkennen nach einiger Zeit, daß sie das Spiel nicht spielen können, weil sie die Instruktion nicht mehr wissen. Sie lernen in diesem Fall am eigenen Mißerfolg, daß es besser gewesen wäre, zunächst zuzuhören, aufmerksam zu sein. Oder sie wandeln das nur halb verstandene Spiel so ab, daß ein anderes, ein grundlegend eigenes, daraus

wird, oder sie spielen es wie ein bereits bekanntes Spiel. Fast jedesmal aber spielen sie nach einer gewissen Zeit aufmerksam und konzentriert weiter.

Die Übung der Aufmerksamkeit geschieht also meist indirekt, indem der Spielleiter den Kindern Möglichkeiten für Eigenaktivitäten gewährt, denen sich das Interesse spontan zuwendet.

In manchen Spielen sind die Aufmerksamkeitsleistungen direkter ersichtlich, z. B. bei den Kim-Spielen (S. 32), bei Bilderspielen (S. 43) oder bei Spielen, in denen Äußeres verändert wird (S. 57). In diesen Spielen ist Aufmerksamkeit für das Gelingen des Spiels unumgänglich, und wenn die Kinder das Spiel spielen wollen, so sind sie zur Aufmerksamkeit gezwungen. Die Übung der Aufmerksamkeit geschieht hier gleichzeitig mit der Übung der *Wahrnehmungs- und Beobachtungsfähigkeit*: Viele Spiele erweitern die Wahrnehmungsfähigkeiten der Kinder, indem sie die gleichzeitige Beachtung mehrerer Aspekte von Objekten oder Situationen verlangen. Wenn ein Bild erinnert und wiedererzählt werden soll, müssen möglichst viele Aspekte dieses Bildes beachtet werden. Bei Fangspielen. (S. 17) muß man die gesamte Situation im Auge behalten, damit sich niemand abschlagen kann.

Andere Spiele fördern die Ausbildung eines *analytischen Wahrnehmungsstils*, indem sie die Beachtung von Details und die Ausgliederung wesentlicher Aspekte erfordern (S. 57). Die Kinder müssen genau aufpassen, um Reize in den verschiedensten sensorischen Ebenen zu unterscheiden, etwa bei der Unterscheidung von Geräuschen, von Farben und Formen oder von Gegenständen durch Ertasten (S. 32). Immer sind Wahrnehmungsprozesse Grundlagen der kognitiven Leistungen. Auch in Urteilsprozesse und in das Verständnis von sozialen Situationen gehen Wahrnehmungsprozesse ein: wenn eine Stimme nach dem Tonfall beurteilt wird oder Schlußfolgerungen aus Verhalten und Aussehen von Personen gezogen werden.

Die vielfältigen Variationsmöglichkeiten dieser Spiele üben Wahrnehmungsprozesse im Zusammenhang mit unterschiedlichen anderen Fähigkeiten: so in Verbindung mit Reaktionsfähigkeit und dem Verständnis für Situationen, wenn minimale Zeichen von Mitspielern erkannt werden (S. 86) und in geeigneten Momenten Reaktionen darauf erfolgen müssen; im Zusammenhang mit Erinnerungsfähigkeit, wenn Wahrgenommenes über eine Zeit hinweg behalten werden muß; oder in Verbindung mit Denk- und Sprachprozessen, wenn wesentliche Merkmale eines Gegenstandes oder Bildes sprachlich vermittelt werden sollen, damit sie aus der Beschreibung wiedererkannt werden können (S. 43).

2.2. *Reflexives und impulsives Verhalten*

Der kognitive Stil der Impulsivität bzw. Reflexivität, eine relativ konsistente Reaktionsweise von Individuen in Situationen der Problemlösung, hat in der psychologischen Forschung große Beachtung gefunden, insbesondere auch in bezug auf schulische Lernprozesse. Während reflexive Kinder im Unterricht sich zurückhaltend zeigen, beschäftigt das Problem der impulsiven Kinder sicherlich viele Lehrer im Unterricht: das Kind, das mit einer Antwort sofort herausplatzt, die vielen Fehler in Klassenarbeiten, die durch zu schnelle Bearbeitung entstehen.

Diese Verhaltensweisen werden durch Ermahnungen nicht geändert, da sie meist über Jahre hinweg im Sozialisationsprozeß erworben und ausgeführt wurden.

Impulsives Verhalten der Kinder zeigt sich in vielen Erlebnisberichten zu den Spielen; manches wurde bereits unter dem Aspekt der Aufmerksamkeit diskutiert. Die Kinder möchten etwa möglichst schnell mit dem Spiel beginnen; sie sind nicht bereit, Vorschläge anzuhören oder zu überlegen, bevor sie mit dem Spiel beginnen. Benita Daublebsky schildert die Frustrationen, die bei ihr als Spielleiterin durch dieses Verhalten ausgelöst wurden (S. 117). Sie zeigt aber auch Wege, wie man Kinder für reflexives Verhalten gewinnen kann, ohne ihre eigenen, spontanen Aktivitäten, die doch im Spiel gefördert werden sollen, zu unterdrücken. Der Spielleiter kann Möglichkeiten zur Reflexion und Diskussion in ein dynamisches Spiel einbauen, indem kurze Pausen zum Überlegen und Planen gegeben werden. Damit verhilft er den Kindern, die zunächst in impulsiver Unruhe das Spiel beginnen, zur Möglichkeit ruhigen Überlegens, wenn sie die Unzulänglichkeit des eigenen impulsiven Handelns erkennen. Der Spielleiter vermindert dadurch Mißerfolgserlebnisse und gibt gleichzeitig Hinweise auf Regeln, die für schulisches Lernen außerordentlich wichtig sind: Es ist besser zu überlegen, bevor man mit einer Aufgabe beginnt; wenn man mit einem Problem nicht weiterkommt, so ist es besser, erneut zu überlegen, als einfach weiterzumachen. Die Dynamik von spontanem, reaktionsschnellem Handeln und Planung und Überlegung tritt in vielen Spielen auf. Die Kinder müssen einen Mittelweg zwischen „schnell“ und „richtig“ oder „gut“ finden, der ihren eigenen Möglichkeiten angemessen ist. Optimal ist es, je nach den Erfordernissen der Situation, über beide Verhaltensweisen zu verfügen.

„Steckelesverband“ (S. 31) ist ein typisches Spiel, in dem die Kinder während des Spiels die Unzulänglichkeit des impulsiven Handelns erfahren und dieses Verhalten zu korrigieren lernen. Die geschickte Koordination der Bewegungen gelingt besser, wenn man die eigene Impulsivität be-

herrscht und Ruhe bewahrt. Der kognitive Lernprozeß besteht hier in der Einsicht, daß ruhigeres Verhalten zum Erfolg führt, denn die anderen haben mehr Zeit zum Verstecken, wenn man aus Hast gar nicht zum Aufstellen der Stöcke kommt. Natürlich sind Güte *und* Geschwindigkeit das beste, aber beides läßt sich nicht immer optimal und gleichzeitig verwirklichen, und die Zurückstellung der spontanen Bedürfnisbefriedigung fällt Kindern gelegentlich außerordentlich schwer.
Umgekehrt kann auch übermäßig reflexives Verhalten unangepaßt sein und zu Frustrationen führen. Benita Daublebsky schildert in einem Bericht (S. 30) einen Jungen, der sehr unglücklich über seine „langsame" Art ist. Er sucht sich einen Partner, der schnell reagieren kann, und identifiziert sich mit dessen Erfolg — ein Ersatz, der eine Abwehrreaktion auf das eigene Unvermögen sein könnte. Dieser Ersatz ist im Spiel möglich, Frustrationen werden verhindert, und das Spiel kann zur Freude werden. Im Schulalltag steht die Kompensation der eigenen Unzulänglichkeit zwar auch zur Verfügung, indem man sich mit dem Erfolg eines Freundes identifiziert. Doch die Schule neigt dazu, solches Verhalten als unzulänglich zu definieren und dies dem Schüler deutlich zu machen, da gegenwärtig vor allem die Leistungen des einzelnen zählen. Benita Daublebsky schreibt, daß es dem Schüler später im Spiel gelang, sich rechtzeitig zu äußern, so daß sein mangelndes Selbstvertrauen langsam gestärkt wurde. Man kann annehmen, daß dieses neue Selbstvertrauen auch im Unterricht erprobt und damit die Voraussetzungen für schulische Erfolge verbessert werden.

2.3. Flexibilität und Umstellungsfähigkeit

Beim Spielen ist es immer wieder erforderlich, umdenken zu können: Wenn man mit einer bestimmten Strategie nicht zum Ziel kommt, wenn etwas anderes, etwas Neues überlegt werden muß, wenn Spiele umgewandelt werden, stets müssen neue Lösungswege gefunden werden.
Schon bei ganz einfach anmutenden Fangspielen müssen die Kinder, um das Spiel gut zu spielen, gleichzeitig mehrere Aspekte im Auge behalten: Wird ein Fangspiel mit einem Partner gespielt, so müssen die Bewegungen und Strategien mit diesem koordiniert werden (S. 17). Dies wird schwieriger, wenn eine ganze Kette zum Fangen gebildet wird, wenn gleichzeitig während des Fangens auf Zeichen des Spielleiters bestimmte Stellungen eingenommen werden sollen, so müssen neben der Aufgabe, möglichst viele möglichst schnell zu fangen, auch die Bedeutungen der verschiedenen Zeichen beachtet werden. Weitere Schwierigkeiten bringt die

Möglichkeit des „Erlösens“, wenn die Mitspieler Gefangene und Fangende gleichzeitig im Auge behalten müssen.
Macht ein Spiel keinen Spaß mehr, weil man es oft gespielt hat oder weil die augenblicklichen Bedürfnisse der Spielgruppe anders sind, so wird das Spiel abgewandelt, und es entsteht ein neues Spiel daraus, welches mehr oder weniger Ähnlichkeiten mit dem vorherigen Spiel haben kann. Neue Spielregeln werden erstellt, man muß anderes beachten. Aus einem ruhigen Sammelspiel wird ein bewegtes, schnelles Spiel, wenn z. B. Museen von Räubern überfallen werden können (S. 111). Variationsvielfalt sowohl innerhalb einer Spielart als auch zwischen den Spielen veranlaßt das Kind immer wieder zum Umdenken, zur Einstellung auf neue Situationen.

2.4. *Die Übung von Denkprozessen im Spiel*

2.4.1. Logisches, planendes Denken

Komplexe Denkprozesse gehen in alle Spiele ein, in denen etwas gestaltet werden soll, sei es sprachlich, gestisch oder mimisch, in denen Pläne und Strategien entworfen werden müssen.
Auch für das erfolgreiche Spielen von einfachen Fang- und Geschicklichkeitsspielen sind Überlegungen notwendig. Es ist beachtlich, welche anspruchsvollen Denkvorgänge für diese Spiele häufig erforderlich sind. Neben motorischer Koordination, Aufmerksamkeit und Reaktionsgeschwindigkeit finden Denkprozesse statt, in denen entweder in Sekundenschnelle oder in längeren Überlegungen, allein oder in der Diskussion mit Spielpartnern, Abläufe vorweggenommen werden, Wenn-dann-Beziehungen erprobt und Schlußfolgerungen aus Problemen und Situationen gezogen werden. Strategien werden geplant, diskutiert, durchgeführt, verworfen oder verbessert.
Dafür ist schlußfolgerndes, beurteilendes und kausalerklärendes Denken notwendig; es werden Hypothesen gebildet, Vorhersagen getroffen und als bestätigt oder als zu verwerfen erlebt. Die Möglichkeit zum formallogischen Denken erwirbt das Kind in dieser Altersphase allmählich. In den Spielstunden gibt es zahlreiche Möglichkeiten, diese neu erworbenen Denkprozesse auszuprobieren: Man kann sich schwierige Pläne ausdenken, man kann überlegen, was die anderen wohl beabsichtigen und alternative Vorgehensweisen ersinnen; man muß sich Argumente einfallen lassen, wenn man andere überzeugen will, ein Spiel zu verändern. Sogar Wissen, das im Unterricht vermittelt wird, kann im Spiel eingesetzt

werden. So zum Beispiel im Scavenging-Spiel (62), wenn die Kinder als Forscher nach Beweisen für menschliches Leben suchen sollen und begründen müssen, *warum* sie ihre Auswahl getroffen haben. Hier nähern sich die Regeln der Spiele Prinzipien, die dem Unterricht zugrunde liegen, und die erforderlichen Denkprozesse sind identisch.

Für die Kinder ist es eine wichtige Erfahrung zu entdecken, daß sie die Anforderungen des Spiels durch Überlegungen eigenständig lösen können. Das Zimmer-Küche-Spiel (S. 27) ist ein Beispiel dafür, wie die Kinder allmählich im Verlauf des Spiels die Notwendigkeit zur Planung erkennen.

Der direkte Erfolg der Überlegungen, der sich im Spiel ablesen läßt, wirkt als „intrinsische" Belohnung, die aus der Tätigkeit selbst entsteht – nicht als ein äußerer Verstärker wie Lob oder Tadel des Lehrers oder Spielleiters. Das Spiel wird zur „Auseinandersetzung mit einem Gütemaßstab", wobei die *eigene* Leistungsfähigkeit – hier auch als Denkfähigkeit – Mittel zur Erreichung dieses Gütemaßstabes wird.

Es ist nicht immer so wichtig, daß alle Pläne vollständig verwirklicht werden. Wie Benita Daublebsky schreibt, dienen sie manchmal als Anreiz für weitere Überlegungen. Sie werden nach dem Spiel den anderen und auch dem Spielleiter erklärt und damit der kritischen Diskussion ausgesetzt. Dieses Moment der Bewertung im Gespräch ist wichtig, da den Kindern damit Realitätsbewußtsein und die Möglichkeit der Beurteilung der eigenen Entwürfe vermittelt wird. Es wird der Diskussion zugänglich, warum ein Plan zwar gut klingt, bei näherem Hinsehen aber nicht zu verwirklichen ist; warum eine Strategie besser ist als eine andere; wie man Pläne verbessern kann. Diese Gespräche sind Anregung zum Denken, zur Auseinandersetzung mit Problemen, wobei Spielleiter und Gruppe für den einzelnen als Korrektiv fungieren und die Rückmeldung an ihn sichern.

2.4.2. Kreativität und phantasievolles Denken

In den Spielen werden vielfältige Anreize für originelles, phantasievolles Denken gegeben. Kreativität braucht mehr noch als logisches Denken eine freiheitliche, freundliche Atmosphäre, in der Ideen produziert werden können, die nicht sofort einer strengen Zensur verfallen.

Die Fähigkeit zu kreativem Denken wird im Unterricht aus begreiflichen Gründen selten gefördert; die übliche Organisation der Schulklasse, Leistungsdruck und Effizienzdenken führen dazu, die beim Kind ursprünglich vorhandenen kreativen Dispositionen in der Schule in ihrem Ausdruck eher zu behindern.

Im Unterschied zu schulischen Problemen, die weitaus häufiger nur eine richtige Lösung zulassen, fordert die freie Lernsituation des Spiels sowohl unterschiedliche Strategien als auch unterschiedliche Lösungen heraus.

Die Spiele wechseln zwischen solchen, die eine – die optimale – Lösung erfordern (einen definierten Gegenstand aus anderen heraussuchen; eine Aufgabe in einer ganz bestimmten Art durchführen u. v. a.), und solchen, deren Lösungen Spielraum für Phantasie und Originalität der Kinder lassen.

Alle Spiele, die den Kindern die freie Gestaltung der Aufgabe überlassen, die verschiedenartigen Spielverlauf zulassen und in denen Kinder ermutigt werden, ihre eigenen Ideen und Vorstellungen einzubringen, fördern das eigenständige und phantasievolle Denken des Kindes.

Da wollen die Kinder etwas ganz anderes als die Wirklichkeit spielen (S. 104). Sie denken sich originelle Szenen aus, die tatsächlich anders sind als der Alltag, wie z. B. den Vater, der einen Handstand vor einem Polizisten macht, damit der Sohn nicht bestraft wird. Phantasievolle Darstellungen finden viel Bewunderung bei einer „Modenschau", die das Spektrum von Hippy, Astronauten und Polarforscher bis zum neuesten Afrika-Look umfaßt. Einige geliehene Kleidungsstücke und eine effektvolle gestische Gestaltung genügen, um die Kinder mit Begeisterung an dieser Modenschau teilnehmen zu lassen (S. 77).

Originelle Aufträge werden mit größerer Freude ausgeführt und veranlassen auch dazu, sich lustige und ausgefallene Gründe auszudenken, warum man sie nicht ausführen möchte (S. 77).

Auch bei vielen Bilderspielen können die Kinder frei über ihre Phantasie verfügen, wenn sie Geschichten zu Bildern erzählen, aus Bildern eine Nachricht zusammenstellen oder Szenen, die auf Bildern dargestellt sind, gestisch oder sprachlich nachspielen. Phantasie in Verbindung mit logischem Denken und sprachliche Fähigkeiten stehen bei diesen Aufgaben im Vordergrund.

In Rollenspielen werden einerseits Alltagsszenen realitätsgerecht nachgespielt, andererseits werden Szenen so dargestellt, wie sie gerade nicht verlaufen: wenn sich eine wichtige Person der Szene ganz anders verhält, als man es erwartet. Es erfordert Phantasie und Vorstellungsvermögen, diese Szenen zu spielen.

Alle diese Spiele geben dem Kind Anreize, sich Neues und Eigenständiges, Ausgefallenes und Ungewöhnliches auszudenken, das anschließend oder im weiteren Verlauf des Spiels der Bewertung und Diskussion ausgesetzt wird.

2.5. Sprache

Die Übung der sprachlichen Fähigkeiten ist eines der wichtigsten Ziele des Unterrichts, doch gibt der traditionelle Unterricht, bei dem das Reden der einzelnen Schüler durch die Unterrichtssituation – in der ein Lehrer im Vordergrund steht und den Unterricht durch Fragen lenkt – auf ein Minimum beschränkt ist (Tausch 1965), wenig Möglichkeiten zur freien Kommunikation der Schüler untereinander oder mit dem Lehrer. Die sprachlichen Äußerungen unterliegen fortwährender Bewertung, und Kinder, die sich sprachlich nicht so gut ausdrücken können oder Dialekt sprechen, werden auf Grund von Mißerfolgserfahrungen zum Rückzug und Schweigen tendieren.

Kinder, die im Unterricht ausdauernd schweigen, unterhalten sich oft während der Pausen oder außerhalb der Schulsituation bei der Diskussion sie interessierender Probleme so angeregt, daß niemand mehr ihr typisches Schweiger-Verhalten in der Schule vermuten würde.

Sprachliches Ausdrucksvermögen ist für Lehrer ein wichtiger Indikator der Leistungen des Kindes. Kinder, die sich im Unterricht häufiger und flüssiger äußern, werden in ihren Leistungen von Lehrern besser bewertet (siehe dazu Sprachbarrierenforschung).

Spiel ist eine Möglichkeit zu freier Kommunikation, die primär keiner Bewertung unterliegt. Die Spiele bieten vielfältige Möglichkeiten zum Gebrauch der Sprache. Sie erfordern während des Verlaufs sowie vorher oder nachher die Kommunikation mit Spielleiter und Spielpartnern: Die Spielregeln werden besprochen, Strategien werden geplant, die eigenen Ideen müssen den anderen durch Sprache verständlich gemacht werden. Die Kinder müssen auf Argumente eingehen, sie müssen ihre Vorschläge und Handlungen begründen, damit diese von den anderen als sinnvoll angenommen werden.

Sprache wird nicht nur als ein Mittel zur Problemlösung im aktuellen Spiel gebraucht, sondern in einer Art Metakommunikation wird das Spiel selbst zum Gegenstand der Diskussion. Das eigene Verhalten und das der anderen kann im Spielablauf durch Reflexion der sprachlichen Verarbeitung zugänglich gemacht werden. Das Kind lernt so die Trennung der Ebenen des Denkens, Handelns und Sprechens *in* der Situation und die (sprachliche) Reflexion, die Metakommunikation *über* die Situation: die Diskussion der Spielstrategien; die Begründung, warum man so und nicht anders gehandelt hat; wie man etwas besser anders gemacht hätte. Dies erfordert die Deutung des eigenen und des fremden Verhaltens und Denkens, d. h. spezifisch sprachliche Denkprozesse.

Andere Spiele verlangen explizit den Umgang mit Sprache im Zusam-

menhang mit den unterschiedlichen kognitiven Fähigkeiten. Das Erzählen einer Geschichte aus Bildern ist eine komplexe kognitive Leistung, in die Schlußfolgern, logisches Denken, Kreativität und Phantasie eingehen. Ähnliche Prozesse spielen sich beim Zusammenstellen einer Nachricht ab (S. 43), wobei allerdings die Spielbreite der Reaktionsmöglichkeiten etwas eingeschränkter ist, da Wörter in ihrem Bedeutungsgehalt festgelegter sind als Bilder.
Die Vermittlung einer Bildbeschreibung, damit ein Partner das Bild wiedererkennen kann, erfordert Erkennen der relevanten Merkmale eines Bildes – also analytische Wahrnehmung – und die Transformation dieser wesentlichen Merkmale in sprachlichen Ausdruck.
In wieder anderen Spielen müssen Wörter für Situationen gefunden oder Situationen sprachlich mit oder ohne Partner dargestellt werden. In den Schreibspielen steht der Umgang mit Wörtern auch in der Schriftform im Vordergrund. Sowohl Phantasie wie logisches Denken sind notwendig, um eine gute Lösung zu finden.
Natürlich werden in diesen Spielen nicht immer produktive „Höchstleistungen" erbracht, und manchmal müssen sich die Spielleiter mit einer überraschenden Wendung des Spielgeschehens auseinandersetzen. So etwa, wenn in einem Spiel sexuelle Tabuworte aneinandergereiht werden (S. 89). In diesem Spiel standen sicher keine kognitiven Lernprozesse im Vordergrund, wie man es beim Lesen der abstrakten Spielbeschreibung vielleicht vermuten könnte. Aber auch hier hängt es von Einsicht und Geschicklichkeit des Spielleiters ab, auf die Probleme und auch kurzzeitig spezifischen Interessen der Kinder (hier das Thema Sexualität) einzugehen.

2.6. Einübung unterschiedlicher Kommunikationsformen

Viele Spiele erproben die Fähigkeit eines Kindes, eine Nachricht auf verschiedenen Kommunikationsebenen zu vermitteln und zu verstehen. Aus den Kommentaren wird deutlich, wie schwer es den Kindern zunächst fällt, Übersetzungen zwischen den verschiedenen Kommunikationsformen vorzunehmen. Es erfordert Sensibilität und Vorstellungsvermögen, visuelle Ereignisse in Mimik, Gestik oder Sprache umzusetzen – sowohl bei dem, der diese Umsetzung vornimmt, als auch bei dem, der sie entschlüsselt. So sollen zum Beispiel in den Bilderspielen (S. 43) Wörter für Situationen gefunden (S. 45), eine Konfliktlösung dargestellt oder – wie bei „In Positionen bringen" (S. 53) – traurige oder fröhliche Leute durch Mimik und Gestik gespielt werden.

Neben die Komponente der Darstellung tritt die der Entschlüsselung: Ein Bild wird imitiert und soll wiedererkannt werden; oder ein Bild muß aus einer Erzählung erkenntlich sein (S. 43). In einer anderen Variante müssen Partner mit Hilfe einer Kommunikationsform, z: B. durch Sprache, Hand-, Finger- oder Augenzeichen in gewünschte Position gebracht werden (S. 52).
Immer wird in diesen Spielen die Aufmerksamkeit bewußt auf *eine* Kommunikationsform gelenkt, so daß diese als alternative Kommunikations- und Ausdrucksform erkennbar und verständlich wird. Dadurch wird die Sensibilität der Kinder für Kommunikationsprozesse erhöht und das Verständnis für soziale Situationen und Beziehungen gefördert.

3. Spielen und Lernen: Theoretische Aspekte

Nach der Veranschaulichung der kognitiven Prozesse in den Spielen soll im folgenden eine mehr theoretische Explikation vorgenommen werden. Auf dem Hintergrund einer Theorie des kognitiven Lernens kann der Leser die Anwendung der Spiele, ihre Zuordnung zu bestimmten Altersgruppen und Entwicklungsständen (definiert nach bereits verfügbaren Fähigkeiten) besser beurteilen und ein theoretisches Verständnis für Spielabfolgen und Spielabläufe gewinnen.

3.1. Grundzüge der kognitiven Entwicklung

Die kognitive Entwicklung wird als ein aktiver Prozeß verstanden. Dies bedeutet, daß in der Interaktion mit der sozialen und sachlichen Umwelt zunehmend differenziertere Möglichkeiten der Verarbeitung von Erfahrungen und der Problemlösung erworben werden. Im Verlauf der Entwicklung wird die Erfahrungsumwelt auf einer stets abstrakteren und allgemeineren Ebene verarbeitet, und das Denken wird unabhängiger von den konkreten Gegebenheiten des jeweiligen Augenblicks. Die Fähigkeit, mit abstrakten verbalen Symbolen umzugehen, wird größer, und die Sprache gewinnt als Mittel der Kommunikation und Problemlösung an Bedeutung.
Nach der umfassendsten und bedeutendsten Theorie der kognitiven Entwicklung, der Entwicklungspsychologie des Schweizer Psychologen J. Piaget (1969, Piaget und Inhelder 1972), verläuft der Prozeß des Erwerbs der Denkstrukturen in einer nicht willkürlich veränderbaren Abfolge, wobei die einzelnen Lernschritte aufeinander aufbauen. Das Kind

setzt sich aktiv-handelnd mit seiner Umwelt auseinander und baut in diesem Interaktionsprozeß mit der Wirklichkeit allmählich die kognitiven Strukturen auf. Die Intelligenz konstituiert sich in einem Wechselspiel von Assimilation und Akkommodation. *Assimilation* heißt dabei, daß die dem Kind bereits geläufigen Problemlösungsstrategien auf neue Probleme angewandt werden, während Akkommodation die Veränderung der eigenen Strukturen und ihre Anpassung an die Erfordernisse der jeweiligen Probleme meint. Die intellektuelle Entwicklung stellt sich als ein Prozeß der Adaptation (Anpassung) dar, in dem auf zunehmend höheren Entwicklungsstufen ein Gleichgewicht von Assimilation und Akkommodation erreicht wird.

Dieser schematische Abriß der Dynamik von Assimilation und Akkommodation kann am Beispiel des Spielens verdeutlicht werden: Jedes Spiel stellt in gewissem Sinne eine Aufgabe, ein Problem dar. Das Kind assimiliert dieses Problem zunächst an die eigenen Verhaltens- und Denkschemata, d. h., es versucht, das Problem durch die ihm bereits verfügbaren Strategien zu lösen. Es probiert spontan Überlegungen und Verhaltensweisen aus, die bei anderen Spielen zum Erfolg geführt haben. Führen diese Strategien nicht zum Erfolg, so muß das Kind sie an die Erfordernisse des Problems akkommodieren, d. h., es muß die verfügbaren Strategien abändern, mehrere Strategien kombinieren oder andere Möglichkeiten des Spielverlaufs finden, um erfolgreich weiterzuspielen. Im Wechselspiel von Assimilation und Akkommodation entstehen also neue Denk- und Verhaltensmöglichkeiten.

Die Entwicklung des Denkens verläuft in *Stadien*, und in jedem Stadium der kognitiven Entwicklung erlebt und verarbeitet das Kind die Welt in einer charakteristischen Art und Weise. Für das Verständnis des kindlichen Denkens ist es wichtig zu wissen, daß die für ein Entwicklungsstadium typischen Denkweisen sich von denen des Erwachsenen stark unterscheiden können. Kinder und auch Jugendliche denken anders als Erwachsene.

Drei Beispiele sollen für die Eigenständigkeit dieses Denkens und seine Unterschiede vom Denken der Erwachsenen angeführt werden:

a) Kleine Kinder begreifen ihre Umwelt zunächst durch Wahrnehmung und vor allem durch praktisches Handeln. Gegenstände existieren für das Kind nur dann, wenn es sie aktuell vor sich sieht und mit ihnen umgehen kann. Wenn man vor den Augen des Kindes einen Gegenstand entfernt und ihn dann versteckt, so schaut es zwar diesem Gegenstand nach, beginnt aber nicht nach ihm zu suchen, sondern wendet sein Interesse etwas anderem zu. Erst gegen Ende des ersten Lebensjahres begreift es, daß Objekte weiterhin existieren, auch wenn sie aus seinem Gesichtsfeld verschwinden. Erst dann verfügt es über das Konzept der Objektpermanenz, welches die Grundlage der Erfahrung einer stabilen, überdauernden Umwelt ist (Piaget 1972).

b) Auf einer höheren Entwicklungsstufe begreift das Kind zunächst nicht, daß ein Gegenstand trotz der Veränderung seines Erscheinungsbildes in Menge, Gewicht oder Volumen gleichbleibt, solange nichts hinzugefügt oder weggenommen wird. Erst im 5. oder 6. Lebensjahr (der Zeitpunkt ist nicht für alle Kinder gleich) erkennt das Kind, daß sich die Menge einer Flüssigkeit nicht ändert, wenn sie aus einem hohen, schmalen Glas in ein niedriges, breites Gefäß umgegossen wird, oder daß die Anzahl von Objekten gleichbleibt, wenn man sie über eine größere oder kleinere Fläche verteilt. Erst dann kann es die Veränderung in zwei Dimensionen gleichzeitig erkennen. Das jüngere Kind kann nur einen Aspekt der Situation, also die Veränderung in *einer* Dimension, berücksichtigen und urteilt – je nachdem, auf welche Dimension es seine Aufmerksamkeit gelenkt hat, daß das Gefäß nach dem Umgießen mehr oder weniger Flüssigkeit enthält oder daß die Anzahl der Objekte nach der Umordnung „größer" oder „kleiner" geworden ist. Es zentriert seine Wahrnehmungen auf einen Aspekt der Situation.

Die Einsicht in die Invarianz, d. h. die Erhaltung von Menge, Gewicht oder Volumen trotz äußerer, phänomenaler Veränderungen, solange nichts hinweggenommen oder hinzugefügt wird, charakterisiert nach Piaget (1969, siehe auch Sigel u. Hooper 1968) den Übergang in eine höhere, abstraktere Form des Denkens. Das Denken wird zunehmend unabhängiger von der konkreten, augenblicklichen Anschauung; Handlungen müssen nicht mehr aktuell vollzogen werden, um ihre Konsequenzen zu ermessen. Sie werden vielmehr innerlich repräsentiert, ihre Konsequenzen können in Gedanken rückgängig (reversibel) gemacht werden. Diese reversiblen Operationen sind nach Piaget Voraussetzung für alle logischen und abstrakten Denkprozesse.

c) Etwa vom 12. Lebensjahr an beginnen Kinder nach formallogischen Regeln zu denken. Sie lösen sich nach und nach von der konkret anschaulich vorgegebenen Wirklichkeit, so daß das Entwerfen von Hypothesen und deren Überprüfung im Denken auch ohne aktuellen Handlungsvollzug möglich wird.

Aber auch der Jugendliche erlebt die Welt in bestimmten Aspekten anders als der Erwachsene. Wie Elkind (1971) schreibt, sieht der Jugendliche sich fortwährend in bezug auf ein „imaginäres Publikum" und empfindet sich in seiner Erscheinung und in seinem Verhalten als Gegenstand besonderer Aufmerksamkeit. Ein Jugendlicher kann sich stundenlang mit seinem Aussehen beschäftigen, er kann sein Spiegelbild in allen Einzel-

heiten betrachten und ist in der Annahme befangen, daß die Personen seiner Umwelt seine äußere Erscheinung ebenso zum Maßstab seiner Beurteilung machen wie er selbst. Er ist *„egozentrisch"* in der Annahme, daß die Personen seiner Umgebung sich in derselben Ausschließlichkeit mit seinem Verhalten und seinen Interessen und Gedanken beschäftigen, wie er selbst es tut. Dem Jugendlichen fehlt in der Regel adäquate Bezugnahme auf Denken und Fühlen anderer, Fähigkeiten, die in den vorliegenden Spielen immer wieder gefordert sind.
Diese drei Beispiele zeigen charakteristische Denkweisen in den verschiedenen Stadien der Intelligenzentwicklung: dem Stadium der sensu-motorischen Intelligenz im Kleinkindalter, dem Stadium der konkreten Operationen, etwa im Grundschulalter, und dem Stadium der beginnenden formalen Operationen, der höchsten Stufe der Intelligenzentwicklung.
Nicht nur das Erleben der Objektumwelt, sondern auch die Art, in der Kinder ihre personale Umwelt erleben, ihr Verständnis für soziale Situationen ist unterschiedlich, je nach dem entwicklungsspezifischen Stadium ihres Denkens. Bei der Diskussion der kognitiven Aspekte des sozialen Lernens wird dies deutlicher ausgeführt. Im folgenden soll die Bedeutung des Spiels für den Prozeß der kognitiven Entwicklung aufgezeigt werden.

3.2. Spiel und die Entwicklung kognitiver Strukturen der Problembewältigung

Kognitive Entwicklung wurde als ein Prozeß gefaßt, der sich in der aktiven Auseinandersetzung des Individuums mit seiner Umwelt vollzieht. Spiel ist die früheste Form dieser Aktivität, und es ist deshalb gar nicht möglich, das spontane Interesse, welches bereits der Säugling an seiner Umwelt zeigt, vom Spiel zu unterscheiden: Lernen ist Spielen, und kognitive Entwicklung erfolgt in dieser Entwicklungsphase durch Spiel, durch die spielerische Eroberung der Umwelt.
Das Kind lernt seine Sinne zu gebrauchen, es sieht, greift, hört, es erobert allmählich den Raum durch Fortbewegung und erwirbt so die Grundlagen des Denkens, auf denen alle weiteren Lernprozesse aufbauen. Im Umgang mit den Dingen der Umwelt und durch Beobachtung werden Wahrnehmungen und Bewegungen zunehmend differenzierter und koordinierter. Das Kind erfährt im Spiel, daß es seine Umwelt gestalten kann, daß bestimmte Handlungen bestimmte Wirkungen haben (Wenn-dann-Beziehungen), und es erprobt die neuen Handlungsmöglichkeiten immer wieder, bis sie sicher in sein Handlungsrepertoire eingegangen sind.

Das Motiv für die spielerischen Wiederholungen von Handlungen ist zunächst wahrscheinlich das Überraschungsmoment, wenn eine gewünschte Wirkung wieder eintritt. Später kommt ein anderes Moment hinzu, das häufig als „Funktionslust" bezeichnet wird: die Freude an der Tätigkeit, das Erproben neu erworbener Fähigkeiten und Fertigkeiten, die immer wieder in gleicher Weise ausgeführt werden oder mit leichten Variationen, wenn ein gewisser Sättigungsgrad eingetreten ist. Hier zeigt sich bereits die doppelte Richtung der Spiele: einerseits das Verlangen, neue Kombinationen zu erproben; andererseits die Wiederholung des bereits Erlernten bis zur vollständigen Beherrschung. Das Kind „meistert" seine Umwelt, und die Freude über die eigene Leistungsfähigkeit führt zu einem Gefühl der Befriedigung und verleiht gleichzeitig Sicherheit für weiteres Erforschen.
Benita Daublebsky schildert in den Kommentaren, wie die Kinder manche Spiele immer wieder spielen. Manchmal dauert es lange, bis der Spielleiter die Gründe für die immer wiederkehrende Begeisterung durchschaut, manchmal bleibt es ihm vielleicht immer rätselhaft. Andererseits wird aus den Kommentaren ersichtlich, wie Spiele abgewandelt, immer differenzierter und auf höherem Niveau gespielt werden können. Auch hier die Dynamik von Wiederholung und Neuerprobung.
Spiele geben Kindern vielfältige Möglichkeiten zur Erweiterung ihrer kognitiven Fähigkeiten auf einem zunehmend höheren Niveau. Neben die primären, motorischen Übungsspiele treten allmählich Symbol- und Rollenspiele, in denen Grundlagen für phantasievolles und originelles, aber auch für logisches Denken gelegt werden. Im imaginären Symbolspiel ist das kleine Kind von der Dominanz der Wahrnehmung befreit. Es kann eine symbolische „als-ob"-Haltung einnehmen, in der Gegenstände im Spiel transformiert werden und neue Bedeutung gewinnen können. So wird im Spiel ein Stock zu einem Pferd, ein Tisch zu einem Haus usw. Diese Ablösung von der Fixierung an konkrete Situationen im symbolischen Spiel, der Umgang mit Vorstellungen und eine flexible Verleihung immer neuer Bedeutungen an einen Gegenstand, die eine Trennung des Gegenstands von der ihm jeweils verliehenen Bedeutung anzeigt, ist in anderen Bereichen der kognitiven Entwicklung, etwa im logischen Denken, erst zu einem späteren Zeitpunkt der Entwicklung möglich. Dies kann man am Beispiel der Einsicht in Invarianz ersehen, die das Kind erst vom 5. Lebensjahr an allmählich begreift. Bereits in frühem Alter zeigen sich also im Spiel Vorformen und Vorläufer der reversiblen Denkprozesse, die das Denken des Erwachsenen charakterisieren.
Die kognitiven Strukturen werden im Spiel stabilisiert; neue, höhere Denkprozesse werden vorbereitet. Die drei wichtigsten Arten der Reprä-

sentation von Umwelterfahrungen (Bruner 1960) spiegeln sich in den Spielen wider: In den motorischen Übungsspielen des Kleinkindes wird die Umwelt im konkreten Vollzug (enaktiv) und in der Wahrnehmung erfahren; die vorstellungsmäßige (ikonische) Repräsentation, in der die Erfahrung in Bildern repräsentiert wird und die insofern noch an die konkrete Anschauung gebunden bleibt, ist die dominante kognitive Verarbeitungsweise in den Symbol- und Rollenspielen des jüngeren Kindes. Erst zum entwicklungsmäßig spätesten Zeitpunkt werden die Erfahrungen abstrakt, d. h. in symbolisch-sprachlichen Prozessen repräsentiert. Diese symbolisch-sprachlichen Denkprozesse werden im Spiel vorbereitet, und sie werden im Spiel erprobt und erweitert, wie die Diskussion der hier vorliegenden Spiele gezeigt hat.

Jede dieser drei Repräsentationsweisen herrscht in einer Entwicklungsstufe vor; doch auch wenn die Umwelt bereits auf einem entwicklungspsychologisch höheren Denkniveau verarbeitet wird, bleiben die früheren Verarbeitungsweisen wie Handlung und Vorstellung erhalten. Wenn z. B. ein Problem auf einer abstrakten Ebene nicht gelöst werden kann, so wird der Versuch unternommen, es auf der anschaulichen oder der Handlungsebene zu lösen.

Die Bedeutung der hier vorliegenden Spiele liegt unter kognitivem Aspekt auch darin, daß sie die Möglichkeit zu allen drei Arten der Umweltverarbeitung geben und damit im Wechselspiel konkreter und abstrakter Denkweisen grundlegende kognitive Fähigkeiten *und* symbolische Prozesse üben. Es gibt Spiele, die differenzierte Wahrnehmung und Beobachtung erfordern. In anderen wird ein Wiedererkennen von Bildern, das Erkennen von Gefühlszuständen in dargestellten Szenen oder Bildern gefordert. Wieder andere Spiele verlangen den Umgang mit Sprache und fordern symbolisches Denken. Kinder wechseln aber auch die Repräsentationsweisen im Verlauf eines Spiels, wenn sie sich von konkret Vorgegebenem lösen und Kombinationen von Strategien und Verarbeitungsweisen einsetzen.

4. Kognitiv-interpersonelle Fähigkeiten in der Schule

Es wurden bisher vor allem die kognitiven Prozesse besprochen, die auch Hauptgegenstand schulischen Lernens sind.

Betrachtet man indessen neben den expliziten kognitiven Anforderungen der Schule ihre impliziten — gleichwohl kognitiven — Anforderungen, stellt man fest, daß Lernen unter didaktischen Maximen oder Lernen in den fachlichen Traditionen nur einen Bruchteil der Lernprozesse ausmacht, die in der Schule ablaufen.

Darüber hinaus werden zusätzliche Anforderungen an den Schüler gestellt, die im Unterricht kaum angesprochen werden, jedoch grundlegende Bedingungen sowohl für schulisches Lernen als auch für die Teilnahme am gesellschaftlichen Austausch darstellen. Diese impliziten Anforderungen betreffen die Fähigkeit zur interpersonellen Kommunikation, das Verständnis für *soziale* Situationen und die Fähigkeit zum sozialen Handeln: die Möglichkeiten, sich selbst und andere zu *verstehen*. Diese Fähigkeiten sind insbesondere dann in einer Gesellschaft notwendig, wenn sie, wie die unsere, nicht mehr von starren Normen und Traditionen bestimmt ist.

4.1. Welche impliziten Anforderungen stellt die Schulsituation?

Während das Kind vor seinem Schuleintritt überwiegend mit den primären Bezugspersonen in seiner Familie in Beziehung steht, gewinnt mit dem Schuleintritt die Gruppe der Gleichaltrigen zunehmend an Bedeutung. Das Kind erfährt sich als Mitglied einer sozialen Gruppe. Es muß Regeln des Zusammenlebens lernen und den Ausgleich der eigenen Wünsche und Bedürfnisse mit denen der Gruppe und des Lehrers ertragen können.

In der Schulsituation wird dem Kind nicht mehr die Sicherheit und Hilfe geboten wie in der Familie, wo meist ein Elternteil für Fragen und Probleme verfügbar ist. Das Kind muß die Aufgaben, die ihm im Unterricht gestellt werden, selbständig erarbeiten, so wie es auch Probleme, die sich in den Sozialbeziehungen — mit Lehrern und Mitschülern — ergeben, eigenständig lösen muß. Diese Probleme erfordern Einsicht und Reflexionsfähigkeit. Der Prozeß des kognitiven Lernens vollzieht sich in einer sozialen Situation, in der Worte und Handlungen des Kindes von Lehrern und Mitschülern bewertet werden. Erfolge und Mißerfolge sind „öffentlich" und definieren die Position des Schülers in der Klasse und gegenüber dem Lehrer – sowie im Rückbezug die eigene Identität und Leistungsfähigkeit. Es ist offensichtlich, daß diese Bedingungen starken Einfluß auf Leistungen des Schülers im Unterricht haben. Die Prozesse des Zusammenlebens und Verhaltens in Gruppen werden im Unterricht bisher wenig thematisiert, denn es wird angenommen, daß Schüler im Verlauf der Jahre von selbst die gewünschten Fähigkeiten zur Einsicht in soziale Situationen erwerben.

Sieht man aber die Schule im Kontext dieser sozialen Interaktionen und weist ihr neben den bekannten intellektuellen Aufgaben die Funktion zu, Schüler in die komplexe soziale Wirklichkeit einzuführen, dann muß dem Kind im Unterricht nicht nur die Möglichkeit zur Beschäftigung mit Sachproblemen geboten werden – also die Möglichkeit zum Erwerb von kognitivem Wissen –, sondern zugleich die Gelegenheit, verschiedene Arten des Verhaltens in verschiedenen Situationen zu erproben. Der Schüler muß soziales Verhalten in einem Feld der Erprobung lernen können; er muß Verständnis für sich selbst, für andere Menschen und Situationen erwerben können wie in den traditionellen Fächern das Wissen. Die Entwicklung eines adäquaten sozialen Selbst, Selbstkontrolle und moralisches Urteilsvermögen, Fähigkeit zu realistischer Zielsetzung und zum Aufschub von spontanen Bedürfnissen, ohne dabei allzu große Frustrationen zu erleiden, gehören ebenso zu den Erziehungszielen der Schule wie die Entwicklung von Fähigkeiten und Fertigkeiten im engeren kognitiven Bereich. Vor allem ist es wichtig zu wissen, daß diese sozialen Lernprozesse kognitive Komponenten beinhalten, daß soziales Lernen auch unter kognitivem Aspekt gesehen werden kann.

In einer so weit gefaßten Konzeption kognitiven Lernens – als Lernen im Umgang mit Objekten und Sachproblemen sowie auch mit den Gegebenheiten der sozialen Umwelt – stellt sich nun die Frage nach der Bedeutung der Spiele für die interpersonellen Lernprozesse.

Wie im ersten Teil dieses Beitrags wird auch hier zunächst eine Beschreibung der Lernprozesse in den hier vorliegenden Spielen vorangestellt, die im zweiten Schritt in einem weiteren theoretischen Rahmen diskutiert werden.

4.2. Soziale Wahrnehmung und soziale Sensibilität unter kognitivem Aspekt

Kinder können erst dann mit anderen erfolgreich umgehen, wenn sie über die Fähigkeiten verfügen, die Perspektiven anderer kognitiv einzunehmen und sich ihnen sprachlich verständlich zu machen.

Die Erlebnisberichte zeigen, daß Verständnis für andere, die Antizipation des Verhaltens anderer oder das Hineindenken in andere den Kindern teilweise sehr schwer fällt. Die Koordination eigenen Verhaltens und Denkens mit dem anderer wird oft in den Spielen erst allmählich gelernt. Die Fähigkeiten, sich durch minimale Zeichen zu verständigen, Situationen einzuschätzen – wann der günstigste Moment zum Handeln ist, wann man am besten etwas sagt –, erfordern Beobachtung und Wahrnehmung, Reaktionsgeschwindigkeit und symbolische Denkprozesse. In fast allen Spielen muß die Perspektive der anderen einbezogen werden: wenn abgeschätzt wird, was man wohl am besten sagt, z. B., welche

Gründe für die Ablehnung eines Auftrages am ehesten akzeptiert werden (S. 76 ff.); wenn Strategien geplant und die Reaktionen von Partnern vorweggenommen werden, indem man sich fragt: Wie verhält er sich wohl, wenn ich dies mache; und was mache ich, wenn er jetzt so oder anders handelt, spricht ...? Immer wird das Kind auf die Notwendigkeit und Nützlichkeit eines perspektivischen Bezugs hingewiesen.
Für die Förderung der sozialen Sensibilität ist die Rolle des Spielleiters außerordentlich wichtig, da er soziale Denkprozesse stimulieren und die Prozesse, die in der Spielstunde ablaufen, der Reflexion zugänglich machen kann. Gefühle, Motive und Bedürfnisse des eigenen Verhaltens sowie des Verhaltens der anderen werden auf der metakommunikativen Ebene bewußtseinsfähig, indem man über Spielerlebnisse oder -erfordernisse sprechen lernt, die sie hervorgerufen haben. Es ist offensichtlich, daß dabei auch komplexe kognitive Prozesse stattfinden.
Die Erfahrung der Versprachlichung und der Öffnung für Denkprozesse ist für Kinder überaus wichtig. Gerade diese Lernvorgänge erfolgen in der Schule oder auch in der Familie meist nur implizit. Es besteht eher eine Abwehr gegen solche Diskussionen, besonders wenn sie unlustbetont sind, etwa bei negativen Gefühlen wie Angst, Enttäuschung oder Zorn. Die Kinder lernen, daß Emotionen der Diskussion zugänglich sind, daß man Konflikte und Spannungen sprachlich verarbeiten kann und daß man in gemeinsamen Diskussionen Verständnis füreinander finden kann. Oft genügt ein Hinweis des Spielleiters, um Verständnis und Einsicht zu vermitteln, so die Frage: „Wie würdest du dich denn in so einer Situation fühlen?"
Dabei wird ersichtlich, wie therapeutisches Einwirken über kognitive Prozesse des Wahrnehmens, Verstehens, Umdenkens und der Kommunikation verläuft. (Zur Frage der therapeutischen Funktion von Spielen s. den Beitrag von Lothar Krappmann, S. 190 ff.)

4.3. Die Bedeutung des Spiels für die kognitive Entwicklung der interpersonellen Beziehungen

Während in den frühesten Phasen der Entwicklung ausschließlich die primären Bezugspersonen Mutter und Vater für das Kind bedeutsam sind, weitet es seinen Interaktionsraum allmählich aus. Es wendet seine Aufmerksamkeit anderen Erwachsenen und der Gruppe der Gleichaltrigen zu. Kinder beobachten die Personen ihrer Umgebung – Eltern, bedeutsame Erwachsene oder auch andere Kinder – und erweitern ihr Verhaltensrepertoire, indem sie diese Modellpersonen in deren Verhaltens- und Gefühlsäußerungen imitieren. Dies tun sie auch im Spiel: Sie lernen so die sozialen Rollen, die sie zum Leben in der Gesellschaft beherrschen müssen. Das Kind imitiert die Realität, die es im Realverhalten noch nicht agieren darf: Es spielt Vater und Mutter, Doktor, Kaufmann, Räuber und Gendarm. Es ahmt – zunächst nur bruchstückhaft – Gesten und Worte von anwesenden Modellen nach. Später werden – auch in Abwesenheit des Modells – ganze Verhaltenssequenzen imitiert und neu kombiniert. Im Rollenspiel erschließt das Kind seine Umwelt, indem es Tätigkeiten und Rollen symbolisch übernimmt und erprobt. Gleichzeitig befreit es sich von der bloßen Realität, denn das Spiel läßt Raum für Phantasie und eigenständige Kombinationen.

Dieses Moment der Freiheit ist im Spiel ebenso wichtig wie das der Anpassung an die Realität. Das Kind erfährt, daß Elemente verschiedener Situationen im Spiel kombiniert werden können; es lernt, Situationen umzudefinieren, und gelangt zu alternativen Interaktionsmustern. Flexible, kreative Denkprozesse treten im Spiel neben logisches, konvergentes Denken. Beide sind wichtige Dimensionen intelligenten Verhaltens.

Im Verlauf der Entwicklung kommt es zu zunehmend differenzierteren Symbol- und Rollenspielen, in denen erlebte Situationen im Spiel bewältigt, vorweggenommen oder neue Situationen in der Phantasie kombiniert werden. Einerseits legen Kinder jetzt größten Wert auf genaue Imitation der Wirklichkeit, während das jüngere Kind eine eher egozentrische Assimilation der Wirklichkeit an die eigenen Denkstrukturen vorgenommen hatte. Andererseits wird eine Befreiung von der Realität möglich, und Rollen- und Theaterspiele bilden den gewünschten Spielraum für Kreativität und Originalität.

Auch für diese kreativen Lernprozesse geben Spiele vielfältige Anreize, indem sie im Wechselspiel von Aufforderung zur Imitation und zur freien Gestaltung dem Kind die Möglichkeit eröffnen, die Umwelt sowohl zu verstehen, wie sie ist, als auch so zu gestalten, wie sie entworfen wird. Das Kind lernt, sich aus einer überwiegend „egozentrisch" strukturierten in eine soziale Welt zu begeben.

Dabei helfen ihm Spiele, denn im Prozeß der Interaktion mit anderen Personen überwindet das Kind den kognitiven Egozentrismus, die Unfähigkeit, die Welt anders als aus eigener Perspektive zu sehen. Spiele sind wichtige frühe Lernsituationen, in denen das Kind mit anderen Personen in Beziehung tritt. So, wie das Denken allmählich von seiner Bindung an unmittelbares Handeln Unabhängigkeit erlangt, mehrere Aspekte einer Situation gleichzeitig beachtet und Handlungen in der Vorstellung reversibel gemacht werden können, so entsteht in der Interaktion mit anderen allmählich die Einsicht, daß Situationen aus mehreren Perspektiven wahrgenommen werden können, daß die Welt aus dem Blickwinkel eines anderen sich anders ausnehmen kann. Das Kind lernt, sich selbst und die Umwelt zu objektivieren; es gewinnt Einsicht und Verständnis für soziale Situationen. Ein wichtiger Aspekt dieser Einsicht ist das Verständnis von Regeln, die für das Zusammenleben in Gruppen notwendig sind.

Auf Grund seines Egozentrismus versucht das Kind zunächst, seine Bedürfnisse spontan und ohne Aufschub zu verwirklichen. Es stößt dabei fortwährend an Grenzen, indem es Regeln erfährt, die als Verbote oder Gebote von Erwachsenen – also von außen – gesetzt werden. In der Gruppe der Gleichaltrigen kann das Kind dagegen Regeln kennenlernen, die auf gegenseitiger Übereinkunft beruhen, die von den Gruppenmitgliedern selbst entwickelt wurden und denen diese sich in gegenseitigem Einverständnis unterordnen.

Zum Verständnis von Regeln sind kognitive Prozesse der Einsicht in das eigene Verhalten und die eigenen Gefühle in Relation zu Verhalten und Gefühlen der Beteiligten notwendig. Das Kind lernt erkennen, daß es seine spontanen Bedürfnisse in Übereinkunft mit anderen regeln muß, damit die Bedürfnisse aller in ausreichendem Maße befriedigt werden können. Spiele in der Gruppe sind also Lernsituationen für das Verständnis von Regeln. Die Entwicklung des Zusammenlebens in der Gruppe verläuft über Moral- und Kooperationsformen, welche die Möglichkeiten des einzelnen einschränken und seine Unterwerfung unter Gruppengesetze verlangen zu einer Moral der Kooperation und Solidarität, in der – im günstigsten Fall – Einsicht in die Struktur von Regeln erfolgt. Glückt dies, lernen die Kinder Regeln in flexibler Weise handhaben und schaffen Voraussetzungen dafür, daß sich die Fähigkeiten des einzelnen in der Gruppe in gegenseitiger Abstimmung verwirklichen können.

So wie die kognitiven Fähigkeiten der Problemlösung im Spiel erprobt und differenziert werden, stellt sich Spiel auch als eine Lernsituation dar, in der die Fähigkeiten zur interpersonellen Kommunikation und Interaktion gelernt werden: Das Kind erfährt sich selbst in der Gruppe; wichtige Persönlichkeitsmerkmale, wie z. B. Anspruchsniveau und Zielsetzungsverhalten, moralisches Urteil und Handeln, werden im Spiel grundlegend geformt, da die Interaktionen des Kindes mit seiner sozialen und personalen Umwelt häufig im Spiel erfolgen. Für das ältere Kind wird Spiel dann eine Situation unter anderem – allerdings eine sehr wichtige –, in der relativ angstfrei interaktionales Verhalten erprobt werden kann. Die Erprobung ist Probe für den Ernstfall, denn die Struktur der Regeln im Spiel ähnelt den Regeln der sozialen Interaktionssituationen in der Gesellschaft. Das ist der Ernst des Spiels.

5. Warum soll man in der Schule spielen?

Nachdem die Lernprozesse in den vorliegenden Spielen und die Bedeutung der Spiele für den Prozeß des kognitiven Lernens aufgezeigt wurden, soll im folgenden der Versuch einer „verallgemeinernden Abstraktion" unternommen werden, der noch einmal aus einer anderen Perspektive verdeutlicht, warum Spielen in der Schule von weitreichendem Einfluß auf schulisches Lernen sein kann.

5.1. Kognitive Entwicklung und die Struktur der Umwelterfahrungen

Der Prozeß der zunehmenden Differenzierung und Erweiterung der kognitiven Fähigkeiten erfolgt – wie erörtert – in der hierarchischen Abfolge der Entwicklungsstadien, wobei die früheren Lernerfahrungen die Voraussetzungen für das spätere Lernen bilden. Der Zeitraum, in dem diese Lernerfahrungen gemacht werden, und auch die Art der Lernerfahrungen variieren allerdings mit der Umwelt, in der das Kind aufwächst.

Zwar gibt es gewisse sogenannte „kognitive Universalien", kognitive Strukturen, die in jeder Umwelt und auch etwa in gleichem Alter erworben werden (etwa das Invarianzkonzept). Andere kognitive Fähigkeiten, wie kreatives Denken, sprachliche Differenziertheit, die Fähigkeit zur abstrakten Informationsverarbeitung, Aufmerksamkeit oder auch kognitive Stile der Wahrnehmung oder Reaktionsfähigkeit, bilden sich in der spezifischen Auseinandersetzung des Kindes mit seiner Umwelt individuell aus. Dabei ist gewiß die Reichhaltigkeit der materiellen Umwelt wichtig, wie z. B. Spielzeug, Gegenstände, mit denen Lernerfahrungen gemacht werden können, vor allem aber ist das Verhalten der Bezugspersonen (also Vater und Mutter – später auch Lehrer) von Bedeutung, die als Imitations- und Identifikationsmodelle dienen, die Verhaltens- und Denkweisen des Kindes in spezifischer Art bekräftigen, die sein Verhaltens- und Fähigkeitsrepertoire erweitern helfen und zu einer reflexiven und sprachlichen Verarbeitung der Erfahrungen anleiten – oder auch in einigen oder allen dieser wichtigen Bereiche dem Kind die Förderung versagen.

Viele Untersuchungen haben gezeigt, daß sich Eltern (und auch Lehrer) in bezug auf ihr Erziehungsverhalten unterscheiden. So ist Zuneigung oder Ablehnung gegenüber dem Kind eine Dimension des erzieherischen Verhaltens, die große Bedeutung für die Entwicklung kognitiver Fähigkeiten besitzt (Herrmann 1968). Die Erkundung der Umwelt, der Prozeß des Lernens vollzieht sich besser auf dem Boden sicherer affektiver Beziehungen, wenn das Kind sich der Zuneigung der Erzieherpersonen gewiß ist. Erziehungspersonen unterscheiden sich aber auch in der Art, wie sie in der kognitiv-sprachlichen Auseinandersetzung mit dem Kind die Strukturierung der Umwelt ermöglichen, denn das Denken des Kindes differenziert sich in diesem Interaktionsprozeß. Zu diesem Verhalten der Erziehungspersonen gehört, daß sie dem Kind sprachliche Begründungen für ihr Verhalten geben, das Kind zum Fragen ermuntern und ihm die Möglichkeit aufzeigen, durch richtige Fragen – also durch richtiges Anpacken des Problems – Lösungen zu finden; ferner, daß sie die unermüdlichen Fragen des Kindes beantworten, daß sie gemeinsam mit dem Kind an Sachproblemen arbeiten (z. B. im Spiel), ohne seine Spontaneität und Eigenständigkeit zu unterdrücken (Holzkamp 1970; Oevermann 1969).

Infolge der unterschiedlichen Umwelterfahrungen sind Kinder bereits zum Schuleintritt unterschiedlich kognitiv sozialisiert, d. h. unterschiedlich gut in der Lage, sich mit den Anforderungen der sachlichen und sozialen Umwelt auseinanderzusetzen. Diese Unterschiede vertiefen sich im Prozeß der formalen Erziehung meist noch mehr. Viele Untersuchungen haben bestätigt, daß sich die Leistungen von Kindern mit Entwicklungsdefiziten während des Schulbesuches eher noch verschlechtern (Deutsch, M., u. Whiteman 1968).

5.2. *Das Problem der Entwicklungsdefizite*

Wie aus den vorherigen Ausführungen ersichtlich wird, ist das 10- bis 13jährige Kind bereits eine individuelle Persönlichkeit mit individuellen Erfahrungen und unterschiedlichen Persönlichkeits- und Fähigkeitsmerkmalen. Der Lehrer ist im Unterricht mit diesen verschiedenartigen Persönlichkeiten sowie mit dem unterschiedlichen Leistungsstand der Kinder konfrontiert. Es gehört heute in zunehmendem Maße in den Kreis seiner expliziten Aufgaben, den Ausgleich ihrer kognitiven Defizite zu erstreben.

Es wurde bereits auf die impliziten Anforderungen des Schulunterrichts und auf die Verflechtung der kognitiven Lernprozesse mit sozialen und motivationalen Bedingungen hingewiesen. Das Thema soll an dieser Stelle noch einmal aufgenommen werden, um Verständnis für solche Leistungsdefizite aus verschiedenen Perspektiven zu ermöglichen und die Funktion des Spiels für den Ausgleich solcher Defizite verständlich zu machen.

Wenn ein Lehrer feststellt, daß ein Kind Schwierigkeiten im Unterricht hat, so ist es für die Behebung dieser Schwierigkeiten für ihn sehr wichtig zu wissen, in welchen Ursachen dieses Schulversagen begründet ist. Er wird sich wahrscheinlich die Frage stellen, ob das Kind über die Fähigkeiten oder das Wissen, welches im Unterricht verlangt wird, nicht verfügt oder ob das Kind nur in der speziellen Unterrichtssituation gehemmt ist oder ob ihm aus bestimmten Gründen sein Wissen nicht verfügbar ist.

Auf einer theoretischen Ebene unterscheidet man zwischen Leistungsdefiziten im Bereich der *Kompetenz* oder im Bereich der *Performanz*. Defizite in der Kompetenz liegen dann vor, wenn ein Kind bestimmte Fähigkeiten nicht erworben und ausgebildet hat. Wenn hingegen ein Kind bestimmte Fähigkeiten, die ihm im Unterricht fehlen, in einer anderen Situation zeigt, so spricht man von Leistungsdefiziten auf der Ebene der Performanz. Während bei Entwicklungsdefiziten im Bereich der Kompetenz – z. B. bei fehlenden Schreib- und Rechenfähigkeiten – bestimmte Lernprozesse im Unterricht oder in einem Förderprogramm nachgeholt werden müssen, kann bei Leistungsdefiziten auf der Performanzebene eine Änderung der motivationalen oder affektiven Bedingungen der Lernsituation dazu führen, daß das Kind die gewünschten Leistungen erbringt. Solche Beispiele dürften dem Lehrer auch aus dem Unterricht bekannt sein.

Aus der psychologischen Forschung gibt es inzwischen mehrere Belege dafür, daß eine Veränderung von Versuchsbedingungen zu besseren Leistungsergebnissen führen kann (Cole u. Bruner 1972; Cazden 1970).

Manche Kinder erreichten bessere Testwerte, wenn der Versuchsleiter sich vor dem Test mit dem Kind freundlich unterhielt, als wenn er unbekannt war oder sich eher streng verhielt. Kinder mit ungenügenden sprachlichen Leistungen konnten sich mit einem Versuchsleiter, den sie mochten, ausführlich und flüssig über ein interessantes Thema unterhalten.

Wenn Lehrer die Lernschwierigkeiten der Kinder beheben wollen, dann müssen sie versuchen, Verständnis für die Ursachen zu gewinnen. Von ihrer Beurteilung dieser Ursachen hängt es ab, welche pädagogischen Maßnahmen sie ergreifen.

Die Spiele, die Benita Daublebsky in diesem Buch vorlegt, können auch als Lernsituationen zum Ausgleich von Entwicklungsdefiziten gesehen werden, da sie einerseits kognitive Fähigkeiten direkt einüben und andererseits den motivationalen und sozialen Aspekt dieser Defizite einbeziehen.

5.3. *Der Ausgleich nicht-kognitiver Bedingungen von Leistungsdefiziten im Spiel*

Für schlechte Leistungen im Unterricht sind oft nur zu einem geringen Teil mangelnde Fähigkeiten verantwortlich, sondern häufig mangelndes Interesse an einem Unterricht, in dem die Bedeutung der behandelten Gegenstände für den Schüler nicht erfaßbar ist oder er zu sehr in eine passiv-rezeptive Rolle gedrängt wird. Es fehlt der Ansporn zur Auseinandersetzung mit der Aufgabe.

Ein weiterer Grund für Leistungsdefizite kann darin bestehen, daß das Kind sich aus Angst vom Unterricht abwendet, weil es Mißerfolge nicht ertragen kann oder die Sozialbeziehungen gestört sind. Wenn das Kind sich vom Lehrer oder von Mitschülern nicht akzeptiert fühlt, hat es Hemmungen, sich im Unterricht zu äußern. Es erlebt die Schulsituation negativ und zieht sich zurück. Es wird dadurch in Anspruch genommen, daß es sich Strategien ausdenkt, wie es Mißerfolge vermeiden kann, wie es die Aufmerksamkeit des Lehrers oder der Mitschüler auf sich lenken kann oder von sich ablenken kann, so daß die Möglichkeit einer relativ konfliktfreien Auseinandersetzung mit den Leistungsanforderungen des Unterrichts ausfällt.

Viele Defizite gehen also nicht auf fehlende Fähigkeiten, sondern auf die mangelhafte *Verfügung* über diese Fähigkeiten zurück. Das Kind kann dann wieder erfolgreich lernen, wenn es interessiert ist oder wenn es seine Probleme überwunden hat.

Spiele, wie sie hier von Benita Daublebsky geschildert werden, stellen für Kinder befreite Situationen her, in denen sie sich spontan, aktiv und engagiert mit Problemen auseinandersetzen können. Es sind Situationen, in denen die Angst vor Mißerfolgen verringert ist und in der neue Interaktionsformen gelernt werden können, so daß in günstigen Fällen die Störungen in den Sozialbeziehungen nach und nach überwunden und damit neue Möglichkeiten für eine unbefangene Haltung gegenüber schulischem Lernen eröffnet werden können.

Es wurde bereits aufgezeigt, daß die Fähigkeiten, die in Interaktionssituationen gefordert sind, auch kognitive Fähigkeiten sind: Prozesse der Wahrnehmung und des Urteilens, der Schlußfolgerung, der Einsicht und des Verstehens. Oben wurde bereits gefordert, diese Probleme zu einem legitimen Unterrichtsgegenstand zu machen. Spiel ist *eine Situation*, in der jene interpersonell-kognitiven Fähigkeiten gelernt werden, die auch Bedingung für schulisches Lernen sind.

Für Lehrer ergibt sich aus dieser Sichtweise kognitiver Defizite, daß in einer befreiten Lernsituation kognitive Defizite gemindert oder aufgehoben werden können. Die Änderung der Motivation, des Selbstbildes, der interpersonellen Beziehungen kann, wie die Erfahrung zeigt, größeren Einfluß auf schulisches Lernen haben als die direkte Übung der gewünschten Fähigkeiten.

5.4. Der Ausgleich kognitiver Bedingungen von Leistungsdefiziten im Spiel

Durch die Beschreibung der kognitiven Lernprozesse im Spiel, wie sie anhand der Spielkommentare vorgenommen wurde, und die theoretische Einordnung des Spiels in den Prozeß des kognitiven Lernens wurde bereits verdeutlicht, daß Spiele Lernsituationen für die Differenzierung und Verbesserung kognitiver Fähigkeiten sind. Im Spiel werden Fähigkeiten geübt, die nur unzureichend ausgebildet sind. Aus den Kommentaren wird ersichtlich, wie unterschiedlich Kinder grundlegende motorische oder kognitive Fähigkeiten beherrschen.

Sensorische Diskrimination, wie sie in den Bilderspielen oder beim Geräuschemachen gefordert ist, die Koordination von Bewegungen oder von Wahrnehmung und Bewegung fallen vielen Kindern sehr schwer. Diese Fähigkeiten gelten im Unterricht der 10- bis 13jährigen als Voraussetzung, sie sind allenfalls Gegenstand des Unterrichts der Vorschulklassen oder der Primarstufen. Bei älteren Kindern werden sie in der Schule nur in Kombination mit „höheren" kognitiven Prozessen geübt. Defizite, die Kinder zunächst in diesen grundlegenden Fähigkeiten zeigen, führen zu schulischer Leistungsunfähigkeit und häufig genug zu Fehlurteilen in der Leistungsdiagnose. Die Freude, mit der Kinder diese Kompetenzen im Spiel üben, rechtfertigt die Auswahl von Spielen, die diese Fähigkeiten verlangen, sowohl unter kognitivem wie unter motivationalem Aspekt. Durch die Variationsmöglichkeit in der Schwierigkeit der Anforderungen, die im Spiel gestellt werden, stellen die Spiele Lernabfolgen dar (Gagné 1968, 1971), in denen zunehmend komplexere Lernprozesse stattfinden. Eine weitgehende Flexibilität ermöglicht den Kindern dabei die Anpassung des Spiels an ihr eigenes Fähigkeitsniveau. Je nach den Wünschen und kognitiven Voraussetzungen der Kinder können die meisten Spiele auf einem unterschiedlichen Niveau gespielt werden (z. B. bei Fang- oder Versteckspielen, in denen die Kinder zunehmend kompliziertere Strategien ausdenken können, oder wenn einfache Szenen zunehmend erweitert werden bis hin zum Theaterspielen).

Manche schwierige Spiele gelingen allerdings erst dann, wenn in einfacheren Formen desselben Spiels die grundlegenden Fähigkeiten geübt werden, die dann kombiniert eingesetzt werden müssen; andere Spiele erfordern zwar ebenfalls zunehmende Koordination von Fähigkeiten, stellen aber keine notwendige „Abfolge" dar, sondern die Variationen können flexibel, je nach dem Wunsch der Kinder, gespielt werden. Hier muß der Spielleiter merken, ob ein Spiel aus Unaufmerksamkeit oder Desinteresse der Kinder nicht gelingt oder weil sie über für das Spiel grundlegende Fähigkeiten nicht verfügen oder diese Fähigkeiten nicht in ausreichendem Maße koordinieren können.

6. Schluß

Dieser Beitrag sollte aufzeigen, daß Spiel eine entwicklungspsychologisch bedeutsame, kindgemäße Form des Lernens darstellt. Eine strikte Trennung von Spielen und Lernen ist von daher ebensowenig gerechtfertigt wie eine Verbannung des Spielens in die frühe Kindheit. Daraus soll nun nicht die Schlußfolgerung gezogen werden, daß Lernprozesse am besten nur im Spiel stattfinden könnten. Viele abstrakte, formallogische Denkprozesse können im Spiel gar nicht oder nur mit großer Mühe vermittelt werden. Schulisches kognitives Lernen braucht Zielgerichtetheit, Aufgabenorientiertheit, definierte Lernsituationen. Spiel sollte aber als eine eigenständige Lernsituation Raum in der Schule haben, und es sollte auch überlegt werden, welche Aspekte des Spiels für die Planung des Unterrichts wichtig sind, um subjektiv befriedigende und von der Sache her optimale Kombinationen von Lernanreizen zu sichern.

Drei Aspekte charakterisieren die Spiele und bedingen eine besonders günstige Lernsituation: Kommunikation, Freiheit und Aktivität.

1. Spiele, wie sie hier von Benita Daublebsky geschildert werden, sind häufig im Gegensatz zum Unterricht eine ausgesprochen *sprachliche* Situation, in der die Kinder lebhaft miteinander und mit dem Spielleiter kommunizieren, während im Unterricht überwiegend der Lehrer spricht oder jeweils ein Kind nach dem anderen – aufgerufen – die Fragen des Lehrers beantwortet.

2. Spiel ist eine *selbstgewählte* Aktivität, während die Aufgaben in der Schule überwiegend fremdbestimmt sind. Die strenge Zielausrichtung der schulischen Lernsituation gibt dem Schüler in der bei uns üblichen didaktischen Organisation zu wenig Möglichkeiten, sich eigene Aufgaben zu stellen und sie über einen gewissen Zeitraum hinweg zu verfolgen.

3. Aus der Erörterung der kognitiven Entwicklungstheorie ist ersichtlich geworden, daß sich die Entwicklung der Strukturen des Denkens, des kognitiven Lernens generell, in der *aktiven* Auseinandersetzung des Kin-

des mit seiner Umwelt vollzieht. Denken wird als verinnerlichtes Handeln begriffen; die kognitiven Operationen sind verinnerlichte Handlungsschemata. Dieses Moment der Aktivität findet im Unterricht zu wenig Beachtung. Schulisches Lernen ist häufig zu passiv und rezeptiv. Dem Schüler werden Wissensinhalte vermittelt, mit denen er aber nicht aktiv umgeht. Er nimmt assoziativ Wissen auf, setzt es aber zu selten zu Problemlösungen ein. Im Spiel dagegen ist das Kind aktiv engagiert; es handelt spontan in einem Wechselspiel von assimilierenden und akkommodierenden Lernprozessen.

Diese Aspekte, die beim Lernen im Spiel günstig aufeinander abgestimmt sind, müssen – tendenziell – auch im Unterricht verwirklicht werden, damit Kinder Freude am Lernen finden können – eine Freude, die auch Voraussetzung für die Bereitschaft zum lebenslangen Lernen ist, für die Bereitschaft, Probleme zu sehen und ihre Veränderung zu versuchen. Gelingt es, die Lernhaltung im Spiel auf Situationen des schulischen Lernens zu übertragen, dann erhält die Schule für das Kind einen subjektiven Sinn und zugleich erfolgreich und produktiv ihre objektive Funktion.

9. Kapitel: Analyse und Auswertung von Spielstunden

Von Diether Hopf

1. Vorbemerkung

Überlegungen zur Evaluation von Spielstunden mögen wie der Versuch anmuten, die im Spiel sich bietenden Möglichkeiten freier, kreativer und flexibler Interaktion von Schülern und Lehrern und von Schülern untereinander ihres schöpferischen Gehaltes zu entkleiden und selbst die Spielstunde in die spanischen Stiefel der Effektivitätsmessung einzuschnüren. Insbesondere könnte der Eindruck entstehen, als sollten alle Warnungen in den Wind geschlagen werden, die in den vorausgehenden Kapiteln ausgesprochen und begründet worden sind: daß man als Spielleiter seinen eigenen Intentionen zuwiderhandelt, wenn man die Förderung von Grundqualifikationen des sozialen Verhaltens zum expliziten, kontrollierten Programm erhebt; daß man die erwünschten Auswirkungen des Spiels gerade nicht als ausdrückliche Ziele vorgeben oder gar Fortschritte im Spielverhalten wie eine andere Schulleistung messen darf, da die Kinder nur in einer entlasteten Situation ihre Probleme aus sich herausspielen werden.

Bei genauerem Zusehen zeigt sich freilich, daß in den vorausgegangenen theoretischen Kapiteln, vor allem aber im Hauptteil des Buches fast auf jeder Seite dem Spielleiter *Urteile* über die Vorgänge während der Spielstunde sowie über einzelne Kinder oder über Gruppen abverlangt werden, die ihn überhaupt erst zu sinnvollem Handeln und Planen befähigen. Diese Urteile fußen auf Beobachtungen vielfältiger Art, deren Analyse und Deutung nach ganz bestimmten, keineswegs zufälligen Kriterien erfolgt.

Dies wird besonders deutlich in den Abschnitten über die Planung von Spielstunden und über das Spielleiterverhalten. Hier zeigt sich klarer noch als sonst, daß „zweckfreies" Spielen unter expliziten, zumindest aber unter impliziten Zielvorstellungen abläuft, Zweckfreiheit jedenfalls nicht Ziellosigkeit bedeutet. Wenngleich auch keine inhaltliche Durchstrukturierung bei der Vorbereitung in der Weise möglich ist, wie sie bei vielen anderen Lernprozessen erfordert wird, verlangen die Spielstunden doch sorgfältige Vorplanung; und wenn auch die Ziele nicht leicht greifbar sind und schon gar nicht zum Programm erhoben werden können, so sind sie doch stets präsent und steuern, im Ganzen wie im Detail, die Reaktionen des Spielleiters auf das Geschehen während der Spielstunde. Die Vorbereitung der Stunden erfolgt hier in Form einer „reflexiven" Planung, welche als Element des Vollzugs gerade die Abweichung von der vorgedachten Struktur der Stunde vorsieht und vom Spielleiter bewußte Offenheit gegenüber Momenten erfordert, in denen Abweichungen sich ankündigen.

Planung, wie sie hier gemeint ist, stellt dann geradezu die Voraussetzung für flexibles Verhalten des Spielleiters während der Spielstunde dar, wie umgekehrt Flexibilität orientierungslos ist ohne Planung (vgl. oben S. 16 und S. 150). Nur nebenbei sei erwähnt, daß auch im üblichen Schulunterricht flexibles Eingehen auf die Schüler – beispielsweise auf produktive Fehler – und überhaupt die Modifikation des geplanten Unterrichtsverlaufs je nach den Erfordernissen der Situation zur Strategie eines guten Lehrers gehören; insofern sind die hier geschilderten Eigenschaften der Spielstundenplanung mehr in ihrer konsequenten Anwendung als im Prinzip für den Lehrer etwas Neues.

Die Identifikation der Ziele einer Spielstunde oder Spielstundensequenz stellt die wichtigste Voraussetzung für die Evaluation dar. Freilich ist der Vorgang hier komplizierter als im Unterricht sonst, wo sich die Lernziele meist klarer abzeichnen. Um ein Beispiel zu geben: Den Spielbeschreibungen und dem Kapitel über motivationale Aspekte des Spielens könnte man unter anderem etwa folgende Ziele entnehmen:

– spontane Aktivität, handelnde Auseinandersetzung;
– neugieriges Explorieren; Experimentieren;
– Artikulieren und Einbringen eigener Bedürfnisse sowie Abstimmen dieser Bedürfnisse auf die Spielsituation;
– Suche nach Neuem, Abenteuerreichem, Ungewöhnlichem.

Es ist unmittelbar deutlich, daß der Allgemeinheitsgrad und die Komplexität solcher Ziele erhebliche Probleme für die Evaluation mit sich bringen. Darüber hinaus sind aber auch bei den Spielen meist mehrere Ziele miteinander verflochten und dadurch bei der Analyse schwer zu entwirren. Auch liegen die Ziele auf unterschiedlichen Ebenen: angefangen von relativ einfachen Intentionen, wie zum Beispiel der Übung der motorischen Koordination; über motivationale, kognitive und soziale Lernziele, deren Komplexität und Empfindlichkeit in den vorausgegangenen Kapiteln deutlich geworden ist; bis hin zu dem übergreifenden Prinzip der Flexibilität, das vom Spielleiter verlangt, in Reaktion auf die Ereignisse der Spielstunde vorgefaßte Pläne und Intentionen fallenzulassen beziehungsweise zu verschieben, wenn die Kinder selbst Spiele aussuchen, Vorschläge ablehnen, die Spielregeln modifizieren usw.

Entsprechend variieren die Aufgaben und die Verfahren der Evaluation: Urteile über die Auswirkungen bestimmter Pläne und das Eintreten erwünschter Verhaltensänderungen stehen neben Urteilen über die Art und Häufigkeit des *Abweichens* von vorgefaßten Plänen; hierbei kann ein hohes Maß an planungskonformen Spielstundenverläufen geradezu ein Indikator für Mißlingen und für dominantes Verhalten des Spielleiters sein, wie umgekehrt die ständige Abweichung und das Aufgeben sämtlicher vorgeplanten Intentionen die Spielstunden letzten Endes strukturlos und chaotisch werden lassen kann (ein eindrucksvolles Beispiel für das Wiederaufgreifen eines lange verschobenen Plans findet sich in „Planung von Spielstunden", s. o. S. 158).
Es ist die Absicht dieses Kapitels, die im Hauptteil des Buches angesprochenen Elemente der Evaluation zu systematisieren und zu ergänzen, die Funktionen zu beschreiben, welche der Evaluation in der Spielstunde zukommen können, sowie Überlegungen anzustellen, wie sich sichern läßt, daß die bei der Planung der Stunden gefaßten Absichten letztlich auch verwirklicht, zumindest aber nicht unter der Hand in ihr Gegenteil verkehrt werden. Nur in Parenthese sei darauf hingewiesen, daß das Nachdenken über mögliche Evaluationsformen dazu beitragen kann, die Ziele von Spielstunden weiter zu klären und explizit zu machen.
Der hier und im folgenden verwendete Begriff Evaluation mag den Leser, der die Erfahrung gemacht hat, daß damit bisweilen reine Effektivitätsmessungen des Schulunterrichts gemeint sind, auf den ersten Blick befremden. In seinem ursprünglichen, allgemeinen Sinne bedeutet er jedoch genau den hier geschilderten komplexen Vorgang der Analyse, der Beobachtung und der Auswertung von Erfahrungen unter dem Gesichtspunkt, welche Intentionen sich im Verhalten der Beteiligten ausdrücken und ob die das Geschehen explizit oder implizit steuernden Absichten verwirklicht werden. Es handelt sich bei der Evaluation im übrigen um Aktivitäten, die dem Lehrer aus seiner Unterrichtspraxis vertraut sein dürften und für die er sozusagen eine natürliche Kompetenz mitbringt.

2. Möglichkeit und Legitimität der Evaluation von Spielstunden

Wenn der Spielleiter eine Spielstunde plant, wird er Überlegungen anstellen über die Voraussetzungen, mit denen die Kinder in die Stunde kommen, vor allem aber über besondere Probleme einzelner Schüler sowie über deren Gründe und Genese; während des Spielens selbst wird er Zeuge der Selbstdarstellung der Stärken und Schwächen seiner Schüler sein und, wie die Berichte Benita Daublebskys zeigen, spontan geäußerte, unkontrollierte, oft sehr intime Mitteilungen erhalten; das Nachdenken über den Verlauf einer vergangenen Spielstunde wird ihm oft weitreichende Diagnosen emotionaler Belastungen einzelner Kinder ermöglichen, die ihm, besonders in Verbindung mit Informationen aus anderen Quellen, Einblicke in die Privatsphäre des Schülers, beispielsweise in familiäre Probleme, gewähren.

Hier könnten sich Bedenken erheben: Wenn die Spielstunde Informationen über das soziale, emotionale und affektive Verhalten der Kinder zu gewinnen ermöglicht, die der Schule sonst unzugänglich sind, bedeutet dann der Versuch einer Präzisierung der Evaluation nicht unter Umständen ein unzulässig weites Vordringen in die Privatsphäre der Kinder?

Diesem Einwand läßt sich einerseits entgegenhalten, daß es zur Vorbereitung, zur Analyse und zur weiteren Planung der Spielstunden in vielen Fällen lediglich anonymer Daten über die Auswirkungen der Stunden bedarf. Wenn man zum Beispiel die Einstellungen der Schüler zu einem sozialen Problem vor und nach einer Spielstundensequenz kennenlernen will, genügen Informationen über die Veränderung der Gruppe insgesamt, um eventuelle Auswirkungen sichtbar zu machen. Wenn es andererseits darum geht, Beratungs- und Betreuungsfunktionen wahrzunehmen und dem einzelnen Schüler in therapeutischer Absicht zu begegnen, ist der Spielleiter in jedem Fall auf eine möglichst sichere Diagnose der individuellen Schwierigkeiten angewiesen. Er wird sich also immer, soweit ihm die Hilfe bei individuellen Schwierigkeiten überhaupt am Herzen liegt, mit mehr oder weniger tauglichen Mitteln ein Bild zu machen versuchen. Seine Befunde durch systematische Beobachtung und Erfahrungsauswertung abzusichern, dürfte also im Interesse vor allem des Schülers selbst liegen. Daß der Spielleiter die ihm zugänglichen Informationen äußerst behutsam und zurückhaltend verwenden wird, versteht sich dabei von selbst.

Ein weiterer Einwand hinsichtlich der Legitimität der Evaluation könnte sein, daß wichtige Lernziele nur langfristig erreichbar sind. Einstellungsänderungen zum Beispiel vollziehen sich allmählich; komplexe Handlungs- und Problemlösungsstrategien bilden sich langsam heraus und sind nur mühsam zu modifizieren.

Abgesehen davon, daß dieser Einwand nur einen Teil der Lernziele betrifft, wird man selbst bei nur langfristig erreichbaren Zielen Indizien zu finden versuchen, welche die Verwirklichung einer Intention andeuten. Soweit die Spielstunden bestimmte Ziele verfolgen, werden diese Ziele auch den Ablauf der Stunden erkennbar beeinflussen. Die Evaluation – und sei sie auch ganz informell und auf kurzfristige, vielleicht instabile Verhaltensänderungen gerichtet — bildet dann die Grundlage für Modifikationen in der Planung.

Das Erreichen sozialer, motivationaler und kognitiver Lernziele läßt sich, so könnte man ferner argumentieren, nur ungenau in eine Zensur fassen.

Dies ist allerdings eine Vorstellung, die der Idee der Spielstunden stracks zuwiderläuft. Die Benotung von Verhalten in der Spielstunde — formell und informell, gesondert ausgewiesen oder als Teilzensur irgendeines Faches — dürfte vielmehr ein unfehlbares Mittel sein, die mit den Spielen verfolgten Intentionen in irreparabler Weise zunichte zu machen.

Weiter könnte der Einwand kommen, der Versuch, das Erreichen der Lernziele in Form von *Verhaltens*änderungen zu beschreiben, würde allenfalls bei einfachen Verhaltenszielen gelingen. Das führe dazu, daß die Lehrer bald die komplexeren und oft wichtigeren Ziele aus den Augen verlören.

In der Tat gibt es Erfahrungsberichte aus Curriculumprojekten, die auf eine so geartete Pervertierung der Evaluation schließen lassen. Man sollte jedoch auch die umgekehrte Gefahr sehen, daß die Komplexität eines pädagogischen Vorhabens den Lehrer überfordert, so daß er, oft ohne es zu wissen, weit hinter seinen eigentlichen Zielen zurückbleibt. Erfahrungsanalyse, Beobachtung und Selbstreflexion würden hier die wichtige Funktion erfüllen, solche Defizite rechtzeitig aufzudecken. Man wird sich dennoch vorsehen müssen, daß die Spielstunden und das Spielleiterverhalten durch die Evaluation nicht in einer Weise bestimmt werden, daß nur noch das Meßbare getan wird. Den Primat besitzen die Ziele; in der Evaluation wird der Versuch unternommen, einen möglichst großen Teil dieser Vorhaben in den Griff zu bekommen. (Daß die Einbeziehung von Evaluationsgesichtspunkten bei der langfristigen Planung zur Präzisierung der Überlegungen beitragen kann, ohne daß dadurch Einengung und Behinderung bei der Planung in Kauf genommen werden müssen, hat sich im übrigen vielfach gezeigt.)

Man könnte schließlich argumentieren: Spiele brauchen nur Spaß zu machen, dann entfalten sie auch ihre sonstigen erwünschten Wirkungen. Festzustellen, ob die Kinder mit Vergnügen dabei sind, dürfte jedoch einfach sein; weitere Überlegungen zur Evaluation sind daher überflüssig.

Die Freude der Kinder am Spiel ist zwar ein notwendiges, aber kein hinreichendes Kriterium einer gelungenen Spielstunde. Das läßt sich beispielsweise daran illustrieren, daß Wettkampf- und Konkurrenzspiele den Kindern oft großes Vergnügen bereiten, ein solches Verhalten aber in vielen Fällen konträr zu den Intentionen der Spielstunden stehen wird. Der Spaß am Spielen wird demnach unter Umständen sogar ein irreführendes Indiz für das Gelingen einer Spielstunde sein, solange man nicht differenzierte Angaben darüber machen kann, warum und worüber die Kinder sich freuen. In Anbetracht der außerordentlich verschiedenen Ausdrucksformen und Bedeutungen von Freude, welche die Befriedigung unterschiedlicher Bedürfnisse signalisieren, müßte man daher zunächst die diffizile Aufgabe der Unterscheidung und Interpretation solcher Ausdrucksformen unter Berücksichtigung der Vorerfahrungen und Eigenschaften der Schüler lösen. Damit ist man jedoch schon mitten in den typischen Problemen der Evaluation, die sich aus der Notwendigkeit ergeben, nicht einzelne Indikatoren, sondern eine Vielzahl von Informationen zu beachten und zu interpretieren.

3. Funktionen der Evaluation von Spielstunden

Die Beschreibung der Spielstunden, die Ausführungen über Planung und Spielleiterverhalten sowie die theoretischen Kapitel dürften deutlich gemacht haben, daß sich der Evaluation, das heißt der Sammlung von Daten und ihrer Deutung, wichtige Aufgaben stellen. Fünf Funktionen lassen sich bei genauerem Hinsehen ausgrenzen:

– die Diagnose der Bedürfnisse, Defizite, Probleme usw. der einzelnen Kinder als Voraussetzung der Planung und Durchführung von Spielstunden sowie der Interpretation von Verhalten;
– die Verlaufsanalyse während der Spielstunde, durch die der Lehrer unmittelbare Rückmeldung und damit die notwendige Information zur Steuerung seines weiteren Verhaltens erhält;
– die Rekonstruktion und Auswertung einer beendeten Spielstunde als Voraussetzung der weiteren Planung;
– die zusammenfassende Betrachtung längerer Spielperioden und ihrer Auswirkungen auf das Verhalten der Kinder;
– die Analyse der wichtigsten Eigenschaften und möglichen Funktionen der einzelnen Spiele.

3.1. Diagnose

In nahezu allen Berichten über den Ablauf der Spielstunden finden sich Hinweise auf die große Variation bezüglich der Voraussetzungen, mit denen die Kinder in die Spielstunde kommen, hinsichtlich ihrer Spielweise, der Probleme, die ans Tageslicht treten, der Beziehungen zwischen den Schülern untereinander und zwischen Schülern und Lehrern, Hinweise, die stets Konsequenzen für die Art, den Zeitpunkt und die Intensität der Intervention des Spielleiters während der Spielstunde haben. Darüber hinaus bestimmen die Beobachtungen und Vorkenntnisse des Spielleiters die Planung der weiteren Stunden: Auswahl und Abfolge der Spiele richten sich nach den Bedürfnissen und Defiziten der Kinder; das Angebot muß wegen der meist breiten Streuung entsprechend reichhaltig und vielfältig ausfallen; bestimmte Spiele lassen sich nicht spielen, weil die Kinder noch nicht soweit sind usw.

Hieraus ergibt sich die Notwendigkeit, Informationen über Bedürfnisse, Probleme und Defizite der Kinder als Grundlage für die Planung und Durchführung der Spielstunde sowie als Ausgangspunkt therapeutischen Einwirkens zu gewinnen. Die Daten kommen dabei aus unterschiedlichen Quellen: Einerseits gibt das Verhalten der Schüler während der Spielstunden selbst eine Fülle von Informationen frei, die gesammelt und interpretiert werden müssen; andererseits bedarf es zu einer auf die Erkenntnis der Determinanten und der Genese von Verhalten gerichteten Diagnose auch der Einbeziehung externer Quellen: Berichte anderer Lehrer, der Eltern, der Mitschüler; Aktenberichte zur Biographie und zum sozialen Kontext, in dem ein Schüler lebt; entwicklungspsychologische Befunde, die es geraten erscheinen lassen können, bestimmte Spiele nicht zu spielen; aktuelle Belastungen der Schüler, beispielsweise durch vorhergehende, besonders anstrengende Unterrichtsstunden; Ärger in der Pause vorher usw. Während die Möglichkeiten und Grenzen der Informationsgewinnung aus externen Quellen dem Lehrer vertraut sein dürften — Verfahren der Inhaltsanalyse, des Interviewens usw. können hier zusätzliche Hilfen anbieten —, bedürfen die Daten und Indikatoren, die während des Spielens wichtig werden können, der Illustration. Vor allem wird man — wie die Spielberichte reichlich belegen — sein Augenmerk auf das motorische Verhalten der Kinder richten, auf ihre Äußerungen im Gespräch miteinander und im gemeinsamen Gespräch zwischen Spielleiter und Schülern, auf ihr Wahlverhalten bei der Gruppenbildung, auf ihre Rolle in der Gruppe (Clown, Sündenbock usw.), ihre positiven und negativen Beziehungen zu den Mitspielern, auf Ausdrucksformen von Freude oder Unlust und vieles andere mehr. Dabei wird man beispielsweise Kinder entdecken,

– die rigide die Regeln einhalten wollen und sich gegen ihre Modifikation und Verbesserung ständig zur Wehr setzen;
– die eine Privatsprache entwickelt haben, deren unablässiger Gebrauch ihnen die Kommunikation mit den Mitspielern unmöglich macht;
– die sich nicht helfen lassen wollen;
– die sich über Wochen oder Monate weigern mitzuspielen;

– die schon bei der kleinsten Störung im Ablauf eines Spiels die Geduld verlieren;
– die lustlos mitmachen und selbst in besonders spannenden Momenten einen apathischen Eindruck machen;
– die unterschiedlichen Formen des Nicht-spielen-Könnens an den Tag legen;
– die die Regeln nicht ernst nehmen;
– die sich nie an einer Diskussion über die Adaptation von Regeln beteiligen;
– die den anderen Kindern keine Spielregeln erklären können;
– die plötzlich sich stellende Probleme impulsiv und mit offenbar hoher subjektiver Sicherheit, aber beträchtlichem Fehlerrisiko anpacken;
– die die Erwartungen ihrer Mitspieler nicht wahrnehmen oder beachten, ihre Intentionen nicht deuten können oder ihre Spielstrategie nicht durchschauen;
– die bei Partnerspielen immer wieder denselben Partner wählen;
– die große Schwierigkeiten haben, mit anderen umzugehen.

Man wird darüber hinaus Anzeichen offensichtlichen Vergnügens und der Zustimmung beachten, Befangenheit beim Sprechen und in der Bewegung registrieren, Indizien von Konzentration oder Spannung, Angst oder Ablehnung wahrnehmen.

Bei manchen der aufgeführten Beispiele zeigt sich, daß unversehens der Schritt von den Beobachtungsdaten hin zu deren Deutung getan worden ist. Obwohl diese Kontamination sich in einem so komplexen Feld oftmals nicht wird vermeiden lassen, sollte doch darauf hingearbeitet werden, bei der Evaluation möglichst weitgehend dem Prinzip zu genügen, die Erfassung der Daten von ihrer Deutung zu trennen. Dies wird lediglich während der Spielstunden schwierig sein, da hier der Spielleiter unmittelbar auf die Geschehnisse reagieren muß. Soweit irgend möglich, sollte jedoch in allen übrigen Fällen das Datenmaterial getrennt von der Interpretation der Daten gehalten werden, vor allem deshalb, weil in der Regel die Deutung der Daten erst im Zusammenhang mit zahlreichen anderen Indizien gültig, verläßlich und eindeutig ausfallen kann. Um nur ein Beispiel zu nennen: Die Weigerung eines Kindes mitzuspielen kann zahlreiche, voneinander ganz verschiedene Ursachen haben: Sie kann verschiedene Ängste anzeigen, wie zum Beispiel Mißerfolgsangst, Angst, sich dem Risiko und der Ungewißheit des Spielens auszusetzen, Angst vor den Mitspielern; sie kann die Reaktion auf Ärger und unangenehme Erlebnisse unmittelbar vor der Spielstunde sein oder noch andere Ursachen haben (vgl. oben S. 78 f.). Man wird sich deshalb nach der Spielstunde Notizen machen müssen, die nicht nur die Interpretation (zum Beispiel

„X hatte deutlich Mißerfolgsängste", oder gar: „X wirkte stark neurotisch gestört"), sondern vor allem die Beobachtung selbst („X weigerte sich, am Spiel Nr. Y teilzunehmen") festhält. Unter Umständen kann es sogar angezeigt sein, zur besseren Klärung des Verhaltens eines Kindes bestimmte Situationen bewußt herbeizuführen, die dann die benötigte Interpretationshilfe bereitstellen.

Allein schon aus diesem Beispiel geht in aller Deutlichkeit hervor, daß die Deutung der Beobachtungen nur zu leisten ist, wenn der Spielleiter klare Vorstellungen über die Ziele seiner Spielstunden besitzt und Einsicht in den komplizierten, störanfälligen Vorgang besonders des sozialen und motivationalen Lernens und in seine mannigfachen Determinanten gewonnen hat. Aus diesem Grunde ist die Rezeption der in den theoretischen Kapiteln angebotenen Hilfen eine wichtige Vorbereitung für die Interpretation des Verhaltens der Kinder im Spiel. Zugleich läßt es die Schwierigkeit und die große Unsicherheit der Diagnose vieler Befunde deutlich werden; es versteht sich von selbst, daß darauf basierende Planungen und Therapieversuche nur mit größter Behutsamkeit vorgenommen werden können.

Das weitaus wichtigste *Verfahren* der diagnostischen Evaluation wird ohne Zweifel die Beobachtung sein, deren Resultate in der oben geschilderten Weise getrennt nach Verhaltensbeschreibung und deren Deutung notiert werden sollten. Wenn man sich dabei der Hilfe durch einen unabhängigen zweiten Beobachter versichern kann, ohne daß dadurch die Spielstunde gestört wird, wäre das ein wesentlicher Gewinn bezüglich Genauigkeit und Gültigkeit der Befunde; auch könnte dann die Beurteilung des eigenen Verhaltens durch einen Außenstehenden wirksam überprüft werden. Bei der Planung einer Stunde sollte man darüber hinaus Überlegungen anstellen über bestimmte Ausschnitte, denen man in der Stunde seine besondere Aufmerksamkeit widmen möchte — seien es nun einzelne Schüler oder thematische Schwerpunkte wie etwa das Verhalten bei der Partnerwahl.

Vorüberlegungen zur Identifikation aussagekräftiger Indikatoren, die in der Spielstunde auftreten könnten, dürften ebenfalls dazu beitragen, die Ergiebigkeit der Beobachtungen zu erhöhen — sofern dadurch die Offenheit gegenüber unerwarteten Verhaltensformen nicht eingeschränkt wird. Die Spielberichte und die theoretischen Kapitel beschreiben eine Vielzahl verläßlich beobachtbarer Verhaltensweisen, deren Auftreten oder Ausbleiben bei entsprechender Berücksichtigung des Kontextes wertvolle Schlüsse zulassen; diese zu sichten und durch weitere Indikatoren zu ergänzen dürfte der Präzision und Ergiebigkeit der Beobachtungen während der Spielstunde sehr zustatten kommen. Darüber hinaus empfiehlt es sich, globale Verhaltensweisen, über welche man Informationen gewinnen möchte, in detailliertere Indikatoren zu zerlegen. Will man beispielsweise wissen, wie engagiert und motiviert ein Schüler sich am Spielen beteiligt, wird man darauf achten, ob er

— unwillig ist, wenn die Spielstunde aufhört,
— lange spielt,
— versucht, andere zum Spielen zu überreden,
— Spiele in der Pause fortsetzt,
— nach neuen Spielen fragt,
— selbst neue Spiele erfindet,
— dem Spielleiter hilft, günstigere Spielbedingungen zu schaffen, usw.

3.2. Verlaufsanalyse

Die Wichtigkeit der Evaluation *während* der Spielstunde braucht angesichts der in den Spielbeschreibungen enthaltenen Belege für die kontinuierliche Steuerung des Spielleiterverhaltens aufgrund von Verhaltensbeobachtung und -interpretation nicht eigens betont zu werden. (Als Beispiel vgl. oben S. 153 ff.) Die wichtigste Voraussetzung für eine sinnvolle Deutung des beobachteten Geschehens besteht auch hier darin, daß man als Spielleiter eine klare Vorstellung von den der Spielstunde zugrunde liegenden Zielen in die Stunde mitbringt.

Aufgrund der Schnelligkeit, in der das Spielgeschehen abläuft und mit der der Spielleiter reagieren und unter Umständen eingreifen muß, kommt als Instrument der Evaluation wohl ausschließlich die Beobachtung in Frage. Daß sorgfältige Planung und Vorüberlegung über mögliche Indikatoren eine große Hilfe für den aktuellen Beobachtungsvorgang darstellen, wurde oben bereits erwähnt. Ein besonderes Problem stellt sich hier dadurch, daß Beobachten im Grunde eine gewisse Distanzierung gegenüber dem Spielgeschehen verlangt, andererseits jedoch der Spielleiter oftmals engagiert beteiligt sein wird und nicht selten in Situationen gerät, die ihn selbst auf die Probe stellen und seine Identität gefährden. Die Beteiligung des Spielleiters am Spiel und seine Einflußnahme auf das Geschehen bedeutet darüber hinaus, daß er den Gegenstand seiner Beobachtungen selbst mit hervorbringt. Angesichts dieser Komplikationen und vielfältigen Anforderungen wird man daher, besonders zu Anfang, mit Fehlschlägen und Schwierigkeiten bei der Gestaltung der Spielstunden und ihrer Evaluation rechnen müssen. Diese ließen sich am ehesten vermeiden, wenn Möglichkeiten zu angeleiteter, handelnder Einübung in zentrale Verhaltensweisen des Spielleiters bestünden (etwa in Form von „Spielseminaren“ oder durch Supervision). Solange jedoch solche Möglichkeiten nicht existieren, ist der Lehrer angewiesen auf die sorgfältige Vorbereitung der Spielstunden und auf die Einarbeitung in ihre theoretischen und praktischen Probleme, wie sie in diesem Buch beschrieben werden. Damit ist am ehesten die Gewähr gegeben, daß er das unentbehrliche Maß an reflexivem Verhalten während der Spielstunde allmählich entwickelt.

3.3. Rekonstruktion und Auswertung von Spielstunden

Bei der Evaluation von Spielstunden wird man weitgehend mit informellen Verfahren arbeiten müssen; die Verwendung von Fragebögen, Tests usw. dürfte nur ganz selten möglich sein. Es hat daher seine Richtigkeit, daß im Kapitel „Planung von Spielstunden“ (S. 159) auf die Notwendigkeit einer Nachbesinnung verwiesen wird.

Bei der Rekonstruktion und Auswertung einer Spielstunde wird man eine Fülle von Gesichtspunkten beachten: Beispielsweise müssen Plan und tatsächlicher Verlauf der Spielstunde zueinander in Beziehung gesetzt, Abweichungen interpretiert und der weiteren Planung zugrunde gelegt, enges Festhalten am ursprünglichen Konzept auf seine Berechtigung hin befragt werden; es müssen Gründe für einen unbefriedigenden Verlauf der Stunde gesucht werden; die Art und Weise der Regelmodifikation verlangt eine Interpretation; Anlässe für Vergnügen oder Unlust sollten erinnert und verarbeitet werden; der Spielleiter wird sich die Frage stellen, ob er den Aktivitäten der Kinder größtmöglichen Raum gegeben hat; ob er den Schülern Gelegenheit verschafft hat, neue Rollen zu erproben; ob er die Aktivitäten einzelner Schüler zu gemeinsamen Aktivitäten hat umgestalten können; ob sich schon zuvor beobachtete Hierarchien unter den Kindern auch in dieser Stunde manifestiert haben; ob Gegensätze zwischen Kindern erkennbar geworden sind und innerhalb der Gruppe ausgetragen wurden, ohne diese zu sprengen; ob die Schüler sich zugehört haben und miteinander verständigen konnten usw. Nicht zuletzt muß der Spielleiter auch sein eigenes Verhalten selbstkritisch prüfen: Hat er seinen eigenen Vorlieben für bestimmte Spiele auf Kosten der Schüler nachgegeben? Hat er seine Rolle zu oft und zu massiv gewechselt, so daß sich Unsicherheit unter den Kindern verbreitete? Hat er genügend getan, um seiner vorgegebenen Autorität entgegenzuwirken und die Situation repressionsfrei zu halten?

Schon diese wenigen Beispiele zeigen, daß auch die Rekonstruktion und Auswertung einer Stunde und die auf ihrer Grundlage erfolgende Weiterplanung nur unter dem Gesichtspunkt der Zielvorstellungen erfolgen kann, die der Stunde explizit oder implizit zugrunde gelegen haben. Die Verfahren bei diesem Evaluationsschritt dürften im übrigen allen Lehrern vertraut sein; sie unterscheiden sich nicht von denen der „Nachbereitung" des üblichen Unterrichts. Hinweise über besonders zu beachtende Indikatoren finden sich in reicher Fülle im Hauptteil dieses Buches (vgl. zum Beispiel oben S. 161).

3.4. Zusammenfassende Betrachtung längerer Spielperioden

Diagnose, Verlaufsanalyse und rekonstruktive Evaluation sind unentbehrliche Bestandteile der Planung und Durchführung jeder einzelnen Spielstunde. Bei der zusammenfassenden Betrachtung wird im Unterschied dazu nach längeren Perioden des Spielens, zum Beispiel nach einem halben Jahr oder nach noch längerem Zeitabstand, der Versuch unternommen, Rechenschaft über die Vorgänge und Veränderungen im Ganzen abzulegen.
Veränderungen können die ganze Gruppe betreffen; einige Hinweise darauf finden sich in den Spielberichten (beispielsweise auf die geringere Aggressivität einer Klasse nach längerer Spielzeit oder darauf, daß bestimmte Spiele nach einiger Zeit viel besser gehen und mehr Spaß machen, vgl. Benita Daublebsky 1971, S. 546). Die Veränderungen können sich auch auf einzelne Schüler beziehen, bei denen zum Beispiel ein allmählicher Abbau der Widerstände gegen das Spielen oder die Lösung sonstiger Probleme konstatiert wird. In jedem Fall werden hierbei die Abweichungen des Endverhaltens vom Anfangsverhalten derselben Kinder interpretiert; ein Vergleich mit fremden (Kontroll-)Gruppen liegt dagegen außerhalb der Möglichkeit des einzelnen Spielleiters oder auch der einzelnen Schule.
Um Aussagen über Veränderungen machen zu können, braucht man Informationen über das Verhalten am Beginn und am Ende der Spielperiode. Die Interpretation der Beobachtungen bedarf freilich großer Behutsamkeit. Beispielsweise gibt es Befunde, die zeigen, daß sich die Wahrnehmungsfähigkeit des Beobachters unter Umständen stärker verändert als das beobachtete Verhalten: So hat man in einer Untersuchung festgestellt, daß Sprachlehrer für taube Kinder zu Beginn der Unterrichtsperiode die Sprache ihrer Schüler für nahezu unverständlich hielten; nach einigen Monaten stellten sie jedoch übereinstimmend Erfolge ihres Unterrichts bezüglich der Artikulationsfähigkeit der Kinder fest; erst Tonbandvergleiche zeigten, daß die Kinder unverändert sprachen; der „Er-

folg" des Unterrichts bestand darin, daß die Lehrer diese Kinder inzwischen besser verstanden. Dies Beispiel zeigt im übrigen wieder, wie wichtig es ist, sich über die Spielstundenverläufe Notizen zu machen, in denen vor allem genaue Verhaltensbeschreibungen enthalten sind.

Man wird sich bei der periodischen, zusammenfassenden Evaluation außerdem Rechenschaft darüber ablegen können, ob einerseits der Spielleiter die Stunden mit der notwendigen Flexibilität hinsichtlich der den Stunden zugrundeliegenden Intentionen gestaltet hat, andererseits jedoch die in den Planungen angestrebten und begründeten Zielvorstellungen nicht völlig untergegangen, sondern, wenn auch vielleicht später und in modifizierter Form, wiederaufgenommen worden sind (vgl. das Beispiel in „Planung von Spielstunden", oben S. 158). Auch muß man überprüfen, ob man in der vergangenen Spielperiode einen breiten Fächer von Zielbereichen angesprochen und somit allen Kindern die Chance geboten hat, durch Übernahme variierender Rollen ihr Interaktionsrepertoire zu erweitern. Es sei allerdings vor dem Versuch gewarnt, das Erreichen einzelner Spielstundenziele zu evaluieren; zu leicht könnte sich flexibles Planen unterderhand in festes Programmieren verwandeln. Auch stellt es wohl eher die Ausnahme dar, wenn sich bestimmte Erfolge zu einem vorhersehbaren Zeitpunkt einstellen; oft ergeben sie sich plötzlich und unerwartet, manchmal geradezu entgegen der Voraussicht und im Zusammenhang mit Spielen, die ganz anderen Intentionen dienen sollten (vgl. zum Beispiel „Planung von Spielstunden", oben S. 150). Man wird daher, solange man sicher sein kann, daß die Spielstunden flexibel verlaufen sind, den Kindern Freude gemacht haben und den Bedürfnissen der Schüler entgegengekommen sind, am besten darauf vertrauen, daß man auch den sozialen, motivationalen und kognitiven Lernzielen ein Stück nähergekommen ist.

Angesichts der Störanfälligkeit des Feldes ist der Spielleiter in der Regel auf solche Evaluationsverfahren angewiesen, die keine Veränderung des Verhaltens der Kinder hervorrufen; andernfalls erhält er nicht die unverfälschten diagnostischen Hilfen, welche die Vorbedingung für therapeutisches Einwirken darstellen. Beobachtungsverfahren, die nicht mit unmittelbaren Aufzeichnungen verbunden sind, erfüllen diese Bedingungen zweifellos am besten, besitzen jedoch den Nachteil eingeschränkter Präzision.

Es empfiehlt sich deshalb, nach Möglichkeit zusätzliche Hilfen, beispielsweise indirekte Verfahren, zu entwickeln, deren Gebrauch den Schülern nicht ihre Unbefangenheit nimmt und die zugleich resistent gegen eine mögliche Verzerrung der Information sind. Die im folgenden aufgeführten Beispiele möglicher Zusatzverfahren lassen sich vor allem bei der zu-

sammenfassenden Betrachtung längerer Spielperioden ergänzend heranziehen. Auch sie sind — dies sei ausdrücklich vermerkt — weit davon entfernt, in jedem Fall sichere und eindeutig interpretierbare Ergebnisse zu liefern. Wenn aus heterogenen Quellen gewonnene Resultate jedoch konvergieren, erhöht sich die Gültigkeit der Befunde, so daß man mit etwas größerer Sicherheit die weitere Planung danach ausrichten kann.
Die Beispielfragen lassen sich auf verschiedene Weise verwenden: Sie können als Themen für mögliche Gespräche mit einzelnen oder mit Gruppen von Schülern dienen; sie können Beobachtungsschwerpunkte während der Spielstunde darstellen; sie können unter Umständen sogar den Kindern nach einer längeren Spielperiode zur schriftlichen Beantwortung vorgelegt werden. Bei der zusammenfassenden Betrachtung längerer Spielperioden wird der Spielleiter in der Regel der mündlichen Erörterung solcher Fragen den Vorzug geben, weil er aufkommendem Unmut und Mißverständnissen im Gespräch leichter begegnen kann. Man darf allerdings nicht übersehen, daß eine Diskussion mit einer Gruppe von etwa 30 Kindern Aufschlüsse nur über die Meinungen derer gibt, die sich am Gespräch beteiligen. Um die Auswirkungen seiner Spielstunden genauer kennenzulernen, braucht der Lehrer jedoch Informationen über Einstellungen, Vorlieben, Befriedigungen, Enttäuschungen usw. möglichst aller Kinder. Er wird daher gelegentlich auch von der schriftlichen Frageform Gebrauch machen — sofern er sicher sein kann, daß dadurch keine Belastungen entstehen (etwa indem die Schüler die Befragung als Prüfung oder als Klassenarbeit mißverstehen), und wenn er mit der gebotenen Behutsamkeit zu Werke geht und auf die Situation der Spielgruppe sowie auf sein augenblickliches Verhältnis zu den Kindern Rücksicht nimmt (vgl. auch das Beispiel bei Benita Daublebsky 1971, S. 546).
In einem Aufsatz, bei einer Befragung oder in einem Gespräch ließe sich beispielsweise die Frage stellen,
- ob die Kinder lieber allein oder mit anderen zusammen spielen;
- ob sie lieber zusehen, wenn andere spielen, oder aktiv teilnehmen;
- ob sie sich für gute Spieler halten und warum;
- ob sie glauben, daß man Spielen lernen kann;
- was sie durch die Spielstunde persönlich und für die ganze Klasse glauben gewonnen zu haben (vgl. Benita Daublebsky 1971, S. 546);
- ob sie Spielen für eine wichtige Sache halten oder ob man besser für die Unterrichtsfächer etwas lernen sollte; usw.

Es erleichtert die Interpretation der Äußerungen, wenn man allen Kindern dieselben Fragen stellt und nicht nur offene, sondern gelegentlich auch eng begrenzte Themen vorgibt. So empfiehlt es sich beispielsweise, neben der allgemeinen Frage nach dem Gewinn, den die Kinder aus den

Spielstunden glauben gezogen zu haben, auch einmal ein kritisches Ereignis, zum Beispiel einen eng umgrenzten Konfliktfall in der Spielstunde, den alle erlebt haben und der allen noch präsent ist, interpretieren zu lassen. Die Wahrnehmung und Deutung eines solchen Vorfalls durch die Kinder gibt Auskünfte über ihre Einfühlung in die Lage der Beteiligten und über die Dimensionen, in denen sie den Konflikt sehen und bewerten – Informationen, die dem Spielleiter Einblick in mögliche Auswirkungen der Spielperiode gewähren.
Als ergiebig könnte sich auch ein indirektes Verfahren erweisen, welches über die Feststellung der Vorlieben der Kinder für bestimmte Spiele zu Schlüssen über einzelne Schüler oder über Gruppen von Schülern kommt. Die Interpretation der Vorlieben ist freilich nur unter der Voraussetzung zu leisten, daß man genauere Kenntnisse über die Eigenschaften der aufgeführten Spiele besitzt.

3.5. Analyse der Eigenschaften und Funktionen einzelner Spiele

Um die hierzu benötigten Informationen zu gewinnen, könnte man beispielsweise eine grobe Klassifizierung der Spiele erarbeiten und auf ihrer Basis die Vorlieben des einzelnen Schülers oder der Gruppe ordnen und deuten. Freilich kann es sich wegen der durchweg komplexen Zielstruktur der Spiele nur darum handeln, diese nach den sie vorwiegend charakterisierenden Gesichtspunkten einzuteilen; auch muß man sich darüber im klaren sein, daß dasselbe Spiel durch andersartige Akzentsetzungen des Spielleiters seine Zielstruktur verändern kann (vgl. zum Beispiel oben S. 111, S. 66). Mögliche Kategorien wären zum Beispiel:

- Spiele, die aggressive Bedürfnisse stärker auszuleben gestatten;
- Spiele, die nicht leicht zu Konflikten zwischen einzelnen und der Gruppe führen;
- Spiele, die besonders spannend sind und in denen sich die Schüler unverstellt äußern;
- Spiele, die ohne enge Kooperation der Mitspieler nicht gelingen können;
- Spiele, deren Durchführung vorwiegend kognitive Leistungen erfordert;
- Konkurrenz-(Wettkampf-)Spiele usw.

Die in diesem Buch mitgeteilten Erfahrungen geben zahlreiche Hinweise zu diesen Fragen und enthalten Beschreibungen der Charakteristika vieler Spiele. Darüber hinaus läßt sich die Klassifizierung der Spiele verbessern durch Analyse eigener Erlebnisse in den Spielstunden, durch Befragung anderer Lehrer, die ihre Erfahrungen einbringen oder aber sich einfach von den Spielbeschreibungen anmuten lassen, sowie über die Schüler, die man zu diesem Zweck bitten kann, ihre Gründe für die Vorlieben mitzuteilen.

Im Zuge einer zusammenfassenden Betrachtung längerer Spielperioden könnte man, wenn die Situation eine derartige Befragung erlaubt, dann beispielsweise die folgenden Fragen stellen:

- Welche fünf Spiele spielst du am liebsten und welche am wenigsten gern?
- Welche Spiele würdest du gern in jeder Stunde wieder spielen?
- Welche Meinung hast du von jedem der unten aufgeführten Spiele? Kreuze bei jedem Spiel den jeweiligen Buchstaben an. Dabei bedeutet:
  A: daß dir dieses Spiel Spaß macht und du dich dafür einsetzt, daß es möglichst oft gespielt wird;
  B: daß dir dies Spiel Spaß macht, du aber von dir aus nicht dafür sorgst, daß es oft drankommt;
  C: daß dir das Spiel keinen Spaß macht;
  D: daß dir das Spiel keinen Spaß macht und du dir alle Mühe gibst, daß es möglichst selten gespielt wird;
  E: daß du das Spiel nicht kennst.
  1. Ich sitze im Grünen ABCDE
  2. Zwinkern ABCDE
  (Weitere Spiele, deren Eigenschaften und Bedeutung der Spielleiter kennt.)
- Hast du schon mal Spiele, die du in der Spielstunde kennengelernt hast, mit anderen Kindern außerhalb der Schule gespielt?
  Welche? . . . .

Solche Fragen geben Auskunft über die Vorlieben der Kinder, deren Interpretation freilich mit großer Vorsicht und im Zusammenhang mit Informationen aus anderen Quellen erfolgen muß. Es ist nämlich nicht ausgeschlossen, daß je nach Lehrer, Situation oder Zusammensetzung der Spielgruppe die Spiele einen verschiedenen Stellenwert bekommen. Wahrscheinlich lassen sich deshalb generelle Charakterisierungen der Spiele und damit generelle Hilfen für die Interpretation im voraus nur grob und vorläufig leisten. Einem erfahrenen Spielleiter dürfte es jedoch möglich sein, auf dem durch solche Fragen eingeschlagenen indirekten Weg wertvolle Informationen über die Auswirkungen der Spielstunden zu gewinnen. Wenn beispielsweise das Interesse eines Schülers an einer Gruppe von solchen Spielen wächst, die gar nicht anders als kooperativ

und unter Zurückstellung des individuellen Konkurrenzdenkens gespielt werden können, so läßt sich einem solchen Befund einiges Gewicht beimessen.
Eine weitere Funktion der Spielanalyse kann darin bestehen, über die im Hauptteil dieses Buches gegebenen Hinweise hinaus Strukturen von Spielsequenzen herauszuarbeiten (vgl. zum Beispiel die oben S. 54 erwähnte Hierarchie von Spielen). Die Aufdeckung plausibler Abfolgen, die sich nicht ohne weiteres umkehren lassen, dürfte eine erhebliche Hilfe für die Stundenplanung darstellen.

4. Schlußbemerkung

Die Überlegungen und Anregungen zur Evaluation von Spielstunden machen deutlich, wie diffizil und anspruchsvoll die Aufgabe ist, die sich dem Spielleiter stellt, der es nicht dabei bewenden lassen will, das Spielbuch sozusagen als Steinbruch zu benutzen, die ihm zusagenden Spiele auszuwählen, den Verlauf und die weitere Planung jedoch dem Zufall zu überlassen. Ohne Durchdringung der vielfältig verflochtenen Zielstruktur, der diagnostischen und therapeutischen Möglichkeiten sowie der motivationalen und emotionalen Implikationen der Spiele, ohne die Einarbeitung in die theoretischen Hintergründe des Spielgeschehens wird es nur schwer gelingen, die subtilen Indikatoren für die Determinanten des Spielverhaltens wahrzunehmen, zu deuten und der Planung und Gestaltung der Spielstunden zugrunde zu legen.
Man darf aus den Forderungen nach sorgfältiger Analyse und Vorbereitung nicht den Schluß ziehen, jede Minute der Spielstunde müsse vorbestimmt sein und nachträglich kontrolliert werden; dies wäre nicht nur eine unrealistische Forderung, sondern würde dem Spielleiter die Spontaneität und Freiheit des Reagierens rauben. Notwendig ist vielmehr eine unbefangene Offenheit und „experimentelle“ Einstellung des Spielleiters gegenüber den oft unvorhersehbaren Ereignissen des Spielgeschehens, auf die er sensibel reagieren können muß. Spielstunden können auf die Dauer nur gelingen, wenn der Spielleiter auch in der Lage ist, sich „einzuspielen“ und seine Rolle als Leiter zu vergessen – solange er seine Aufgabe der Beobachtung, Diagnose und Therapie langfristig nicht aus den Augen verliert.
Dies gilt vor allem dann, wenn Spielstunden in einer Schule neu eingeführt werden und der Spielleiter über Erfahrungen noch nicht verfügt. Besonders hier würde es eine Überforderung darstellen, von Beginn an perfekte Planung, konsistentes Reagieren im Vollzug und die theoreti-

sche Durchdringung des Geschehens bei der Auswertung zu erwarten. In der Anfangsphase wird man als Spielleiter eher diejenigen Spiele auswählen, bei denen man sich sicher fühlt, man wird die Vorplanung mehr in der Absicht betreiben, das Spielrepertoire zu erweitern, und die Evaluation zunächst auf die Deskription des Geschehens beschränken.

Literatur

Axline, V. M., Dibs, Bern 1972[7].

Bandura, A. und Walters, R. H., Social Learning and Personality Development, New York 1963.

Bateson, G. u. a., Schizophrenie und Familie, Frankfurt 1969.

Bateson, G., The Message „This is Play", in: Herron, R. E. und Sutton-Smith, B., Child's Play, New York 1971, S. 261 ff.

Berlyne, D. E., Conflict, Arousal and Curiosity, New York 1960.

Bexton, W. H., Heron, W., Scott, T. H., Effects of increased variation in the sensory environment, Canad. J., Psychology, 1954, 8, S. 70 ff.

Bordieu, P. und Passeron, J. C., Les Heritiers, les etudiants et la culture, Paris 1964.

Boynton, P. L., Ford, F. A., The relationship between play and intelligence, J. Appl. Psychol., 1933, 17, S. 294 ff.

Bruner, J., Der Prozeß der Erziehung, Berlin 1970.

Cazden, C. B., The neglected situation in child language research and education, in: Williams, F., Language and poverty, Chicago 1970.

Cole, M. und Bruner, J., Cultural differences and inferences about psychological processes, American Psychologist, 1971, 26, S. 10 ff.

Daublebsky, B., Spielen in der Schule, in: Neue Sammlung, 1971, 6, S. 533 ff.

Deutsch, M., Katz, J. und Jensen, A., Social class, race and psychological development, New York 1968.

Duckworth, E., The having of wonderful ideas, in: Harvard Educational Review, 1972, 2, S. 217 ff.

Edelstein, W., Ungefächerter Sprachunterricht, Begründung und Beispiel einer Curriculumsequenz, in: Erziehung und Unterricht heute, Beiträge zur Theorie und Praxis, 12, Frankfurt, 1972, S. 12 ff.

Elkind, D., Children and adolescents, New York, 1970.

Erikson, E. H., Das Problem der Ich-Identität, in: Erikson, E. H., Identität und Lebenszyklus, Frankfurt, 1966, S. 123 ff.

Fantz, R. L., Visual perception and experience in infancy, in: Stevenson, H. W., Early behavior, New York, London 1967, S. 181 ff.

Gagné, R. M., Contributions of learning to human development, Psychological Review, 1968, 75, S. 177 ff.

Gagné, R. M., Learning hierarchies, in: Educational Psychologist, 1971, 6, S. 1 ff.

Goffman, E., Role distance, in: Goffman, E., Encounters, Indianapolis, 1961, S. 85 ff.

Groos, K., Das Spiel, Zwei Vorträge, Jena 1922.

Heckhausen, H., Entwurf einer Psychologie des Spielens, in: Psychol. Forschung 1964, 27, S. 225 ff.

Holzkamp, C., Die Entwicklung der kognitiven Fähigkeiten, in: Familienerziehung, Sozialschicht und Schulerfolg, b:e tabu, Weinheim 1971

Hunt, J., McV., Intrinsic motivation and its role in psychological development, Nebraska Symposion on Motivation, 1965, S. 189 ff.

Kagan, J., und Kogan, N., Individuality and cognitive performance, in: Mussen P. H., Charmichael's Manual of Child Psychology, Bd. 1.

Klein, M., Die psychoanalytische Spieltechnik, ihre Geschichte und Bedeutung, in: Biermann, G., Handbuch der Kinderpsychotherapie, München 1969, S. 151 ff.
Kogan, N., Educational implications of cognitive styles, in: Lesser, G. S., Psychology and educational practice, Glenview 1971.
Liebermann, J. N., Playfulness and divergent thinking, an investigation of their relationship at the kindergarten level, J. Genet. Psychol., 1965, 107, S. 219 ff.
Lütkens, C., Die Schule als Mittelklassen-Institution, in: Soziologie der Schule, Sonderheft 4 der Kölner Zeitschrift für Soziologie und Sozialpsychologie, 1959, S. 22 ff.
McCall, G. J. und Simmons, J. L., Identities and interactions, New York 1966.
Mühle, G., und Schnell, Ch., Kreativität und Schule, München 1970.
Oevermann, U., Schichtspezifische Formen des Sprachgebrauchs und ihr Einfluß auf die kognitiven Prozesse, in: Roth, H., Begabung und Lernen, Stuttgart 1968.
Piaget, J., Nachahmung, Spiel und Traum, Die Entwicklung der Symbolfunktion beim Kinde, Stuttgart 1969.
Piaget, J., Das Erwachen der Intelligenz beim Kinde, Stuttgart 1969.
Piaget, J., Psychologie der Intelligenz, Olten 1972[4].
Piaget, J., und Inhelder, B., Die Psychologie des Kindes, Olten 1972.
Richter, H. E., Patient Familie, Reinbek bei Hamburg 1970.
Rose, A. M., A systematiy summary of symbolic interaction theory, in: Rose, A. M., Human behavior and social processes, London 1962, S. 3 ff.
Rüssel, A., Das Kinderspiel, München 1965.
Scheuerl, H., Beiträge zur Theorie des Spiels, Weinheim 1960.
Sigel, J. E., und Hooper, F. H., Logical thinking in children, London 1968.
Skowronek, H., Psychologische Grundlagen einer Didaktik der Denkerziehung, Kognitive Prozesse und kognitive Strukturen, Hannover 1968.
Smilansky, S., The effects of sociodramatic play on disadvantaged preschool children, New York 1968.
Stevenson, H. W., Learning in children, in: Mussen, P. H., Carmichael's Manual of child psychology, Bd. 1, New York 1970, S. 849 ff.
Strauss, A., Spiegel und Masken, Frankfurt 1968.
Sutton-Smith, B., The role of play in cognitive development, in: Herron, R. E., und Sutton-Smith, B., Child's play, New York 1971, S. 252 ff.
Tausch, R., und Tausch, A., Erziehungspsychologie, Göttingen 1965.
Thiel, S., Modellvorstellung und Wirklichkeit, Kinder sprechen über Schallphänomene, in: Neue Sammlung 1972, 6, S. 508 ff.
Ullmann, G., Kreativität, Weinheim 1968.
Wallach, M. A., und Kogan, N., Modes of thinking in young children, New York 1965.
Watzlawick, P., u. a., Menschliche Kommunikation, Stuttgart 1969.
Welker, W. I., Effects of age and experience on play and exploration of young chimpanzees, J. comp. physiol. psychol., 49, 1956, S. 223 ff.
White, R. F., Motivation reconsidered, the concept of competence, in: Psychol. Review, 1959, 66, S. 297 ff.
Wagenschein, M., Ursprüngliches Verstehen und exaktes Denken, Bde. I und II, Stuttgart 1965 und 1970.

Gerd Grüneisl

Spielen mit Gruppen

Einleitung: Lothar Krappmann
Bildband im Großformat, 151 Seiten. (ISBN 3-12-922980-9)

Dieses Buch enthält eine Fülle von praktischen Anregungen, Spielmöglichkeiten durchzudenken für Kinder, mit denen man in einer Schulstunde, im Kindergarten, in einer Jugendgruppe oder beim nächsten Kindergeburtstag zusammenkommen wird. Die hier beschriebenen Spiele benutzen fast ausschließlich überall zu findende Materialien und knüpfen an die Alltagsprobleme der Kinder an. Dieses Buch enthält den Aufruf, unseren Kindern mehr Spielraum zu gewähren, pädagogische überlegt betreuten, aber dennoch freien Spielraum, in dem sie lernen können, mit anderen gemeinsam Probleme zu lösen.

Jean Château

Spiele des Kindes

Aus dem Französischen von Hans Schöneberg und Denis Ducatel
Sozialpädagogik, Bd. 10
120 Seiten, kart. (ISBN 3-12-921680-4)

In seinem Beitrag legt der Autor die Alternative zu Piagets Thesen vor, die auf jahrelangen intensiven, minuziös analysierten Beobachtungen des wirklichen Spielens in Familien, Kindergärten und auf Schulhöfen beruht. Bei seinen Beobachtungen geht es ihm um die Bedeutung des Spiels für die Entwicklung des Denkens, des Rollen- und Regelbegriffs, des Willens, des Personenaufbaus usw. Vorzüge dieses Bandes müssen vor allem in den zahllosen Beobachtungen und Einsichten gesehen werden, die sehr komprimiert zusammengefaßt sind.

Gertrud Bünner / Peter Röthig (Hrsg.)

Grundlagen und Methoden rhythmischer Erziehung

272 Seiten, kart. (ISBN 3-12-921650-2)

Mit Beiträgen von G. Bünner, U. Germann-Müller, H. Günther, O. Hanebuth, B. Haselbach, J. Holler-von der Trenck, E. Klink, P. Röthig, A. Schmolke, F. Seidenfaden.
Die erste umfassende Publikation über Theorie und Praxis der rhythmischen Erziehung. Nach einer Einführung zur Theorie des Rhythmus beschrieben Vertreter verschiedener Richtungen ihr Fach, z. B.: Rhythmisch-musikalische Erziehung, Rhythmische Gymnastik, Volkstanz, Orff-Schulwerk, Eurhythmie. Es folgen Beiträge zur praktischen Anwendung rhythmischer Erziehung in der Leibeserziehung, in der Heilpädagogik und in der musischen Erziehung. Der Band enthält Register und ausführliche Literaturangaben.